PENSAR O SÉCULO XX

Título original:
Thinking The Twentieth Century

Copyright © 2011, The Estate of Tony Judt
Introdução: Copyright © 2011, Timothy Snyder

TRADUÇÃO
Marcelo Felix

REVISÃO
Maria Afonso

CAPA:
FBA.

Depósito Legal n.º 351058/12

Biblioteca Nacional de Portugal – Catalogação na Publicação

JUDT, Tony, 1948-2010, e outro

Pensar o século XX / Tony Judt,
Timothy Snyder. - (Extra colecção)
ISBN 978-972-44-1694-6

I – SNYDER, Timothy, 1969-

CDU 94(4+7)"19"
316

Paginação, impressão e acabamento:
PAPELMUNDE
para
EDIÇÕES 70
em
Março de 2017 (2012)

Direitos reservados para Portugal
por Edições 70

EDIÇÕES 70, uma chancela de Edições Almedina, S.A.
Avenida Engenheiro Arantes e Oliveira, 11 – 3º C - 1900-221 Lisboa / Portugal
e-mail: geral@edicoes70.pt

www.edicoes70.pt

Esta obra está protegida pela lei. Não pode ser reproduzida, no todo
ou em parte, qualquer que seja o modo utilizado, incluindo fotocópia
e xerocópia, sem prévia autorização do Editor. Qualquer transgressão
à lei dos Direitos de Autor será passível de procedimento judicial.

TONY JUDT

70

PENSAR O SÉCULO XX

Índice

Prefácio (Timothy Snyder)   11

I.   O Nome Permanece: o Interrogador Judeu   21

II. Londres e Língua: o Escritor Inglês   63

III. Socialismo Familiar: o Marxista Político   91

IV. King's e Kibutzim: o Sionista de Cambridge   121

V.   Paris, Califórnia: o Intelectual Francês   153

VI. A Geração da Compreensão: o Liberal Leste-Europeu .   205

VII. Unidades e Fragmentos: o Historiador Europeu   255

VIII. A Idade da Responsabilidade: o Moralista Americano .   289

IX. A Banalidade do Bem: o Social-Democrata   333

Posfácio (Tony Judt)   387

Obras Discutidas   397

Índice Remissivo   407

Para Daniel e Nicholas

Prefácio

Este livro é história, biografia e tratado ético.

É uma história das ideias políticas modernas na Europa e nos Estados Unidos. Os seus temas são o poder e a justiça, conforme os entenderam os intelectuais liberais, socialistas, comunistas, nacionalistas e fascistas do final do século XIX até ao início do século XXI. É também a biografia intelectual do historiador e ensaísta Tony Judt, nascido em Londres a meio do século XX, logo depois do cataclismo da Segunda Guerra Mundial e do Holocausto, e no momento em que os comunistas garantiam o poder na Europa de Leste. Por fim, é uma contemplação das limitações (e da capacidade de renovação) das ideias políticas e dos fracassos (e dos deveres) morais dos intelectuais na política.

A meu ver, Tony Judt é a única pessoa capaz de escrever uma abordagem tão vasta à política das ideias. Desde 2008, Tony escreveu estudos intensos e polémicos sobre a história francesa, ensaios sobre os intelectuais e o seu empenho e uma magnífica história da Europa desde 1945, intitulada *Pós-Guerra*. Ele permitiu que os seus dons para a moralização e para a historiografia encontrassem canais distintos em breves resenhas críticas e em estudos eruditos mais amplos, e levou ambas as formas muito perto da perfeição. Este livro surgiu, porém, porque em novembro desse ano, a certa altura, eu percebi que Tony não seria capaz de escrever mais nada, pelo menos no sentido convencional. Propus-lhe que escrevêssemos um livro juntos um dia depois de ter percebido que ele já não conseguia fazer uso das mãos. Tony contraíra ELA (esclerose lateral amiotrófica), uma doença neurológica degenerativa que causa uma paralisia gradual e uma morte certa e geralmente rápida.

Este livro tem a forma de uma longa conversa entre Tony e eu. Durante o inverno, a primavera e o verão de 2009, às quintas-feiras, eu apanhava o comboio das 8:50 de New Haven até à Grand Central Station, em Nova Iorque, e, depois, o metro no centro da cidade até ao bairro onde Tony vivia com a sua mulher, Jennifer Homans, e os seus filhos, Daniel e Nick. Os nossos encontros estavam marcados para as onze da manhã; eu costumava passar dez minutos num café para reunir os meus pensamentos sobre o tema do dia e tirar umas notas. Lavava as mãos com água muito quente no café e outra vez no apartamento de Tony. Na sua situação, as constipações faziam-no sofrer horrivelmente, e eu queria poder segurar-lhe a mão.

Quando começámos a nossa conversa em janeiro de 2009, Tony ainda andava. Não conseguia girar a maçaneta para abrir a porta do seu apartamento, mas podia ficar atrás dela e cumprimentar-me. Logo passou a dar-me as boas-vindas sentado numa poltrona na sala de estar. Na primavera, tinha o nariz e grande parte da cabeça cobertos por um aparelho de respiração mecânica, que assegurava a função dos seus pulmões já incapazes. No verão, encontrávamo-nos no seu estúdio, rodeado de livros, enquanto Tony me olhava de cima numa imponente cadeira de rodas elétrica. Às vezes, era eu quem mexia nos botões da cadeira, porque Tony obviamente não podia fazê-lo. Por esta altura, ele era praticamente incapaz de mover o corpo, exceto a cabeça, os olhos e as cordas vocais. Para efeitos deste livro, era suficiente.

Observar o curso dessa doença destrutiva era uma grande tristeza, especialmente nos momentos de declínio rápido. Em abril de 2009, tendo visto Tony perder o uso das pernas e logo depois dos pulmões numa questão de semanas, fiquei convencido (tal como os seus médicos, segundo me pareceu) de que ele já só tinha poucas semanas de vida. Por isso, senti-me e sinto-me ainda mais grato para com Jenny e os rapazes por terem partilhado Tony comigo durante aquele tempo. Mas a conversa também era uma grande fonte de proveito intelectual, proporcionando o prazer da concentração, a harmonia da comunicação e a gratificação do trabalho bem feito. Prestar atenção aos assuntos abordados e manter-me a par do pensamento de Tony eram tarefas absorventes e também felizes.

Sou um historiador e um estudioso da Europa de Leste, onde o livro falado tem uma orgulhosa tradição. O exemplo mais célebre do género é o conjunto de entrevistas dado ao escritor checo Karel Čapek

PREFÁCIO

por Tomáš Masaryk, o filósofo-presidente da Checoslováquia entre as duas guerras mundiais. Foi este o primeiro livro que Tony leu em checo de uma ponta à outra. Talvez o melhor livro falado seja *My Century*(*), a magnífica autobiografia do poeta polaco judeu Aleksander Wat, gravada em fita magnética por Czesław Miłosz na Califórnia. Li-a pela primeira vez numa viagem de comboio entre Varsóvia e Praga, na altura em que começava os estudos de doutoramento em História. Não pensei nestes exemplos enquanto tal quando propus a Tony um livro falado, nem me considero um Čapek ou um Miłosz. Como leste-europeísta que leu muitos desses livros, apenas tive a certeza de que algo de duradouro podia surgir da conversa.

As minhas perguntas a Tony resultaram de três fontes. O meu plano original e muito genérico era discutir em pormenor os seus livros, do princípio ao fim, desde as suas histórias da esquerda francesa até *Pós-Guerra*, procurando assunções gerais acerca do papel dos intelectuais políticos e do ofício dos historiadores. Eu estava interessado em temas que têm realmente destaque neste livro, como o tratamento vago da questão judaica na obra de Tony, o carácter universal da história francesa e o poder e os limites do marxismo. Tinha a intuição de que a Europa de Leste tinha alargado a perspetiva ética e intelectual de Tony, mas não fazia ideia de como essa era uma verdade tão profunda. Soube das ligações leste-europeias de Tony e de muitos outros aspectos, porque Timothy Garton Ash e Marci Shore sugeriram, e Tony aceitou, que dedicássemos algumas das sessões à vida de Tony, e não somente ao seu trabalho. Por fim, Tony revelou que planeara escrever uma história da vida intelectual no século xx. Utilizei o esboço do índice como base para uma terceira ronda de perguntas.

O carácter coloquial deste livro exigia que os seus autores estivessem familiarizados com milhares de outros livros. Como falávamos um com o outro ao vivo, não havia tempo para verificar referências. Tony não sabia de antemão o que eu lhe iria perguntar, e eu não sabia o que ele iria responder. O que aqui surge impresso reflete a espontaneidade, a imprevisibilidade e, por vezes, a jovialidade de duas mentes proveitosamente ocupadas com a conversa. Mas, do princípio ao fim, e especialmente nas suas partes históricas, depende das nossas bibliotecas mentais e, em particular, da de Tony, surpreendentemente vasta e

---

(*) Título da tradução norte-americana de *Mój wiek* [O Meu Século], livro publicado postumamente em Londres, em 1977. (*N. T.*)

bem catalogada. Este livro apresenta uma apologia da conversa, mas talvez uma defesa ainda mais concludente da leitura. Nunca estudei com Tony, mas os arquivos da sua biblioteca mental coincidiam consideravelmente com os meus. As nossas leituras anteriores criavam um espaço comum no qual Tony e eu podíamos aventurar-nos juntos, anotando pontos de referência e horizontes, numa altura em que outras formas de movimento eram impossíveis.

Contudo, falar é uma coisa e publicar é outra. Como é que aquela conversa se transformou exatamente neste livro? Cada sessão era gravada e guardada num ficheiro digital. A jovem historiadora Yedida Kanfer encarregava-se então da transcrição. Essa era por si só uma tarefa intelectualmente exigente já que, para decifrar o que dizíamos a partir de gravações imperfeitas, Yedida tinha de saber do que estávamos a falar. Sem a sua dedicação e o seu conhecimento, teria sido muito mais difícil terminar com êxito este livro. Do verão de 2009 até à primavera de 2010, organizei as transcrições em nove capítulos, segundo um plano aprovado por Tony. Em outubro e dezembro de 2009, apanhei o avião de Viena, onde passei o ano académico de 2009-2010, para Nova Iorque, para que pudéssemos discutir o andamento do livro. De Viena eu enviava a Tony rascunhos dos capítulos por *e-mail*, que ele revia e devolvia.

Cada capítulo tem uma componente biográfica e histórica. Por isso, o livro percorre a vida de Tony e alguns dos mais importantes *loci* do pensamento político do século XX: o Holocausto como questão judaica e alemã; o sionismo e as suas origens europeias; o excecionalismo inglês e o universalismo francês; o marxismo e as suas tentações; o fascismo e o antifascismo; o renascimento do liberalismo como ética na Europa de Leste; e o planeamento social na Europa e nos Estados Unidos. Nas partes históricas dos capítulos, as afirmações de Tony aparecem em texto simples e as minhas em itálico. Embora as partes biográficas também tenham surgido de conversas, retirei-me inteiramente delas. Assim, cada capítulo começa com um pouco da biografia de Tony, pela sua voz, em texto simples. A certa altura, surgem perguntas minhas, em itálico. A seguir, prossegue a parte histórica.

A razão para se unir biografia e história não se prende, claro, com a ideia de que as preocupações e realizações de Tony podem ser extraídas da sua vida com bastante simplicidade, como baldes de água de um poço. Todos nos assemelhamos mais a vastas cavernas subterrâneas, nem por nós cartografadas, do que a buracos escavados a direito

PREFÁCIO

no solo. A insistência de que a complexidade é apenas um disfarce da simplicidade foi uma das pragas do século XX. Ao fazer a Tony perguntas sobre a sua vida, eu não procurava matar uma simples sede de explicações, mas antes tactear paredes, à procura de passagens entre câmaras secretas cuja existência, a princípio, só vagamente pressenti.

Não é verdade, por exemplo, que Tony tenha escrito história judaica por ser judeu. Na verdade, ele nunca escreveu sobre história judaica. Como tantos intelectuais de origem judia da sua geração, ele fugiu da manifesta centralidade do Holocausto para os seus próprios temas, mesmo que o seu conhecimento pessoal do assunto motivasse, a um certo nível, o rumo da sua investigação. Da mesma forma, Tony não escrevia sobre os ingleses por ser ele próprio inglês. Tirando algumas excepções, ele nunca escreveu muito sobre a Grã-Bretanha. A anglicidade, ou antes, a sua peculiar educação inglesa, conferiu-lhe um gosto pela forma literária e um conjunto de referências que o ajudaram a atravessar (no meu entender) o turbilhão dos seus afetos intelectuais e da política da sua geração – a geração de 1968. A sua forte ligação a França tinha menos que ver com as origens do que (na minha opinião) com a nostalgia de uma solução única para problemas universais, ou pelo menos europeus, de uma tradição revolucionária que, abraçada ou desprezada, pudesse proporcionar a verdade. Tony é europeu de Leste principalmente pela sua associação com os europeus de Leste. Mas foram essas amizades que lhe revelaram um continente. Tony é americano por escolha e cidadania; ele parece identificar-se com o país enquanto vasto território que carece constantemente de pensamento crítico.

A minha esperança é que esta forma particular, na qual a biografia introduz temas da história intelectual, permita ao leitor observar o trabalho de uma mente ao longo da vida ou, talvez, até uma mente em desenvolvimento e aperfeiçoamento. Num certo sentido, Tony abarca toda a história intelectual: uma realidade que a cada semana, ao falar com ele, eu absorvi de um modo completamente físico. Tudo o que está nestas páginas tinha de estar na sua mente (ou na minha). De que modo o homem abarcou a história e como esta se verteu dele são perguntas que um livro deste género talvez possa abordar.

Certa vez, Tony disse-me que o modo de retribuir a ajuda que ele me deu ao longo dos anos era ajudar os mais jovens no futuro (Tony é vinte anos mais velho do que eu). De início, vi este livro como uma forma de ignorar o seu conselho (não era a primeira vez) e de lhe retribuir diretamente. Mas a conversa foi tão gratificante e fecunda que eu sou incapaz de considerar a feitura deste livro uma retribuição de qualquer espécie. De qualquer modo, a quem exatamente estaria eu a retribuir? Quer como leitor quer como colega, eu conheci todas as facetas de Tony que aqui figuram. Durante a nossa conversa, eu estava pessoalmente interessado (embora nunca levantasse a questão explicitamente) em saber como Tony se tornara um melhor pensador, escritor e historiador com o tempo. Em geral, a sua resposta preferida a perguntas dessas era que, nas suas várias identidades e nos seus vários métodos históricos, ele sempre fora um intruso.

Seria verdade? Ser um ex-sionista dedicado é ser um membro ou um intruso entre os judeus? Ser um ex-marxista é ser um membro ou um intruso entre os intelectuais? Ter sido um estudante bolseiro no King's College, em Cambridge, é ser um membro da comunidade ou um instruso em Inglaterra? Ter feito estudos de doutoramento na École Normale Supérieure converte uma pessoa num membro ou num intruso no continente europeu? A amizade com intelectuais polacos e o conhecimento do checo convertem alguém num membro ou num intruso na Europa de Leste? Dirigir um instituto dedicado ao estudo da Europa em Nova Iorque é um sinal de pertença ou de intrusão aos olhos dos restantes europeus? Ser o flagelo de colegas historiadores na *New York Review of Books* é um sinal de pertença ou de intrusão entre os académicos? Sofrer de uma doença degenerativa terminal sem ter acesso ao sistema público de saúde converte Tony num intruso ou num membro da comunidade americana? As duas hipóteses são aceitáveis.

Parece-me que a verdade é mais interessante. A sabedoria parece vir da dupla condição de intruso e de membro, de percorrer este sentimento de pertença com os olhos e os ouvidos bem abertos e de regressar ao exterior para pensar e escrever. Como a vida de Tony revela, este exercício pode ser repetido as vezes que se quiser. Tony fez um trabalho brilhante ao pensar em si próprio como um intruso. Um intruso aceita implicitamente os termos de uma dada discussão e esforça-se então por ter razão: por apear a velha guarda e penetrar nos santuários daquele que pertence a uma comunidade. O que me parecia mais interessante do que o número de vezes em que Tony tinha razão (nos seus próprios termos) era a sua apetência cada vez maior por algo a que o grande historiador francês Marc Bloch chamava compreensão.

PREFÁCIO

Compreender um acontecimento exige que o historiador abandone qualquer enquadramento único e que aceite a validade de vários enquadramentos em simultâneo. Isso proporciona muito menos satisfação imediata, mas uma conquista mais duradoura. Foi da aceitação do pluralismo nesse sentido que surgiu o melhor da obra de Tony, sobretudo *Pós-Guerra*.

Foi também aqui, nesta questão do pluralismo, que o caminho intelectual de Tony encontrou a história intelectual do século XX. A trajetória temporal das duas partes deste livro, a biográfica e a histórica, converge em 1989, o ano das revoluções na Europa de Leste, do desmoronamento final do enquadramento marxista, e o ano em que Tony começou a pensar sobre a forma de escrever o que veio a ser a sua inigualada, e talvez inigualável, história da Europa do pós-guerra.

Foi igualmente por esta altura que Tony e eu nos conhecemos. Li um longo esboço de um artigo seu sobre os dilemas dos dissidentes leste-europeus na primavera de 1990, num curso sobre história da Europa de Leste ministrado por Thomas W. Simons Jr. na Brown University. Passado pouco tempo, graças à iniciativa de Mary Gluck, Tony e eu encontrámo-nos pessoalmente. Graças em grande medida aos Professores Gluck e Simons, eu ficara fascinado pela história da Europa de Leste, que viria a estudar mais a fundo em Oxford. Começava então as duas décadas de leitura e escrita que me permitiriam levar a cabo esta conversa. Em 1989, Tony alcançava (segundo me parece agora) um ponto de viragem decisivo. Após uma última polémica com outro grande polemista (Jean-Paul Sartre, em *Past Imperfect*), e apesar de um ou outro ensaio parcial que ainda escreveria, ele virou-se para uma ideia mais branda, e mais fecunda, de verdade.

Os intelectuais que contribuíram para as revoluções de 1989 no Leste europeu, pessoas como Adam Michnik e Václav Havel, preocupavam-se em viver na verdade. O que quer isso dizer? Grande parte deste livro, como história de intelectuais e da política, versa a diferença entre as grandes verdades, as convicções no que toca a grandes causas e a objetivos finais que, de tempos a tempos, parecem exigir a mendacidade e o sacrifício, e as pequenas verdades, os factos conforme se pode descobri-los. A grande verdade pode ser a certeza de uma revolução iminente, como para alguns marxistas, ou o aparente interesse nacional, como para o governo francês durante o Caso Dreyfus ou para a administração Bush durante a Guerra do Iraque.

Mas, mesmo que escolhamos as pequenas verdades, como fez Zola no Caso Dreyfus e Tony na Guerra do Iraque, em que pode exatamente consistir a verdade permanece algo incerto.

Um desafio intelectual do século XXI é talvez o seguinte: apoiar a verdade enquanto tal, aceitando ao mesmo tempo as suas múltiplas formas e fundamentos. A defesa que no fim deste livro Tony faz da social-democracia é um exemplo de como isso é possível. Tony nasceu logo depois da catástrofe provocada pelo nacional-socialismo e viveu o lento descrédito do marxismo. A sua vida adulta foi o período de várias tentativas de regenerar o liberalismo, nenhuma das quais encontrou aceitação universal. Por entre os destroços de um continente e das suas ideias, a social-democracia sobreviveu como conceito e foi realizada como projeto. Ela foi, no decurso da vida de Tony, construída e às vezes desmantelada. A defesa que Tony faz da sua reconstrução depende de vários géneros diferentes de argumento, que apelam a várias intuições diferentes sobre diversos tipos de verdade. O argumento mais forte, para usar um termo favorito de Isaiah Berlin, é que a social-democracia possibilita uma vida decente.

Algumas dessas diferentes espécies de verdade assomam nas páginas deste livro, muitas vezes aos pares. A verdade do historiador, por exemplo, não é a mesma que a do ensaísta. O historiador pode e deve saber mais sobre um momento do passado do que o ensaísta é capaz de saber sobre o que está a acontecer hoje. O ensaísta, muito mais do que o historiador, é obrigado a ter em conta os preconceitos do seu tempo e, assim, a exagerar pela ênfase. A verdade da autenticidade é diferente da verdade da honestidade. Ser autêntico é viver como se deseja que os outros vivam; ser honesto é admitir que isso é impossível. De modo semelhante, a verdade da caridade é diferente da verdade da crítica. Apelar ao melhor de nós mesmos e dos outros exige ambas, que, no entanto, não podem ser praticadas no mesmo momento. Não há maneira de reduzir qualquer desses pares a uma verdade subjacente, e muito menos todos eles a uma forma definitiva de verdade. Por conseguinte, a busca da verdade envolve muitos tipos de procura. Isso é o pluralismo: não um sinónimo, mas um antónimo de relativismo. O pluralismo aceita a realidade moral de diferentes géneros de verdade, mas rejeita a ideia de que todos podem ser colocados numa única escala e medidos por um único valor.

Há uma verdade que nos procura, ao invés de sermos nós a procurá-la, uma verdade que não tem complemento: todos nós temos

PREFÁCIO

um fim. As outras verdades orbitam à volta desta como estrelas em redor de um buraco negro mais brilhante, mais jovem, menos pesado. Essa verdade última ajudou-me a dar a este livro a sua forma final. Este livro não poderia ter surgido sem um certo esforço numa certa altura, pouco mais que um gesto de companheirismo da minha parte, mas uma tremenda luta física da parte de Tony. Não é, porém, um livro sobre o esforço. É um livro sobre a vida da mente e sobre a vida consciente.

Praga, 5 de julho de 2010

I

O Nome Permanece: o Interrogador Judeu

Há duas maneiras de pensar na minha infância. Numa certa perspetiva, foi uma infância londrina absolutamente convencional, algo solitária, muito de classe média baixa dos anos 1950. Noutra perspetiva, foi uma expressão exótica, particular e, por conseguinte, privilegiada da história de meados do século XX, partilhada pelos imigrantes judeus da Europa Central e Oriental.

O meu nome completo é Tony Robert Judt. Robert é um toque inglês, escolhido pela minha mãe Stella; por isso, deixem-me começar por ela. O pai da minha mãe, Solomon Dudakoff, cresceu em São Petersburgo, a capital do Império Russo. Lembro-me dele (morreu quando eu tinha oito anos), enorme e barbudo, um russo de compleição militar que se assemelhava ao cruzamento de um praticante de luta livre com um rabi. Na verdade, ele era alfaiate, embora deva ter aprendido o ofício no exército. A minha avó materna, Jeannette Greenberg, era uma judia romena da Moldávia, cuja família, segundo constava, tivera ligações impróprias com ciganos. Ela *parecia* realmente uma adivinha cigana saída de trás de uma caravana: pequenina, maliciosa, um pouco assustadora. Como muitas famílias com aquele apelido eram oriundas da mesma região da Roménia, algumas talvez da mesma cidade e aparentadas, os meus filhos costumavam especular sobre a pretensão plausível, mas improvável, de sermos parentes do grande jogador judeu de basebol Hank Greenberg.

Os meus avós maternos conheceram-se em Londres, para onde Jeannette Greenberg e a sua família tinham vindo após o *pogrom* de 1903 em Quichinau. Tal como milhares de judeus, eles fugiram do que foi para a época um episódio de incomparável violência: o assassinato de 47 judeus na vizinha província da Bessarábia, parte do Império Russo. Seguiram para Londres o mais tardar em 1905. Solomon Dudakoff tinha fugido da Rússia para a Inglaterra, mas por razões diferentes. Reza a lenda de família que defendia o seu pai de uns arruaceiros quando, sem querer, espancou um deles até à morte. Passou a noite escondido no forno de um padeiro seu tio, antes de fugir do país. Este relato deve estar algo romanceado, visto que a data do acontecimento sugere que Solomon deixou a Rússia ao mesmo tempo e provavelmente pelas mesmas razões que centenas de milhares de outros judeus. Em todo o caso, ele foi diretamente para Inglaterra. Assim, os pais da minha mãe encontraram-se na Inglaterra em 1905 e casaram-se nesse ano. A minha mãe, Stella Sophie Dudakoff, nasceu um pouco a sul do East End judaico de Londres em 1921, a mais nova de oito filhos. Ela sempre se sentiu um pouco deslocada no seu bairro *cockney* operário, junto às docas de Londres; por outro lado, eu tinha a impressão de que ela também nunca estava muito à vontade com a sua família ou comunidade.

Tal como a minha mãe, o meu pai vinha de uma família judia com raízes na Europa Oriental. No seu caso, porém, a família fez duas paragens entre o Império Russo e a Grã-Bretanha: na Bélgica e na Irlanda. A minha avó paterna, Ida Avigail, veio de Pilviskiai, uma aldeia lituana um pouco a sudoeste de Kaunas, na atual Lituânia, então no Império Russo. A seguir à morte prematura do seu pai, um carreteiro, passou a trabalhar na padaria da família. Algures na primeira década do século, os Avigails decidiram fazer-se a Ocidente, até à indústria diamantífera em Antuérpia, onde tinham contactos. Na Bélgica, Ida conheceu o meu avô paterno. Outros Avigails estabeleceram-se em Bruxelas; um deles abriu uma retrosaria no Texas.

O meu avô paterno, Enoch Yudt, era de Varsóvia. Como o meu avô materno, também Enoch servira no Exército Russo. Parece que desertou por altura da Guerra Russo-Japonesa de 1904-1905, fez o percurso para oeste por etapas e chegou à Bélgica antes da Primeira Guerra Mundial. Ele e a minha avó, juntamente com as suas famílias alargadas, rumaram então para Londres, antecipando-se ao avanço dos exércitos alemães sobre a Bélgica em agosto de 1914. Ambos passaram a guerra em Londres, onde se casaram e tiveram dois filhos. Em 1919, regressaram a Antuérpia, onde o meu pai, Joseph Isaac Judt, nasceu em 1920.

O meu primeiro nome de baptismo, Tony, vem do lado dos Avigails da família. O meu pai cresceu em Antuérpia e era um amigo chegado das suas primas, as três filhas do seu tio materno: Lily, Bella e Toni – provavelmente um diminutivo de Antonia. O meu pai via muito as três raparigas, que viviam em Bruxelas. A mais nova, Toni, tinha menos cinco anos do que o meu pai, e ele gostava muito dela, embora tivessem perdido o contacto regular quando o meu pai deixou a Bélgica em 1932. Uma década depois, Toni e Bella foram deportadas para Auschwitz, onde morreram. Lily sobreviveu, internada pelos alemães como judia natural de Londres, em contraste com as suas irmãs belgas – um dos pequenos mistérios da categorização nazi.

Eu nasci em 1948, cerca de cinco anos depois da morte de Toni. Foi o meu pai quem insistiu em dar-me o nome da sua prima; mas estávamos na Inglaterra do pós-guerra, e a minha mãe queria que eu tivesse um bom nome inglês para me poder «misturar». E, assim, providenciaram-me o nome de Robert como reforço e pelo seguro, embora eu sempre tenha sido conhecido apenas por Tony. Quase toda a gente que encontro presume que o meu primeiro nome é Anthony, mas poucos perguntam.

O pai do meu pai, Enoch Yudt, era um judeu economicamente marginal, em estado de migração permanente. Não tinha um talento particular, exceto para as vendas, e, mesmo assim, era um parco talento. Parece que se desenrascou no mercado negro durante os anos 1920, entre a Bélgica, a Holanda e a Alemanha. Mas as coisas devem ter-se complicado um pouco por volta de 1930, provavelmente por causa de dívidas e talvez devido ao colapso económico iminente; ele viu-se obrigado a mudar. Mas para onde? Tinham-lhe assegurado que a nova Irlanda independente de Eamon de Valera era hospitaleira para os judeus, e em certa medida fora bem informado. De Valera estava muito interessado em atrair comércio para a nova Irlanda; sendo um irlandês católico convencionalmente anti-semítico, presumia naturalmente que os judeus eram bons nos negócios e que seriam uma vantagem para a economia. Por conseguinte, a Irlanda acolhia bem e quase sem restrições os imigrantes judeus, desde que eles quisessem trabalhar ou arranjassem emprego.

Enoch Yudt chegou a Dublin, de início sem a família, que ficou em Antuérpia. Montou um negócio de confeção de gravatas, roupa interior de senhora e meias: *schmutters*(*). Com o tempo, conseguiu trazer a família; os últimos a chegar a Dublin, em 1932, foram o meu pai e Willy, o seu irmão mais velho. O meu pai tinha quatro irmãos. A mais velha era a Fanny; depois vieram quatro rapazes – Willy (que era Wolff), o meu pai Joseph Isaac, Max e, por último, Thomas Chaim (Chaim em Antuérpia, Hymie em Dublin e Tommy na Inglaterra). O meu pai era Isaac Joseph na Bélgica e na Irlanda e, depois, Joseph Isaac na Inglaterra ou, por fim, apenas Joe.

Ele lembra-se de que a Irlanda era idílica. A família era inquilina de uma casa grande um pouco a sul de Dublin, e o meu pai nunca tinha visto tanto espaço e verdura. Vindos de um prédio judeu em Antuérpia, ele e a família tinham chegado ao que devia parecer o seio da abundância, um apartamento no andar superior de um pequeno solar com vista para o campo. As suas memórias da Irlanda ficaram por isso inteiramente tingidas por essa sensação de bem-estar e de espaço, esquecidos os preconceitos ou as dificuldades. Quando chegou à Irlanda, o meu pai, claro, não sabia falar inglês, mas sabia as três línguas dos seus primeiros doze anos de vida na Bélgica: o iídiche do lar, o francês da escola e o flamengo das ruas. Lentamente, esqueceu o flamengo e já não falava essa língua quando eu nasci; também já não fala iídiche corrente, embora a língua se mantivesse como uma presença passiva. Curiosamente, lembra-se muito bem do francês, o que leva a pensar que a língua que se é obrigado a estudar é a que se mantém mais tempo, quando não há razão para usar as línguas natais.

Em 1936, depois de o negócio da família em Dublin ter falido, o irmão do meu avô, que se tinha estabelecido em Londres, convidou--o para ir até Inglaterra. E, assim, o meu avô Yudt voltou a transpor a sua incompetência económica pelo Mar da Irlanda. O meu pai juntou-se-lhe, deixando a escola aos catorze anos para fazer biscates. Por conseguinte, embora os meus pais tenham passado em Londres os últimos anos da adolescência, a minha mãe, tendo nascido lá, tinha e conservou um espírito muito mais inglês do que o meu pai. Ambos abandonaram a escola aos catorze anos, mas, ao contrário do meu pai, Stella tinha uma aptidão e um ofício definidos. Apesar das suas dúvidas, foi para aprendiz num cabeleireiro de senhoras, na altura um ofício respeitável e de confiança para raparigas ambiciosas.

(*) Termo de origem iídiche, passado ao calão inglês, que designa trapos, panos ou roupas. *(N. T.)*

O NOME PERMANECE: O INTERROGADOR JUDEU

Foi a Segunda Guerra Mundial que juntou Stella Dudakoff e Joe Judt. Quando a guerra rebentou, o meu pai quis alistar-se no exército mas disseram-lhe que não podia ser aceite: tinha cicatrizes de tuberculose nos pulmões, o suficiente para justificar uma dispensa. De qualquer forma, ele não era um súbdito britânico. Na verdade, o meu pai era apátrida. Embora nascido na Bélgica, fora só residente belga, mas nunca cidadão: naquele tempo, as leis belgas exigiam que os pais fossem cidadãos do país antes de se poder reclamar a cidadania, e os pais de Joe eram, claro, imigrantes do Império Russo. De modo que o meu pai tinha vindo para Londres com um «passaporte Nansen», na época o documento de viagem para os apátridas. No outono de 1940, a Luftwaffe começou a bombardear Londres na que ficou conhecida como a Batalha de Inglaterra. O bombardeamento – o *blitz* – levou os meus pais a Oxford, onde viriam a conhecer-se. A irmã mais velha do meu pai, enamorada de um refugiado checo (provavelmente judeu, mas não tenho a certeza), tinha acompanhado o jovem até Oxford. Quando a sua casa no Norte de Londres foi bombardeada, o resto da família foi ter com ela, incluindo o meu pai, que viveu dois anos em Abingdon Road, trabalhando para uma carvoaria e para a cooperativa, nas entregas – numa carrinha que o deixavam conduzir apesar de ele não ter carta; esta obrigatoriedade fora suspensa durante a guerra. A minha mãe também passou os anos da guerra em Oxford. A área oriental de Londres onde crescera estava agora sob ataque permanente, devido à sua proximidade das docas, e a sua casa e o salão de cabeleireiro onde trabalhava tinham desaparecido no bombardeamento. Os pais mudaram-se para a ilha de Canvey na costa oriental, mas ela foi para Oxford, uma cidade que veio a amar e que sempre descreve com um ardor afetuoso de recordação nostálgica. Os meus pais casaram aí em 1943 e regressariam a Londres pouco depois.

Após a guerra, a minha mãe estabeleceu-se novamente em Londres como cabeleireira; entre os dois, os meus pais montaram um pequeno salão de cabeleireiro que chegava, embora com limitações, para sustentar a família. Na memória de ambos, os primeiros anos a seguir à guerra foram difíceis. O meu pai chegou a pensar em emigrar para a Nova Zelândia em 1947, mas teve de abandonar o plano por ainda não ter passaporte britânico e por a sua condição apátrida impossibilitar a aceitação fácil nos domínios britânicos (ele acabou por obter o passaporte em 1948).

Eu nasci em 1948 num hospital do Exército de Salvação em Bethnal Green, na zona oriental de Londres. A minha primeira recordação é andar por uma rua que devia ser Tottenham High Road. Na minha memória, entramos num cabeleireiro minúsculo com umas escadas para o apartamento de cima, onde morávamos. Certa vez, descrevi esta cena à minha mãe, e ela disse que sim, que era exatamente assim. Eu teria entre dezoito meses e dois anos. Guardo outras memórias da vida no norte de Londres, como estar à janela do quarto dos meus pais a olhar para os camiões e autocarros. Também tenho lembranças muito antigas de ver, de conhecer, de me apresentarem homens novos, sobreviventes dos campos de concentração, acolhidos pelo meu avô Enoch Yudt. Nessa altura eu devia ter quatro ou cinco anos.

Não me recordo de um tempo em que ignorasse o que viria a ser conhecido por Holocausto. Mas ele confundia-se na minha cabeça devido à sua representação enganosa na Inglaterra, exemplificada pela minha inglesíssima mãe. Ela costumava levantar-se quando a Rainha proferia a sua saudação de Natal na rádio e, mais tarde, na televisão – o meu pai, pelo contrário, mantinha-se firmemente sentado, por motivos políticos e porque não se sentia particularmente inglês: os seus gostos eram continentais, dos carros ao café. De qualquer forma, a minha mãe, quando pensava nos nazis, referia-se sempre a Belsen – de que vira imagens pela primeira vez nas British Movietone News(*), aquando da libertação do campo pelas forças britânicas.

Ela era, portanto, uma típica inglesa dessa época na sua ignorância de Auschwitz, Treblinka, Chełmno, Sobibór e Bełżec, campos em que os judeus foram mortos em números elevadíssimos, ao contrário de Bergen-Belsen que não era essencialmente um campo judeu. E, por isso, a imagem que eu tinha do Holocausto era uma combinação da minha familiaridade com os jovens sobreviventes dos campos orientais e das imagens de esqueletos em Belsen. Ainda muito pequeno, eu pouco mais sabia. Só muito mais tarde soube quem fora Toni, e a razão de eu ter o seu nome, embora nem eu me lembre desse momento. O meu pai teima que me contou quando eu era novo, mas não acredito. Ele falava muito de Lily (que vivia em Londres e que víamos de vez em quando), mas raramente ou nunca das suas irmãs Bella e Toni. Era como se o Holocausto tudo penetrasse – como um nevoeiro, incipiente mas ubíquo.

(*) Atualidades noticiosas exibidas nas salas de cinema britânicas, como atração principal ou complemento do programa, entre 1929 e 1979. *(N. T.)*

O NOME PERMANECE: O INTERROGADOR JUDEU

Os estereótipos mantinham-se, por certo, não só acerca dos gentios, mas dos judeus também. Havia uma clara hierarquia entre nós, *Ostjuden*, judeus da Europa Oriental (todos eles desprezados, claro está, pelos judeus centro-europeus cultivados, de língua alemã). Em termos gerais, os judeus lituanos e russos achavam-se superiores, na cultura e na posição social; os judeus polacos (em particular os da Galícia) e romenos eram criaturas humildes, para pôr as coisas delicadamente. Esta categorização aplicava-se ao antagonismo conjugal dos meus pais e às suas famílias alargadas. A minha mãe, em momentos de fúria, lembrava o meu pai que ele não passava de um judeu polaco. Ele, então, fazia-lhe notar que ela era romena.

Nenhum dos meus pais estava interessado em criar um judeu, mesmo que a assimilação completa nunca tivesse sido uma questão genuína; afinal, o meu pai era estrangeiro, ainda que falasse um inglês mais ou menos perfeito e não tivesse um sotaque identificável. Eu sempre soube que éramos diferentes. Por um lado, não éramos como outros judeus porque tínhamos amigos não-judeus e levávamos uma vida decididamente anglicizada. Porém, nunca podíamos ser como os nossos amigos não-judeus, apenas porque éramos precisamente judeus.

A minha mãe principalmente, parecia-me que não tinha amigos, exceto uma senhora judia alemã, Esther Sternheim, cuja tristeza mesmo em criança eu sentia. Os pais dela tinham sido fuzilados pelos alemães. O irmão mais velho tinha sido morto na guerra como soldado britânico. A irmã fugira para a Palestina, mas mais tarde suicidou-se. A própria Esther tinha fugido da Alemanha com o irmão mais novo, de comboio. Ambos sobreviveram, mas ele sofria de uma perturbação mental. Na Inglaterra do pós-guerra, essas tragédias familiares dos imigrantes eram lugares-comuns e algo próximas; porém, costumavam ser abordadas e mencionadas sem relação com a catástrofe maior que as produzira. Crescer conhecendo pessoas assim era, no entanto, absorver inconscientemente um certo tipo de experiência.

Mesmo em rapaz, sempre senti que éramos tão diferentes que de pouco valia tentar perceber como e porquê. Isso era verdade até numa família deliberadamente não judaica como a nossa. Eu tornei-me Bar Mitzvá(*) porque, de contrário, teria sido inconcebível – e muito difícil – lidar com os meus avós. Mas, fora isso, a nossa casa nada tinha de

---

(*) Filho do Mandamento, condição de todo o rapaz judeu que, aos 13 anos e um dia, fizer a cerimónia do B'nai Mitzvá, pela qual passa a ser responsável pelos seus atos e é integrado plenamente na vida da comunidade. *(N. T.)*

judaica. Em 1952, os meus pais fugiram do gueto sufocante, o *ersatz mitteleuropeisch*(*) dos judeus do Norte de Londres e mudaram-se para Putney, na margem sul do rio. Retrospetivamente, percebo que isso foi um ato decidido de autorrejeição étnica: em Putney, quase não havia judeus – e os judeus que ali moravam provavelmente partilhariam o ponto de vista dos meus pais, ativamente dispostos a deixar para trás o seu judaísmo.

Portanto, não fui educado como um judeu – embora o fosse, é claro. Todas as sextas-feiras à noite atravessávamos Londres de carro até à casa do meu avô Enoch Yudt. Enoch escolhera tipicamente viver mesmo na orla de Stamford Hill, em pleno Norte de Londres. Era em Stamford Hill que viviam os judeus religiosos – os *cowboys*, como lhes chamava o meu pai, por causa dos seus chapéus negros e cafetãs. De forma que o meu avô mantinha as distâncias com o mundo ortodoxo da sua infância, embora aderisse o suficiente para ser observante quando lhe parecia necessário. Como chegávamos de carro na véspera do Sabbath, tínhamos de estacionar ao virar da esquina para não ofender os meus avós (que sabiam perfeitamente que vínhamos de carro, mas que não queriam que os vizinhos soubessem).

O próprio carro da família deixava entrever um certo judaísmo não judaico da parte do meu pai. Ele era um grande apreciador da marca *Citroën*, embora nunca me deva ter dito que os seus fundadores eram uma família judia. Provavelmente, nunca conduziria um *Renault* porque, durante a guerra, Louis Renault fora um infame colaboracionista, cuja firma veio a ser nacionalizada aquando da Libertação como castigo pelas suas simpatias por Vichy. Já os *Peugeots* obtinham aprovação nas discussões da família. Afinal, eram de linhagem protestante e, assim, de certo modo, não estavam implicados no anti-semitismo católico da França na era Vichy. Nunca se dizia uma só palavra sobre o pano de fundo de tudo isto, e todavia ele era de algum modo bastante evidente para mim.

Até meados dos anos 1950, os restantes convidados desses jantares de sexta-feira eram geralmente os sobreviventes de Auschwitz a quem o meu avô se referia como «os rapazes». Ele tinha conhecido alguns deles, ao ouvi-los a falar polaco ou iídiche, num cinema do West End londrino em 1946. Esses rapazes, já homens agora, entraram para o Primrose Jewish Youth Club, onde o meu pai e os seus irmãos eram

---

(*) Sucedâneo da Europa Central. *(N. T.)*

membros ativos. A dada altura, o meu pai, dois irmãos e dois dos «rapazes» fizeram parte dos onze titulares da equipa de futebol. Nas fotos da equipa são visíveis as tatuagens nos braços dos «rapazes».

A minha avó lituano-judia preparava sozinha a refeição judaica da sexta-feira, comida maravilhosamente tenra, doce, salgada, de sabores intensos em quantidades que pareciam infindáveis (um contraste marcante com a cozinha anglo-judaica bastante insípida da minha mãe pouco dada à culinária). E assim eu abandonava-me a um caloroso banho de *yiddishkayt*(*) – pois, nessas noites, evidentemente, falava-se iídiche, pelo menos entre a geração mais velha. Era um ambiente absolutamente judeu e, por conseguinte, também muito leste-europeu. Quarenta anos depois, eu viria a experimentar uma sensação semelhante de regresso a casa, quando comecei a visitar a Europa Central e de Leste e a fazer amizades: ali encontrei pessoas que bebiam copos de chá, molhando neles pedacinhos de bolo, enquanto as suas vozes se sobrepunham vigorosamente, através do fumo dos cigarros e dos vapores da aguardente. A minha *madeleine* privada? Bolo de maçã a pingar chá doce de limão.

Aproximadamente entre 1957 e 1964, a minha família experimentou o seu breve simulacro de prosperidade do pós-guerra. Ser cabeleireira era então uma profissão lucrativa; era a época dos cabelos compridos. Os meus pais tinham adquirido um salão maior e ganhavam bom dinheiro. Até se podiam permitir, nesses anos, uma série de *au pairs*, contratadas para cuidarem de mim e da minha irmã Deborah (nascida em 1956). Na altura, a maioria das *au pairs* na Grã-Bretanha vinha da Suíça, da França ou da Escandinávia. Mas, por um acaso curioso, nós tivemos uma *au pair* alemã, embora a sua permanência entre nós tenha sido breve: o meu pai despediu-a quando descobriu no quarto dela, bem visível, uma fotografia do pai com o uniforme da Wermacht. A última *au pair* a honrar a nossa casa tinha apenas dezasseis anos, e recordo-me dela principalmente pela anatomia muito atraente que costumava revelar quando fazia o pino junto de mim. Também ela não ficou muito tempo entre nós.

A minha família podia assim conceder-se algum bem-estar, incluindo viagens ao estrangeiro. O meu pai procurava sempre maneira de regressar ao continente – viajava para trás e para diante em breves surtidas de férias, desde os primeiros anos a seguir à guerra. A minha

---

(*) Língua e cultura iídiche. *(N. T.)*

mãe, tipicamente inglesa neste como em tantos outros aspectos, ter-se-ia sem dúvida contentado em ir para Brighton. Em todo o caso, no verão de 1960, demos por nós na Alemanha graças ao convite de uma ex-*au pair* dinamarquesa. Agnes Fynbo, da cidadezinha de Skjern, convidara-nos a passar quinze dias com a sua família na Jutlândia. Por que razão não apanhámos o barco diretamente de Harwich para Esbjerg, realmente não sei. Mas o meu pai é uma pessoa de hábitos, e sempre tínhamos ido para a Europa no *ferry* Dover-Calais: por isso, fomos por essa via, conduzindo pela Bélgica e depois pela Holanda, onde me recordo de termos visitado uns parentes do meu pai que viviam em Amesterdão.

É notável que esses parentes de Amesterdão tivessem sobrevivido à guerra. O meu avô Enoch Yudt tinha uma irmã mais velha chamada Brukha, que casara na Polónia e ali tivera dois filhos. Ela deixou o primeiro marido na Polónia e veio para a Bélgica, onde casou com o seu segundo marido, Sasha Marber (parente do dramaturgo Patrick Marber). Brukha trouxera com ela os dois filhos; o seu segundo marido tinha também ele dois filhos, e a seguir tiveram eles mais dois. Coisas assim eram muito mais comuns no velho mundo judaico do que por vezes supomos. Brukha foi assassinada em Auschwitz juntamente com a maior parte da sua família.

Mas Paulina, uma das filhas do primeiro casamento de Brukha, sobreviveu. Em 1928, tinha casado com um judeu belga. O meu pai, que era seu primo direito, lembra-se bem do casamento: ele viajou para Bruxelas a fim de participar nas celebrações. O marido de Paulina não conseguiu arranjar trabalho no seu país e levou a sua jovem família para a Indonésia, onde obteve um emprego de administrador numa plantação de borracha holandesa. Paulina viu-se assim na Indonésia, então uma colónia da Holanda. O casal teve três crianças, todas raparigas: Sima, Vellah e Ariette. Durante a guerra, Paulina e as filhas foram internadas pelos japoneses num campo na Indonésia: não como judeus, claro, mas como súbditos do inimigo. Segundo a lenda familiar, que parece verdadeira, o marido foi decapitado pelos ocupantes japoneses quando tentou defender os direitos dos seus empregados indígenas. Mas Paulina e as filhas sobreviveram à guerra, regressando à Holanda em 1945. Quando a Holanda reconheceu a independência da Indonésia em 1949, as quatro mulheres puderam escolher entre a cidadania indonésia e a holandesa, e, portanto, tornaram-se holandesas. Visitámo-las em Amesterdão.

O NOME PERMANECE: O INTERROGADOR JUDEU

Da Holanda, temos de atravessar a Alemanha para chegar à Dinamarca. O meu pai comprou toda a gasolina que podia na Holanda, para não ter de parar na Alemanha, e de facto fizemos dois terços do caminho. Mas toda a gente estava cansada nesses tempos antes das auto-estradas, e fomos obrigados a passar a noite na Alemanha. Sem dúvida que, se quisesse, o meu pai ter-se-ia desembaraçado em alemão por via do iídiche, mas ele não tinha coragem para comunicar com alemães. Apesar disso, ali estávamos nós, num hotel na Alemanha, e a comunicação era inevitável. Eu tinha doze anos e fui devidamente escolhido como único porta-voz. O meu francês já era aceitável – graças às aulas na escola, a par das visitas aos membros francófonos da família –, mas nunca estudara alemão. Portanto, tive basicamente de inventar o meu alemão, tendo sido previamente instruído pelo meu pai no que dizia respeito a sinónimos em iídiche. E, assim, eu, um rapazinho com o nome de uma criança gaseada em Auschwitz havia apenas dezassete anos, desci à recepção deste hotel alemão de província e anunciei: «Mein Vater will eine Dusche.» O meu pai quer tomar um duche.

O mundo da minha juventude era, portanto, aquele que nos fora legado por Hitler. É evidente que a história intelectual do século XX (e a história dos intelectuais desse século) tem uma forma própria: a forma que os intelectuais de esquerda ou de direita lhe atribuiriam se a contassem de forma narrativa convencional ou como parte de uma imagem ideológica do mundo. Mas hoje já devia ser claro que existe uma outra história, uma outra narrativa que constantemente intervém e se intromete em qualquer relato do pensamento e dos pensadores do século XX: a catástrofe dos judeus europeus. Um número extraordinário de *dramatis personae* da história intelectual do nosso tempo também está presente *nessa* história, especialmente da década de 1930 em diante.

Em certo sentido, esta é também a minha história. Cresci, li, tornei-me historiador e, agrada-me pensar, intelectual. A questão judaica nunca esteve no centro da minha vida intelectual ou, na verdade, do meu trabalho histórico. Mas ela interfere inevitavelmente, e sempre com mais intensidade. Um dos propósitos deste livro é possibilitar que esses temas se encontrem mutuamente, permitir que a história intelectual do século XX conheça a história dos judeus. É um esforço tão pessoal como académico: afinal, muitos dos que, no nosso trabalho, mantiveram esses temas separados são também judeus.

31

Um ponto de partida para compreender as complexida-
des da história judaica e intelectual da nossa época é Viena,
um lugar que temos em comum. Há uma imagem da cidade
que herdámos de Stefan Zweig: uma Europa Central tolerante,
cosmopolita, cheia de energia, uma república das letras com
uma capital imperial. Mas a tragédia dos judeus colide com
essa história. A autobiografia de Zweig, O Mundo de Ontem,
é uma descrição retrospetiva do século XX, *que une os horro-*
res da Segunda Guerra Mundial e uma nostalgia pelo mundo
anterior à Primeira.

Para Zweig e os judeus seus contemporâneos, o mundo dos Habsburgos anterior à Primeira Guerra Mundial limitava-se aos oásis urbanos do império: Viena, Budapeste, Cracóvia, Czernowitz. Os intelectuais da sua geração tinham tão pouca familiaridade com a Hungria,
a Croácia ou a Galícia rurais (se fossem judeus) como esses outros
mundos os desconheciam. Mais para oeste, a monarquia dos Habsburgos estendia-se a Salzburgo, a Innsbruck, à Alta e à Baixa Áustria
e às montanhas do Tirol do Sul, onde os judeus de Viena, ou a vida
cultural vienense em geral, eram um mistério ou um motivo de ódio,
ou ambos.

Por isso, temos de ter cuidado ao ler Zweig e outros como um guia
do mundo perdido da Europa Central. Em 1985, visitei uma exposição no Museu Histórico da Cidade de Viena, *Traum und Wirklichkeit:*
Wien 1880-1930. Numa das salas, os curadores tinham afixado páginas ampliadas de um jornal vienense de direita. O artigo, obviamente em alemão, era sobre os horrores do cosmopolitismo: os judeus,
os húngaros, os checos, os eslovacos e outros andavam a conspurcar
Viena e a engendrar o crime. Os curadores tinham sublinhado esse
texto com cores diferentes conforme as palavras e as suas raízes, para
mostrar quão pouco estava em alemão literário: o autor desconhecia
que grande parte do seu palavreado tipicamente nativista incluía vo-
cábulos de origem iídiche, húngara e eslava.

A monarquia dos Habsburgos, o velho império austríaco, tinha
assim uma dupla identidade. Mais do que em qualquer parte da Europa nessa época, era ali que com mais probabilidade se encontraria
o preconceito declarado segundo o princípio freudiano do narcisismo
das pequenas diferenças. Ao mesmo tempo, as pessoas, línguas e cul-

turas estavam totalmente interligadas e indissoluvelmente misturadas na identidade do lugar. O mundo dos Habsburgos era onde um Stefan Zweig ou um Joseph Roth podia sentir-se mais inteiramente em casa – a casa de onde foram os primeiros a ser expulsos.

Vamos insistir um pouco mais nesta ironia. Foram precisamente os Roths, os Zweigs e outros judeus assimilados da Europa Central, que escreviam em alemão – em que outra língua haviam de escrever? –, que iriam desempenhar um papel destacado na criação do alemão literário erudito que marca a literatura da época. Pergunto-me se isto é suficientemente realçado na clássica descrição de Carl Schorske, Fin-de-Siècle Vienna. *Schorske parece minimizar as qualidades e origens distintamente judaicas dos protagonistas austríacos da sua história, enraizados numa cultura alemã que adoravam e que iria rejeitá-los e abandoná-los no período de uma geração.*

Sim. Os judeus leste-europeus que se contavam entre os meus antepassados careciam de semelhante enraizamento numa cultura local erudita pela qual fossem assimilados e cujo valor reconhecessem. Dificilmente conseguiam identificar-se com a língua e a cultura dos polacos, ucranianos e romenos hostis que os rodeavam e com os quais tinham sobretudo uma relação exclusivamente baseada no antagonismo, na ignorância e no receio mútuo. Quanto à sua própria herança judaica de religião e *yiddishkayt,* no século XX um número crescente de *Ostjuden* mais jovens estava disposto a rejeitá-la também. Por isso, a simples ideia de uma história unificada dos judeus europeus é, no mínimo, por si só problemática: estávamos divididos e estilhaçados por região, classe, língua, cultura e oportunidade (ou falta dela). Até na própria Viena, à medida que os judeus das províncias imperiais afluíam à capital, também a cultura dos judeus de língua alemã enfrentava a diluição e a divisão. Mas, ainda em plena década de 1920, os judeus nascidos em Viena ou Budapeste, mesmo que as suas famílias fossem oriundas do leste rural, eram educados para se considerarem «alemães». E, por conseguinte, teriam a sua germanidade em risco.

Pelo lado materno, a família da minha primeira mulher era formada por judeus de ofícios prósperos de Breslau: exemplares representativos de uma burguesia alemã judaica há muito estabelecida. Embora tivessem fugido da Alemanha nazi e assentado confortavelmente em

Inglaterra, mantinham-se profundamente alemães em tudo o que faziam: da decoração da casa à comida, à conversa, às referências culturais pelas quais se identificavam uns aos outros e aos novos conhecidos. Sempre que uma das minhas tias me queria pôr no lugar, inquiria educadamente se eu tinha lido este ou aquele clássico alemão. A sua impressão de perda era palpável e omnipresente: o mundo alemão que os tinha abandonado era o único que conheciam e que valia a pena – a sua ausência era uma fonte de dor muito maior do que tudo o que os nazis haviam perpetrado.

O meu pai, cujos antepassados judeus da Europa *de Leste* eram muito diferentes, espantava-se invariavelmente ao saber que os seus parentes por afinidade regressavam à Alemanha, de dois em dois anos, para passar férias. Ele virava-se apenas para a minha mãe na maior perplexidade e perguntava baixinho: «Mas como são capazes de tal coisa?» Para dizer a verdade, a minha primeira sogra nunca deixou de gostar muito da Alemanha – da Silésia da sua infância e da nova República de Bona, próspera e confortável, com a qual se familiarizara cada vez mais. Ela e a irmã estavam ainda convencidas de que a aberração fora Hitler. Para elas, a *Deutschtum*(*) conservou-se uma realidade viva.

A civilização alemã era um ideal judaico de valores universais; a revolução internacional – o seu perfeito oposto – era outro. De certo modo, a tragédia do nosso século reside na desacreditação desses dois ideais na década de 1930, com as implicações e os horrores de tal transformação cujas consequências se manifestaram durante décadas. No entanto, o lugar do anti-semitismo nessa história nem sempre é tão simples como as pessoas ingenuamente supõem. Quando Karl Lueger foi pela primeira vez eleito presidente da Câmara de Viena em 1897, com uma plataforma declaradamente anti-semítica, os judeus vienenses, culturalmente confiantes, de modo algum lhe reconheceram autoridade para definir a identidade nacional ou cultural. Tinham no mínimo a mesma segurança quanto à sua identidade e, se a sua opinião fosse tida ou achada, teriam provavelmente preferido que ele escolhesse (como afirmava) quem era ou não judeu e não quem podia ou não ser alemão. Para eles, Lueger, tal como Hitler para uma geração posterior, era uma aberração passageira.

(*) Termo alemão que designa a condição de pertença à cultura e etnia germânicas. *(N. T.)*

Na monarquia dos Habsburgos, o anti-semitismo era uma nova forma de política que os judeus e os liberais achavam desagradável, mas à qual pensaram poder adaptar-se. Era nesses anos, na viragem do século XIX *para o* XX, *que os socialistas austríacos falavam do anti-semitismo como o «socialismo dos tolos», dos trabalhadores que ainda não sabiam reconhecer o seu próprio interesse de classe e que, por isso, culpavam os judeus – por serem donos de fábricas ou magnatas dos grandes armazéns – pela sua exploração, em vez do capitalismo. No fim de contas, se o problema é só a tolice, então pode ser corrigido pela educação: quando os trabalhadores estiverem devidamente conscientes e informados, não irão culpar os judeus. O liberalismo imperial na zona urbana central da Europa permitira que os judeus emigrassem para as grandes cidades e subissem de estatuto: porque haveriam os judeus (ou os socialistas) de abandoná-lo ou de descrer da sua promessa?*

Vejamos o caso de Nicholas Kaldor, o renomado economista húngaro. Ele crescera na Hungria do período entre as duas guerras e considerava-se, primeiro e sobretudo, um membro educado da classe média alta da sua Budapeste natal: o seu mundo era o dos judeus húngaros cultos, de língua e educação alemã. Na altura em que o conheci, no início da década de 1970, ele recebia a visita de uma geração mais nova de economistas e intelectuais húngaros que lhe inspirava, no máximo, uma distância complacente: provincianos recém-promovidos, privados da cultura e da língua dos pais e reduzidos à vida num pequeno entreposto comunista. Enquanto na minha infância judia inglesa, os judeus eram sempre e obviamente novos-ricos ou párias, para aplicar as categorias de Arendt, era claro que Nicki Kaldor nunca adquirira nem uma nem outra dessas identidades durante a sua juventude em Budapeste.

Budapeste era um exemplo de assimilação eletiva ainda mais particular do que Viena. Os húngaros, tendo alcançado em 1867 algo muito semelhante à soberania estatal dentro da monarquia dos Habsburgos, começaram a construir a sua capital como uma espécie de modelo de cidade moderna, importando padrões arquitetónicos e de planeamento para erguer

*um notável mundo urbano de praças, cafés, escolas, estações
e avenidas. Nessa nova cidade, conseguiram, numa escala espantosa e sem qualquer intenção muito deliberada, a integração de muitos judeus urbanos na sociedade húngara.*

Semelhante integração, mesmo que inevitavelmente imperfeita,
não seria sequer acessível ao judeu polaco ou romeno mais bem assimilado. No espaço atribuído à Zona de Assentamento(*) do Império
Russo e nas regiões logo a ocidente, os judeus eram constrangidos a
opor-se ao princípio dominante: por mais admiráveis ou assimiláveis
que fossem as qualidades de determinado indivíduo, a comunidade em
si era, por definição e prática tradicional, estranha ao espaço nacional.
Mesmo em Viena, os judeus estavam na prática restringidos à filiação
no espaço *cultural* alemão que fora aberto pelo império, especialmente
depois das reformas constitucionais de 1867; após 1918, quando a
Áustria alemã foi redefinida como uma nação, o lugar dos judeus nela
tornou-se muito mais problemático.

Apresentemos o assunto esquematicamente: as divisões linguísticas
e a insegurança institucional da metade oriental da Europa tornaram a
região peculiarmente inóspita para forasteiros numerosos como os judeus. Como os ucranianos, eslovacos, bielorrussos e outros enfrenta-
vam desafios próprios na definição e obtenção de um espaço nacional
distinto dos vizinhos, a presença de judeus só podia perturbar e anta-
gonizar, oferecendo um alvo para expressões de insegurança nacional.
Até na monarquia dos Habsburgos, o que os judeus realmente inte-
graram foi uma civilização urbana contida num império rural; quando
este se desfez a seguir à Primeira Guerra Mundial, redefinindo-se através de espaços nacionais em que as vilas e as cidades eram ilhas num
mar de vida agrária, os judeus perderam o seu lugar.

Penso que desde cedo, no contexto da minha família, me apercebi
de algo que só mais tarde descobriria ao ler Joseph Roth: os meus pais
e avós, ainda que daí proviessem, nada sabiam da Polónia e da Litua-
nia, da Galícia ou da Roménia. Sabiam era do *império*: no fim, tudo o
que importava para a maioria dos judeus eram as decisões tomadas no
centro e as proteções concedidas pelas camadas superiores. Os judeus
podiam viver na periferia, mas estavam ligados por laços de interesse

---

(*) Zona do Império Russo demarcada em 1791 por Catarina II, também
conhecida como Zona de Residência ou Território do Acordo, fora da qual era
interdita a permanência da comunidade judaica. *(N. T.)*

O NOME PERMANECE: O INTERROGADOR JUDEU

e de identificação ao centro imperial. Pessoas como a minha avó paterna, que cresceu no seu *shtetl*(*) em Pilviskiai, no Sudoeste da Lituânia, desconheciam totalmente o mundo à sua volta. Como ela, conheciam o *shtetl*, conheciam Vilna, a capital regional imperial, uma cidade em grande parte judia – e, a seguir, o mundo (se isso significasse algo para elas). Tudo o resto – a região, a população circundante, as práticas cristãs locais e coisas assim – era pouco mais do que um espaço vazio onde as suas vidas estavam destinadas a decorrer. Hoje é costume observar-se – e com razão – que os seus vizinhos cristãos (ucranianos, bielorrussos, polacos, eslovacos, etc.) viviam pessimamente mal informados sobre as comunidades judaicas no seu seio. Pouco se importavam com elas e cultivavam a seu respeito velhos preconceitos. Mas o mesmo era em grande parte verdade quanto aos sentimentos dos judeus para com os *goyim*. É certo que a relação era profundamente desigual. Mas, pelo menos nesse aspecto, havia alguma simetria.

De facto, foi precisamente essa interdependência de ignorância recíproca que contribuiu, durante o século XX, para a facilidade da limpeza étnica e de coisas piores na Europa Central e de Leste. Isso vem muito claramente ao de cima quando lemos testemunhos de sobreviventes, por exemplo, da Ucrânia ou da Bielorrússia: quando os judeus lembram o que os denunciava como judeus – além de marcas físicas incontestáveis como a circuncisão –, enumeram geralmente as coisas que não sabiam (sabíamos) fazer, porque viviam num espaço social hermeticamente separado. Os judeus não sabiam o Pai-Nosso; era raro que um judeu nesta parte do mundo soubesse selar um cavalo ou lavrar um terreno. Os sobreviventes judeus pertenciam em geral à minoria que, por alguma razão fortuita, conhecia essas coisas.

Isso evoca algo que podemos ler, por exemplo, no trajeto atormentado de Franz Kafka ao longo dos marcos de fronteira do exclusivismo étnico: os «horrores» da tacanhez judaica e as «glórias» da cultura judaica. Ser judeu era ao mesmo tempo pertencer a um mundozinho constrangido, circunscrito, mal-educado e geralmente pobre – e, contudo, pelos padrões da população em redor, esse mundo judeu claustrofóbico era simultaneamente educado e culto, e, embora a sua cultura fosse voltada para o interior, era apesar de tudo uma cultura; além disso, estava ligada a uma civilização universal, vasta no tempo e no espaço. Desse paradoxo nasceram o sentido

---

(*) Designação das vilas ou aldeias judaicas na Europa de Leste. *(N. T.)*

judeu, muito comentado, de orgulho presunçoso – somos o povo escolhido – e o profundo sentimento de vulnerabilidade que marcou uma microssociedade eternamente insegura. De modo bastante compreensível, muitos jovens judeus do fim do século XIX e início do século XX esforçaram-se arduamente para recusar as duas dimensões dessa cultura.

> *Em Viena ou Budapeste, ou mesmo Praga (para não mencionar cidades cosmopolitas mais a oeste), a integração profissional, a mobilidade económica e social ascendente e a assimilação linguística eram acessíveis aos jovens judeus ambiciosos. Mas havia um teto de vidro: a política. Uma coisa era os judeus deslocarem-se para o centro do mundo cristão: conhecer-lhe as ruas, partilhar a sua topografia, compreender a sua alta cultura e fazer desta a sua. No tempo do império, isso bastava. A «política», os assuntos do governo e da governação, estava fora do alcance da maioria dos judeus; ela era não tanto uma atividade, como uma proteção contra a sociedade. Mas nos espaços pós-imperiais de Estados-nação, a política funcionava de modo muito diferente, fazendo do Estado uma ameaça em vez de um protetor.*

Sim. Embora hoje possa parecer esquisito, a democracia foi uma catástrofe para os judeus que prosperaram nas autocracias liberais: especialmente na janela que se abriu entre o Império Austríaco do século XVIII com José II e a sua curiosa apoteose no longo reinado do imperador Francisco José II, de 1848 a 1916, uma era de persistente coação política mas de libertação cultural e económica. A sociedade de massas apresentava desafios novos e perigosos: não só os judeus eram agora um alvo político útil, como estavam a perder a proteção cada vez mais ineficaz da figura de proa real ou imperial. Para sobreviverem a esta transição turbulenta, os judeus europeus ou desapareciam em conjunto ou mudavam as regras do jogo político.

Daí a crescente propensão judaica, nas primeiras décadas do século XX, para formas não democráticas de mudança radical, com uma insistência concomitante na irrelevância da religião, língua ou etnia, que davam lugar a uma primazia das categorias sociais e económicas; daí também a muito falada presença de judeus na primeira geração de regimes autoritários de esquerda que emergiram das convulsões da época. Olhando em diante a partir de 1918, ou atualmente em retrospetiva, isso parece-me perfeitamente compreensível: sem um empenho ativo no sionismo ou sem a partida para outros continentes, a única esperança para os judeus da Europa era a perpetuação do *statu quo* imperial ou a oposição radical, transformadora, aos Estados-nação que lhe sucediam.

A excepção óbvia, pelo menos durante as décadas entre as duas guerras, foi a Checoslováquia verdadeiramente democrática e relativamente tolerante de Tomáš Masaryk. Aqui estava, pelo menos em comparação com as vizinhas Roménia, Hungria ou Polónia, um Estado multinacional onde todas as minorias eram no mínimo toleradas: é claro que não havia uma comunidade maioritária «checoslovaca» – os próprios checos constituíam uma maioria apenas relativa, de modo que alemães, eslovacos, húngaros, rutenos e judeus podiam, todos eles, encontrar o seu lugar, embora os alemães fossem especialmente susceptíveis a sentimentos irredentistas importados dos vizinhos.

É surpreendente que vejas Kafka a migrar penosamente entre as suas várias identidades – a judia, a checa, a alemã. Parece igualmente razoável interpretar o seu tema como o terror puro que se enfrenta quando o Estado, até então um protetor distante, se aproxima perigosamente, tornando-se a origem da opressão, observando, avaliando e julgando constantemente.

É realmente assim, e é inteiramente compreensível que os seus leitores absorvessem sobretudo essa lição dos textos mais conhecidos de Kafka. Mas muitas vezes me pareceu que o tema da autoridade em Kafka está amplamente incrustado numa mescla de teor pessoal e político: embora haja muito a dizer quando o lemos à sombra da sua correspondência atormentada com o pai, nada se perde em localizá-lo no contexto mais amplo da história checa, judaica e centro-europeia. O poder e a autoridade, naquela época e lugar, eram ao mesmo tempo opressivos e ambivalentes. A ambiguidade, por exemplo, de *O Processo* e *O Castelo*, relativamente aos sentimentos do protagonista para com as «autoridades», ecoa e ilustra uma ambiguidade que podemos encontrar na história judaica e mesmo na reação de muitos judeus da região à sucessão de ditaduras e ocupações.

*Ao pensar nas décadas de 1890 e 1900, muito talvez de-
penda de se perceber o pai como um símbolo de autoridade,
ou a autoridade como um símbolo do pai...*

*Gostaria de aprofundar um pouco as categorias que temos
estado a discutir. O outro padrão a que aludiste é a Polónia,
onde a assimilação prossegue, mas nem por sombras tanto
como na Hungria, onde muitos judeus, embora não a maioria,
chegam mesmo a pensar que fazem parte da nação. E, assim,
temos o fenómeno dos notabilíssimos judeus de Łódź ou Varsóvia que, no começo dos derradeiros anos do velho Império
Russo, optaram muito conscientemente por assimilar a civilização e cultura polacas, encarando-se despreocupadamente
como polacos e judeus. Dito isto, a língua e cultura polacas
sofriam de uma característica fatal (e fatal não só para os judeus): ela era e é suficientemente rica e atraente para provincia-
nizar os que a partilham, afastando-os de fidelidades cosmopolitas, mas não era suficientemente ampla ou autoconfiante
para absorver e proteger as minorias.*

Eu nunca detetei nos judeus alemães, húngaros ou austríacos a
mesma mistura complexa de familiaridade, atração e ressentimento
que vemos entre os judeus educados de origem polaca.

Vi certa vez Bronislaw Geremek, o distinto historiador medieval,
ativista do Solidariedade e ministro dos Negócios Estrangeiros, ser en-
trevistado na televisão francesa. O apresentador bem intencionado ia
perguntando: «Que leituras lhe dão grande prazer pessoal e o auxiliam
nos momentos difíceis?» Geremek desbobinava então uma série de nomes (polacos) impronunciáveis de que o outro nitidamente nunca ouvira
falar; o público, igualmente confundido, reagia com um silêncio deli-
cado. Percebia-se que o entrevistador francês, preparado para um intelectual centro-europeu – Jürgen Habermas, por exemplo, ou Gershom
Scholem –, nada tinha a dizer. A dimensão da Polónia basta para que os
seus judeus cultos sejam altamente sofisticados, mas também para que,
ao falarem da sua cultura com alguém de fora, em tudo o resto bem informado, eles pareçam totalmente incompreensíveis. Não acredito que
isto se verifique com qualquer outra comunidade judaica europeia.

*Parece-me sempre que os polacos judeus, os judeus polacos
e os judeus que são polacos têm o mesmo problema de escala*

que os polacos têm em geral: habitam um país de dimensões médias e, por conseguinte, orgulhosamente incómodo na sua existência e, ao mesmo tempo, embaraçosamente inexistente para os outros.

Os polacos e os judeus têm muito mais do que isso em comum. Há esta tendência polaco-judaica – tendência polaca e judaica – para sentir que, a menos que se exagere a centralidade, corre-se sempre o risco da marginalização. Em *Europe*, de Norman Davies, o mapa introdutório da Europa foi ajustado para que Varsóvia ocupe o epicentro. E, de facto, no relato que Davies faz da Europa, a Polónia consegue ficar no cerne da sua própria história e de tudo o resto. Acho isso uma evidente patetice: Varsóvia não é, e em boa parte da história da Europa nunca foi, o centro de grande coisa.

Mas os judeus também fazem isso: inserem a sua história, por exemplo, no centro do século XX e do seu significado. Pode ser muito difícil, em particular quando se ensina aqui nos Estados Unidos, transmitir o quão distante o Holocausto esteve das preocupações ou decisões das pessoas durante a Segunda Guerra Mundial. Não quero dizer com isto que não importava, e muito menos que não importa hoje. Mas, se quisermos fazer uma descrição justa do passado recente, não podemos ler retrospetivamente nele as nossas prioridades éticas ou comunitárias. A dura realidade é que os judeus, o sofrimento judeu e o extermínio judeu não eram assuntos que preocupassem esmagadoramente a maioria dos europeus (exceto os judeus e os nazis) dessa altura. A centralidade que agora conferimos ao Holocausto, como judeus e humanitários, é algo que só surgiu décadas depois.

Mas, num certo sentido importante, a Polónia é o centro de tudo. A história europeia, pelo menos no que respeita à vida dos judeus, passou por três fases. O seu centro medieval foi claramente a Europa Central e Ocidental. Vieram então a Peste Negra e as expulsões, após as quais os judeus e a vida judaica se mudaram para leste, para a Comunidade Polaco--Lituana e para o Império Otomano. Temos por fim o período moderno, que começa, digamos, em fins do século XVIII com a revolução em França e as partilhas polacas, em consequência das quais uma parte muito significativa dos judeus europeus, que vivia na Galícia, fica pela primeira vez sob o domínio da monarquia dos Habsburgos. Os seus filhos e netos mudam-se para a Morávia e finalmente para Viena, onde criam o modernismo europeu. É sobre esta gente que temos estado a falar, gente que na verdade inventou muitos dos conceitos que estamos a usar; portanto, em todas as dicussões sobre a integração, a assimilação e a participação judaica na modernidade, temos de começar pela Polónia.

Se parasses o tempo em 1939, eu nada teria a objetar ao que dizes. Tanto a narrativa como a sua importância teriam de ser adaptadas a um processo que culminou na urbanização e libertação dos judeus da Europa que falava polaco, e são amplas as consequências dessa narrativa para a Europa. Mas, depois, o que acontece? A Polónia é brutalmente expulsa de cena: primeiro pela Segunda Guerra Mundial, a seguir pela tomada de poder comunista, depois – nas décadas seguintes – por uma crescente consciência do que aconteceu aos judeus; essa restauração da memória e a sensibilidade intensificada à lembrança do sofrimento judeu não só reduzem o lugar da Polónia na narrativa judaica, como o enquadram decididamente sob uma luz negativa. A Polónia, outrora uma pátria judaica, torna-se o espectador e participante ocasional da destruição dos judeus.

Esta imagem lúgubre é então, parece-me, projetada retrospetivamente através da história dos judeus na Polónia: a começar pela década de 1930 e prosseguindo pelos séculos anteriores. A Polónia que se descobre – é essa decerto a Polónia com que cresci na minha família – era um lugar perigoso para se ser judeu. A história dos judeus passa a ser uma narrativa prospetiva de emancipação geográfica: fugir dos lugares errados e encontrar o nosso caminho para lugares melhores, que, nesta narrativa moderna, podem ser a Europa Ocidental, o Canadá, os EUA e, de forma mais problemática, Israel. Mas nunca é a Europa de Leste. Inversamente, os lugares errados situam-se quase sempre numa Europa de Leste real ou (mais habitualmente) imaginária, que vai do rio Leitha ao rio Bug. Esta versão do infortúnio geográfico judaico recobre agora tão completamente os relatos anteriores que é muito difícil desenredá-los.

Acho que isso é inteiramente verdade. Mas estou a tentar ligar as tuas duas linhas da história judaica, o leste-europeu provinciano e o centro-europeu cosmopolita.

O NOME PERMANECE: O INTERROGADOR JUDEU

Vamos olhar de novo para a imagem estática e assíncrona da vida dos judeus na Viena do fin-de-siècle. *Este é o belo retrato com que ficamos através de Zweig, Roth e Schorske. Abarcamos o horizonte da realização judaica e vemos algo palpável, firme, coerente, e a seguir esperamos que se estilhace porque sabemos que é o que vai acontecer. Mas nunca foi assim tão firme e coerente. Somente uma geração os separava da Morávia e duas da Galícia, e, portanto, os judeus não estavam nada longe daquele antigo mundo polaco que também fora destruído no final do século* XVIII.

O que esse relato faz é reificar a juventude de uma certa geração de judeus no final do século XIX, *que, mais do que herdar este mundo vienense, na realidade o criou, para depois na velhice, modestamente, dar o crédito das suas realizações à história, em vez de a culpar por destruí-las.*

Zweig não se limita a escrever sobre isso, ele mata-se por causa disso. E por causa do que irá acontecer – primeiro a seguir a 1918, depois em 1934, com a tentativa de golpe nazi e a guerra civil na Áustria, e, claro, sobretudo entre 1938 e 1945, quando a Áustria fez parte da Alemanha nazi –, a sua versão adquire *a posteriori* uma plausibilidade que de outro modo lhe teria faltado: em suma, que esta foi uma catástrofe especialmente pungente porque algo de único se desfez e se perdeu para sempre.

Não se poderia dizer quase o mesmo da Paris pós-impressionista, o lugar maravilhoso do *fin-de-siècle*? No fim de contas, a França (e Paris sobretudo) era na verdade uma sociedade profundamente dividida, dilacerada por memórias políticas rivais e por uma acesa discórdia quanto à religião e política social. Retrospetivamente, porém, e poucos anos depois, os franceses vieram a conseguir explicar e compreender essas décadas – à Zweig – como uma alvorada gloriosa, ensombrada e destituída pela guerra e pela política – culpando convenientemente os outros por esta e, talvez, até por aquela.

Podemos mesmo escutar um eco dessa descrição nostálgica num texto do excecional economista britânico John Maynard Keynes, *Economic Consequences of the Peace* [Consequências Económicas da Paz]. Já em 1921 ele falava com visível saudade e sentimento de perda do mundo desaparecido da sua juventude anterior à guerra. Esta é em grande medida uma alegoria da geração nascida nas últimas décadas da era vitoriana. Com idade bastante para recordar a confiança e a segurança dos anos finais do século XIX e o optimismo do primeiro decénio do século seguinte, viveriam o suficiente para ver o colapso total do que dantes parecera não só uma condição permanente de próspero bem-estar, como a criação de um mundo novo e promissor.

Naturalmente, pensamos em Keynes sobretudo como o economista que inventou toda uma escola de pensamento económico baseada no argumento de que o Estado pode intervir em tempos de recessão económica. Mas claro que tens razão quanto dizes que ele chegou a essa conclusão pela sua experiência. Voltaremos a isso mais tarde. Mas agora em termos muito gerais: Keynes tem uma frase esplêndida sobre a existência, antes da Primeira Guerra Mundial, de um mundo onde para viajar não era preciso passaporte; mandava-se simplesmente alguém ao banco buscar a quantia necessária de ouro em barra, reservava-se a passagem do canal e estava-se a caminho.

Keynes e outros podem realmente ter tido razão ao dizerem que as coisas estavam a melhorar na viragem do século XIX para o século XX, e não só na Grã-Bretanha. O comércio mundial aumentava. Os austríacos abriam caminho a sul, para o Mediterrâneo; até na Rússia a reforma agrária parecia enfim irromper seriamente na economia rural.

Foi realmente uma época – economicamente, não política ou ideologicamente – de enorme autoconfiança. Essa confiança tomava duas formas. Havia a ideia – dos economistas neoclássicos e dos seus adeptos – de que o capitalismo ia muito bem, assim continuaria e continha realmente os mananciais e os recursos para a sua ilimitada renovação. E depois havia a perspetiva paralela e não menos modernista que via no capitalismo – quer estivesse ou não a prosperar – um sistema condenado a declinar e a ruir sob o peso dos seus próprios conflitos e contradições. Com pontos de partida muito diferentes, ambas as perspetivas eram, por assim dizer, viradas para o futuro e bastante altivas nas suas análises.

As duas décadas que se seguiram ao término da depressão económica do fim do século XIX foram a primeira grande era de globalização; a economia mundial estava realmente a integrar-se tal como Keynes aventara. Precisamente por essa razão, ainda hoje nos é difícil avaliar a escala do colapso durante e depois da Primeira Guerra Mundial e o ritmo a que as economias se contraíram entre as duas guerras. Surgiram os passaportes; voltou-se ao padrão-ouro (no caso britânico em 1925, restabelecido pelo ministro das Finanças, Winston Churchill, apesar das objeções de Keynes); a moeda enfraqueceu; o comércio diminuiu.

Uma maneira de pensar nas implicações de tudo isto é a seguinte: até as economias nucleares da Europa Ocidental próspera só em meados da década de 1970 recuperaram a posição que tinham em 1914, após muitas décadas de contração e proteção. Em suma, as economias industriais do Ocidente (com a excepção dos Estados Unidos) experimentaram um declínio de sessenta anos, marcado por duas guerras mundiais e uma depressão económica sem precedentes. Mais do que qualquer outra coisa, isso constitui o pano de fundo e o contexto para tudo o que temos estado a discutir e mesmo para a história mundial do século passado.

Quando Keynes escreveu a sua *Teoria Geral do Emprego, do Juro e da Moeda* (publicada em 1936), ele estava preocupado – talvez fosse melhor dizer obcecado – com o problema da estabilidade e da perturbação. Ao contrário dos economistas clássicos e dos seus herdeiros neoclássicos (os seus professores), Keynes estava convencido de que, nas economias capitalistas, as condições de incerteza – com a correspondente insegurança social e política – deviam ser tratadas como norma em vez de excepção. Resumidamente, ele propunha uma teoria do mundo em que tinha vivido: longe de ser a situação natural dos mercados perfeitos, a estabilidade era um produto secundário imprevisível e até escasso da atividade económica não regulada. A intervenção, de uma forma ou de outra, era a condição necessária para o bem-estar económico e mesmo, às vezes, para a sobrevivência dos próprios mercados. Num tom inconfundivelmente inglês, esta conclusão equivalia a uma versão de Zweig: dantes pensávamos que tudo era estável, agora sabemos que tudo flui.

Pois, é mesmo notável, não é? O primeiro capítulo de O Mundo de Ontem, de Zweig, é sobre a segurança, que foi aquilo que se perdeu. Com isto, Zweig não quer apenas dizer que houve uma guerra e que as coisas mudaram. Tudo o que ele recorda da juventude com tanta nostalgia e pormenor – a casa do seu pai, a previsibilidade dos papéis que as pessoas desempenhavam – implicava e exigia uma segurança económica mais ampla que nunca regressaria.

Parece-me que também há uma maneira negativa de pôr a questão. Depois da Primeira Guerra Mundial, à falta de um comércio global tranquilizador e real, o projeto de tornar as economias nacionais autossuficientes é o lado sombrio da Europa do século XX. Afinal, quer os nazis quer os soviéticos estavam obcecados pela atração da escala como condição para o bem-estar: com espaço, capacidade produtiva e trabalhadores suficientes, era possível alcançar a autossuficiência e assim reconquistar a segurança do comércio e câmbio globais – nos nossos próprios termos.

Assim, como Estaline dizia, se tivermos o socialismo num só país, é menos importante que a revolução mundial tenha sido adiada indefinidamente. Se tivermos Lebensraum suficiente, como Hitler acreditava, podemos conseguir algo comparável: a autarcia em benefício da raça superior.

Há, portanto, um desejo de criar novos tipos de império, combinado com a noção de que os Estados-nação pós-imperiais eram demasiado pequenos. Os austríacos da década de 1920 estavam obcecados com a Lebensunfähigkeit económica, a afirmação de que, ao ter perdido tudo e ao ter sido reduzida a um espaço alpino tão pequeno e empobrecido, a Áustria não tinha possibilidade de existir como uma entidade independente. A própria palavra exemplifica o sentimento desses anos: «incapacidade para a vida».

Mas lembra-te de que a Áustria entre as duas guerras, apesar de toda a redução do seu tamanho e capacidade, foi bafejada com um movimento socialista invulgarmente sofisticado e bem implantado, que só foi derrotado e finalmente destruído em resultado de sucessivos golpes reaccionários: primeiro em 1934 e depois novamente em 1938. A Áustria era a essência destilada de tudo o que a Primeira Guerra Mundial trouxera à Europa continental: o risco e mesmo a probabilidade da revolução; a ânsia (e a impossibilidade) de um Estado-nação autossuficiente; a dificuldade acrescida da coexistência política pacífica dentro de um espaço cívico não sustentado por recursos económicos.

O NOME PERMANECE: O INTERROGADOR JUDEU

Impressiona o comentário do grande historiador Eric Hobsbawm a respeito da sua infância e juventude na Viena dos anos 1920: sentíamo-nos, escreve ele, como que suspensos num limbo entre um mundo que fora destruído e outro que ainda não nascera. É também na Áustria que encontramos as origens da outra grande corrente da teorização económica dos nossos dias, que se move num sentido claramente oposto às conclusões associadas à obra de Keynes, e identificada com os textos de Karl Popper, Ludwig von Mises, Joseph Schumpeter e, supremamente, Friedrich Hayek.

Os três quartos de século após o desabamento da Áustria na década de 1930 podem ser vistos como um duelo entre Keynes e Hayek. Keynes, como eu dizia, começa pela observação de que, em condições de incerteza económica, seria imprudente assumirmos desfechos estáveis, e, por conseguinte, devíamos conceber formas de intervir para que estes se proporcionassem. Hayek, a partir da experiência austríaca, e com perfeita consciência de que escrevia contra Keynes, defende em O Caminho para a Servidão que a intervenção – o planeamento, por muito benévolo ou bem intencionado, e seja qual for o contexto político – termina invariavelmente mal. O livro foi publicado em 1945 e é bastante notável pela sua previsão de que o estado-providência britânico pós-Segunda Guerra Mundial, já em construção, devia esperar um destino semelhante ao da experiência socialista na Viena pós-1918. Começando com o planeamento socialista, acabava-se com Hitler ou um sucessor parecido. Para Hayek, em suma, a lição da Áustria e mesmo do desastre da Europa entre as duas guerras era em geral tão simples como isto: não intervir e não planificar. O planeamento concede a iniciativa aos que, no final, destruiriam a sociedade (e a economia) em proveito do Estado. Três quartos de século depois, isto continua a ser para muita gente (em especial aqui nos EUA) a lição moral destacada do século XX.

A Áustria tem tanto conteúdo que é possível retirar lições contraditórias mesmo sem querer. A realização histórica dos planificadores socialistas da cidade de Viena não foi replicada no país como um todo. Afinal, os socialistas não controlavam o governo central austríaco, mas somente, depois da Primeira Guerra Mundial (tal como hoje), o governo municipal de Viena, que construiu com êxito as conhecidas zonas habitacionais novas, pequenas comunas urbanas atraentes, etc. Foi o aloja-

mento público que, para o resto do país, se tornou um símbolo dos perigos do planeamento: exatamente porque as comunas funcionavam tão bem, serviam de base de poder aos «judeus» e aos «marxistas». E então, nessa primeira crise de que falaste, a guerra civil de 1934, o governo central (controlado por partidos cristãos conservadores) alinhou as suas peças de artilharia no cimo das colinas à volta de Viena e bombardeou literalmente o socialismo: abrindo fogo sobre o Karl-Marx--Hof e todos aqueles bonitos hofs(*) da classe trabalhadora, com as suas creches, os seus centros de dia, piscinas, lojas e por aí fora – um planeamento municipal efetivo e por isso mesmo detestado.

Sem dúvida. Ironicamente, a experiência austríaca – que foi sempre e acima de tudo um recontro político entre a esquerda marxista urbana e os direitistas cristãos provincianos e desconfiados de Viena e de todas as suas obras – foi elevada ao estatuto de teoria económica. É como se o que se passou na Áustria tivesse sido um debate entre o planeamento e a liberdade, o que nunca foi o caso, e como se fosse perfeitamente óbvio que o rumo dos acontecimentos que levaram uma cidade planificada à repressão autoritária e, por fim, ao fascismo pode ser sumariado como uma relação causal necessária entre o planeamento económico e a ditadura política. Desembaraçado do seu contexto histórico austríaco e até da própria referência histórica, este conjunto de suposições – importadas para os EUA na bagagem de um punhado de intelectuais vienenses desiludidos – veio a moldar não só a escola de economia de Chicago como, na atualidade, toda a discussão pública relevante sobre as opções políticas nos Estados Unidos.

Voltaremos a isso. Mas, antes de sairmos da Viena judaica, a lição austríaca do século XX não terá adquirido também uma forma psíquica?

Sigmund Freud chegou mesmo a tempo de influenciar toda uma geração de pensadores europeus. De Arthur Koestler a Manès Sperber, o percurso lógico para sair de um compromisso marxista de juventude era a psicologia: freudiana, adleriana, junguiana, conforme o gosto.

(*) Pátios. *(N. T.)*

O NOME PERMANECE: O INTERROGADOR JUDEU

Tal como o próprio marxismo, ao qual também regressaremos, a psicologia vienense oferecia um modo de desmistificar o mundo, de identificar uma narrativa abrangente com que interpretar o comportamento e as decisões segundo um molde universal. E também, talvez, uma teoria comparavelmente ambiciosa sobre o modo de mudar o mundo (embora uma pessoa de cada vez).

A psicologia, no fim de contas, e neste aspecto possuía claras semelhanças com o marxismo e com a tradição judaico-cristã, propõe uma narrativa de auto-ilusão, sofrimento, declínio e queda necessários, seguida pelos primeiros sintomas de consciência de si, conhecimento de si, autossuperação e recuperação final. Surpreende-me, nas memórias de centro-europeus nascidos na viragem do século, o número de pessoas (sobretudo judeus) que comenta a popularidade contemporânea da análise, da «explicação», das categorias da nova disciplina (neurose, repressão, etc.). Esse fascínio de escavar sob a explicação superficial, de desfazer mistificações, de descobrir uma história tanto mais verdadeira por a negarem aqueles que ela descreve, sem dúvida também faz lembrar estranhamente os procedimentos do marxismo.

Há outra semelhança. Podemos também extrair uma história optimista, em três partes, do freudianismo, tal como do marxismo. Em vez de nascermos num mundo onde a propriedade destruiu a nossa natureza, nascemos num mundo onde se cometeu (ou não) algum pecado original, se matou (ou não) um pai, se dormiu (ou não) com uma mãe – mas nascemos num mundo onde nos sentimos culpados disso tudo, e não temos a natureza que teríamos tido, talvez puramente teórica. Podemos regressar a algo semelhante a essa condição «natural» se percebermos a estrutura da família e se fizermos terapia. Mas com Freud é como com Marx: não é muito claro como seria exatamente essa utopia se lá chegássemos.

Na história freudiana, tal como na narrativa de Marx, a consideração decisiva é a fé irrestrita no inevitável êxito do desfecho se o processo estiver correto: por outras palavras, se tivermos percebido corretamente e superado o dano ou conflito anterior, alcançaremos necessariamente a terra prometida. E essa garantia de êxito basta para justificar o esforço de lá chegar. Nas palavras de Marx, não lhe competia escrever receitas para os livros de culinária do futuro; ele só prometia que no futuro haveria livros de culinária, desde que utilizássemos corretamente os ingredientes de hoje.

Deixa-me empregar um termo freudiano para fazer uma pergunta sobre algo que me parece um deslocamento na tua própria obra, ou sobre a grande ruptura na história do século: o Holocausto. O título da tua história da Europa é Pós-Guerra. O que é por si, claro, a afirmação de um predicado novo. Mas começar o livro em 1945 permite-te não escrever sobre o assassínio em massa dos judeus. E, de facto, muito pouco da tua obra histórica levanta questões judaicas, mesmo quando elas estão lá para ser levantadas. E, por isso, a minha pergunta é: quando é que o que hoje chamamos Holocausto começou (se de facto começou) a moldar a forma como, pessoalmente, pensavas sobre a história?

Se eu tenho alguma compreensão especial da história da historiografia do Holocausto, é porque ela segue a minha vida de muito perto. Como já referi, para um rapaz de dez anos eu estava invulgarmente bem informado sobre esse assunto. E, no entanto, quando estudei na Universidade de Cambridge nos anos 1960, devo confessar que o tema me desinteressava extraordinariamente – não só o Holocausto como a história judaica em geral. Além disso, não creio que me tenha surpreendido minimamente quando estudámos, por exemplo, a história da França ocupada, sem qualquer referência à expulsão dos judeus.

Na verdade, eu produzi um artigo de investigação especializado acerca da França de Vichy, mas as questões que levantei (e que refletiam fielmente os estudos da época) nada tinham que ver com os judeus franceses. O problema que então obcecava os historiadores era ainda a natureza da política de direita da altura: que género de regime era Vichy? Reaccionário? Fascista? Conservador? Com isto não quero dizer que não sabia nada sobre o destino dos judeus de França naqueles anos, muito pelo contrário. Mas, de algum modo, esse conhecimento privado nunca se integrou nos meus interesses académicos, nem sequer no meu estudo da Europa. Só nos anos 1990 é que o assunto passou para o centro dos meus interesses científicos.

Talvez fosse boa altura para introduzir Hannah Arendt, que cedo e de modo influente tratou o Holocausto como um proble-

ma de todos, e não só dos seus perpetradores e vítimas. Arendt faz três alegações que – apesar de ela própria ser alemã e judia – dão a entender que o Holocausto não devia ser confinado a alemães e judeus. Primeiro, ela afirma que as políticas nazis se compreendem melhor à luz da categoria mais ampla de «totalitarismo», um problema e produto das sociedades de massas. Segundo, as sociedades de massas refletem por sua vez uma interação patológica entre a «turba» e a «elite», um dilema característico do que ela chama modernidade. Arendt prossegue, afirmando que outra característica da sociedade moderna é o paradoxo da responsabilidade distribuída: a burocracia dilui e obscurece a responsabilidade moral individual, tornando-a invisível e produzindo assim Eichmann e, com Eichmann, Auschwitz. Terceiro, Arendt declara – numa carta a Karl Jaspers, acho que em 1946 – que aquilo a que Jaspers chamava culpa implícita, metafísica, tem de ser a base para qualquer nova república alemã. Deste modo, Arendt, por assim dizer, encerrou a discussão histórica sobre o Holocausto ainda antes de esta começar.

Está bem resumido. Vejo-me em desacordo com a maior parte dos outros admiradores de Arendt. Na sua grande maioria, tendem a ficar fascinados com as suas reflexões ambiciosas sobre a natureza da modernidade, as perspetivas da República, os objetivos da ação coletiva e outras especulações parafilosóficas do género apresentadas, por exemplo, em *A Condição Humana*. Inversamente, muitos leitores ficam perturbados e até encolerizados com o que Arendt tem a dizer sobre os judeus e o que ela denominou «a banalidade do mal».

Eu, pelo contrário, acho irritante a Arendt esquiva e metafísica de muitos dos seus textos especulativos, precisamente naqueles terrenos que requerem precisão epistemológica e provas históricas. Porém, o que ela tem a dizer sobre a condição judaica na sociedade moderna – do seu estudo biográfico de Rahel Varnhagen ao relato que faz do julgamento de Eichmann – parece-me absolutamente correto. Não quero com isto dizer que Arendt acerta em tudo. Ela inclina-se precipitadamente a condenar os *Ostjuden* por passividade ou mesmo colaboração *de facto*, por outras palavras, a culpá-los por aspectos do seu próprio sofrimento. Essa insensibilidade autorizou alguns dos seus críticos a declarar que Arendt não percebe de todo as circunstâncias dos judeus em lugares como Łódź, pois ela – um produto exemplar da *Bildung* germano-judaica – apenas consegue imaginar a situação dos judeus em Frankfurt ou Königsberg, onde eles teriam tido muito melhores contactos, uma percepção muito mais sofisticada dos acontecimentos e o luxo de uma escolha maior entre ficar, partir ou resistir.

E, contudo, ela percebe perfeitamente uma coisa. Repara, por exemplo, na tal expressão controversa: «a banalidade do mal». Arendt está a escrever em termos que refletem uma perceção weberiana do mundo moderno: um universo de estados governados por burocracias administrativas, por sua vez subdivididas em unidades muito pequenas, onde as decisões e escolhas são exercidas pela, chamemos-lhe assim, não-iniciativa individual. A inação, num tal ambiente institucional, torna-se ação; a falta de escolha ativa substitui a própria escolha, e assim por diante.

Lembra-te de que Arendt publicou *Eichmann em Jerusalém* no início dos anos 1960. O que ela defendia ainda não era uma opinião convencional, mas viria a sê-lo num par de décadas. Nos anos 1980, era uma ideia geralmente defendida entre os especialistas da área que a história do nazismo, e mesmo do totalitarismo em todas as suas formas, não podia ser completamente percebida se a reduzíssemos a um conto de gente malévola que se dedica consciente e deliberadamente a atos criminosos visando o mal.

É evidente que, de um ponto de vista ético ou legal, isso faz mais sentido: não só nos causam desconforto noções de responsabilidade ou culpa coletiva, como exigimos algumas provas de intenção e ação para arrumar a nosso contento questões de culpa e inocência. Mas critérios legais, e mesmo éticos, não esgotam as condições ao nosso dispor para a explicação histórica. E certamente não proporcionam uma base suficiente para uma explicação das razões e do modo como pessoas comuns, a exercer de consciência tranquila ações decididamente comuns (como a gestão de horários de comboios), podem ainda assim causar um mal tão grande.

São as mesmas questões de *Ordinary Men*, de Christopher Browning, a história de um batalhão da Polícia de Ordem Alemã na Polónia ocupada. Aqui, homens que de outra forma seriam anónimos e invisíveis cometem, dia a dia, semana a semana, atos que por qualquer padrão constituem crimes contra a humanidade: o fuzilamento em massa de judeus polacos. Como pensar sequer no que eles fazem, em porque o fazem e de que maneira descrevê-lo? Arendt pelo menos fornece um ponto de partida.

O NOME PERMANECE: O INTERROGADOR JUDEU

O que Arendt faz é procurar o teu género de descrição universal do que aconteceu. E é evidente que, nessa época, Jean--Paul Sartre buscava o mesmo; também ele se dispôs a propor um retrato psicológico universal do que se passou na Europa durante a Segunda Guerra Mundial. A ideia existencialista da criatividade e responsabilidade moral é uma resposta ao mundo solitário sem valores imanentes. Tudo isso, claro, vem de Martin Heidegger. Retomaremos mais tarde essa ligação.

Digamos que Arendt tem razão e que o significado do Holocausto não está provincianamente confinado a vítimas judias e criminosos alemães, mas que só pode ser compreendido em termos universais e éticos. É provável que um existencialista inspirado pela guerra considerasse obrigatoriamente as suas vítimas mais indefesas. Isso leva à questão da despreocupação relativa de Sartre com a responsabilidade francesa no Holocausto.

Não acho que a pior lacuna de Sartre tenha sido a incapacidade de ver com clareza a Segunda Guerra Mundial. Contudo, acho que a sua miopia política durante os anos da ocupação deveria ser compreendida à luz da sua visão, até então completamente apolítica, do mundo. É um homem que, no fim de contas, conseguiu atravessar a década de 1930 aparentemente sem compromisso ou reação política de espécie alguma, apesar de um ano passado na Alemanha e da convulsão assinalável da Frente Popular em França. É indubitável que, retrospetivamente, Sartre – como muitos amigos seus – se sentia embaraçado com isso. Alguns dos seus textos morais posteriores acerca da boa-fé, má-fé, responsabilidade e afins talvez se compreendam melhor como projeções retroativas da sua própria má consciência.

Porém, o que sempre me perturbou em Sartre foi a sua contínua incapacidade de pensar claramente muito depois de as ambiguidades dos anos 1930 e 1940 se terem dissipado. Por que razão, afinal, se recusou ele tão insistentemente a discutir os crimes do comunismo, chegando ao ponto de permanecer manifestamente calado quanto ao anti-semitismo dos últimos anos de Estaline? A resposta, claro, é que ele tomou uma decisão deliberada de não pensar nesses crimes em termos éticos, ou pelo menos numa linguagem que envolvesse o seu próprio compromisso ético. Resumindo, ele arranjou maneiras de evitar uma escolha difícil – enquanto insistia que evitar escolhas difíceis era precisamente o exercício de má-fé que tão celebremente definiu e condenou.

É essa confusão – ou, mais frontalmente, dissimulação – imperdoável que eu acho inaceitável exatamente nos termos do próprio Sartre. Não foi pelo facto de a sua geração estar invulgarmente confusa ou enganada: Jean-Paul Sartre era um ano mais novo ou mais velho do que Hannah Arendt mas também do que Arthur Koestler e Raymond Aron. Essa geração, nascida por volta de 1905, foi inquestionavelmente a leva intelectual mais influente do século. Atingiram a maturidade quando Hitler estava a chegar ao poder e foram arrastados sem apelo nem agravo para o vórtice histórico, confrontando todas as escolhas trágicas da época sem outro remédio senão escolher ou deixar que outros escolhessem por eles. Depois da guerra, na sua maioria suficientemente jovens para evitar o descrédito que se abateu sobre os mais velhos, exerceram uma influência intelectual e literária precoce, tendo vindo a dominar o panorama europeu (e norte-americano) durante décadas.

> *O próprio Martin Heidegger passou a ser quase inaceitável nos EUA em virtude das suas simpatias nazis, tanto assim que muitos intelectuais americanos julgam que a sua própria fenomenologia é inerentemente nacional-socialista. Entretanto, o existencialismo de Sartre, que deriva de Heidegger, tornou-se muito popular, e continua a sê-lo, nos departamentos universitários americanos. Mas, voltando às nossas preocupações, não só Arendt e Sartre, mas toda uma geração de intelectuais europeus esteve ligada, direta ou indiretamente, a Heidegger.*

O principal aspeto aqui é a repercussão sem precedentes do pensamento alemão pós-hegeliano, pós-idealista, nos intelectuais europeus entre as décadas de 1930 e 1960. Numa perspetiva, a da influência filosófica alemã, devia ficar entendido que esta história inclui a ascensão (e posterior queda) do pensamento marxista na Europa Ocidental; a atração intelectual de Marx – distinta da influência política dos partidos que operavam em seu nome – não pode divorciar-se da crescente familiaridade académica com os seus primeiros textos e as suas raízes nos debates e diálogos da juventude de Hegel. Mas, pelo menos de uma perspetiva francesa mais provinciana, é óbvio que parte

O NOME PERMANECE: O INTERROGADOR JUDEU

do encanto dos grandes alemães do século XIX e dos seus sucessores era o contraste com a herança filosófica local que, na década de 1930, era espetacularmente irrelevante para as preocupações da geração que despontava. A fenomenologia, primeiro através de Husserl e depois de Heidegger, seu aluno, oferecia a ideia apelativa de que o ego era algo mais profundo do que o ego psicológico freudiano. Ela propunha uma noção de autenticidade num mundo inautêntico.

De modo que até Raymond Aron, que de forma alguma era ou veio a ser um escravo da moda, notou na sua dissertação de doutoramento (1938) que o pensamento alemão proporcionava a única forma inteligente de pensar sobre o século e sobre a época. De facto, não me ocorre um pensador relevante desses anos – fora do contexto anglo-americano, já influenciado pelo empirismo austríaco – que não pudesse secundar as observações de Aron. Nem em França nem na Itália, para não mencionar lugares a leste, existia qualquer concorrência séria à leitura existencialista que iria colonizar grande parte do pensamento continental nos anos a seguir à Segunda Guerra Mundial. Com efeito, depois da derrota do nazismo e da completa devastação da vida cultural alemã, não é pequena a ironia de ter sido neste terreno que o país preservou o seu predomínio do início do século XX.

> Com o desmoronamento da Alemanha nazi, Arendt, Jaspers e depois – na sua esteira – o filósofo político Jürgen Habermas tinham um lugar: a história. «Nós» – refiro-me aqui a Arendt e Jaspers – «passámos pelo abismo e agora vamos sublimá-lo numa ética política. E vamos fazê-lo com uma amálgama de ferramentas e termos filosóficos que estão ao nosso dispor graças à herança de uma educação alemã. Podemos não ser sistemáticos no modo como nos lançamos nesta nova abordagem, mas seremos claros e convincentes. E o nosso propósito, claro, é exprimir uma maneira de traduzir a experiência histórica alemã numa justificação para o constitucionalismo».

Não sei se o constitucionalismo habermasiano, com a sua insistência no fardo da história, é exatamente comparável à ética do republicanismo como Arendt a articula, por exemplo. Este parece-me bastante diferente do «republicanismo» como ele é convencionalmente entendido no pensamento inglês ou norte-americano. Não se baseia, julgo eu, numa descrição da história, nem mesmo numa teoria dos acordos naturais ou dos artifícios da natureza humana (como nas discussões do Iluminismo), mas está bastante mais perto do que a falecida Judith Shklar chamava «o liberalismo do medo». O republicanismo de Arendt é, para cunharmos uma frase, o republicanismo do medo. Nessa forma de pensar, o fundamento para uma política moderna e democrática terá de ser a nossa consciência histórica das consequências de *não* forjar e preservar uma política moderna e democrática. O que importa, para sermos francos, é que compreendamos tão bem quanto possível os riscos de nos enganarmos, mais do que nos dedicarmos com excessivo entusiasmo à tarefa de ter razão.

A solução arendtiana, tal como a jaspersiana ou a habermasiana, é tão frágil. Se a Segunda Guerra Mundial foi um momento especial na história, do qual devemos retirar uma certa lição metafísica ou pelo menos metapolítica, isso implica uma espécie de tabu em relação ao modo como falamos dela. O que decerto causa outra espécie de problemas: os historiadores e outros acabarão por ter coisas a dizer sobre o passado – nem que seja por sabermos mais do que sabíamos – que não se coadunarão bem com os usos que os constitucionalistas tentaram dar à nossa incómoda história.

Talvez tenhas razão, mas precisamos de alguma noção do pano de fundo. Hoje é importante lembrar que a república que Arendt ou Jaspers ou Habermas tinham em mente era a Alemanha Ocidental. Havia depois da guerra mais do que uma Alemanha, e mais do que uma questão alemã. Após a sua instauração em 1949, a Alemanha Oriental comunista parecia muito mais séria nos seus esforços para confrontar o nazismo. E, de facto, foi realmente mais agressiva na sua acusação pública do nazismo, com óbvia vantagem ideológica. Na Alemanha Ocidental, pelo contrário, havia muita gente que ainda se mostrava compreensiva perante o regime nazi – uma posição que não era ativamente reprovada pelas autoridades da nova República Federal. O nazismo podia tê-las defraudado, ao provocar uma derrota catastrófica, mas de resto não se lhe via culpa de nenhum crime muito especial.

Essa perspetiva manteve-se viva nas mentes alemãs, reforçada por uma sensação de vitimização: a expulsão em massa de alemães naturais da Europa de Leste e Central e a permanência de soldados alemães nas prisões soviéticas contribuíram para esses sentimentos. E assim surgiu um cisma ainda mais evidente entre uma Alemanha Ocidental, aparentemente incapaz de integrar completamente o significado da sua derrota e humilhação moral, e uma Alemanha Oriental que (pelo menos na sua própria descrição dos factos) tinha incorporado plenamente essa história e que, na verdade, se apresentava como parte da resistência antifascista, e não como um país fascista vencido.

No começo da década de 1950, os norte-americanos, os britânicos e, obviamente, o chanceler Konrad Adenauer, da Alemanha Ocidental, não só haviam redesenhado as linhas políticas como também as éticas: a questão passara a ser a Guerra Fria a conduzir contra o comunismo totalitário. Os alemães tinham sido o problema; agora eram a solução, um aliado na linha da frente contra um novo inimigo. Armar a Alemanha iria fortalecer a aliança ocidental contra a União Soviética. Em França, houve uma certa relutância em inverter tão depressa o andamento, mas o processo avançou rapidamente e sem atritos na Inglaterra e, sobretudo, nos Estados Unidos. Mas, exatamente por isso, deu-se a um segmento significativo da esquerda um pretexto para reenquadrar os EUA como um parceiro *a posteriori* do nacionalismo alemão inalterado e até do nazismo. Esse sentimento, que surgiu em meados da década de 1960, tornar-se-ia parte da estatégia retórica central para a Nova Esquerda e para a política extraparlamentar na República Federal.

> *A Guerra Fria suprimiu seguramente as discussões sobre o Holocausto no Ocidente. Mas não é que os soviéticos também estivessem ansiosos por promover essas discussões. Uma das razões de não termos sabido o que não viemos a saber sobre o Holocausto foi a maneira como os soviéticos o trataram. Durante a guerra, Estaline usou muito conscientemente a questão dos judeus como forma de arranjar dinheiro dos seus aliados ocidentais; mais tarde, recuou acentuadamente, virando-se contra judeus que o tinham ajudado no seu exercício de relações públicas, matando uns, expurgando outros.*
> *Por isso, Treblinka quase desaparece da história soviética da Segunda Guerra Mundial. O romancista soviético Vassili Grossman esteve em Treblinka como correspondente de guerra em Setembro de 1944. Grossman estava perfeitamente informado sobre a Grande Fome, sobre o Terror de Estali-*

ne, sobre a Batalha de Estalinegrado; ele sabia que a sua mãe fora morta pelos alemães em Berditchevo e, quando chega a Treblinka e encontra esse campo misterioso, não lhe é muito difícil compreender o que aí acontecera. Os alemães tinham gaseado centenas de milhares de judeus. E Grossman escreve um artigo muito longo sobre isso, intitulado «O Inferno de Treblinka».

Mas esse género de texto, com a sua tónica na especificidade da experiência dos judeus, só pôde ser publicado durante um período muito curto. Poucos anos depois do fim da guerra, veio a reviravolta abrupta de Estaline – na URSS, mas também, claro, na Polónia comunista e na Europa de Leste. A consequência, que se revelaria duradoura, foi a imposição de uma espécie de universalidade da condição de vítima do nazismo: toda essa gente, massacrada em Treblinka ou noutros campos cujos locais tinham sido descobertos, eram só simples seres humanos, pacíficos cidadãos soviéticos (ou polacos).

O incentivo em tempo de guerra concedido a atores iídiches e judeus que pudessem ir a Nova Iorque angariar dinheiro foi decerto mais excepção do que regra na história soviética. E, obviamente, era muito mais fácil para alguém educado na tradição marxista explicar o fascismo pensando em termos de classe. Acima de tudo, era confortável para a liderança soviética daqueles anos descrever e promover a «Grande Guerra Patriótica» como uma luta antifascista, em vez de apresentar o conflito com o aliado recente de Estaline como uma empresa anti-alemã, e muito menos uma guerra contra racistas. Assim, de certa forma compreensivelmente, os judeus desapareceram da narrativa.

Não que o sofrimento dos judeus fosse negado ou sequer minimizado durante a guerra. Ironicamente, os judeus da Europa de Leste e da União Soviética alcançaram no processo do seu extermínio a igualdade que há muito lhes fora prometida pelos europeus liberais: tornaram-se cidadãos, tal como todos os outros e sem diferença. Receberam, por conseguinte, o pior dos dois mundos: mortos como judeus, foram oficialmente relembrados meramente como cidadãos de qualquer país onde por acaso estivessem na altura da sua morte.

Ainda hoje, há muitas pessoas que, sem acalentarem a menor simpatia pelo marxismo ou pela União Soviética, se sentem melhor com a versão soviética do assassínio em massa alemão. Porque a historiografia e a propaganda soviéticas do pós-guerra realçavam a perseguição dos nacionais e não das etnias, elas autorizavam e até encorajavam o exagero do sofrimento *nacional* e da resistência *nacional*.

O meu amigo e colega Jan Gross provavelmente defenderia ainda que esta versão dos acontecimentos tinha um apelo especial em certos lugares: na Polónia e na Roménia, decerto, e talvez também na Eslováquia. Ao juntar vítimas de todo o tipo, quer tivessem sido assassinadas pela sua religião, raça, nacionalidade ou simplesmente no decurso de uma guerra de ocupação e extermínio de uma violência sem precedentes, a narrativa soviética apagava a forma embaraçosa como a destruição dos judeus romenos, ou dos judeus polacos, não chegava a ser geralmente um motivo de profunda tristeza local. Quando todas as vítimas se misturam, há menos risco de ajustes de contas retrospetivos ou de revisão historiográfica. É claro que os mortos talvez quisessem objetar a esta redescrição da sua experiência, só que os mortos não votam.

> *Bem, se formos judeus polacos e vivermos a vida adulta na sociedade polaca do pós-guerra e de algum modo nos integrarmos e tivermos uma carreira mais ou menos bem sucedida, como aconteceu com alguns antes da campanha anti-semítica dos comunistas em 1968, e mesmo depois, é difícil alhearmo-nos dessa história. Mas não podemos atribuir só a Estaline toda essa história e as mistificações subsequentes; grande parte da responsabilidade pertence a Hitler. Na Segunda Guerra Mundial, não foram mortos nem de perto tantos polacos de origem como os polacos pensam, mas ainda assim foram imensos. Não decerto os três milhões geralmente mencionados, provavelmente nem sequer dois milhões, mas talvez um milhão; ainda assim, esse número é pavoroso.*
>
> *E há ainda a imprecisão da própria experiência: por exemplo, podíamos ter duas pessoas a trabalhar para o Exército Nacional Polaco que, tal como o órgão equivalente da Resistência Francesa, era desproporcionadamente judeu. Uma delas podia morrer – ser morta por razões políticas ou só por acaso; a outra podia ser executada por ser judeu, pois estes podiam facilmente ser denunciados por razões muito diversas. Lembremos ainda que o Gueto de Varsóvia, depois de completamente arrasado, tornou-se o lugar das execuções de milhares de polacos perpetradas pelos alemães. Os corpos foram depois*

*queimados no mesmo tipo de crematórios improvisados que
os alemães destinavam até então aos judeus – às vezes a par de
sobreviventes judeus capturados na mesma altura. É claro que
as cinzas se misturaram.*

O problema dos acontecimentos históricos intrincadamente entrelaçados é que, para melhor perceber os elementos que os constituem, temos de os separar. Mas, para compreender a história na sua plenitude, temos de entrelaçar esses elementos novamente. Grande parte da historiografia dos judeus da Europa de Leste, e mesmo da própria Europa de Leste, tem consistido lamentavelmente ou num exercício de separação forçada ou então numa recusa determinada de fazer quaisquer distinções. A separação falsifica uma parte da história; a falta de separação terá um efeito de distorção comparável em tudo o resto.

Este dilema, que é genuíno para o estudioso sensível da história, não se apresenta de forma tão perturbadora na Europa Ocidental; de facto, esta é uma razão pela qual a Segunda Guerra Mundial é muito mais difícil de contar e entender na metade oriental da Europa. A oeste de Viena, percebemos muito bem, julgo eu, as ambiguidades com que nos deparamos. Elas dizem respeito à resistência, à colaboração, aos seus matizes e às suas consequências – muitas vezes, uma questão de conflitos políticos anteriores à guerra manifesta-se sob a forma de opções de tempo de guerra. Na Europa Ocidental, a chamada «zona cinzenta», a complexidade moral das alternativas e oportunidades que se apresentavam às populações ocupadas foi muito debatida, assim como as mentiras e ilusões convenientes que depois da guerra foram oferecidas pelos protagonistas. Em suma, compreendemos os elementos constitutivos nos quais se tem de basear qualquer história abrangente dessa época. Mas decidir como identificar exatamente os próprios elementos constitutivos ainda é uma tarefa primária do historiador desses anos na Europa *de Leste.*

*Mas então a ausência de história leste-europeia pode ser
um problema além da Europa de Leste. Sem relatos claros do
que aí aconteceu, os alemães podem resguardar-se na história
nacional, ou na história da vitimização nacional. Dá-me a impressão, e não sei se estás de acordo, de que há uma diferença
entre as discussões alemãs da década de 1980 e as dos anos
1990 e da primeira década deste século. A distinção tem que*

O NOME PERMANECE: O INTERROGADOR JUDEU

ver com o contraste entre historicização e vitimização. Nos anos 1980, o debate que preocupava a Alemanha Ocidental era ainda o modo de situar os treze anos do Reich de Hitler na história nacional. Os termos desta conversa difícil já tinham sido estabelecidos por Arendt e Jaspers quase quatro décadas antes. O objetivo de Habermas, quando desencadeou a Histo-rikerstreit de final dos anos 1980, era voltar a vincar o carác-ter moralmente diferente da época nazi. É claro que os seus críticos contrapuseram que a história não pode ser escrita com semelhante tom moral; de uma forma ou de outra, temos só de encontrar maneira de narrar a história alemã, mesmo correndo o risco de a «normalizar». Porém, volvidos dez anos, no res-caldo das revoluções de 1989, o debate passara às alegações e contra-alegações contenciosas: quem sofreu às mãos de quem, e quanto? É um género de questão muito diferente.

Concordo. Na Alemanha, até muito recentemente, a própria ques-tão da competição de sofrimentos não teria sido considerada uma ma-neira legítima de enquadrar o problema histórico – exceto, é claro, em círculos que também não eram legítimos politicamente. E, por outro lado, também não esperaríamos encontrar alemães a escrever livros so-bre as vítimas alemãs dos bombardeamentos aliados. Acima de tudo, dificilmente suporíamos que logo Günther Grass produzisse um *best--seller* que celebra os refugiados alemães que se afogaram no *Wilhelm Gustloff*, afundado no mar Báltico pelos soviéticos já quase no fim da guerra. Não que esses fossem em si temas históricos impróprios; mas a simples ideia de realçar o sofrimento alemão, e de implicitamente compará-lo ao sofrimento de outros às mãos dos alemães, aproximar--se-ia perigosamente da relativização dos crimes nazis.

Como referes, tudo isto mudou de facto durante a década de 1990. A questão interessante é o motivo para tal. Uma dos motivos é ter havido uma transição geracional. Ainda em meados dos anos 1980, Habermas podia defender, sem que muitos dos seus leitores o con-testassem, que os seus compatriotas alemães não tinham ganhado o direito de «normalizar» a sua história: essa opção nem sequer estava em aberto para eles. Dez anos depois, porém, quando a própria histó-ria tinha normalizado a Alemanha – graças às revoluções de 1989, ao desaparecimento da RDA e à posterior unificação do país –, a norma-lização tornara-se... normal.

Hoje, a Alemanha não só é um país reunificado, como já não está ocupado sequer no sentido mais residual. Por conseguinte, a Segunda Guerra Mundial terminou legalmente, assim como historicamente, tendo durado cerca de cinco décadas. A normalização da Alemanha precipitou, como era de esperar, uma reapreciação da sua história, e com esta a da Europa como um todo. Atualmente, os alemães e outros convocam o seu passado em termos muito comparáveis àqueles a que outras historiografias nos habituaram. Dado que esta alteração de perspetiva ocorreu exatamente na década em que a «vitimização» estava a ganhar a ribalta dos debates históricos e políticos no Ocidente, não nos deve surpreender que questões de sofrimento comparativo, apologia e comemoração – com que estamos familiarizados, da política identitária norte-americana às comissões para a verdade sul-africanas – também tenham lugar nas discussões alemãs.

«Dizer a verdade» – durante tanto tempo um exercício problemático graças às «verdades» rivais e ao preço de as divulgar publicamente – tornou-se agora por si só uma virtude. E, quanto maior é a verdade a revelar, mais se reclama a atenção de concidadãos e observadores compreensivos. Assim, apesar do evidente risco de parecer competir com a verdade essencial do genocídio judeu, falar francamente sobre episódios outrora penosos do passado alemão recente abre a possibilidade de incentivar a revelação de muitas histórias.

O verdadeiro problema, claro, é que, quando uma comunidade fala em «dizer a verdade», ela não pretende só propor uma versão máxima do seu sofrimento, mas também a minimização implícita do sofrimento dos outros.

II

Londres e Língua: o Escritor Inglês

Para mim, a escola não era uma casa nem uma fuga de casa. Os outros miúdos, inclusive os meus amigos, tinham avós sem sotaque. Isso desconcertava-me e talvez me pusesse um pouco à margem. No meu mundo, todos os avós tinham sotaque. Uma avó ou um avô era mesmo assim: alguém que não se compreendia bem porque resvalava inesperadamente para o polaco, para o russo ou para o iídiche. Certa vez na escola primária, o diretor, num irrefletido rompante de entusiasmo filo-semítico, apontou-me como um exemplo da inteligência dos judeus, garantindo-me a aversão invejosa e permanente de metade da turma. Esta situação repetiu-se ao longo do meu percurso escolar.

Aos onze anos, fui admitido na Emanuel School, o estabelecimento local que tinha Bolsa Direta(*), essencialmente uma escola seletiva sem mensalidades, mais tarde obrigada a aderir ao setor privado pela generalização insensata da abrangência no ensino britânico. Numa escola com mais de mil rapazes, não acredito que houvesse mais de meia dúzia de judeus. Encontrei bastante anti-semitismo por parte de rapazes sem dúvida filhos de pais também anti-semitas. Entre a classe média baixa e a classe trabalhadora do Sul de Londres, que esta escola servia, o anti-semitismo não era nesses anos raro nem notável.

(*) As *Direct Grant schools* (escolas de Bolsa Direta) eram escolas secundárias semiprivadas, com uma percentagem de alunos apoiados gratuitamente pelo Estado. *(N. T.)*

Esquecemo-nos do anti-semitismo que havia na Inglaterra, pelo menos até às mudanças radicais dos anos 1960 e à consciência nascente do Holocausto. Winston Churchill não esquecera, de certeza. Os seus serviços secretos mantinham-no a par da desconfiança generalizada para com os judeus e das queixas persistentes de que a guerra estava a ser travada «por causa deles». Por essa razão, ele suprimiu a discussão sobre o Holocausto durante a guerra e censurou o debate público sobre se a Royal Air Force devia ou não bombardear os campos.

Cresci numa Inglaterra onde os judeus ainda estavam entre os raros forasteiros visíveis: nessa época, havia poucos asiáticos e ainda menos negros. Se os judeus eram alvo de desconfiança, em particular na área de captação da Emanuel School, não era porque fôssemos considerados estudantes excecionais, nem mesmo porque se pensasse que tendíamos para o comércio ou que éramos demasiado bem sucedidos. Éramos apenas estranhos porque não acreditávamos em Jesus, ao passo que naquela época a maioria das pessoas ainda acreditava, e porque vínhamos ou julgavam que vínhamos de lugares estrangeiros esquisitos. O número de rapazes declaradamente anti-semitas era na verdade muito pequeno, mas manifestava-se e não tinha vergonha.

Embora o râguebi talvez me tenha favorecido, para esses rapazes eu era sempre o miúdo judeu estereotipado, de óculos. Briguei uma ou duas vezes devido a provocações antijudaicas, e essa atmosfera de hostilidade ocasional diminuiu significativamente os encantos dos meus anos de liceu. Frequentava a escola, estudava e fazia desporto, tomando cuidado com os miúdos maldosos no caminho para casa; mas, de resto, fui totalmente indiferente à experiência e lembro-me de pouquíssimas coisas agradáveis nesses anos.

O que *não* tive na escola foi qualquer noção de identidade coletiva. Fui e continuei a ser uma criança solitária. A minha irmã era oito anos mais nova, por isso, não passávamos muito tempo juntos. Os meus passatempos favoritos dos sete aos quinze anos eram ler no meu quarto, andar de bicicleta e viajar de comboio. No final do século XIX, a Emanuel mudara-se para uma área triangular em Battersea, um pouco a sul de Clapham Junction Station. O local ficava entre dois conjuntos de linhas ferroviárias: as linhas do sul a partir da Victoria Station iam para leste, e a rota do sudoeste de Waterloo para os portos do Atlântico ligava a escola ao oeste. Todas as aulas e conversas eram pontuadas pelo som dos comboios. A escola, uma causa considerável da minha solidão adolescente, pelo menos sugeria uma via de fuga.

LONDRES E LÍNGUA: O ESCRITOR INGLÊS

Ainda assim, a escola expôs-me à mesma formação e influências de qualquer criança cristã. Quanto mais não seja, isso proporcionou-me um inglês de melhor qualidade, graças à incomparável Bíblia do rei Jaime. Mas acho que as influências são ainda mais profundas. Se ainda hoje me perguntassem onde me sentiria mais à vontade, numa sinagoga ortodoxa ou numa igreja rural anglicana, teria de dizer que me sinto à vontade em ambas, mas de formas diferentes. Saberia imediatamente identificar, reconhecer e relatar o que se passava na sinagoga ortodoxa, mas de modo algum me sentiria parte do mundo das pessoas à minha volta. Pelo contrário, sentir-me-ia completamente à vontade no mundo de uma igreja rural inglesa e da sua comunidade circundante, mesmo sem partilhar as crenças nem me identificar com os símbolos da cerimónia.

Foi de outra maneira que a escola me tornou inglês: líamos boa literatura inglesa. A Emanuel seguia o programa de estudos secundários da Universidade de Cambridge, considerado com razão o mais rigoroso. Líamos poesia: Chaucer, Shakespeare, os poetas metafísicos do século XVII, os poetas augustanos do século XVIII. E líamos alguma prosa: Thackeray, Defoe, Hardy, Walter Scott, as irmãs Brontë, George Eliot. Ganhei um prémio a Inglês, muito apropriadamente um livro de Matthew Arnold. Os meus professores dessa época eram influenciados por F. R. Leavis(*) e promoviam uma visão intransigentemente conservadora da cultura literária inglesa.

Essa perspetiva, bastante generalizada na altura, significava que uma criança dos anos 1960 ainda podia aproveitar uma educação semelhante à oferecida às gerações anteriores, e talvez ainda melhor. Foi provavelmente esta amplitude de referência cultural tradicional, esta sensação de estar à vontade com o inglês, embora não exatamente com a Inglaterra, que mais tarde permitiu a pessoas como eu mudar facilmente da política radical da juventude para a corrente dominante liberal.

Em todo o caso, a escola inspirou-me um apreço pelo inglês como língua e pela escrita inglesa que permaneceu comigo apesar dos meus interesses e ligações estrangeiros. Muitos historiadores meus contemporâneos tornaram-se europeus continentais por força da moda, da

---

(*) Frank Raymond Leavis (1895-1978), crítico literário e diretor de estudos do Downing College da Universidade de Cambridge a partir de 1930, foi um influente reformador do ensino da literatura inglesa, no qual procurou instaurar um novo cânone com uma base moral («princípios engrandecedores da vida»). *(N. T.)*

65

afinidade eletiva e da concentração profissional. Suponho que o mesmo sucedeu comigo. Mas, mais do que a maioria, penso que me sentia e que me mantive profundamente inglês, por muito curioso que isso pareça. Não sei se escrevo melhor inglês do que outros, mas sei que escrevo com genuíno prazer.

> *Já falámos sobre o significado espiritual da Primeira Guerra Mundial na Europa. O colapso que se lhe seguiu no continente parece ter atingido a Inglaterra com uma década de atraso. Ao passo que noutros impérios – impérios terrestres como a monarquia dos Habsburgos, por exemplo – a ruptura foi clara e imediata: guerra, derrota, revoluções feitas ou desfeitas, mas de qualquer forma, e muito rapidamente, um novo mundo. É verdade que, durante alguns anos, por toda a Europa Central e de Leste se resistiu a essas mudanças, e, no Leste, ainda havia exércitos a combater em plena década de 1920. Mas preparava-se algo novo: Keynes tinha sem dúvida razão na ordem geral das coisas. Na Pequena Inglaterra, pelo contrário, por algum tempo foi possível sonhar com um regresso ao mundo anterior à guerra.*

A voz característica dos anos 1920 está em *Corpos Vis*, de Evelyn Waugh: combinava uma espécie de atitude despreocupada, pós-Primeira Guerra Mundial, de fruição do presente, com uma negligência *snob* perante a sombra iminente da mudança social. Os privilegiados, pelo menos durante algum tempo, continuaram a gozar os seus privilégios: a sua vida e os seus recursos de antes da guerra, na forma, mesmo que não exatamente no conteúdo. Lembremos que Stephen Spender, um esquerdista (e poeta) representativo dessa época, vê os anos 1930 como uma década de decisiva politização; mas, tal como tantos outros, recorda os anos 1920 como, pelo contrário, um período de surpreendente imobilismo. Em poucos anos, os pensadores, escritores e estudiosos ingleses acordariam repentinamente para as realidades da luta política entre as duas guerras, mas tinham poucas referências internas para compreender o sentido desse novo mundo de dedicação e envolvimento.

De facto, na Inglaterra, a Grande Depressão não era a última de uma série de crises, como em grande parte da Europa; ela *era* a crise. A quebra económica destruiu a esquerda política: o governo trabalhista eleito com grande alarido apenas dois anos antes cairia ignominiosamente em 1931, posto à prova pelo desemprego e pela deflação. O próprio Partido Trabalhista cindiu-se: uma parte significativa, incluindo a maioria da liderança, entrou para uma coligação com os conservadores, o chamado «Governo Nacional». De 1931 até à derrota de Churchill na eleição de 1945, os conservadores governaram o Reino Unido, com uns quantos trabalhistas renegados e alguns sobreviventes do outrora grande Partido Liberal de Lloyd George.

Assim, durante a maior parte deste período, a esquerda não só não esteve no governo como andou totalmente afastada do exercício do poder. De modo que todo o debate político no interior da esquerda, e mesmo qualquer conversa discordante das convenções do *statu quo*, era obrigado a decorrer fora da política parlamentar convencional. Se nos anos 1930 os intelectuais da Inglaterra entre as duas guerras vieram a ter mais importância do que antes, não foi por o país se ter apercebido subitamente da sua importância cultural, nem por eles se terem tornado conjuntamente mais politizados e, portanto, mais «europeus», mas simplesmente devido à falta de qualquer outro espaço ou conversa públicos onde a dissenção e opinião radicais pudessem ser formuladas e debatidas.

Não me lembro que mulher, acho que foi a Inez, e não me lembro se foi Spender que lhe escreveu, ou se foi ela, a frase «Primeiro ama-se muito pouco, depois ama-se de mais», a seguir ao divórcio. E o contraste entre os anos 1920 e os anos 1930 na Inglaterra é...

Exatamente esse...

... porque tendo passado os anos 1920 na Inglaterra, Spender – só para darmos um bom exemplo – vai primeiro a Berlim com Christopher Isherwood e W. H. Auden, mas depois a Viena, onde presencia o golpe nazi falhado e a guerra civil de 1934. Ele também esteve algum tempo na Espanha revolucionária. Tudo isto é descrito em World Within World, *as suas memórias dessa década, como a experiência de se ser «assediado pela realidade»: como se a realidade fosse essa coisa que não devia incomodar, mas que, já que incomodou, deve ser reconhecida.*

Curiosamente, quer a geografia das andanças de Spender quer o comentário que inspiram são reminiscentes de observações feitas por Raymond Aron, um jovem estudante pós-graduado que ensinava na Alemanha exatamente na altura da subida de Hitler ao poder. Aron regressa a França e tenta desesperadamente convencer colegas e contemporâneos – inclusive Sartre, completamente indiferente naquela época – da realidade que lhes mordia os calcanhares. É claro que o caso francês tinha algumas diferenças, mas há um paralelo com a experiência britânica. Também em França os anos 1920 foram uma década relativamente despolitizada, pelo menos para os intelectuais, enquanto os anos 1930, claro, foram um tempo de empenhamento frenético.

Dito isto, a síndrome do «muito pouco, de mais» – a oscilação entre a indiferença política e o empenhamento encolerizado – talvez seja mais acentuada em Inglaterra do que noutros lugares. Foi aí, nos anos decisivos de 1934 a 1938, que o Partido Comunista foi capaz de persuadir uma geração de estudantes de Oxbridge, da classe média alta, a compreender, justificar, simpatizar ativamente ou, num punhado de casos, a espiar sem rodeios em prol do comunismo.

> *Não sei se concordas que a atração pela Esquerda tem muito que ver – pelo menos em certos casos, embora não para o grupo de Cambridge, que apareceu uma década depois – com a experiência da Alemanha de Weimar. Porque me parece que, para algumas destas personagens – Auden, Isherwood, Spender –, a Alemanha de Weimar era a democracia mais atraente de todas: tinha os rapazes mais bonitos e a melhor arquitetura.*

É com certeza verdade que, entre Otto Wagner e os travestis, a Alemanha *parecia* muito mais interessante do que a Inglaterra; e, para falar a verdade, era. Em Berlim e Viena, havia de facto algo invulgar e interessante a acontecer. Para jovens ingleses acabados de chegar de Oxford a este intenso viveiro cultural, o contraste deve ter parecido de facto apelativo. Mas o mesmo vale para os franceses. Para o jovem Aron, era perfeitamente óbvio que ele devia viver e estudar na Alemanha se quisesse completar a sua educação filosófica e sociológica; e, ao menos neste aspecto, o mesmo era verdade quanto a Sartre, que também passou um ano na Alemanha a aprender alemão (mas nem por sombras política alemã). Eles, como tantos outros, sentiram-se atraídos e galvanizados pela simples energia do lugar – incluindo, claro, a energia negativa emanada pelas altercações das seitas políticas.

Weimar ressoou durante décadas. Pensa no nosso colega Eric Hobsbawm – que, para estes efeitos, devia ser considerado uma espécie de intelectual inglês transnacional, deslocado da sua infância austro--alemã para a *intelligentsia* de Oxford durante a década de 1930. Nos derradeiros anos de Weimar, Hobsbawm – a viver em Berlim – já tinha idade suficiente (quinze anos) para ser intensamente afetado pelo espírito e acontecimentos da época. Há um momento nas suas memórias em que ele refere, num tom comovente e com total convicção, que sentiu naqueles meses a sensação de estar mais vivo, mais envolvido, mais estimulado culturalmente e até sexualmente do que em qualquer altura do resto da sua longa vida. Muito mais adiante nas suas memórias, ele escreve num tom aprovador, e até apologético, sobre a RDA e Berlim Leste: podia ser cinzenta e ineficiente, mas tinha um certo encanto e ele tem pena de a ver desaparecer. É difícil resistir à ideia de que ele fundiu a Alemanha de Leste de Erich Honecker com a Weimar da sua juventude. Para Hobsbawm, assim como para Spender e companhia, há uma afeição inconfundível por uma democracia tão sedutora e enganadora, tão ameaçada e incapaz de se defender, mas nunca aborrecida. Essa memória revelar-se-ia decisiva na produção de uma significativa geração de transição inglesa e viria a moldar a sua política durante décadas.

> *A União Soviética, não como realidade vivida mas mito cultivado, paira como pano de fundo distante. Para os intelectuais ingleses que foram atraídos para a Alemanha de Weimar e depois para o comunismo, o apelo pode ter tido algo que ver com o êxito dos comunistas ao misturarem as categorias de «burguês» e «democracia». A sua Weimar tinha pouco de burguesa democrática.*

A ideia de que o que está errado com a democracia burguesa é o adjetivo e não o substantivo foi uma inovação verdadeiramente brilhante da parte dos retóricos marxistas. Se o problema das democracias ocidentais é serem burguesas (seja o que for que isso signifique), então os críticos internos constrangidos a viver nesses lugares podem fazer críticas sem risco: distanciar-se de uma democracia burguesa não tem grande custo e dificilmente ameaça a própria instituição. Ao passo que uma posição crítica perante a democracia na Alemanha pré-1933 representava quase sempre um empenhamento ativo no seu colapso. Em suma, os intelectuais de Weimar, quer gostassem ou não, eram obrigados a viver a lógica política das suas afinidades discursivas. Ninguém na Inglaterra enfrentou ou enfrenta escolhas comparáveis.

A associação democracia-burguesa parece-me sempre uma brilhante adaptação freudiana por parte dos marxistas: significa que podemos ser contra o advogado-pai ou o banqueiro-pai mantendo a liberdade para gozar os privilégios da infância e da rebelião infantil.

Bem, acho que se pode passar muito rapidamente das considerações edipianas infantis para descrições hegelianas credíveis do modelo lógico que nos une à história das espécies. Contudo, um adulto sensível e inteligente só se pode dar ao luxo dessas ideias se elas nunca colidirem abertamente com o seu interesse pessoal. Mas elas colidem de facto se, filhos de pais burgueses, nos encontrarmos num país em que a burguesia seja realmente ameaçada ou tenha sido radicalmente desmembrada. Porque, nesse caso, a mera distanciação da classe de origem não ajuda muito: ser herdeiro de uma classe culpada basta para nos condenar. Na União Soviética ou na Checoslováquia comunista, o desfecho para duas gerações de «burgueses» foi decididamente desagradável, no preciso momento em que os seus congéneres em Nova Iorque ou Londres, Paris ou Milão se promoviam ao estatuto de porta-vozes da História.

A política não parece separar tanto as pessoas na Inglaterra como no continente. T. S. Eliot, por exemplo, publicou Spender.

Até à década de 1930, os vários círculos sobrepostos de escritores e pensadores britânicos reuniam-se não por uma política comum, mas por raízes comuns e pelos seus gostos e afinidades eletivos. Bloomsbury, os fabianos, as redes católicas à volta de Chesterton, Belloc e Waugh eram mundos autónomos de discussão estética ou política que, no máximo, envolviam um minúsculo subgrupo autoescolhido da *intelligentsia* inglesa.

LONDRES E LÍNGUA: O ESCRITOR INGLÊS

No entanto, na Inglaterra, a elite educada era e talvez ainda seja muito pequena para os padrões norte-americano ou europeu continental. Mais cedo ou mais tarde, a maioria dos intelectuais ingleses estava destinada a conhecer-se. Noel Annan, um contemporâneo de Eric Hobsbawm no King's, em Cambridge, viria a ser eleito reitor da sua universidade e mais tarde do University College, em Londres, integrando praticamente todas as comissões públicas relevantes na vida institucional e cultural inglesa durante décadas. As suas memórias intitulam-se *Our Age* [A Nossa Época]. Repara que não é «A Época Deles», mas «A Nossa Época»: toda a gente se conhece. No título e no texto de Annan está implícita a pretensão de que a sua geração dirigia coletivamente os assuntos do país.

Tal como sucedia de facto. Até ao final dos anos 1960, a percentagem de estudantes que entravam para a universidade em Inglaterra era menor do que a de qualquer país desenvolvido. Dentro daquele pequeno grupo de educação superior, só os que frequentavam Oxford ou Cambridge (ou, embora em muito menor grau, um par de universidades de Londres) podiam esperar ascender ao círculo íntimo do poder social e político instituído. Filtre-se ainda esse grupo diminuto, removendo o número considerável de estudantes de «legado» – admitidos em Oxbridge em virtude da sua classe ou linhagem – razoavelmente estúpidos, e torna-se claro que a reserva sociogenética da qual eram extraídas a cultura e a cena intelectual inglesas era de facto pequena.

Mas Oxford e Cambridge não começaram a admitir gente do império?

Sim e não. Por um lado, lembra-te de que até ao fim dos anos 1950 era possível viver uma vida inteira em Londres sem nunca ver um rosto negro ou moreno. No caso de realmente se encontrar uma pessoa de pele escura, ela quase de certeza fazia parte da restrita elite de indianos que haviam sido canalizados para o sistema de ensino britânico através de réplicas indianas dos internatos britânicos ou das escolas públicas(*) inglesas para onde a aristocracia indiana tradicionalmente enviava os filhos, garantindo-lhes com isso a entrada nas universidades de elite do império. Havia, portanto, indianos de várias

---

(*) As *public schools* são na verdade uma pequena parte, mais elitista e tradicional, das escolas privadas inglesas. A *escola pública* na sua acepção portuguesa equivale à *state school* inglesa. *(N. T.)*

71

proveniências em Oxford e Cambridge desde o final do século XIX. Alguns viriam a conduzir o seu país à independência da Grã-Bretanha. Mas não me parece que devamos considerar a sua presença relevante, exceto em casos individuais notáveis.

Outra forma pela qual a pequena reserva de intelectuais ingleses se expandiu foi decerto pela adição de émigrés políticos: talvez Isaiah Berlin, em Oxford, seja o exemplo mais conhecido. Berlin decerto conheceu a maioria, senão toda a gente de quem estivemos a falar, apesar de ser um completo forasteiro: um judeu russo da Letónia.

Mas Isaiah Berlin era único: judeu e estrangeiro, é claro, mas o perfeito homem do sistema. Era considerado exótico no sistema cultural britânico, mas por essa mesma razão uma prova exemplar da função e capacidade integradoras do sistema. É evidente que isso era enganador: Isaiah Berlin foi sem dúvida um exemplo excecional de integração bem sucedida, mas o seu exotismo é que o tornou, senão mais aceitável, em todo o caso geralmente inofensivo. Desde cedo os seus detratores diziam que o seu êxito se devia em grande parte à relutância em tomar uma posição, à sua falta de vontade de ser «inconveniente». Foi essa capacidade amolecida de se ajustar que tornou Berlin tão aceitável para os seus pares, quer como estudante, quer como presidente da Academia Britânica e fundador de uma faculdade em Oxford.

Em contraste, muitos forasteiros são inconvenientes por natureza. O mesmo se aplicava a membros que descobriam o papel de críticos da sua própria comunidade – o caso mais conhecido talvez seja o de George Orwell. Quer tenham nascido assim, quer se tornem inconvenientes com o tempo, esses homens são difíceis: são agrestes e têm personalidades melindrosas. Berlin não sofria de tais defeitos. Isso fazia certamente parte do seu encanto; mas, com o passar dos anos, também encorajou nele uma certa reticência em assuntos polémicos, uma relutância em exprimir-se que pode, com o tempo, diminuir a sua reputação.

O «sistema» podia inquestionavelmente integrar o tipo certo de pessoas. Podia acomodar um Eric Hobsbawm: um judeu comunista de língua alemã, natural de Alexandria, educado em Viena e residente em Berlim. No período de uma década após a sua chegada a Londres como refugiado da Alemanha nazi, Hobsbawm fora eleito secretário dos Apóstolos, uma sociedade secreta exclusivista dos jovens mais brilhantes de Cambridge: era quase impossível estar mais integrado.

Por outro lado, tornar-se um iniciado em Cambridge ou Oxford não requer em si conformidade, exceto talvez em relação ao estilo intelectual; era e é função de uma certa capacidade para a assimilação intelectual. Envolve saber como «ser» um professor de Oxbridge; perceber intuitivamente como ter uma conversa inglesa sem que a política jamais se torne demasiado agressiva; saber como modular a seriedade moral, o empenhamento político e a rigidez ética pela aplicação de ironia e espírito e uma aparência rigorosamente calibrada de *insouciance*. Seria difícil imaginar o exercício de semelhantes talentos, por exemplo, na Paris do pós-guerra.

> *Isso pode ter a consequência de as escolhas políticas, os assuntos da vida privada e, especialmente, o amor acabarem por importar mais aos intelectuais britânicos do que aos franceses. A discussão política divide os intelectuais franceses e parece-me que eles têm menos tendência a seguir os seus amores nos vários compromissos políticos.*

Arthur Koestler e Simone de Beauvoir tiveram uma má noite de sexo. Tanto quanto podemos ajuizar pela correspondência e memórias de ambos, isso não causou o seu rompimento político nem foi um obstáculo. Beauvoir sentia-se sem dúvida atraída por Albert Camus, o que talvez fosse uma razão para Sartre ter tido tantos ciúmes do jovem. De qualquer maneira, essa circunstância não é realmente relevante para os desacordos políticos entre os dois.

Inversamente, pelo menos ao longo dos anos 1970, as relações sexuais entre os intelectuais britânicos – homossexuais e heterossexuais – estiveram seguramente no epicentro das suas afinidades sociais eletivas. Não quero nem por sombras sugerir que a vida sexual dos intelectuais britânicos fosse em qualquer aspecto mais interessante ou de facto mais ativa do que a dos europeus continentais. Não obstante, quando se pensa na relativa imobilidade e passividade da maioria das outras áreas da sua existência durante grande parte do século, as suas ligações emocionais, à falta de mais, adquirem uma certa proeminência.

Mesmo que a gente do Império ainda não tivesse muita importância na vida intelectual britânica, com certeza o Império tinha importância como fonte de experiência, não? Pensa em George Orwell na Birmânia.

Orwell serviu na polícia imperial da Birmânia entre 1924 e 1927, num cargo administrativo subalterno, mas superior localmente. Ao lê--lo, nunca se sente que ele tivesse um interesse por aí além no Império *per se*; os seus textos daqueles anos dão a entender o despontar de um conjunto de considerações morais e políticas – que derivam, claro, das suas críticas à governação imperial – que irão, com o tempo, impregnar as suas observações sobre a própria Inglaterra. A consciência de Orwell de que a questão birmanesa (ou indiana) transcendia problemas de injustiça local e dizia respeito sobretudo à indecência e impossibilidade do domínio imperial certamente influenciaria a sua posição política na Inglaterra.

Parece justo acrescentar que Orwell foi um dos primeiros comentadores a perceber que as questões da justiça e da sujeição deviam ser assumidas pela esquerda, não menos que os temas tradicionais das classes e da política – na verdade, elas eram doravante parte do que significava ser de esquerda. Esquecemo-nos de que ainda nas décadas entre as duas guerras fora perfeitamente possível combinar o reformismo social e até o radicalismo político internos com o imperialismo liberal. Até muito recentemente, era possível acreditar que a chave para as melhorias sociais na Grã-Bretanha residia na conservação, na defesa e até na expansão do Império. Durante a década de 1930, esta posição começou a parecer incoerente, tanto ética como politicamente, e podemos atribuir a Orwell algum mérito por essa mudança nas sensibilidades.

Achas de facto que a literatura – as publicações da época mas, sobretudo, os romances que a geração dos anos 1930 estaria a ler – é uma forma de levar os leitores a ponderarem sobre o mundo do Império? Pensa em Joseph Conrad ou, mais tarde, em Graham Greene – com as personagens que partem para algures, muitas vezes pelo Império, para perceber coisas que, claro, nos livros de espionagem, estavam treinadas para perceber.

A literatura popular sobre o Império é realmente sobre questões morais: quem é bom, quem é mau, quem tem razão (geralmente nós) e quem não a tem (tipicamente os outros). A literatura sobre espiões e alemães que surge nesses anos, por exemplo, estrutura-se muito à maneira do Império. E também se vê isso no cinema da década de 1930, com a sua insistência nos espiões, em mulheres desaparecidas e por aí fora. Mas a minha impressão é que é costume situar esses temas na «Europa Central»: uma espécie de território mítico, lugar de mistério e intriga, que se estende aproximadamente dos Alpes aos Cárpatos, cada vez mais misterioso à medida que avançamos para sul e leste. Ao passo que, no fim do século XX, o exótico, para os britânicos, era a Índia e o Próximo Oriente; é curioso que nos anos 1930 o exótico esteja apenas a uma viagem de comboio de Zurique. À sua maneira, esta é uma atualização da literatura imperial, com búlgaros a fazer de birmaneses. Portanto, de uma forma interessante, os britânicos estão no mundo como em sua casa, e o exótico são terras europeias não muito distantes mas eternamente fora do Império.

Sherlock Holmes tem um mistério para resolver na Boémia, onde toda a gente fala alemão e ninguém fala checo. E é claro que a conclusão política a retirar é que a Boémia é um país distante do qual pouco sabemos, algo que, paradoxalmente, não se podia dizer da Birmânia.

Pois é. A Birmânia é um país muito distante do qual sabemos alguma coisa. Mas é evidente que a sensação de distância e mistério na Europa Central tem raízes longínquas: pensemos em Shakespeare e na «costa da Boémia» em *Conto de Inverno*. Essa sensação inglesa de que a Europa é mais misteriosa do que o Império (logo que se passa de Calais) é antiga e instituída. Para os ingleses, pelo menos na imagem que têm de si, o vasto mundo tem o sentido de uma referência; mas a Europa não é algo com que nos queiramos relacionar de muito perto. Pode-se ir à Birmânia, à Argentina ou à África do Sul e falar inglês e dirigir uma empresa inglesa ou uma economia de estilo inglês; ironicamente, não se pode fazer isso na Eslovénia, que, portanto, é muito mais exótica.

E, na Índia imperial ou nas Índias, encontramos pessoas – quer sejam colegas de escola, brancos, ou subordinados morenos, cultos – com as mesmas referências que as nossas. Ainda hoje é impressionante a que ponto a bagagem cultural de um homem ou de uma mulher com educação universitária, acima dos 50 anos, das Caraíbas, da África Ocidental, da África Oriental ou da Índia ombreava confortavelmente com a dos britânicos seus contemporâneos. Quando encontro pessoas da minha geração, de Calcutá ou da Jamaica, ficamos de imediato à vontade uns com os outros, trocamos referências e memórias da literatura ao críquete, de uma forma que não resulta nem de longe tão bem com conhecimentos ocasionais em Bolonha ou Brno.

Nos anos 1930, começou um romance inglês bastante particular com o oriente desconhecido: o dos espiões soviéticos, «os Cinco de Cambridge».

Note-se que três dos cinco espiões comunistas dessa década estavam intimamente ligados a duas faculdades de elite de Cambridge: King's e Trinity. Esse era um subconjunto distintamente seleto do que já era uma minoria privilegiada da *intelligentsia* britânica na década de 1930.

Havia dois tipos principais de simpatizantes britânicos do comunismo nos anos 1930. A primeira era o inglês geralmente jovem e de classe média alta que foi para a Espanha durante a Guerra Civil de 1936-1939 para ajudar a salvar a República. Esses homens eram progressistas; viam-se desde o início como parte da família da esquerda europeia e conheciam bem as circunstâncias que estavam prestes a encontrar. A maioria regressou desiludida, e os melhores entre eles tinham algo interessante a dizer sobre a sua desilusão, embora com uma certa hesitação inicial. George Orwell – que regressou e imediatamente descreveu ao pormenor as suas memórias de esperança e ilusão perdida em *Homenagem à Catalunha* – não hesitou.

O segundo grupo era o daqueles que aderiram ao comunismo, admitindo abertamente a sua filiação doutrinária. O jovem Eric Hobsbawm e os seus futuros colegas do Grupo de Historiadores do Partido Comunista talvez sejam o exemplo inglês mais conhecido.

Os jovens dos Cinco de Cambridge não correspondem facilmente a nenhuma dessas categorias. O seu valor de uso para a União Soviética residia precisamente na ausência de qualquer sinal exterior da sua filiação política. Desde o início a sua identidade estava dissimulada; foram recrutados como espiões soviéticos porque intelectuais e estudantes de esquerda mais conhecidos não serviam obviamente para esse efeito.

Dois dos espiões de Cambridge, Kim Philby e Guy Burgess, eram – apesar da sua pronúncia de classe alta e excelente educação – intrusos ingleses em Inglaterra. Kim Philby herdara do pai, St. John Philby, desbravador do império, orientalista e dissidente, uma intensa aversão ao imperialismo e a secreta convicção de que as políticas imperiais britânicas eram eticamente indefensáveis e politicamente catastróficas. Muitos anos mais tarde, quando (já prestes a ser descoberto) Philby foi forçado a fugir de Inglaterra e a procurar exílio em Moscovo, ele era claramente um homem sem dúvidas quanto à integridade das suas escolhas: se não foi absolutamente feliz na URSS, pelo menos compreendia na perfeição que aquele era o desfecho lógico da escolha de uma vida.

Guy Burgess, segundo muitos que o conheceram, era pouco mais que um rufião com aparência de cavalheiro. Passava a maior parte do tempo bêbado, era um predador sexual ativo, e é difícil levar a sério a ideia de que a sua posição política resultasse de reflexão cuidadosa e racional. Era precisamente por essas razões, claro, que ele era o espião perfeito – um verdadeiro estereótipo, na tradição do Pimpinela Escarlate. Mas a razão exata por que os serviços secretos britânicos (que o recrutaram em Cambridge) ou os seus congéneres soviéticos (que o controlaram até à sua fuga no início dos anos 1950) pensaram que podiam confiar a esse homem missões delicadas e secretas continua a ser um mistério.

O terceiro dos cinco, o destacado historiador de arte Anthony Blunt, pode talvez servir como o melhor exemplo da posição que estes homens tinham no interior do poder instituído britânico – e que podiam ter conservado se não tivessem sido, mais ou menos fortuitamente, desmascarados. Blunt, no fim de contas, era o cúmulo do homem do sistema: um esteta e académico que exercia uma crítica de arte curatorial, estética, do género mais conservador. Era, não esqueçamos, um homem que chegou a ser curador das pinturas da rainha. E contudo, ao longo de três décadas, ele criou e manteve uma firme dedicação a um sistema político – o estalinismo – que representava, pelo menos em princípio, valores, interesses e objetivos manifestamente opostos aos que publicamente abraçara durante a sua carreira.

Mas, mesmo quando Blunt foi denunciado como espião soviético, em 1979, a sua posição na alta sociedade e nos códigos particulares dessa sociedade em Inglaterra ainda o protegia. Depois de a rainha lhe ter retirado o título de cavaleiro e de o Trinity College o ter exonerado do seu estatuto de membro honorário, houve uma tentativa de expulsá--lo da Academia Britânica. Um número significativo de membros da academia ameaçou demitir-se caso isso acontecesse. Nem todos eram homens de esquerda; havia entre eles quem defendesse a necessidade de distinguir entre a qualidade intelectual e a filiação política. Assim, Blunt – espião, comunista, dissimulado, mentiroso e um homem que pode ter contribuído ativamente para a denúncia e morte de agentes britânicos – não foi considerado por alguns dos seus colegas culpado de qualquer crime suficientemente grave para justificar a sua exoneração de membro da Academia Britânica.

Os espiões de Cambridge nunca incorreram assim no estigma que se colou aos que na América eram considerados culpados de espionagem ao serviço de Moscovo. Nos Estados Unidos, os espiões eram verdadeiros intrusos: judeus, estrangeiros, «falhados» – homens e mulheres com motivos incompreensíveis, exceto a simples necessidade de dinheiro. Tais pessoas – o caso exemplar são os Rosenbergs – receberam um castigo severo: na atmosfera paranóica da década de 1950, foram executadas. Não acredito que qualquer espião britânico tenha alguma vez sido encarado nesses termos e, muito menos, tratado tão impiedosamente. Dir-se-ia até que as suas atividades foram romantizadas no imaginário popular; mas, acima de tudo, eles foram protegidos pelas suas origens na classe dominante do país.

Do ponto de vista de um observador estrangeiro, era possível pensar que essas origens – e a traição que o crime implicava – tivessem causado maior indignação. Mas, na prática, elas amorteceram o choque. De certa forma, os Cinco de Cambridge eram afortunados por não poderem superar as suas origens, independentemente das suas escolhas políticas e de vida. É apenas mais um exemplo da boa sorte que para os espiões era terem nascido ingleses – pelo menos no século XX; nessas décadas, ao contrário do resto do mundo, a Inglaterra era um país seguro para se trair ou criticar. O empenho intelectual, mesmo quando chegava ao ponto da espionagem, parecia envolver muito menos risco do que além do Canal ou do Atlântico. Afinal, durante a maior parte do século XX, é difícil imaginar que alguém na Europa Continental citasse aprovadoramente E. M. Forster para defender que antes se devia trair o seu país do que o seu amigo.

Enquanto Maclean, Burgess, Philby e até Blunt pagaram caro, em termos puramente pessoais, pelos seus compromissos, a maioria das escolhas dos seus colegas intelectuais britânicos nesses mesmos anos

LONDRES E LÍNGUA: O ESCRITOR INGLÊS

tiveram pouca ou nenhuma consequência. Eric Hobsbawm, que – talvez invulgarmente para um erudito britânico da sua geração – foi declarada e oficialmente comunista ao longo da sua carreira, só pagou o preço relativamente baixo de ser excluído da cátedra de História Económica em Cambridge. Obrigado a aceitar uma cátedra (perfeitamente decente) no Birkbeck College de Londres, teve de aguardar a reforma para colher a recompensa integral de uma vida intelectual pública bem sucedida. Quanto ao preço a pagar, este não parece particularmente exorbitante.

Mas, com certeza, não se trata somente do preço a pagar. A elite britânica vivia num mundo inteiramente diferente de oportunidade e circunstância. Os comunistas polacos foram assassinados em 1937 e 1938, não pelo seu governo, mas pela liderança soviética em Moscovo onde se haviam exilado. Na Polónia, os judeus foram mortos no início dos anos 1940 pelos alemães porque eram judeus. Intelectuais polacos promissores foram mortos pelos alemães e pelos soviéticos em 1939 e 1940, e pelos alemães no Levantamento de Varsóvia em 1944. Se Hobsbawm estivesse na Polónia, podia ter sido logo morto de qualquer destas formas – e mesmo de muitas outras. Ao passo que na Inglaterra, apesar de toda a sua dissidência bem visível e das suas filiações políticas radicais, Hobsbawm torna-se, senão o historiador supremo, com certeza um dos historiadores mais influentes não só do seu país mas de todo o século.

Ele não pagou por uma lealdade que, em meio mundo, teria garantido a sua exclusão não só de uma carreira académica mas de todas as formas de vida pública. Na outra metade do mundo, a sua dedicação ao comunismo, publicamente afirmada, podia ter sido alternadamente uma vantagem e um obstáculo, mas mais provavelmente ambos, e sem demora. Enquanto em Inglaterra a sua filiação no partido continua a ser para a maioria dos comentadores pouco mais do que uma curiosidade passageira. O mesmo é válido, em menor grau, para muitos dos seus contemporâneos.

O mundo acaba por nos apanhar. O poeta polaco Alexander Wat escreveu «Me From the One Side, Me From the

79

Other Side of My Pug Iron Stove»(*) – *um poema a seu modo muito semelhante à* Terra Devastada, *de T. S. Eliot. De facto, as duas obras revelam indiretamente um momento de evolução notavelmente comparável. Eliot iria chegar à religião, enquanto Wat transitou, como tantos polacos da sua geração, para a esquerda e, finalmente, para o comunismo. Mas, em ambos os casos, podemos vê-los a abordar e a resolver o que são essencialmente dúvidas interiores. Mas suponhamos, o que está longe de ser inimaginável (afinal, Wat acaba por tornar-se uma espécie de cristão), que eles trocavam de lugar. O que se torna claro é o aterrador elemento de contingência: da Alemanha para leste, a juventude e a primeira idade adulta apresentam muito mais ciladas e engodos com que nos enredar.*

Não é preciso ir para leste: até a França tem o engodo sangrento de Vichy, que enreda toda uma geração de intelectuais franceses. Aliás, mesmo em Inglaterra era possível participar em jogos ainda não arriscados com a promessa do fascismo nos anos 1930. Mas eram apenas jogos. O fascismo não se encontrava nem remotamente em posição de chegar ao poder na Grã-Bretanha. E assim, tal como havia à esquerda quem brincasse com um empenho solidário na Espanha Republicana, na extrema-direita encontramos alguns poetas e jornalistas ingleses a namoriscar com amigos políticos de quem mais tarde se puderam dissociar sem sofrer uma desaprovação duradoura ou exclusão social. No caso do nazismo, talvez fosse um pouco diferente, embora ainda em 1938 não faltassem aristocratas e colunistas editoriais ingleses prontos a defender Hitler como um baluarte contra o comunismo e a desordem. Mas, apesar de pouca gente se preocupar com a sorte dos judeus alemães, apoiar uma ditadura alemã menos de vinte anos após a Batalha do Somme ainda era demasiado violento para um inglês. A Itália, porém, era outra história, e o apoio a Mussolini – apesar e, de certa forma, por causa do seu comportamento apalhaçado – conservou-se notavelmente forte.

Se havia uma qualidade comum na simpatia inglesa pelo fascismo durante o decénio anterior à Segunda Guerra Mundial, ela provinha,

---

(*) Título da tradução inglesa do livro de poesia futurista que Wat escreveu em 1919 e publicou no ano seguinte. Uma possível tradução portuguesa do original desse verso seria «Eu de um lado e eu do outro lado do meu fogão de ferro com patas». *(N. T.)*

LONDRES E LÍNGUA: O ESCRITOR INGLÊS

julgo eu, do rosto modernista que o fascismo exibia para os observadores estrangeiros. Na Itália sobretudo, o fascismo não era tanto uma doutrina como um estilo político sintomático. Era jovem – sem escrúpulos, cheio de energia, do lado da mudança, da ação e da inovação. Para um número surpreendente de admiradores seus, o fascismo resumia-se a tudo aquilo de que sentiam a falta no mundo cansado, nostálgico e cinzento da Pequena Inglaterra.

Nessa perspetiva, podemos perceber que o fascismo não era de forma alguma o oposto do comunismo, como naquela época popularmente se supunha à esquerda e à direita. Era, sobretudo, o contraste com a democracia burguesa o que explica a sua atração. Quando desertou do governo de 1929-1931 do Partido Trabalhista, acusando corretamente os seus colegas de uma incapacidade censurável de *agir* face à crise económica sem precedentes, Oswald Mosley formou um «Partido Novo» que na altura própria se metamorfoseou na União dos Fascistas Britânicos. Mas note-se: enquanto não havia partido fascista algum com importância na política inglesa, exprimir uma simpatia genérica pelo «estilo» fascista não acarretava um estigma ou um risco. Mas, quando os fascistas de Mosley começaram a provocar violência civil e a desafiar as autoridades públicas, essa simpatia evaporou-se.

Havia realmente tão pouca sobreposição entre as simpatias fascistas ocasionais e voluntárias dos intelectuais e a opinião impensada dos tories *de que o nacional-socialismo era uma versão da Alemanha com a qual se podia lidar?*

São questões de distinção social, e não política. A alta política *tory* não era um mundo para o qual muitos intelectuais fossem convidados, nem muitos deles se lhe quereriam associar. Pensa nos aristocratas conservadores, nas suas casas de campo remotas, a brindarem ao feito de Hitler que estabelecera a ordem na Alemanha, a admirarem os comícios de Nuremberga ou – o que é mais grave – a considerarem as razões para uma aliança com o líder nazi contra a ameaça comunista internacional. Semelhantes conversas tiveram mesmo lugar entre o que Orwell chamaria o género mais estúpido de conservador britânico. Mas os intelectuais eram raros nesses círculos e teriam provavelmente suscitado sarcasmos desdenhosos, ainda que partilhassem as opiniões dos seus anfitriões. Este é, no fim de contas, o mundo de Unity Midford: uma das jovens Mitford em cuja família o próprio

Mosley casara. Mas os Mitford, apesar da carreira literária de êxito de duas das irmãs (Nancy e Jessica), eram decididamente de classe alta. O seu interesse por Hitler tinha pouco que ver com os seus programas sociais, reais ou imaginados.

Para tais pessoas, o que mais importava era o Império. E foi o seu interesse em preservar o Império Britânico que as levou a pensar que um acordo com Hitler que autorizasse os alemães a dominar o continente e deixasse aos britânicos rédea solta no ultramar era desejável e realizável. Não foi por acaso que após 1945, quando dificilmente conseguiria reavivar a sua organização fascista num país que se orgulhava de ter vencido recentemente uma guerra antifascista, Oswald Mosley resolveu em vez disso fundar a Liga dos Lealistas do Império. A linha de continuidade era a crença de que só o Império – os aliados brancos e de confiança que a Inglaterra tinha pelo mundo, juntamente com os seus súbditos indígenas produtivos, em África e noutras partes – podia proteger a Grã-Bretanha do desafio iminente das potências mundiais em ascensão. Mosley, no fim de contas, não era o único a achar que Londres não podia confiar nos EUA (que já eram o seu principal concorrente económico nos anos 1920) e não devia contar com os franceses. Em suma, a Alemanha era a melhor aposta. Ela podia ser uma inimiga histórica e a sua política um tanto desagradável para alguns, mas essas eram considerações de somenos importância.

Isto, por sua vez, faz-nos voltar à escola pró-alemã de pensamento imperialista que floresceu em Inglaterra na viragem do século, e que é brilhantemente dissecada por Paul Kennedy em *The Rise of the Anglo-German Antagonism 1860-1914*. Antes da Primeira Guerra Mundial, tanto entre os *tories* como entre os liberais, havia quem pensasse que o futuro da Grã-Bretanha residia numa aliança com a Alemanha Imperial, e não na entente que então surgira com a França e a Rússia. Se ressalvarmos a sua concorrência industrial ocasionalmente exacerbada (prontamente controlada pelos cartéis e pelo protecionismo), a Alemanha e a Grã-Bretanha tinham interesses essencialmente simétricos e compatíveis. Essa percepção era ainda generalizada mesmo na década de 1930; mas, como a Alemanha passara a ser nazi, tomou uma dimensão muito mais de extrema-direita, anti-semita e, claro, anticomunista. E, por conseguinte, teve muito pouco que ver com a simpatia modernista romântica pelo fascismo que às vezes aflorava na Cambridge ou Londres contemporâneas.

Isso parece sugerir que o raciocínio de Estaline – os capitalistas podem e vão aliar-se contra a Rússia – não era inteiramente infundado. Pois Estaline tinha razão em algumas coisas: Hitler estava mesmo a planear lançar-se sobre a União Soviética, e as democracias burguesas de modo algum eram desfavoráveis a esse projeto.

O Pacto Molotov-Ribbentrop de agosto de 1939, a aliança entre Hitler e Estaline, foi na altura escandaloso. Mas poupou tempo à União Soviética.

Podia ter sido ainda mais inteligente, caso Estaline tivesse ouvido os seus próprios espiões e percebido que os Alemães iriam invadir a União Soviética em junho de 1941. Mas sim, decerto o Pacto Molotov-Ribbentrop teve o efeito de confundir o Ocidente e de conter a agressão alemã durante alguns meses, sem causar uma desvantagem óbvia para os soviéticos. E não nos devemos esquecer de que, com uma invasão alemã da Polónia agora iminente, nada havia que os aliados ocidentais pudessem fazer por Estaline mesmo que estivessem dispostos a oferecer-lhe ajuda. No Ocidente, pensamos nisso como um momento de inadequação anglo-francesa quando confrontada com a violação da Polónia; mas, na perspetiva de Moscovo, a impotência dos seus interlocutores ocidentais era algo que a diplomacia soviética também tinha de ter em conta.

Os britânicos e os franceses com certeza nada fazem pela Polónia, mas declaram guerra à Alemanha – porque a Alemanha invade o seu aliado polaco. E é claro que nessa altura não têm um aliado soviético, tendo já Moscovo revelado e jogado a sua mão. Os soviéticos aproveitaram o ataque alemão para invadirem a Polónia (oriental) e, nos 22 meses seguintes, esforçaram-se por agradar a Hitler de todas as maneiras possíveis. Isso permitiu a Hitler invadir a Noruega, os Países Baixos e a França, que foram dominados em poucas semanas. O que, por sua vez, deixou isolada a Grã-Bretanha de Churchill no confronto com as forças terrestres aparentemente invencíveis da Alemanha nazi.

Isto leva-me a uma pergunta que tenho querido fazer-te desde o início – a saber, Winston Churchill era um intelectual?

Churchill é neste como em tantos outros aspectos um caso invulgar e interessante. Ele vem da que é, segundo os padrões britânicos, uma das famílias aristocráticas mais importantes (os descendentes do duque de Marlborough, celebrizado na Batalha de Blenheim), mas é ele próprio o herdeiro jovem de um ramo mais novo. O seu pai, lorde Randolph Churchill, fora um ator relevante na política do fim da era vitoriana, mas tinha-se autodestruído (através de maus cálculos políticos e da sífilis), pelo que legou ao filho uma herança manchada. Além disso, apesar de ter nascido num dos grandes palácios ingleses (Blenheim, perto de Oxford) e de ter antepassados muitos mais remotos do que parte da realeza britânica, Churchill era só meio-inglês – a sua mãe era norte-americana.

Assim, como a maioria dos seus pares da classe alta, Winston Churchill frequentou uma escola privada importante (no seu caso Harrow) e foi reprovado depois. Como tantos filhos de lordes e das classes abastadas, ele alistou-se no exército, mas, em vez de aceitar tornar-se oficial num regimento de guardas de elite, optou por ser um simples atirador de cavalaria, alistando-se a tempo de participar na última carga de cavalaria do exército britânico, na Batalha de Omdurman (Sudão) em 1898. A carreira política de Churchill viu-o alternar em três ocasiões diferentes entre os partidos conservador e liberal, no decurso das quais ascendeu a altos postos governamentais – servindo diversamente como ministro da Administração Interna, ministro das Finanças e ministro da Marinha, em cujas funções foi responsável pela catástrofe militar de Gallipoli (1915). Em suma, até 1940, a sua carreira fora a do intruso demasiado talentoso: bom de mais para ser ignorado, mas demasiado original e «pouco fiável» para ser nomeado para o mais elevado dos cargos.

Caso invulgar para um político britânico, Churchill – cuja situação financeira era sempre bastante precária para ter de ganhar a vida através dos seus escritos – comentava com alguma distância a sua carreira escrutinada, enquanto a vivia. Quer diretamente – como em *A Minha Juventude*, ou nas suas memórias da Primeira Guerra Mundial (que não são tanto memórias como uma apologia do papel do próprio Churchill nessa época) –, quer nos seus textos jornalísticos, adequadamente sobre a Guerra dos Boers (na qual tomou parte, tendo brevemente sido feito prisioneiro e fugido), Churchill foi um participante e cronista dos acontecimentos do seu tempo. Por outro lado, também escreveu copiosamente sobre a história do Império Britânico e foi o autor de uma biografia do seu excêntrico antepassado, o duque de Marlborough. Em suma, Churchill contribuiu para a história e para a literatura enquanto continuava ativamente empenhado nos assuntos públicos – uma combinação muito mais familiar em França ou mesmo nos EUA do que na Inglaterra.

Mas isso não faz dele um intelectual. Pelos padrões ingleses, ele estava envolvido demasiado ativamente no próprio centro da governação e das escolhas públicas para ser considerado um comentador imparcial; e, pelos padrões continentais, claro, ele tinha um magnífico desinteresse pela reflexão concetual. A sua obra consiste em longas narrativas empíricas com pausas ocasionais para voltar a expor a história num tom moral, mas pouco mais. E, contudo, ele foi seguramente o vulto político mais literário da história britânica desde William Gladstone. Em todo o caso, Churchill foi único para o seu tempo e não teve sucessor.

Alguém que procure «intelectuais na política» à imagem de um Léon Blum em França ou de um Walther Rathenau na Alemanha ficará desapontado se confinar a sua busca à Inglaterra. Não quero com isto dizer que não houvesse ali políticos intelectualmente dotados: mas não é pelos seus dotes intelectuais que eles são mais conhecidos. Num sentido puramente formal, Harold Wilson – o primeiro-ministro trabalhista de 1964 a 1970 e, de novo, entre 1974 e 1976 – foi decerto um intelectual. Nascido em 1916, ele havia sido promovido à categoria de docente de Economia em Oxford antes dos trinta anos e era bastante considerado pelos colegas nessa função, antes de entrar na política e de ser finalmente – com a idade relativamente jovem de 47 anos – líder do Partido Trabalhista.

No poder, contudo, Wilson ficou aquém das expectativas e tornou-se objeto de um ceticismo cada vez maior nas fileiras da sua própria família política. No fim da sua carreira, ele era geralmente encarado como duvidoso, retorcido, dissimulado, desonesto, cínico, distante e – pior que tudo – incompetente. Na verdade, a maior parte destes atributos são compatíveis com a pertença à *intelligentsia*, especialmente num país onde os intelectuais são tipicamente desdenhados como «uns espertalhões». Mesmo assim, Wilson conseguiu falhar duplamente: fracassou como político e dececionou os seus pares intelectuais.

Outro intelectual na política inglesa, mas de uma espécie bem diferente, foi Herbert Henry Asquith: o primeiro-ministro liberal de 1908 a 1916, ano em que, a meio da Primeira Guerra Mundial, foi derrubado pelo seu colega liberal David Lloyd George e pela oposição conservadora. Asquith era um pensador genuíno, erudito e ponderado – o clássico liberal, na aceção inglesa da palavra, do século XIX, cada vez mais desnorteado num cenário do século XX que fazia pouco sentido para ele, e para o qual o seu temperamento estava mal preparado. Tal como Wilson, mas com mais atenuantes, também ele, com o tempo, deixou a impressão de ter fracassado politicamente – embora as suas primeiras reformas e inovações tenham aberto caminho para o posterior estado-providência.

Talvez a verdadeira dificuldade com que depara quem procure intelectuais nas mais altas esferas políticas em Inglaterra seja a ausência em Londres das prioridades intelectuais que na Europa continental motivaram movimentos políticos configurados ideologicamente.

E que me dizes de Benjamin Disraeli?

No que diz respeito a um período anterior, Disraeli seria decerto o *locus classicus*. Mas é difícil dizer que Disraeli alguma vez tenha seguido prioridades intelectuais ou que os seus propósitos se tenham realizado inteiramente nas suas iniciativas políticas. Ele tinha instintos políticos invulgarmente perspicazes sobre o que era possível e sobre o que era necessário: sobre a mudança necessária para manter um estado de coisas. Nesse aspecto, Disraeli é a encarnação viva da história inglesa na versão de Edmund Burke-Thomas Macaulay: uma história em que, ao longo dos séculos, o país empreende sucessivamente e com êxito adaptações menores a fim de evitar transformações de maior.

Mas é claro que tudo depende do que entendemos por «menor» e «maior». Disraeli foi responsável pelo Decreto da Segunda Reforma de 1867 que acrescentou um milhão de votantes às listas eleitorais. Mesmo que assumamos que também isso foi uma libertação calculada de pressão pela válvula de segurança política – uma medida destinada a evitar exigências populares de reformas mais radicais –, ela é prova, ainda assim, de uma inteligência política além da norma. Disraeli, o primeiro político conservador a compreender as possibilidades do apoio eleitoral das massas e a aperceber-se de que a democracia não precisa de minar os poderes essenciais de uma elite governante, era também invulgar entre os seus contemporâneos da era vitoriana média por avaliar atempadamente as mudanças necessárias para que a Grã-Bretanha continuasse a ser uma potência mundial.

*Disraeli tinha a impressão de que, para que os ingleses per-
cebessem a sua grandeza e a sua missão, ele tinha de as expor.
Isso também se aplica a Churchill.*

Novamente, compreender é mais fácil para quem está de fora. Disraeli, lembra-te, era judeu por nascimento. Tal como Churchill – não
tanto alguém de fora, mas sem dúvida um inconformista –, ele era um
observador dotado, não só do seu país como do seu partido e da sua
classe social. Não devemos gabar muito qualquer um deles – Churchill, em particular, era surdo e cego quanto à inevitabilidade do declínio imperial –, mas cada um à sua maneira tinha uma boa consciência
das peculiaridades do país que liderava. Na nossa época, tem havido
escassez desse tipo de intrusos; acho que mais ninguém cumpre essa
qualificação – exceto, é claro, Margaret Thatcher.

A Sr.ª Thatcher era por qualquer definição uma estranha num partido (os conservadores) de homens do sistema. Para começar, era uma mulher. Vinha da classe média-baixa da província – o pai era dono de uma
mercearia na remota Grantham. E, embora ela tenha conquistado uma
vaga em Oxford, foi muito peculiar na disciplina que escolheu: as mulheres na Química eram realmente uma raridade. Ela haveria de construir
uma carreira bem sucedida naquele que, dos dois partidos principais,
era socialmente o mais retrógrado, sucedendo a uma geração de homens
influentes que tinham chegado ao poder nas décadas a seguir à guerra.

Embora não vá tão longe ao ponto de dizer que a Sr.ª Thatcher
tinha uma agenda ideológica coerente, ela albergava com toda a certeza preconceitos dogmáticos aos quais as políticas radicais podiam
ser anexadas segundo a conveniência e a oportunidade. Apesar de ser
tudo menos uma intelectual, Margaret Thatcher tinha uma atração
invulgar por intelectuais que pudessem ajudá-la a justificar e a descrever os seus instintos – desde que também eles fossem gente de fora
e fugissem aos convencionalismos. Ao contrário dos conservadores
mais moderados cujas políticas e ambições ela contrariou de forma
tão devastadora, a Sr.ª Thatcher era bastante isenta de preconceitos
contra os judeus, por quem mostrava certa predileção na sua escolha de conselheiros privados. Por fim, e ainda em contraste com os
seus antecessores conservadores, ela tinha bastante consideração pelas
obras dos economistas – mas apenas e clamorosamente os de uma
escola em particular: Hayek e os austríacos.

*Há outra forma de ser um estranho em Inglaterra: ser os-
tensivamente religioso ou católico. T. S. Eliot pontua as vidas
de tantos vultos que abordámos.*

No século XVI, durante a Reforma inglesa e o confisco por Henrique VIII das terras e dos edifícios católicos, os católicos romanos
ingleses foram empurrados para as trevas do exterior. E, contudo, o
país vangloria-se de uma linhagem contínua de figuras públicas católicas extraordinariamente influentes e bem colocadas: duques, lordes
e pequena nobreza que se sabia pertencerem à confissão católica, mas
a quem era todavia permitido um certo espaço e privilégio com a condição de que não abusassem destes nem tivessem pretensões à igreja
instituída (anglicana) ou à esfera pública. Pelo menos até à década de
1820 e aos Decretos de Emancipação Católica, os católicos ingleses tinham de ser cuidadosos: existia um espaço reservado no qual podiam
praticar a sua fé e ensinar ou escrever. Mas nunca se integravam plenamente nem estavam à vontade nos assuntos intelectuais e políticos
da nação.

Esta história é mais complicada do que parece. O anglicanismo
não é protestantismo. A Igreja de Inglaterra era e é um animal esquisito: na sua faceta mais conservadora, é muito mais pomposa e
tradicional do que as suas irmãs episcopais aqui nos EUA. Na essência, o Alto Anglicanismo era um catolicismo sem papa (e sem latim,
até os próprios católicos o terem abandonado). Por outro lado, no
seu patamar inferior, a Igreja Anglicana – conforme corporalizada nas
comunidades aldeãs, sobretudo em certas partes da Inglaterra oriental
onde o catolicismo era mais fraco – pode assemelhar-se (exceto na sua
liturgia, há muito formalizada sob a autoridade episcopal) ao protestantismo escandinavo: despojada, a sua autoridade é investida num
único pastor, geralmente bastante escanzelado e restrito na moral e na
indumentária – o género que figura de forma tão destacada em muita
literatura inglesa do fim do século XIX e do começo do século XX, em
tudo protestante, menos no nome.

O que une esta religião bizarra é a sua longa identificação com o
poder. Da igrejinha numa aldeia de Norfolk até às catedrais do Alto
Anglicanismo em Liverpool ou York, essa é a «Igreja de Inglaterra».
Historicamente, o elo entre Igreja e Estado em Inglaterra tem sido
invulgarmente íntimo, sendo a maioria da elite governante extraída de

LONDRES E LÍNGUA: O ESCRITOR INGLÊS

famílias anglicanas e estando a própria igreja umbilicalmente ligada ao sistema político – nomeadamente através dos seus grandes bispos, a totalidade dos quais tem assento na Câmara dos Lordes, tendo no passado exercido um verdadeiro poder. Os bispos e arcebispos nasciam geralmente numa pequena rede de famílias, reproduzindo ao longo dos anos uma classe de administradores eclesiásticos que podiam com igual facilidade ter ido para oficiais do exército, governadores imperiais, ministros do reino e por aí em diante. A identidade de sistema associada ao anglicanismo tem assim muito mais significado do que os seus sinais teológicos bastante nebulosos. Esta era acima de tudo uma igreja inglesa; o seu cristianismo podia às vezes parecer quase secundário.

Eliot foi para a década de 1930 o que Matthew Arnold havia sido para os tardo-vitorianos: a voz de um certo nervosismo moral perante a modernidade, sujeita a uma sensibilidade literária e cada vez mais religiosa. Não devemos, porém, menosprezar o inimigo figadal de Eliot em Cambridge, o crítico literário F. R. Leavis, em igual medida apreciado e detestado consoante o gosto e a sensibilidade. Descontando as muitas diferenças, podíamos comparar a sua posição local à de Lionel Trilling(*) do outro lado do Atlântico – um intérprete e controlador influente do gosto literário que misturava altos juízos estéticos com uma intervenção política ocasional.

Podemos notar a semelhança com o círculo de Bloomsbury em Londres: a ideia muito inglesa de que as preferências estéticas são fundamentais para as opiniões políticas e (especialmente) morais. É evidente que esse capricho só estava ao alcance de quem vivera a maior parte da vida em Bloomsbury ou Cambridge. Há também algo disso em Eliot, apesar de a sua noção das escolhas estéticas ter sido tão mais ampla do que a deles, e o seu envolvimento moral mais abrangente e, claro, refreado por uma crescente sensibilidade religiosa.

O que então vemos a funcionar, parece-me, é uma variedade de abordagens ao problema de restaurar a ordem e a previsibilidade do juízo moral ou estético. Uma das preocupações que iriam caracterizar a década de 1930 em Inglaterra – e que ecoariam ainda nos anos 1950 – era o medo de submergir no «relativismo» intelectual e político. Tal como Sartre, por estranha que pareça a comparação, Eliot (e Leavis,

---

(*) Crítico literário, escritor e professor, Lionel Trilling (1905-1975) foi um membro destacado do grupo dos «Intellectuals of New York» e uma voz influente da esquerda moderada norte-americana. *(N. T.)*

tão influente na geração dos meus professores) defendia a ideia de que se tem de fazer escolhas, que não se importar já não era opção e que, para ajuizar, era preciso identificar critérios normativos, embora nem sempre fosse claro onde ir buscá-los.

A noção emergente, numa variedade de tons estéticos e literários, de que era preciso dizer o que está certo e errado e distinguir as razões para tal era uma característica importante da era inglesa do empenho, tanto na literatura como na política. Por vezes, essa sensibilidade raia a fé, um aspecto desses anos que o nosso olhar retrospetivo secular tende a minimizar.

III

Socialismo Familiar: o Marxista Político

O meu avô paterno, Enoch Yudt, nasceu em Varsóvia, a atual capital da Polónia, então uma metrópole ocidental do Império Russo. Como tantos judeus jovens daquele tempo e lugar, Enoch era socialista. As suas simpatias estavam com o *Bund*, o primeiro grande partido socialista do Império Russo. Era um partido judeu, que funcionava em iídiche, a língua-mãe da maior parte dos judeus do Leste Europeu, mas defendia a revolução socialista em todo o Império Russo, da Europa ao Pacífico. O seu filho, o meu pai Joe Judt, deixou a escola aos catorze anos para fazer biscates, primeiro em Dublin, depois em Londres. Também ele era socialista. Em rapaz, tinha pertencido ao Hashomer Hatzair, o movimento juvenil socialista-sionista empenhado em levar jovens para a Palestina a fim de ali construir o socialismo. Era um conceito muito diferente do socialismo do *Bund*, o qual insistia com veemência que os judeus deviam mudar a ordem social onde estivessem, em vez de emigrarem para terras exóticas.

A dada altura antes da Segunda Guerra Mundial, já no fim da adolescência, o meu pai passou para o Partido Socialista da Grã-Bretanha, uma minúscula fação dissidente marxista sediada em Londres que recorria muito a autodidatas judeus como ele. Nessa altura já tinha praticamente abandonado o sionismo da sua juventude, embora viesse a sofrer algumas recaídas. Eu nasci em 1948, o ano da fundação de Israel e o ano em que a Checoslováquia se tornou comunista, completando o Bloco de Leste sob domínio soviético. Cresci no mundo da Guerra Fria, com a certeza de que os países do Leste Europeu de onde viera a minha família eram agora e para sempre comunistas, com regimes apoiados pela União Soviética. A política e a vida judaicas já não estavam ligadas àqueles lugares, mas os debates sobre o marxismo decerto que sim.

O meu pai e eu víamos na televisão as palestras de A. J. P. Taylor sobre história europeia, programas de uma hora sem guião e brilhantemente apresentados, enquanto o meu pai, do seu sofá, tecia críticas *marxizantes*. Quando fiz treze anos, ele comprou-me os três volumes da biografia de Leon Trotski, provavelmente a pretexto de que era tempo de eu aprender a distinguir os bons dos maus (Estaline era, claro, o principal vilão da história). Trotski era uma figura importante para a esquerda socialista naqueles anos. Depois de servir como o colaborador mais próximo de Lenine na Revolução Russa, perdera para Estaline a luta pela sucessão que se seguiu à morte de Lenine.

A biografia muito simpática de Deutscher, que o meu pai também leu, ajudou a sustentar a lenda de um comunismo que podia ter vingado. Pessoas como o meu pai estavam dispostas a pensar bem de Trotski em grande medida porque julgavam Lenine mal aconselhado, e não malévolo: para elas, a podridão começou com Estaline. Talvez não sem pertinência, muitos dos apoiantes e aliados de Trotski eram judeus. Esses volumes biográficos foram os primeiros livros pesados que tive. Muito mais tarde, retribuí oferecendo ao meu pai uma coletânea das obras de Deutscher que incluía o famoso ensaio «O Judeu Não-Judeu». Não sei ao certo se ele a apreciou muito.

O tema de Deutscher já me era familiar. Julgo que comecei a ler Marx com essa idade; o meu pai tinha uma edição abreviada do *Capital* publicada pelo Partido Socialista da Grã-Bretanha. Também li *Trabalho Assalariado e Capital, Salário, Preço e Lucro, Do Socialismo Utópico ao Socialismo Científico*, de Engels, *O Manifesto Comunista* e *Anti-Dühring*, que não percebi. Suponho que andei a ler Marx na minha adolescência, com naturais limitações de compreensão, uns cinco anos antes dos meus contemporâneos. Li *A Era das Revoluções*, de Eric Hobsbawm, por volta dos quinze anos, não muito depois da sua primeira publicação em 1962. É claro que o meu pai me encorajava a ler George Orwell, o grande crítico inglês do totalitarismo, cujos ensaios e romances devorei nesses anos. Também li *O Zero e o Infinito*, de Arthur Koestler, e o ensaio deste sobre a desilusão comunista em *The God That Failed*. Estes eram os textos fulcrais de uma educação

SOCIALISMO FAMILIAR: O MARXISTA POLÍTICO

de esquerda dissidente nas décadas do pós-guerra, de que eu, afortunado neófito, fui beneficiário.

Em casa, era ponto assente que o comunismo soviético não era o marxismo, e que os comunistas soviéticos, pelo menos a partir de Estaline, não eram convenientemente marxistas. O meu pai costumava deliciar-me com as suas memórias das manifestações antifascistas do fim dos anos 1930 no East End de Londres. Os organizadores comunistas, explicava ele, mandavam gente para a rua para defrontarem os fascistas e depois iam para o café aguardar o resultado. Vistos assim, os comunistas eram gente que deixava que os trabalhadores saíssem à rua para serem mortos em seu nome, colhendo depois os benefícios. Em consequência, e bastante injustamente, aprendi a julgar os organizadores comunistas como cínicos e covardes. Nos anos 1940, teria sido uma opinião familiar entre os membros do Partido Socialista da Grã-Bretanha, onde o meu pai tinha a maioria dos seus conhecidos da política. Na década de 1960, porém, ele e muitos dos seus contemporâneos do PSGB tinham-se refugiado numa espécie de vernáculo marxista desenganado, que podia explicar tudo e mais alguma coisa demonstrando como toda a gente tinha pactuado e se andava a vender. Por isso, o meu entusiasmo de adolescente pelo Partido Trabalhista, quando finalmente ganhou as eleições legislativas de 1964, arrefeceu bastante: não se devia esperar nada *daquela* gente.

A minha mãe tinha o género de atitude, perante as opiniões políticas e as ideias do meu pai, que, *toutes proportions gardées*, Heda Margolius Kovály mostrava perante as ilusões do marido em *Under a Cruel Star*(*), as suas incomparáveis memórias da vida na Checoslováquia comunista: os homens são uns iludidos, enganam-se uns aos outros e acreditam em abstrações, enquanto nós, mulheres, conseguimos ver bem. Por outro lado, o casamento de Kovály com o judeu checo comunista Rudolf Margolius talvez tenha sido mais íntimo do que o dos meus pais. Mesmo após ter passado pelo julgamento de fachada e ter sido condenado à morte em 1952, Rudolf lembrou-se, na última visita da sua mulher, de lhe dizer que ela estava linda.

Em 1968, o ano da última hipótese do marxismo na política europeia, eu era estudante em Cambridge. Ao contrário de alguns amigos, não me encontrava nas linhas da frente, nem tinha um papel de lide-

---

(*) Título da tradução inglesa do original checo, *Na vlastní k ži* (Na Minha Pele), publicado em Toronto em 1973. *(N. T.)*

rança. Se me sentia revoltado nesses anos era por causa da Guerra do Vietname, uma opinião convencional, embora profundamente sentida à época. Participei nas grandes manifestações contra a Guerra do Vietname do final da década; lembro-me muito bem, em particular, da célebre marcha em Grosvenor Square e do assalto pouco convincente à embaixada americana. Também participei em reuniões e comícios em Cambridge e Londres. Mas isto era a Inglaterra, e o que isso significa pode descrever-se da forma que se segue.

Estava numa manifestação em Cambridge contra Denis Healey, que era o ministro da Defesa do Partido Trabalhista no poder, numa altura em que os trabalhistas, pelo menos em princípio, apoiavam a guerra de Lyndon Johnson. Healey ia a sair de Cambridge no seu carro após uma conferência, dirigindo-se para sul por Trumpington Street. Muitos estudantes, eu entre eles, iam correndo ao seu lado, aos pulos e gritos; um amigo meu, Peter Kellner, chegou a saltar para cima do carro e começou a bater no tejadilho. O carro afastou-se, claro, e ali ficámos nós, parados no extremo errado de Trumpington Street enquanto a hora do jantar no colégio se aproximava rapidamente. Por isso, desatámos a correr de volta para o centro da cidade. Dei por mim ao lado de um dos polícias incumbidos de controlar a manifestação. Enquanto avançávamos rapidamente, ele virou-se para mim e inquiriu: «Então como correu a manifestação, senhor?» E eu, sem achar nada bizarro ou absurdo na sua pergunta, virei-me e respondi: «Acho que correu bastante bem, não lhe parece?» E continuámos o nosso caminho. Isto não era maneira de fazer uma revolução.

Fui a Paris na primavera de 1968 e fiquei arrebatado como toda a gente. Contudo, os resquícios da minha formação socialista-marxista fizeram-me suspeitar instintivamente da ideia, popular em França, de que os estudantes pudessem agora ser uma – *a* – classe revolucionária. Por isso, embora eu ficasse bastante impressionado com as greves na Renault e outras ocupações naquele ano, nunca me entusiasmei muito com Dany Cohn-Bendit e as palavras de ordem «Sous le pavé, la plage».

Essa distinção entre a política esquerdista e o mero ativismo estudantil foi-me pela primeira vez explicitada naquele outono pelo historiador Eric Hobsbawm. Em 1968, eu era o secretário da Sociedade Histórica do King's College, um cargo ocupado por Eric muitos anos antes. Hobsbawm era em muitos aspectos importantes um verdadeiro e leal homem de King's: a faculdade onde estudara nos anos 1930 e da qual fora membro até meados dos anos 1950, significava tanto para ele em certas áreas da sua vida como o Partido Comunista ao qual é mais celebremente associado. Ele veio a King's e deu um sermão político subtil, fazendo implicitamente pouco caso da juventude revolucionária daquele ano e invertendo a famosa Décima Primeira Tese de Marx sobre Feuerbach: às vezes, o problema real não é tanto mudar o mundo, mas compreendê-lo.

Isso tocou-me de perto: fora sempre o Karl Marx analítico, o comentador político, e não o prognosticador revolucionário, que mais me atraíra. Se me perguntarem que ensaio de Marx eu recomendaria a um estudante, a fim de apreciar os talentos de Marx e entender a mensagem central, acho que seria O 18 do Brumário, seguido de perto, talvez, por Lutas de Classes e A Guerra Civil em França. Marx foi um comentador polemista de génio, quaisquer que sejam as limitações das suas especulações teóricas mais gerais. Por essa razão, pouco me influenciaram os debates dos anos 1960 entre defensores do «jovem» e do «velho» Marx, o filósofo da alienação e o teórico da economia política. Para mim, Marx foi sempre e acima de tudo um observador de acontecimentos políticos e da realidade social.

Comecemos por alguns marxistas políticos anteriores, os teóricos e homens e mulheres dos partidos da viragem do século XIX para o XX. Eram pessoas que liam Marx, que se liam umas às outras e que simultaneamente acalentavam uma autêntica esperança de chegar ao poder através de uma revolução, greve geral ou talvez até (embora isso fosse então controverso) de eleições. Esse foi o período da Segunda Internacional, de 1889 a 1917, mais ou menos o período entre a morte de Marx (em 1883) e a revolução de Lenine. Eram pessoas que intelectualmente faziam parte do poder instituído. Muitas tinham educação universitária e falavam a língua filosófica do seu tempo; confiavam em geral bastante na política, não só no sentido simples de que acreditavam ter o tempo do seu lado, mas também porque pensavam poder compreender a ordem das coisas. E também estavam revoltadas, e eram fluentes nessa revolta – o que as distingue, digamos, dos intelectuais de hoje, que costumam ser revoltados ou fluentes, mas raramente as duas coisas.

Há uma geração política particular e um perfil particular dos partidos políticos. Pensa no aparecimento da Fundação Social-Democrata com Henry Hyndman em Londres, na ascensão dos sociais-democratas na Alemanha com Wilhelm Liebknecht, August Bebel, Karl Kautsky e Eduard Bernstein, e na supremacia de Jean Jaurès no partido francês, para não mencionar os italianos, os holandeses, os belgas, os polacos e, claro, os russos.

De onde vieram eles? Esta foi realmente a primeira geração pós-religiosa. Se retrocedêssemos uma geração, estaríamos no meio dos debates de Darwin, dos debates cristão-socialistas ou dos debates da renovação religiosa dos últimos anos do Romantismo. Algumas destas pessoas referem o seu nascimento como seres políticos e pensantes como que banhado no crepúsculo claro do que Nietzsche teria chamado a morte de Deus. Não é só não acreditarem; para eles, a questão da fé já não é a mais importante. Sejam judeus pós-liberados ou católicos franceses anticlericais, ou protestantes sociais-democratas, não-praticantes, do norte da Europa, eles estão libertos dos termos antigos, puramente morais, nos quais a injustiça social era criticada. Parece-me que não podemos explicar de outra forma o materialismo obsessivo de Gueorgui Plekhanov e dos russos, ou de Jaurès e da esquerda francesa, se não virmos este grupo como uma geração que procurou, com grande energia, pensar a sociedade como um conjunto de problemas *seculares*.

Se havia uma consideração transcendente na política, não era o sentido da sociedade, mas antes os seus propósitos. Esta era uma viragem subtil mas decisiva. Podemos percebê-lo claramente se fizermos um desvio pelo liberalismo inglês. O rompimento liberal com a fé começou obviamente no Iluminismo, no qual a fé como parte constitutiva do enquadramento que permite pensar sobre os objetivos humanos simplesmente se evapora. Mas há uma segunda fase, que é muito importante em Inglaterra (e França): o esvaziamento da genuína crença religiosa no terceiro quartel do século XIX. Os novos liberais, nascidos nesse meio, reconheceram que o seu mundo era um mundo sem fé, um mundo sem fundamento. E, por isso, tentaram fundamentá-lo em novas maneiras filosóficas de pensar. Nietzsche aborda um aspecto dessa procura quando escreve que os homens precisam de fundamentos realistas para a ação moral, e contudo não podem tê-los porque não conseguem estar de acordo sobre que fundamentos seriam esses. Eles não têm base para esses fundamentos – estando Deus morto – e, todavia, sem eles, carecem de quaisquer razões para agir.

SOCIALISMO FAMILIAR: O MARXISTA POLÍTICO

Assim, Keynes, em *My Early Beliefs*, escreve sobre o seu entusiasmo por G. E. Moore, o filósofo de Cambridge. Moore, é certo dizê-lo, é com quem Nietzsche se pareceria caso tivesse nascido em Inglaterra. Deus não existe, existe uma não-necessidade radical em todas as questões éticas, e contudo temos de inventar regras a que obedecer, nem que sejam só para a elite. Assim, essa elite fala para si própria acerca das regras do seu comportamento e, depois, acerca das razões que pode dar ao mundo em geral para segui-las. Em Inglaterra, isso produziu uma adaptação seletiva da ética utilitária segundo John Stuart Mill: *nós* teremos imperativos éticos kantianos, mas o resto da humanidade arranjar-se-á com fundamentos utilitaristas para segui-los, porque esse será o nosso tributo ao mundo.

É com *isto* que se parece o marxismo da Segunda Internacional. É um conjunto de regras e normas auto-imputadas, neokantianas, sobre o que está mal e como tudo devia ser, mas com uma aura científica que explica – a si mesmos e aos outros – como podemos deslocar-nos com a confiança de que a História está do nosso lado. Em rigor, não se pode extrair da descrição do capitalismo elaborada por Marx uma razão por que o socialismo deva (num sentido moral) acontecer. Lenine compreendeu isso, reconhecendo que a «ética» socialista era um vestígio da autoridade religiosa e um substituto desta. Hoje, evidentemente, essa ética é grande parte do que resta da social-democracia, mas, nos dias da Segunda Internacional, ela era um perigo para o duro realismo histórico duro do socialismo.

O marxismo possuía uma atração particular, não só para essa primeira geração de críticos educados e intelectuais, mas até aos anos 1960. O marxismo – costumamos esquecer-nos disso – é uma descrição maravilhosamente convincente do funcionamento da história e dos seus motivos. É uma promessa reconfortante para qualquer pessoa saber que a História está do seu lado e que o progresso está no seu caminho. Essa pretensão distinguia o marxismo em todas as suas formas de outros produtos radicais contemporâneos à época. Os anarquistas não tinham uma verdadeira teoria sobre o funcionamento do sistema; os reformistas não tinham uma versão própria sobre a transformação radical; os liberais não tinham uma descrição para a revolta que se devia sentir perante a situação atual.

Deves ter razão quanto à religião, e não sei se concordarias que ela decorre de duas maneiras distintas e opostas.

97

Uma é a ética secular: o reflorescimento kantiano de finais do século XIX nas terras de língua alemã como substituto da religião, bem expresso na Segunda Internacional pelos austro--marxistas em Viena nas décadas de 1890 e 1900, e que o marxista italiano Antonio Gramsci foi suficientemente lúcido para perceber que devia ser organizado institucionalmente. Daí a ideia de hegemonia de Gramsci: com efeito, os intelectuais do partido têm de reproduzir conscientemente a hierarquia da igreja, institucionalizando desse modo a reprodução social da ética.

Mas, por outro lado, há também a escatologia: a ideia de salvação final, o regresso do homem à sua natureza, todas essas ideias incrivelmente motivadoras pelas quais se podem fazer sacrifícios no mundo secular – a prioridade do sacrifício é uma ideia de Lenine, essencialmente. E parece-me que cada um desses dois conceitos é um substituto satisfatório da religião, mas que eles nos levam a lugares muito diferentes.

É verdade. E eles despontam com força diferente consoante os lugares. A linha escatológica de raciocínio é muito pouco apelativa para os protestantes escandinavos, por exemplo. Não basta dizer, como é comum, que não havia razão para que o comunismo prosperasse na Escandinávia, porque em lugares como a Suécia a social-democracia já estava profundamente enraizada no eleitorado dominante, os trabalhadores camponeses. Isso é verdade, mas não é explicação suficiente. Na Escandinávia, nunca iria haver – exceto brevemente na Noruega entre uma franja revoltada de pescadores negligenciados – um eleitorado para políticas de tudo-ou-nada, de virar-tudo-do-avesso, definitivas.

Nem haveria um impulso subliminar para organizações neorreligiosas. A forma organizativa – a noção gramsciana de hegemonia, a ideia de que o partido deve substituir completamente a religião organizada, com uma hierarquia, uma elite, uma liturgia e um catecismo – chega para explicar um pouco a razão de o comunismo organizado segundo o modelo leninista funcionar bastante melhor nos países católicos ou ortodoxos do que nos protestantes. O comunismo sempre se deu melhor em Itália e França (e na Espanha, brevemente) do que a social--democracia.

O argumento habitual quanto aos países católicos é que não havia uma força laboral substancial, capaz de desenvolver o sindicato num tipo de organização na qual um partido esquerdista de massas pudesse despontar. Mas isso não é bem verdade. Em França, havia muitos trabalhadores das indústrias que, em diversas alturas, estiveram bastante bem organizados. Apenas não estavam organizados *politicamente*. A organização política da classe trabalhadora na Cintura Vermelha de Paris, por exemplo, foi inquestionavelmente um feito dos comunistas; até então, os *syndicats* tinham pouquíssimo poder, em grande medida devido à falta de qualquer vínculo orgânico com um partido político. Desconfiavam muito do socialismo precisamente pelas suas ambições organizativas.

A prova *a contrario* vem do caso inglês. Aqui temos um movimento laboral avançado, especializado, inteiramente consolidado já em 1870; a partir da década de 1880 – isto é, sensivelmente na mesma altura em que a social-democracia ganhava forma –, surgiu nas maiores cidades uma força laboral suplementar, não especializada e cada vez mais significativa: turbulenta, desfavorecida e facilmente mobilizável. O resultado foi um movimento sindical em rápida expansão, mais ou menos legal a partir do início da década de 1880, cujas atividades políticas foram canalizadas para um Comité de Representação Trabalhista em 1900, o qual seis anos depois veio a transformar-se num Partido Trabalhista de grande envergadura, dominado e financiado pelos seus chefes sindicalistas durante todo o século. Mas – apesar das origens desproporcionadamente metodistas e dissidentes dos líderes trabalhistas desses anos, ou talvez por causa delas – tanto a escatologia religiosa como a organização eclesiástica que caracterizavam o radicalismo continental estiveram em geral ausentes.

Não é parte do segredo do marxismo ter sido surpreendentemente compatível com tradições nacionais de política radical?

O marxismo era a estrutura profunda do pensamento radical europeu. Mais do que se deu conta, o próprio Marx sintetizava muitas tendências da crítica social e da teoria económica do início do século XIX: ele era, por exemplo, um modelo de panfletista político à francesa e um comentador secundário da economia britânica clássica. E, assim, esse estudante alemão da metafísica hegeliana legou à esquerda europeia a única versão da sua própria herança compatível com tradições locais de revolta radical, e ofereceu-lhe uma história que as podia transcender.

Por exemplo, em Inglaterra, a economia moral do artesão radical ou do agricultor deserdado do século XVIII ia desaguar diretamente no marxismo, ao sublinhar uma narrativa centrada na criatividade destrutiva do capitalismo e nos destroços humanos deixados à sua passagem. Aqui, como no próprio marxismo, encontramos a história de um mundo perdido que ainda podemos recuperar. É evidente que as versões mais antigas (e moralizadas) – pelo punho de William Cobbett, por exemplo – vincam a *destruição*, sobretudo a corrosão das relações humanas; Marx, por outro lado, tira partido dessa mesma destruição através da sua visão de uma forma mais elevada de experiência humana que pode emergir dos detritos do capitalismo.

Neste aspecto pelo menos, a escatologia de Marx não é senão acessória ao profundo sentimento de perda e de perturbação que a primeira industrialização desencadeou. E assim, sem se dar conta, Marx forneceu um modelo no qual as pessoas podiam representar e reconhecer a história que andavam a contar. Essa é uma origem da atração do marxismo. Uma explicação defeituosa do funcionamento do capitalismo, juntamente com uma garantia de desenlaces futuros – dos quais pouco se sabia –, não teria sido capaz, por si só, de cativar a imaginação de intelectuais, operários, oportunistas políticos e ativistas sociais nos quatro continentes por mais de um século se as suas raízes sentimentais já não estivessem presentes.

Mas é a magia de Hegel, não é, Tony? Porque o que Marx combina, segundo o que dizes, é uma visão essencialmente conservadora, uma visão espiritual do passado, com o argumento dialético de que o que é mau para nós é na verdade bom. Pensa por exemplo em Hegel ao escrever sobre a família, mas também na ideia de Marx acerca da natureza da espécie antes de ser corrompida pela propriedade: aí temos descrições da integridade e harmonia humanas no passado pré-histórico ou a-histórico que ainda hoje nos levam a refletir graças à sua pura intensidade. Através da dialética hegeliana, a nostalgia combina-se com a capacidade não apenas de aceitar, mas de acolher bem seja o que for que vá destruindo a beleza do passado. Pode adotar-se a cidade e pode adotar-se a fábrica: ambas representam a destruição criativa. O capitalismo talvez pareça oprimir-nos e alienar-nos, e decerto empobrece-nos, mas, não obstante, tem a sua beleza própria e é uma realização objetiva,

SOCIALISMO FAMILIAR: O MARXISTA POLÍTICO

que mais tarde poderemos explorar quando recuperarmos a nossa natureza.

Lembra-te de que isso confere ao marxista uma nítida vantagem nos confrontos dialéticos. Para os liberais e progressistas que asseguram que tudo é pelo melhor, Marx fornece uma poderosa narrativa de sofrimento e perda, deterioração e destruição. Aos conservadores, que estariam de acordo e ampliariam a afirmação insistindo na superioridade do passado, Marx desprezava-os, claro: essa mudanças, por muito desagradáveis que sejam a médio prazo, são o preço necessário e de qualquer forma inevitável que pagamos por um futuro melhor. Elas são o que são, mas valem a pena.

O apelo do marxismo também se liga ao cristianismo e ao darwinismo, ambos, de maneiras diferentes, ultrapassados pelo sentimento filosófico e político nos últimos anos do século XIX. Acho que concordamos que os socialistas só os deixaram para trás para reinventá-los de vários modos. Repara no cristianismo e no sentido atribuído ao sofrimento de Cristo: o seu propósito é-nos outorgado neste mundo imperfeito só na medida em que nos espera a salvação no além. Segundo os divulgadores de Darwin (e os seus vulgarizadores, incluindo Friedrich Engels), a evolução, insistiam eles, não só era compatível com uma visão da mudança política, como também a sublinhava – as espécies surgem e competem. A vida – como a natureza – é bastante sanguinária, tem dentes e garras sangrentos, mas a extinção das espécies (não menos do que a das classes) faz sentido tanto moral como cientificamente. Ela conduz a melhores espécies e assim, ao fim e ao cabo, estamos onde estamos e tudo acontece pelo melhor.

No começo do século XIX, a versão engelsiana era de longe a mais influente. Engels sobreviveu treze anos a Marx: o suficiente para implantar as suas próprias interpretações na versão oficial dos textos marxistas populares. Ele escrevia com mais clareza do que o seu amigo e teve a sorte de escrever logo depois de o pensamento científico popular ter entrado no hábito político e educativo graças a Herbert Spencer e outros. Por exemplo, *Do Socialismo Utópico ao Socialismo Científico*, de Engels, é inteligível para qualquer rapaz instruído de cator-

101

ze anos. Mas é esse, evidentemente, o problema. A bowdlerização(*) de Engels da teoria evolucionista do século XIX reduziu Darwin a um conto admonitório da vida quotidiana. O marxismo era agora uma história acessível de tudo: já não era uma narrativa política, uma análise económica ou mesmo uma crítica social, mas pouco menos do que uma teoria do universo.

Nas suas formas originais, a neo-religiosidade de Marx implicava um *telos*, um resultado a partir do qual toda a história adquiria o seu sentido: ela sabia para onde ia. Nas mãos de Engels, ela está fechada numa simples ontologia: a vida e a história vêm de onde vêm e vão para onde devem ir, mas, se têm um sentido discernível, ele não deriva certamente das suas perspetivas futuras. Neste aspecto, e apesar das suas muitas virtudes, Engels era parecido com Herbert Spencer: mecanicista, excessivamente ambicioso nas suas pretensões, todo-abrangente na sua visão, juntando a partir de materiais mal amanhados uma história que podia ser aplicada a qualquer coisa, da evolução dos relógios à fisiologia dos dedos. Esse relato para todo-o-serviço revelou-se esplendidamente útil: era ao mesmo tempo acessível a todos e podia justificar a autoridade interpretativa exclusiva de uma elite clerical. O modelo partidário característico de Lenine seria impensável sem ele. Mas por essa mesma razão temos de culpar Engels pelos absurdos do materialismo dialético.

> *Voltemos à tua questão de o marxismo ter mais ressonância nos países católicos do que nos protestantes devido a certas práticas rituais que têm que ver com a maneira como se usa a língua e em que contextos. Será que é possível fazer uma assunção similar quanto ao judaísmo e ao seu envolvimento na política radical?*

Que o marxismo é uma religião secular parece óbvio. Mas no encalço de *que* religião? Isso nem sempre é assim tão claro. Abarca muita da escatologia cristã tradicional: a queda do homem, o Messias, o seu sofrimento e a redenção da humanidade através dele, a salvação, a ascensão e por aí adiante. Também o judaísmo está presente, menos na substância do que no estilo. Em Marx e em alguns dos marxis-

---

(*) De Thomas Bowdler (1754-1825), médico inglês que publicou *Family Shakespeare*, uma edição das obras de Shakespeare expurgadas de passagens «impróprias para mulheres e crianças». *(N. T.)*

tas posteriores mais interessantes (Rosa Luxemburgo, talvez, ou Léon Blum) – e sem dúvida nos intermináveis debates dos socialistas alemães, conduzidos nas páginas do *Die Neue Zeit* –, podemos prontamente discernir uma variedade de *pilpul*, a autocomplacência dialética divertida no cerne dos juízos rabínicos e da moralização e narração judaicas tradicionais.

Pensa, se quiseres, no puro engenho das categorias: a maneira como as interpretações marxistas se podem inverter e confundir entre elas de tal forma que o que é afinal não é, e o que foi é retomado com uma nova forma. A destruição é criativa, ao passo que a preservação passa a ser destrutiva. O grande será pequeno, e as verdades presentes estão condenadas a perecer como ilusões passadas. Quando eu menciono estes aspectos bastante óbvios das intenções e do legado de Marx a pessoas que o estudaram e que até escreveram sobre o homem, é frequente sentirem-se embaraçadas. Muitas vezes são judeus e ficam pouco à vontade com a enfatização dos antecedentes judaicos do próprio Marx, como se tivéssemos feito alusão a assuntos de família.

Vem-me à memória a cena na autobiografia de Jorge Semprún, *Quel beau dimanche*. Depois de a sua família ser expulsa de Espanha, Semprún, aos vinte anos, foi empurrado para a Resistência Francesa e posteriormente preso como comunista. Enviado para Buchenwald, teve a proteção de um velho comunista alemão – o que sem dúvida explica a sua sobrevivência. A dada altura, Semprún pede ao homem que lhe explique a «dialética». E ele tem resposta pronta: «C'est l'art et la manière de toujours retomber sur ses pattes, mon vieux» – a arte e a técnica de cair sempre de pé. E assim é com a retórica rabínica: a arte e a técnica – sobretudo a arte – de cair de pé numa sólida posição de autoridade e convicção. Ser-se um marxista revolucionário era fazer do seu desenraizamento uma virtude, agarrando-se ao mesmo tempo – mesmo que de um modo apenas semiconsciente – a um estilo de raciocínio que pareceria muito familiar a qualquer aluno da escola hebraica.

As pessoas esquecem-se de que os socialistas judeus estavam mais bem organizados há mais tempo do que os outros no Império Russo. O Bund antecipou de facto, e durante algum tempo ofuscou, as tentativas de criar um partido russo. Com efeito, para definir a sua própria posição, Lenine teve de separar os seus adeptos do Bund – uma ruptura mais importante do que a mais célebre entre os bolcheviques e os mencheviques.

Como vês Lenine a funcionar nesta geração, neste meio, na Segunda Internacional?

Os russos eram uma presença bastante desconfortável na Segunda Internacional, que era um aglomerado de partidos marxistas geralmente mais bem integrados nos sistemas políticos nacionais do que os radicais russos poderiam ser dentro da autocracia czarista. Questões de participação em governos burgueses, o tema dominante na Internacional nas vésperas da Primeira Guerra Mundial, não tinham interesse para os súbditos de um império autocrático.

Os marxistas russos encontravam-se eles próprios profundamente divididos entre a maioria social-democrata materialista, ao estilo alemão – exemplificada por Plekhanov, mais velho –, e uma minoria ativista radical liderada por Lenine, mais jovem. Esta é, quando se pensa nisso, uma divisão convencional e familiar entre os opositores de todas as sociedades autoritárias: entre os que estão dispostos a dar crédito à boa-fé das reformas marginais de um governante autoritário, e aqueles para quem tais reformas são o maior dos perigos – enfraquecem e dividem as forças que buscam mudanças mais radicais.

Recorrendo ao marxismo, Lenine reinterpretou, reviu e assim reavivou a tradição russa nativa de revolução. Na geração precedente, os eslavófilos revolucionários tinham-se comprazido na ideia agradável de haver uma história russa particular e uma trajetória particularmente russa para qualquer ação radical no país. Alguns deles apoiaram o terrorismo como forma de preservar as virtudes particulares da sociedade russa, ao mesmo tempo que minavam a autocracia. Embora Lenine tivesse pouca paciência para a persistente herança russa de ativismo, a revolução pelo ato, o nihilismo, o assassinato, entre outros aspectos, ele insistiu na preservação da respetiva tónica na ação voluntarista. Mas o seu voluntarismo era revestido por uma visão marxista de revoluções futuras.

Lenine, porém, tão-pouco dava importância aos sociais-democratas russos que partilhavam a sua aversão à violência sem sentido. Na tradição russa, os adversários dos eslavófilos eram os ocidentalizadores, que essencialmente achavam que o problema da Rússia era o seu atraso. A Rússia não possuía virtudes particulares; o objetivo dos russos devia ser colocar o país no caminho do desenvolvimento já determinado por países europeus mais a ocidente. Os ocidentalizadores também abordaram o marxismo, inferindo de Marx e dos evolucionistas políticos que o que quer que tivesse acontecido e viesse a acontecer no Ocidente vinha primeiro e numa forma mais pura. O capitalismo, o movimento trabalhista e a revolução socialista seriam todos vividos em primeiro lugar nos países avançados; na sua forma russa poderiam chegar mais devagar e mais tarde, mas valeria a pena esperar – uma atitude que despertava em Lenine paroxismos de desprezo retórico. Por conseguinte, o líder bolchevique conseguia combinar uma análise ocidental com o radicalismo russo tradicional.

Geralmente, considerava-se isso uma prova de puro brilho teórico, mas não tenho tanta certeza. Lenine era um estratego soberbo e pouco mais, mas na Segunda Internacional não se podia ser importante a menos que se tivesse peso teórico, e por isso Lenine apresentou-se e foi publicitado pelos seus admiradores como um dialético marxista de génio.

> *Não sei se o êxito de Lenine não teria que ver também com uma certa audácia quanto ao futuro. Lenine tratava Marx como um determinista, um cientista da história. Os marxistas mais inteligentes da época – Gramsci, Antonio Labriola, Stanisław Brzozowski e György Lukács – recusaram-se a seguir-lhe o exemplo (embora Lukács tenha mudado de ideias mais tarde). Mas, neste aspecto, a leitura de Lenine era a dominante, na senda de Engels.*
>
> *Depois, Lenine decidiu que era permitido aos «cientistas da história» não só observar a experiência como intervir nela, para incentivar as coisas. Afinal, se sabemos os resultados de antemão, porque não alcançá-los mais depressa, especialmente se esses resultados são tão desejados? Por outro lado, acreditar na grande ideia dá-nos confiança quanto ao sentido atual de factos de outro modo pequenos, banais e sem encanto.*
>
> *Isto por sua vez prejudicou as formas kantianas do marxismo, ainda generalizadas naqueles anos: tentativas de dotar o marxismo com a sua própria ética autossuficiente. Para Lenine, a ética tem uma utilidade retroativa. Pequenas mentiras, ligeiros embustes, traições insignificantes e dissimulações passageiras farão todo o sentido à luz de resultados posteriores e tornar-se-ão moralmente aceitáveis devido a eles. E o que é verdade para coisas pequenas acaba por ser aplicado também às grandes coisas.*

Nem sequer é preciso ter confiança no futuro. A questão é se, em princípio, se concorda em deixar que a fatura seja passada em nome do futuro, ou se se acredita que as contas devem ser fechadas ao fim de cada dia.

Outra distinção importante respeita aos que fazem cálculos dependentes do futuro em seu nome, ou em nome de outros, e aos que fazem esses cálculos sentindo-se na liberdade de os impor aos outros. Uma coisa é dizer que estou disposto a sofrer agora por um futuro insondável mas possivelmente melhor. Outra, muito diferente, é autorizar o sofrimento de outros em nome dessa mesma hipótese indemonstrável. *Este*, na minha opinião, é o pecado intelectual do século: decidir o destino dos outros em nome do futuro deles, tal como o vemos, um futuro no qual podemos não ter palavra, mas relativamente ao qual nos arrogamos informação exclusiva e perfeita.

Há pelo menos duas maneiras de raciocinar do presente para o futuro. Uma é partir de uma imagem do futuro e depois ir fazendo o caminho de volta até ao presente, dizendo depois que se sabe quais devem ser as fases. Outra é começar no presente e então dizer «não seria um pouco melhor se o futuro próximo fosse semelhante ao presente mas melhorado num certo aspecto definível?». E isso parece permitir uma distinção entre planeamento político e revolução comunista.

Concordo que essa distinção é relevante. Mas estás a escorregar num pequeno obstáculo histórico: *ambas* essas maneiras de pensar a política pública têm raiz num único projeto iluminista.

Vejamos o caso de um liberal clássico do século XIX como David Lloyd George. Os seus projetos de tributação inovadores, como as apólices de seguro nacionais que introduziu nos governos liberais de 1906 a 1911, implicam um certo conjunto de hipóteses não questionadas: pode-se razoavelmente esperar de certo tipo de ações presentes que produzam resultados desejáveis, mesmo à custa de um prejuízo a curto prazo ou de impopularidade política. Assim, até Lloyd George acaba, tal como qualquer reformador coerente, por reivindicar implicitamente que as suas ações atuais se justificam só por isso, pelos futuros benefícios aos quais os homens seriam tolos em opor-se.

Neste sentido, não há uma profunda divergência epistemológica que separe o socialismo (ou pelo menos a social-democracia) do libe-

SOCIALISMO FAMILIAR: O MARXISTA POLÍTICO

ralismo. Os dois são, porém, bastante diferentes de uma política pública baseada obsessivamente em dispositivos de planeamento matematicamente calculados. Estes só se justificam na medida em que possam declarar um conhecimento perfeito, ou quase, dos desfechos futuros (para não falar da informação presente). Visto que nem a informação presente nem a futura – seja sobre economia ou qualquer outra coisa – nos é alguma vez concedida de forma perfeita, o planeamento é inerentemente ilusório, e, quanto mais abrangente o plano, mais ilusórias as suas pretensões (pode-se dizer quase o mesmo, mas raramente se diz, sobre a noção de mercados perfeitos ou eficientes).

Mas, ao passo que o liberalismo ou a social-democracia não ascende ou sucumbe segundo o êxito das suas reivindicações sobre o futuro, o comunismo sim. É por esta razão que eu acredito que o colapso da social-democracia como modelo, como ideia, como grande narrativa, na sequência do desaparecimento do comunismo, é injusto assim como desafortunado. Também é uma má notícia para os liberais, pois seja o que for que se possa dizer contra as formas sociais-democratas de conceber os assuntos públicos, também pode ser assacado aos liberais.

Deixa-me tentar distinguir epistemologicamente o liberalismo e o marxismo. O liberalismo começa com suposições otimistas acerca da natureza humana, mas na prática é fácil descer à terra, aprender que devemos ser um pouco mais pessimistas, o que exige um pouco mais de intervenção, um pouco mais de condescendência, um pouco mais de elitismo, etc. E é essa, de facto, a história do liberalismo, pelo menos para o novo liberalismo do início do século XX, com a sua aceitação da intervenção estatal.

Enquanto o liberalismo assume um otimismo quanto à natureza humana que se vai desgastanto um pouco com a experiência, o marxismo, graças à sua herança hegeliana, assume pelo menos um facto não contingente: a nossa alienação. A visão marxista funciona um pouco assim: a nossa natureza é bastante má, mas podia ser bastante boa. A origem quer da situação quer da possibilidade é a propriedade privada, uma variável contingente. Em suma, a mudança está realmente ao nosso alcance, e de forma apelativa: com a revolução vem o fim não só do regime de propriedade, mas também e por conseguinte da injustiça, da solidão e das vidas mal vividas. Porque um tal futuro está ao nosso alcance, a própria natureza torna-se substituível – ou antes, a nossa condição insatisfatória presente torna-se não natural. À luz de uma tal visão, quase toda a medida radical ou atitude autoritária passa a ser imaginável e até desejável – conclusão que um liberal simplesmente não consegue considerar.

Repara, esta divergência epistemológica e moral não distingue tanto os liberais e os marxistas como divide os marxistas entre eles. Assim, se examinarmos aproximadamente os últimos 130 anos, vemos que a linha mais importante foi a que separou os marxistas, que (especialmente na sua juventude) se sentiram atraídos pela versão mais extrema desta história, mas que acabaram por não aceitar as suas implicações – e logo, no fim de contas, as suas premissas –, e aqueles para quem ela permaneceu credível até ao fim, com todas as suas consequências. A ideia de que tudo é ou não é – de que tudo ou é uma coisa ou outra mas não pode ser as duas ao mesmo tempo, de que se algo (por exemplo, a tortura) é mau então não pode dialeticamente passar a ser bom em virtude dos seus resultados: este é e sempre foi um pensamento não marxista, tendo sido devidamente arrasado, conforme sabes, como «revisionismo». E com razão, porque semelhante empirismo epistemológico tem raiz no pensamento político liberal e representa – na verdade, sempre representou – um claro corte com o estilo religioso de raciocínio que está no cerne da atração do marxismo.

Mesmo assim, durante grande parte do século passado, muitos sociais-democratas que ficariam horrorizados ao imaginar-se outra coisa além de marxistas – e muito menos «liberais» – foram incapazes de dar o último passo para o determinismo retroativo. Na maioria dos casos, tiveram a sorte de evitar a escolha. Na Escandinávia, o acesso ao poder estava aberto aos sociais-democratas sem qualquer necessidade de derrubar ou reprimir as autoridades vigentes. Na Alemanha, os que não estavam dispostos a comprometer-se com constrangimentos constitucionais ou morais retiraram-se do consenso social-democrata.

Em França, a questão era irrelevante graças aos compromissos impostos por políticos republicanos, e em Inglaterra era redundante graças à marginalidade da esquerda radical. Paradoxalmente, em todos esses países, os autoproclamados marxistas podiam continuar a enganar-se: podiam persistir na crença de que a narrativa histórica marxista imbuía as suas ações, sem enfrentarem as implicações de levar a sério essa pretensão.

Mas, noutros lugares – tendo a Rússia sido o primeiro caso concreto e exemplar –, o acesso ao poder estava realmente aberto aos marxistas precisamente devido às suas reivindicações intransigentes sobre a história e os outros. E por isso, a seguir à Revolução Bolchevique de 1917, aconteceu um cisma acentuado e persistente entre aqueles que não queriam digerir as consequências humanas das suas teorias e aqueles para quem essas mesmas consequências eram tão sórdidas como pensavam que fossem, e tanto mais convincentes por essa razão: custa muito; temos mesmo de fazer escolhas difíceis; não temos alternativa senão fazer coisas más; isto é uma revolução; se estamos no negócio das omeletes, não é altura de cozer ovos. Por outras palavras, isto é um corte com o passado e com os nossos inimigos, justificado e explicado por uma lógica abrangente da transformação humana. Os marxistas a quem tudo isto sugeria mera repressão foram (com uma certa razão) acusados de não conseguir entender as implicações da sua própria doutrina e condenados ao caixote do lixo da História.

O que acho cativante em Karl Kautsky, o homem que – até 1917 – havia sido a autoridade intelectual da Europa socialista, é que quando a Revolução Russa eclode ele não se limita a parar de pensar e a engolir as consequências. Em vez disso, tal como outros intelectuais marxistas menos destacados, ele sujeita as ações de Lenine à grelha de uma análise marxista habitual e instituída. Ao contrário de outros líderes socialistas, ele não podia decidir-se a acreditar que a Revolução Bolchevique era marxista só porque Lenine dizia que sim.

É verdade. Karl Kautsky e Eduard Bernstein – que até 1917 tinham estado desavindos por causa de questiúnculas divisórias sobre o revisionismo que caracterizavam os debates socialistas alemães antes da guerra – não conseguiram aceitar as implicações das ações russas para o pensamento marxista (talvez valha a pena mencionar aqui que os dois, cada um à sua maneira, tinham sido mais próximos de Engels do que ninguém, e, portanto, do marxismo convencional de anos anteriores).

Rosa Luxemburgo, que criticara tanto Kautsky como Bernstein pela reação apagada dos dois à sua urgência radical, era um caso diferente. Tinha pelo menos tanta consciência como eles das limitações do leninismo – de facto, a sua crítica dos bolcheviques talvez fosse intelectualmente a mais rigorosa de todas –, mas, ao contrário dos seus colegas alemães, ela continuou a insistir na possibilidade e necessidade de um corte radical com o passado, embora em termos muito diferentes dos que Lenine propunha.

A fé na possibilidade de um tal corte parece ser central ainda em 1917, ou especialmente nesse ano.

Por analogia com uma visão religiosa cristã do mundo, medieval ou da primeira idade moderna, o que realmente importa é a tua salvação. Se eu sou crente, devia preocupar-me mais com a tua alma imortal do que com as tuas preferências, devia tentar salvar-te. Mesmo que isso signifique torturar-te, mesmo que no fim isso signifique matar-te; se conseguisse salvar a tua alma, não só teria feito bem, como também o que obviamente devia.

É um estilo de raciocínio de que o liberalismo realmente se afasta. Isto é, toma os propósitos das pessoas como se emergissem delas individualmente e como se fossem empiricamente discerníveis aos outros e os vinculassem. Foi o hegelianismo que introduziu no pensamento de Marx a discernibilidade do objetivo e do sentido mais profundos das coisas, e daí à compreensão leninista (tal como esta foi) da herança marxista.

Deste modo, os objetivos últimos da história – atingidos e compreendidos à luz da Revolução – tornaram-se homólogos da alma imortal: ser salvo a qualquer preço. Isso tinha que ver, então, com mais do que mera fé ou convicção num sentido trivial. Durante décadas concedeu à «revolução» um mistério e significado que podiam justificar e justificaram todos os sacrifícios – especialmente os dos outros, e quanto mais sangrentos melhor.

Para compreender porque é que tanta gente uniu as suas vidas ao leninismo e à União Soviética depois da revolução de 1917, tens de pensar não só em fé como em comunidade e cenário histórico. A miragem comunista é muito mais abrangente do que a mera social-democracia – uma democracia que vem com o estado-providência. As suas ambições desmedidas atraíam as pessoas que pensavam a história

SOCIALISMO FAMILIAR: O MARXISTA POLÍTICO

em termos de descrições holísticas e que generalizavam até à abstração a relação entre objetivos sociais e dedicação individual. Nunca ninguém falou de o deus da social-democracia lhe faltar. Mas a falta do deus do comunismo é uma história muito maior – e, claro, é uma história precisamente sobre a perda da fé.

Sim, é como se a seguir à Revolução Russa de 1917 os bolcheviques monopolizassem o misticismo. Porque é que a fé surgiu tão facilmente nos companheiros de viagem, naqueles que se identificaram com a União Soviética nos seus momentos mais sangrentos?

A história da União Soviética para aqueles que tinham fé nela, quer como comunistas quer como simpatizantes progressistas, não tinha que ver, na realidade, com o que eles viam. Perguntar porque é que as pessoas que lá foram não viram a verdade é não compreender o principal. A maioria das pessoas que percebiam o que se estava a passar na União Soviética não precisavam de ir até lá para ver. Ao passo que os que iam à União Soviética como crentes genuínos geralmente voltavam na mesma condição (André Gide foi uma célebre e rara exceção).

De qualquer modo, o género de verdade procurado por um crente não era examinável a partir de provas contemporâneas, mas só de resultados futuros. Tinha sempre que ver com a crença numa omelete futura que justificaria um número interminável de ovos partidos no presente. Se se *deixasse* de acreditar, então não se estava só a abandonar uns quantos factos sociais que aparentemente não se compreendera até então; estava-se a abandonar uma história que por si só podia justificar qualquer facto, desde que a recompensa futura estivesse garantida.

O comunismo também oferecia uma intensa sensação de comunidade com os companheiros crentes. No primeiro volume das suas memórias, o poeta francês Claude Roy recorda o fascismo da sua juventude. O livro chama-se *Moi*. Mas o segundo volume, que trata dos seus anos comunistas, intitula-se significativamente *Nous*. É sintomático. Os pensadores comunistas sentiam-se parte de uma comunidade de intelectuais com afinidades, o que lhes dava a sensação não só de estarem a fazer o que deviam, como também de que se moviam na direção da história. «Nós» fazíamos, não apenas «eu». Isso superava a ideia de uma multidão solitária e colocava o comunista individual no centro não apenas de um projeto histórico, mas de um processo coletivo.

E é interessante a frequência com que as memórias dos desiludidos são apresentadas em termos da *perda* da comunidade, tanto como a perda da fé. O que custava não era abrir os olhos para o que Estaline andava a fazer, mas romper com todos os outros que tinham acreditado connosco. Por isso, esta combinação da fé e dos encantos muito consideráveis da lealdade partilhada proporcionava ao comunismo algo de que nenhum outro movimento se podia vangloriar.

É evidente que diferentes grupos de pensadores foram atraídos pelo comunismo por razões diversas. Uma geração, nascida por volta de 1905, gente como Arthur Koestler, sentiu-se atraída pelo leninismo dos primeiros anos e desiludida, o mais tardar, com os julgamentos de fachada de Estaline em 1936, ou com o Pacto Molotov-Ribbentrop em 1939. Essa geração é, portanto, muito diferente da que foi seduzida pela imagem do vitorioso Exército Vermelho na Segunda Guerra Mundial, pelo heroísmo (real ou imaginário) dos partidos comunistas na resistência e pela impressão de que, se a América era a alternativa, e a América representava o capitalismo na sua encarnação mais grosseira, então o comunismo era uma escolha fácil.

Essa geração mais tardia tendeu a desiludir-se em 1956, com a invasão soviética da Hungria. Enquanto para a anterior geração de comunistas tinha sido o fracasso da social-democracia e a escolha aparentemente inexorável entre o fascismo e o comunismo o que mais importara, nos anos 1940 e 1950 as escolhas pareciam muito diferentes – mesmo que Estaline se esforçasse por apresentar a Guerra Fria como um conjunto de opções essencialmente semelhantes. E, por conseguinte, os simpatizantes – compreensivos com o comunismo mas não muito dispostos a juntar-se-lhe –, mais do que no período entre as duas guerras mundiais, têm importância na história que se seguiu, quando a questão relevante era saber se e quando as pessoas deixaram de ser comunistas e se tornaram... ex-comunistas.

O momento em que se passa a ser membro do Partido Comunista ou em que se declara uma associação com o comunismo é biograficamente muito importante. Há uma espécie de dupla armadilha temporal: a partir desse momento, a revolução afasta-se de nós, como um arco-íris. Queremos continuar atrás dela. Entretanto, vai-se afastando de nós o momento da juventude em que fizemos essa escolha, e com ela, provavelmente, muitos bons amigos ou outro género de amantes. E penso que as pessoas achavam muito difícil separarem-se dessas outras pessoas, desse momento.

Mais uma vez, pensa nas memórias de Eric Hobsbawm. Há esta sensação de que toda a sua vida e as suas lealdades de outra forma inexplicáveis podem relacionar-se com o último ano da República de Weimar na Alemanha. Em 1932, aos quinze anos, ele vivia em Berlim, assistia à derrocada da democracia alemã, aderia ao Partido Comunista e sentia claramente que aquele era o grande ponto de viragem do século e que ele fazia uma escolha no momento das escolhas. Essa escolha não só moldou o resto da sua vida como deu razão e sentido a tudo o que veio antes. Muitos dos que fizeram a mesma escolha mas depois a rejeitaram viram-se então aflitos para explicar exatamente o que dava agora um sentido às suas vidas – além do empenho em escrever e falar contra o que dantes dera esse mesmo sentido.

Se pensarmos em ex-crentes como Ignazio Silone, Whittaker Chambers ou Manès Sperber, observamos dois tipos de fundo emocional: a tentativa de exprimir a perda da fé e a tentativa de racionalizar a fé que existiu. A perda da fé, claro, não é nem por sombras tão atrativa como a fé: logo, embora possa ser racional afastar-se, perde-se mais do que se ganha. Um exemplo interessante de racionalização é Annie Kriegel, a historiadora francesa que começou por ser estalinista e que mais tarde se tornou anticomunista. A sua autobiografia chama-se *Ce que j'ai cru comprendre* (O Que Me Pareceu Compreender). As memórias de Sidney Hook, *Out of Step* (Desfasado), também são uma série de tentativas para explicar como «eu nessa altura julgava perceber claramente as coisas». *O Passado de Uma Ilusão*, de François Furet, é algo semelhante, disfarçado de história do século XX. É uma maneira de afirmar que as «minhas» escolhas anteriores não eram tanto uma questão de fé como de respostas razoáveis a determinada situação. É uma maneira, portanto, de ter orgulho quer na decisão de ser comunista, quer na decisão de deixar de o ser.

Há um belo exemplo de hiper-racionalização em Furet, em que ele nos conta que em 1947 leu O Zero e o Infinito *de Koestler. Longe de se convencer de que não devia tornar-se* comunista pela descrição que Koestler fazia do terror na União Soviética, o jovem Furet ficou impressionado com a racionalidade do interrogador e do interrogado durante os julgamentos de fachada estalinistas.

Lembra-te, porém, de que Koestler não se tinha libertado dos encantos da dialética quando escreveu o romance. O que Koestler queria mostrar era a razão de tanta gente ter sido seduzida por aquelas formas de pensar. Mas, em parte, o romance funciona tão bem porque ele próprio ainda está um pouco seduzido.

É por isso que O Zero e o Infinito é uma boa descrição de dentro, das razões pelas quais as pessoas foram atraídas para o comunismo. Mas não é uma boa descrição do que foi realmente o Grande Terror, nada diz sobre as centenas de milhares de operários e camponeses fuzilados em 1937 e 1938.

No relato de Koestler – e este é um aspeto que ele partilha com Hobsbawm –, os bons e os maus são todos comunistas. Em primeiro lugar, todas as vítimas – certamente todas as que importam – são comunistas. Além disso, os «perpetradores» são estalinistas que se aproveitam do comunismo «bom» para os seus próprios fins e que exploram a lei ou o seu poder para condenar os companheiros comunistas que querem afastar ou com quem não estão de acordo. Como referes, esse não é o aspeto mais importante da União Soviética daqueles anos; e é evidente que não faz jus ao terror. Mas, para os intelectuais, era o que contava.

O que realmente importava aos intelectuais era um meio: gente que se conhecia – ou gente que era como a gente que se conhecia – e as coisas que lhes aconteciam. Por trás desse meio estavam os camponeses coletivizados, entre os quais os milhões que perderam a sua terra e que passaram fome no início dos anos 1930 e as centenas de milhares que foram depois fuzilados ainda nessa década.

Há um ensaio encantador de Koestler em The Trail of the Dinosaur chamado «The Little Flirts of Saint-Germain-des-Prés». Ele escreve sobre simpatizantes e comunistas franceses como voyeurs que

SOCIALISMO FAMILIAR: O MARXISTA POLÍTICO

espreitam a história por um buraco na parede, enquanto não tinham de a experimentar eles mesmos. As vítimas do comunismo podiam ser confortavelmente re-descritas (e muitas vezes eram-no) como vítimas não dos homens, mas da História. O comunismo, portanto, passava por ser o espírito de Hegel a fazer o trabalho da história, em países onde a história não o conseguira fazer ela própria. Dessa distância é possível apresentar razões sobre os custos e benefícios da História: mas os custos são suportados por outrem, e os benefícios podem ser tudo o que se queira imaginar.

Em certo sentido, é como os debates sobre a Revolução Industrial que líamos no King's College quando eu era estudante: pode ter tido terríveis consequências humanas a curto prazo, mas foi necessária e benéfica. A transformação era necessária porque sem a industrialização não se teria gerado a riqueza necessária para superar os obstáculos malthusianos nas sociedades agrárias; e foi benéfica porque a longo prazo o nível de vida de toda a gente subiu.

O argumento assemelha-se portanto à defesa proposta pelos apologistas ocidentais do comunismo (naquelas alturas em que reconheceram a escala dos seus crimes). É claro que a diferença é que em 1833, em Londres, ninguém estava sentado a planear a Revolução Industrial e a decidir que – fossem quais fossem os custos – valia a pena impô-los aos outros pelos benefícios a longo prazo.

Esse ponto de vista é resumido num poema chocante, mas muito admirado, de Bertolt Brecht: «Até o ódio à miséria/endurece o olhar. Até a cólera contra a injustiça/torna áspera a voz. Ai, nós/Que quisemos lançar as fundações para a bondade/Não pudemos ser bondosos.» A fim de, em suma, justificar crimes presentes, devemos concentrar o olhar firmemente nos ganhos futuros. Mas é bom não esquecer que nessa contabilidade os custos são sempre atribuídos a outros, e geralmente noutro tempo e lugar.

Isso parece-me um exercício de romantismo político aplicado. Vemo-lo em casos semelhantes noutros lados durante o século XX. Num mundo em que tanta gente – intelectuais sobretudo – já não acredita na vida depois da morte, esta tem de adquirir um significado alternativo. Deve haver uma razão para ela; deve ser o progresso da história: Deus está morto, longa vida à morte.

Tudo isto teria sido muito mais difícil de imaginar sem a Primeira Guerra Mundial e o culto da morte e da violência que originou. O que os intelectuais comunistas e os seus congéneres fascistas tinham em comum a seguir a 1917 era uma profunda atração pela luta mortal e pelas suas consequências sociais ou estéticas vantajosas. Os intelectuais fascistas em particular fizeram da morte ao mesmo tempo a justificação e o fascínio da guerra e da violência civil: desse caos haveria de nascer um homem melhor e um mundo melhor.

Antes de começarmos a congratular-nos por já nos termos despedido de tudo isso, lembremos que essa sensibilidade romântica não está de modo algum ultrapassada. Recordo-me bem da reação de Condoleezza Rice, então secretária de Estado durante a presidência de George W. Bush, à Segunda Guerra Libanesa em 2006. Ao comentar a invasão israelita do Sul do Líbano e a escala de sofrimento civil que esta provocou, Rice afirmou confiante que aquelas eram «as dores de parto de um novo Médio Oriente». E lembro-me de na altura ter pensado: «Eu já ouvi isto antes.» Sabes o que quero dizer: mais uma vez, o suplício dos outros é justificado como a maneira de a História dar à luz um novo mundo, e assim dar sentido a acontecimentos que de outra forma seriam imperdoáveis e inexplicáveis. Se uma secretária de Estado conservadora norte-americana pode lançar mão de semelhante palavreado no século XXI, porque não poderiam intelectuais europeus invocar justificações similares meio século antes?

Vamos então voltar a Eric Hobsbawm um minuto. Como é possível que alguém que cometeu esse tipo de erro, sem nunca o ter corrigido, tenha passado a ser, com o tempo, um dos mais importantes intérpretes do século? E o seu caso não é único.

Julgo que a resposta é bastante reveladora. Nós nunca perdemos bem aquela sensação de que – como o próprio Hobsbawm provavelmente ainda insistirá – não se pode avaliar plenamente a forma do século XX se não se chegou a partilhar as suas ilusões, e a ilusão comunista em particular. Neste ponto, o historiador da vida intelectual do século XX entra em território essencialmente irresolúvel. O género de escolhas que as pessoas faziam nos anos 1930 (e as suas razões para tal) são-nos inteligíveis. Isto é verdade mesmo que não nos consigamos imaginar a fazer aquela escolha, e mesmo sabendo nós perfeitamente que, vinte anos mais tarde, muita dessa mesma gente lamentará a sua escolha ou irá reinterpretá-la a uma luz favorável: um engano de juventude, a força das circunstâncias, seja o que for.

*Quando se foi comunista, temos um entendimento compreensivo, sabemos como eram as coisas, estávamos comprometidos com o que pareciam as principais questões da época e temos a matéria-prima com que trabalhar. Isso dá uma
vantagem ao historiador porque o entendimento compreensivo é presumivelmente o que todos queremos. No entanto,
se defendermos que há vantagens intelectuais em ter sido um
estalinista, parece derivar daí que, numa perspetiva puramente
metodológica, também desejaríamos ser ex-nazis.*

A escolha, feita por destacados alemães em 1933, de dar as boas
-vindas aos nazis – e de aceitar as boas-vindas que estes lhes ofereceram, a nomeação para altos cargos em troca da cumplicidade e silêncio: isso *não* nos é inteligível hoje, exceto como ato de covardia
humana. E por isso é problemático *a posteriori*, e em geral estamos
relutantes em permitir que «enganos de juventude» ou «a força das
circunstâncias» sejam invocados como circunstâncias atenuantes. Em
suma, somos bastante impiedosos com um tipo de pecadilho político
passado, mas tolerantes e até compreensivos com outro. Isso pode parecer inconsistente e até incoerente, mas tem uma certa lógica.

Vejo pouca vantagem para a nossa compreensão do século xx
inserirmo-nos na mente dos que formulavam ou propagavam políticas
nazis (uma razão por que não participo na adulação contemporânea
de *As Benevolentes*, de Jonathan Littell). Não me ocorre um único
intelectual nazi cujo raciocínio se eleve como exposição histórica interessante do pensamento do século xx.

Inversamente, ocorrem-me algumas razões para ler cuidadosamente – embora não compreensivamente – os textos repulsivos de alguns intelectuais fascistas romenos e italianos. Não quero dizer que o
fascismo na sua forma não alemã fosse de algum modo mais tolerável, mais aceitável para nós, porque no fim de contas não tinha que
ver com genocídio, com a destruição total de povos, etc. Quero dizer
que os outros fascismos operavam num enquadramento reconhecível
de ressentimento nacionalista ou injustiça geográfica que não só era
inteligível, como tinha e ainda tem alguma aplicação mais vasta se
quisermos perceber o mundo à nossa volta.

PENSAR O SÉCULO XX

Contudo, a maior parte do que os intelectuais alemães diziam na era nazi – quando falavam enquanto nazis ou seus simpatizantes – só se aplicava ao caso alemão. De facto, o nazismo – tal como as tradições nacionais românticas ou pós-românticas em que se inspirava – parasitava um conjunto de pretensões sobre a singularidade dos alemães. Muitos intelectuais fascistas romenos – ou italianos e espanhóis – acreditavam quase sempre que estavam a abraçar verdades e categorias universais. Até no seu cúmulo de patriotismo narcisista, intelectuais fascistas franceses como Robert Brasillach ou Drieu la Rochelle imaginavam ingenuamente que tinham importância e interesse muito para além das fronteiras francesas. Nesse sentido, pelo menos, são comparáveis aos seus homólogos comunistas: também eles propunham uma explicação da modernidade e dos seus descontentamentos. Temos, por conseguinte, algo a aprender com eles.

Quando o patriota liberal italiano Giuseppe Mazzini escreveu no século XIX sobre o nacionalismo, ele tinha a confiança de que o nacionalismo podia e devia ser uma proposição universal da maneira que estás a sugerir: se a autodeterminação nacional era boa para a Itália, então não havia em princípio razão para que não fosse boa para todos. Podiam existir imensas nações liberais. E, portanto, o fascismo nas décadas de 1920 e 1930 pode ser entendido como um herdeiro distorcido, de pós-guerra, desse raciocínio: em princípio, o fascista de uma nação pode simpatizar com as ambições dos seus pares fascistas de outras terras. Mas um nacional-socialista não pode desejar tal coisa: o nazismo é sobre a Alemanha, e não pode ser um modelo para outros, pois ele é, tanto na sua forma como no seu conteúdo, especificamente alemão.

E porém interrogo-me se no fim de contas, precisamente pelo que dizes, o nacional-socialismo não seria universal. A adoração de uma fantasia da própria raça é um caso extremo, o caso extremo. Mas com certeza temos todos esta capacidade de nos entregarmos à falácia da nossa singularidade. Não será a tendência de criar excepções para si próprio um defeito humano universal?

Talvez. Estás a apresentar um argumento mais abstrato que diz respeito não aos próprios pensadores, mas ao que podemos aprender

118

com a natureza geral das falácias a que eles, ou antes, os seus milhões de vítimas sucumbiram. Eu repetiria que podemos e devemos manter uma distinção entre os nazis e aqueles intelectuais que, aos seus próprios olhos, preservaram e insistiram nas suas qualidades universais – a ideia caracteristicamente iluminista de que faziam parte de um debate internacional: fosse ele sobre política, as origens da sociedade humana, o funcionamento do capitalismo ou o sentido do progresso, e por aí em diante. Podemos dizer com confiança que os intelectuais comunistas – ou, com certas qualificações, fascistas – eram os herdeiros desse debate. Não podemos francamente dizer o mesmo dos nazis.

IV

King's e Kibutzim: o Sionista de Cambridge

Em 1963, o meu pai sugeriu que eu talvez gostasse de ir a Israel, que ele e a minha mãe tinham visitado pela primeira vez há pouco tempo. Os meus pais tinham descoberto uma organização judaica de juventude, o Dror, que estava associada a um movimento *kibutz* e organizava viagens de verão a Israel para jovens judeus ingleses. Fiquei encantado com os recrutadores israelitas que dirigiam o movimento em Londres: Zvi e Maya Dubinsky, representantes do Hakibutz Hame'uhad, um movimento *kibutz* de esquerda de longa data. Zvi, o recrutador oficial, era um sionista carismático e dedicado, já perto dos trinta anos; Maya, a sua mulher parisiense (cuja tia, como mais tarde veio a saber-se, era casada com um primo meu em segundo grau), era bela e cosmopolita. Nesse verão fui a Israel com eles e fiquei completamente empolgado.

Assim principiou o meu romance com o *kibutz*. Israel tinha raparigas atraentes e rapazes francos, imperturbados pela sua condição judaica ou pela hostilidade circundante. Aqui estava um espaço onde as redondezas, sem serem particularmente familiares, não eram mesmo assim muito diferentes ou estranhas. Mas, enquanto me entregava ao sionismo e à sua aura ideológica, acho que mesmo então, inconscientemente, mantinha retraída uma parte de mim. Naquela época, nos *kibutzim* mais ideológicos, atribuíam-se nomes hebraicos aos recém--chegados da diáspora. O nome hebraico era o equivalente bíblico do nome de um visitante europeu, ou então tinha uma relação com ele, e fazia parte do processo não muito subtil de distanciar os jovens judeus da sua herança europeia e de os inserir no seu futuro no Médio Oriente. Não existindo equivalente bíblico para «Tony», os meus novos amigos do *kibutz* pegaram no «n» e no «t», inverteram-nos e quiscram chamar-me «Nathan». Recusei imediatamente; chamavam-me só Tony.

Trabalhei sete semanas no Kibutz Hakuk, na Galileia. Mais tarde percebi que, além de ser preparado para a imigração, eu era um trabalhador temporário barato: economicamente, fazia muito sentido para o *kibutz* enviar representantes charmosos à Inglaterra, por um custo considerável, se eles trouxessem jovens desejosos de trabalhar na quinta. Era isso, claro, o que os meus patrocinadores procuravam. O Hakibutz Hame'uhad era o movimento *kibutz* de Achdut Ha'avodah, um dos principais partidos de centro-esquerda israelitas daquele tempo. Para o partido, o movimento *kibutz* representava capital financeiro, social, político e simbólico, e nós, os recrutas, éramos o seu futuro. Mas se isto era exploração, ninguém objetava. Eu certamente adorava colher bananas, gozar uma saúde vigorosa, explorar o país de camião e visitar Jerusalém com raparigas.

A essência do sionismo trabalhista residia na promessa do Trabalho Judeu: a ideia de que a juventude judaica da diáspora seria salva das suas vidas estéreis e assimiladas e transportada para colonatos coletivos na remota Palestina rural – para criar (e segundo a ideologia, recriar) um campesinato judaico vivo, que não era explorado nem explorava. Eu via Israel com lentes cor-de-rosa: uma inédita terra de centro-esquerda, onde toda a gente que eu conhecia estava filiada num *kibutz* e onde eu podia projetar na população judaica inteira um idealismo social-democrata peculiarmente judeu. Nunca conheci um árabe: os movimentos *kibutz* de esquerda evitavam empregar trabalhadores árabes. Hoje parece-me que isso servia menos para polir as suas credenciais igualitárias do que para os isolar das realidades inconvenientes da vida no Médio Oriente. Tenho a certeza de que na altura não fui sensível a tudo isto – embora, recordo-me, eu me perguntasse a razão por que nunca via um árabe durante as minhas longas permanências no *kibutz*, apesar de viver perto das comunidades árabes mais densamente povoadas do país.

Eu tinha-me envolvido, era um dos «dançarinos» de Milan Kundera: juntei-me aos círculos, aprendi a língua nos dois sentidos: literal e politicamente. Eu era um deles – ou, mais precisamente, um de *nós*.

KING'S E KIBUTZIM: O SIONISTA DE CAMBRIDGE

E, por conseguinte, posso dizer, com alguma convicção, que partilho com Kundera ou Pavel Kohout o conhecimento especial, concedido aos iniciados, de como é estar dentro do círculo, a olhar presunçosa e desdenhosamente para os incrédulos, os ignorantes, os leigos e os incultos.

Regressei a Inglaterra um dedicado sionista socialista, e, então com quinze anos, as duas partes dessa identificação eram fundamentais para a minha crença. O sionismo era sem dúvida para mim uma revolta adolescente, mas julgo que não contra alguma norma ou autoridade paternal ou social particular. Não estava com certeza a adoptar uma política que fosse estranha aos meus pais, muito pelo contrário. Nem estava a revoltar-me contra a cultura, o vestuário, a música ou a política de Inglaterra – pelo menos não mais do que qualquer um à época, e talvez um tanto menos do que muitos. Revoltava-me era contra a minha *anglicidade*, ou antes, contra a ambiguidade até então não questionada da minha infância: ser ao mesmo tempo completamente inglês e inconfundivelmente filho de judeus da Europa de Leste. Em Israel, em 1963, eu resolvi a ambiguidade e tornei-me Tony Judt, sionista.

A minha mãe ficou horrorizada. Ela achava que o sionismo era apenas uma forma pretensiosa de judaísmo, e, na sua ideia, o judaísmo ostensivo era de mau gosto e imprudente. Era também bastante inteligente para perceber que o sionismo podia perturbar os meus estudos, o que de facto aconteceu. Ela continuou a defender a realização académica antes de tudo o resto, enquanto eu estava convencido de que me podia divertir mais a gerir uma plantação de bananas no Mar da Galileia do que a estudar para os níveis A (os exames nacionais britânicos, no fim do ensino secundário, que habilitam os estudantes a ser admitidos na universidade).

Em particular, a minha mãe percebia que eu estava bastante fascinado com o casal carismático que primeiro me apresentara a Israel. É bem verdade que me sentia muito atraído por Maya, que não era muito mais velha do que eu. Não iria ao ponto de dizer que Maya foi a razão por que devotei os quatro anos seguintes da minha vida ao sionismo, mas ela foi realmente central na história. Maya representava algo, como a minha mãe reparou, que me podia afastar do meu outro eu, a criança solitária, intelectual, ensimesmada dos primeiros anos. Por essa mesma razão, o meu pai foi de início entusiástico – até também ele perceber os mesmos sinais de perigo. Então, os dois começaram a fazer grande pressão contra o meu desejo de largar a escola e fugir para um *kibutz*.

Chegámos a um acordo informal: eu podia partir para Israel, mas primeiro tinha de fazer e passar os meus exames de nível A. Se aceitei essas condições, foi porque não era muito rebelde. Em todo o caso, nunca fiz a maior parte dos exames – mas também não deixei a escola. Em vez disso, um ano mais cedo e por insistência dos meus professores, marquei o exame de admissão para a Universidade de Cambridge. Os regulamentos da época estipulavam que, se passássemos este exame com boa nota e fôssemos aceites por um dos colégios universitários, tínhamos alcançado os requisitos mínimos para a admissão na universidade.

Nos meses que antecederam o exame de Cambridge, no outono de 1965, eu namorava entusiasticamente uma rapariga do movimento juvenil sionista, em claro detrimento da minha preparação para o exame. Uma vez, quando regressava à casa pelas duas da manhã, fiquei horrorizado ao encontrar o meu pai na sala de jantar, à minha espera. Fui submetido a um sermão sobre a insensatez, para falar educadamente, de preferir a companhia feminina aos estudos; acho que não vim a levar a mal a descompostura; talvez até tenha ficado reconhecido por aquilo que o meu pai estava a fazer por mim. Livrei-me sem cerimónias da pobre rapariga, estudei noite e dia, e esse exame correu-me melhor do que qualquer outro teste que alguma vez fiz.

Naquela época, as faculdades de Cambridge enviavam um telegrama – um verdadeiro telegrama – para nos notificarem da atribuição de um prémio(*). E assim, uma noite no Norte de Londres, em casa de uns amigos sionistas – casa cuja principal atração era estarem nela duas raparigas muito bonitas da minha idade –, recebi um telefonema dos meus pais a dizer-me que tinha chegado um telegrama para mim. Naturalmente, eles tinham aberto e lido que me fora concedida uma Exposição para o King's College em Cambridge. Perguntaram-me o que isso significava, e eu expliquei-lhes que era a oferta de uma bolsa de estudos e de uma vaga. Tens de vir para casa, insistiram, queremos dar-te os parabéns. Quando cheguei, ouvia apenas o alarido que vinha algures do andar de cima. Os meus pais, descobri, estavam a ter uma acesa discussão sobre o lado da família do qual eu tinha herdado o material genético que me permitira ter êxito...

(*) *Open award*, um reconhecimento das aptidões prévias e atuais de um aluno submetido a exame. *(N. T.)*

KING'S E KIBUTZIM: O SIONISTA DE CAMBRIDGE

Na semana seguinte, mandei uma carta ao tutor(*) principal do King's College, em Cambridge, a pedir-lhe permissão para interromper a minha preparação de nível A – ou seja, para deixar a escola secundária. Numa resposta notavelmente generosa e pormenorizada, ele acedeu, porque eu tinha feito as provas de francês e alemão no exame de admissão com um resultado acima dos níveis A, cumprindo as habilitações no que lhes dizia respeito, pelo que podia fazer como entendesse.

Com imenso alívio, deixei para trás seis anos de escola secundária e passei a primavera e o verão de 1966 em Israel, no Kibutz Machanayim. Escolhi Machanayim apenas porque a organização do *kibutz* me disse que assim procedesse. Uma vez lá, trabalhei nos laranjais – tarefa mais leve do que nos bananais ao pé do lago, em Hakuk: o cheiro dos citrinos é sempre preferível à presença das cobras-d'água.

Machanayim fazia parte do mesmo movimento *kibutz* que Hakuk, embora os seus membros adoptassem uma linha um pouco mais dura nos assuntos ideológicos do dia-a-dia (por exemplo, a distribuição de aparelhos elétricos, vales para a roupa, etc.). Era uma comunidade maior e mais bem organizada do que Hakuk, mas muito menos amigável e de modo algum receptiva a opiniões discordantes. Ainda passei lá uns meses, mas achei a atmosfera cada vez mais sufocante e inóspita, reminiscente de uma quinta coletiva.

Quando souberam que eu fora aceite na Universidade de Cambridge e que tencionava frequentá-la, os meus colegas do *kibutz* ficaram estarrecidos. Toda a cultura da *aliyah* – «ascensão» (para Israel) – presumia o rompimento dos laços e das oportunidades na diáspora. Os dirigentes dos movimentos juvenis daquela época sabiam perfeitamente que assim que se autorizava um adolescente em Inglaterra ou França a ficar por lá durante a universidade, ele ou ela estava perdido para Israel, provavelmente para sempre. A posição oficial, por isso, era de que os estudantes inclinados a seguir a universidade deviam renunciar às suas colocações na Europa, dedicar-se ao *kibutz* alguns anos, a apanhar laranjas, conduzir tratores ou separar bananas, e depois, se as circunstâncias o permitissem, apresentarem-se à comunidade como candidatos ao ensino superior – com a condição de o *kibutz* determinar coletivamente se deviam seguir algum curso e qual, destacando a sua utilidade futura para o coletivo.

(*) No sistema de ensino britânico, o docente universitário geralmente encarregado de aulas, da preparação e da orientação de alunos individuais ou em pequenos grupos. *(N. T.)*

125

Fui para a universidade. Agora consigo perceber que no outono de 1966 cheguei a Cambridge como membro de uma geração bastante distinta. É claro que seria difícil escrever sobre a Inglaterra um livro como *Génération intelectuelle*, de Jean-François Sirinelli, um estudo da constelação que se formou na École Normale Supérieure em finais dos anos 1920: Merleau-Ponty, Sartre, Aron, Beauvoir e outros que viriam a dominar a vida intelectual e política francesa durante boa parte do meio século seguinte. Mesmo que juntássemos Oxford, Cambridge e a London School of Economics (o que não devíamos fazer), os seus alunos continuariam a ser demasiado numerosos e variados nas suas afinidades para constituir uma geração intelectual coerente. E contudo, ainda assim, há algo bastante surpreendente na geração que passou pelas universidades britânicas entre o início dos anos 1960 e o dos anos 1970.

Era a geração dos jovens que beneficiaram da Lei do Ensino de 1944 e das reformas subsequentes, que tornaram o ensino secundário britânico gratuito e aberto a todos os que o pudessem aproveitar. Essas reformas estabeleceram escolas secundárias estatais seletivas, de elite, pedagogicamente ultrapassadas, muitas vezes moldadas à imagem das velhas escolas públicas (que na Inglaterra significa escolas privadas, claro), mas recetivas ao talento de todas as classes. Além disso, existia também um pequeno número de escolas de Bolsa Direta similarmente elitistas e meritocráticas, tecnicamente privadas mas subsidiadas pelas autoridades locais ou pelo governo, para que o auxílio aos estudantes fosse comparável.

Os rapazes e as raparigas das classes baixas ou médias que frequentavam estas escolas eram os que tinham tido boas notas no exame nacional que faziam aos onze anos, sendo-lhes assim oferecido um ensino secundário académico (os que chumbavam no exame ficavam muitas vezes condenados a escolas «técnicas» medíocres e, em geral, deixavam os estudos na idade mínima para o abandono escolar, que era então aos quinze anos). Os alunos mais talentosos ou mais bem preparados das escolas primárias ou de Bolsa Direta eram depois devidamente filtrados pela fina malha dos exames de admissão a Oxford e Cambridge.

No decurso da década de 1960, o Partido Trabalhista aboliu esses procedimentos de seleção, instaurando o ensino abrangente, como era chamado, segundo o modelo do sistema de ensino secundário norte-americano. O resultado dessa reforma bem intencionada foi por demais previsível: em meados dos anos 1970, qualquer pai cuja situação financeira o permitisse tirava o filho do sistema estatal. E, por conseguinte, a Inglaterra regrediu de uma meritocracia social e intelectual recém-criada para um sistema de ensino secundário retrógrado e seletivo socialmente, pelo qual os ricos podiam novamente comprar uma educação quase inacessível aos pobres. O ensino superior britânico vem-se esforçando desde então para compensar esta situação, tentando desesperadamente descobrir maneiras de avaliar as crianças do setor público e de selecionar as melhores, perante escolas que quase nunca lhes podem proporcionar a necessária preparação de fundo para a universidade.

A consequência é a Grã-Bretanha ter tido uma espécie de *génération méritocratique*, como os franceses poderiam dizer, que começou com os primeiros resultados da Lei da Educação e terminou com a abrangência. Tendo apanhado essa geração exatamente a meio, tenho perfeita consciência desse processo. Posso confirmar que na Cambridge do meu tempo – pela primeira vez – havia um número substancial de alunos cujos pais não haviam feito a universidade ou, como no meu caso e de alguns amigos meus, cujos pais nem sequer tinham completado o ensino secundário. Isso tornava a minha Cambridge um lugar muito diferente da Cambridge das gerações anteriores, onde os estudantes eram geralmente filhos e netos dos antigos alunos.

Era uma característica particular desta geração académica meritocrática e em ascensão social estarmos interessados, numa proporção invulgar, em ter uma carreira no mundo académico ou relacionada com a academia. Fora esse, afinal, o caminho pelo qual havíamos sido promovidos e tido êxito; era o que nos interessava e era como nos víamos relativamente aos antecedentes e às comunidades de que provínhamos. Assim, uma quantidade desproporcionada dos meus pares licenciou-se e entrou na vida académica, para o topo do ensino (em muitos casos a ensinar em ótimas escolas secundárias do género daquelas em que eles próprios se tinham formado), da edição, dos escalões mais altos do jornalismo e da administração pública.

Naquela época, a vida académica alimentava perspetivas que já não oferece à maioria: era compensadora e entusiasmante. Os próprios académicos, é claro, não eram necessariamente gente aventurosa

– e, à maneira das profissões liberais, não atraíam grande número de pessoas com gosto pelo risco. Mas não era essa a questão. O saber, as ideias, o debate, o ensino e a definição de políticas eram nesses tempos não só vias rápidas, altamente respeitáveis e razoavelmente bem remuneradas, para uma carreira; eram também e sobretudo o que as pessoas inteligentes e interessantes *queriam* fazer.

O King's College, em Cambridge, a despeito da sua velha reputação liberal e informal, era imperturbavelmente elitista. Toda a gente que conheci no meu primeiro ano tinha tido excelentes notas no exame de ingresso e a maioria era extremamente inteligente, conquanto os seus interesses variassem amplamente. Tornei-me grande amigo de Martyn Poliakoff, atual membro da Royal Society e professor de Química Inorgânica na Universidade de Nottingham. Enquanto nós andávamos diversamente absortos em sexo, política e música *pop*, Martyn não parecia particularmente interessado em nada disso. O seu pai era um cientista e homem de negócios russo; o avô tivera um papel de relevo na construção dos caminhos-de-ferro do Império Russo – o próprio Martyn fora encorajado a aprender russo, língua que ainda fala. Casou-se com uma matemática do Newnham College (uma das três instituições universitárias femininos da época) e é um dos meus raros amigos desse tempo que ainda é casado com a mesma pessoa.

Outro amigo, John Bentley, foi o primeiro na sua família a frequentar a universidade; aparentemente, era só isso que tínhamos em comum. John viera de uma família operária de Leeds, no Norte de Inglaterra, e o seu principal interesse na vida, além das mulheres, da cerveja e do seu cachimbo (por ordem crescente), parecia ser passear pelos pântanos. E, todavia, quando hoje penso na Inglaterra com algum afeto, é o mundo de John que me vem à cabeça, e não o meu. John estudava inglês e tornou-se professor no norte, em Middlesborough, ensinando literatura inglesa durante quatro décadas: não faço ideia se foi sempre isso o que ele quis. Mantivemos uma relação descontraída, em geral divertida, às vezes indecorosa, bastante próxima e afetuosa, agora melhorada pela magia do *e-mail*.

À nossa maneira, a minha geração de Cambridge era evidentemente muito sensível às subtilezas das origens. Nos Estados Unidos, podemos perguntar a alguém em que escola secundária andou e, na maioria dos casos, ficamos a saber muito pouco da pessoa. A resposta deixa em aberto uma quantidade de possíveis origens sociais e culturais, exceto, claro, nos extremos sociais. Tenho observado que, normalmente, os estudantes universitários norte-americanos sabem extraordinariamente pouco sobre a experiência anterior dos seus colegas no secundário. Mas, em Inglaterra, mal sabíamos a escola que alguém frequentara, tínhamos quase toda a informação necessária para situá-lo num pano de fundo muito específico e detalhado.

Lembro-me do primeiro serão que passámos todos juntos, um bando de adolescentes tímidos recém-instalados em residências em Cambridge. Instintiva e previsivelmente, a primeira coisa que perguntámos uns aos outros foi a escola em que tínhamos andado. Lembro-me de peguntar a Mervyn King, hoje presidente do Banco de Inglaterra, que escola secundária frequentara. Sem surpresa, para o nosso grupo, também ele vinha de uma família de classe média-baixa e andara numa escola de gramática(*) da comunidade local, para crianças dotadas. O contraste com os nossos professores de Cambridge saltava à vista: acho que tive aulas exclusivamente com homens que haviam frequentado Winchester, Hayleybury ou outras escolas públicas pagas, de elite.

Éramos portanto o próprio epicentro de uma grande viragem social e contudo não nos sentíamos, acho eu, intrusos. King's era a faculdade de John Maynard Keynes e de E. M. Forster, e tão totalmente e assumidamente informal que ali ninguém, exceto um reacionário homofóbico, podia realmente sentir-se pouco à vontade. Acho que me sentia e comportava como se aquela fosse a minha Cambridge, e não a Cambridge de alguma elite distante na qual por engano me tivesse sido autorizada a entrada. E acredito que a velha guarda do King's partilhasse o mesmo sentimento inclusivo, salvo talvez meia dúzia de excepções. É claro que havia uma outra Cambridge a funcionar em paralelo, a reserva de uma minoria social e económica de cujas atividades pouco sabíamos, e com as quais não nos podíamos ralar menos. De qualquer forma, tínhamos as raparigas mais bonitas.

Em Cambridge, nesse outono de 1966, passei imenso tempo em idas e vindas a Londres, principalmente para assistir a reuniões do Dror. Namorava com uma rapariga particularmente atraente, Jacquie Philips, que estava no movimento de juventude sionista e que eu conhecera em 1965. Ela era a minha ligação a Londres, numa altura em que a maioria dos meus contemporâneos e amigos estava a formar la-

---

(*) As *grammar schools* são outro tipo de escola secundária, que à época compreendia, sob a mesma designação tradicional, estabelecimentos de ensino totalmente estatais e as escolas de bolsa direta semiprivadas. *(N. T.)*

ços com Cambridge. Embora Jacquie estivesse envolvida – como eu e até certo ponto através de mim – no sionismo, ela não era uma pessoa muito política. Acho que fora atraída para o movimento pela razão do costume – queria passar o verão em Israel – e acabara por ficar porque era uma comunidade social agradável e porque nos tínhamos envolvido. Em todo o caso, a nossa ligação ao sionismo e um com o outro iria novamente levar-nos a Israel.

Na primavera de 1967, logo antes da Guerra dos Seis Dias, tive um papel ativo na organização de apoio a Israel durante o prelúdio do conflito. As organizações sionistas, os *kibutzim* e as fábricas em Israel haviam lançado um apelo a voluntários para que viessem trabalhar, substituindo os reservistas convocados na expectativa dos combates. Em Cambridge, ajudei a formar uma organização nacional para arranjar e enviar voluntários. E fui eu próprio a Israel, acompanhado por Jacquie e um outro amigo, Morris Cohen, apanhando o último avião antes do encerramento das chegadas no aeroporto de Lod. Mais uma vez tive de pedir ao King's permissão para abandonar prematuramente os estudos (embora, neste caso, apenas por umas semanas, tendo já feito os meus exames do primeiro ano), e mais uma vez essa permissão foi generosamente concedida.

Quando chegámos, esperava-nos um autocarro para levar aquele contingente específico de voluntários para Machanayim. Mas eu não fazia tenções de lá voltar e informei o condutor de que pelo menos três de nós tinham Hakuk como destino. Afirmei, disfarçando, que fôramos destacados para aquele colonato. O país estava então às escuras, na expectativa da guerra, e eu tive de ensinar o caminho ao motorista no escuro. Quando chegámos, Maya Dubinsky encontrava-se, por sorte, no salão de jantar: tinha sido fortuito, pois não éramos esperados e aparecíamos sem qualquer aviso.

Maya, que eu já não via há dois anos, talvez não estivesse na melhor forma para nos receber. Vivia um caso amoroso – de forma alguma o primeiro –, e o *kibutz*, longe de se preparar para a batalha, dividia-se constrangido entre os amigos de Maya e os apoiantes da esposa abandonada do seu amante. Na busca romântica de memórias e aventura, eu viera meter-me num banal escândalo sexual de aldeia.

Ali estávamos nós, porém. Durante a guerra e no seu imediato rescaldo, voltei a trabalhar numa plantação de bananas no Mar da Galileia. Mas, poucas semanas depois, o vitorioso exército israelita lançou um apelo a voluntários para que se juntassem ao exército como auxiliares e ajudassem nas tarefas do pós-guerra. Eu tinha dezanove anos e o chamamento era irresistível. Ofereci-me então com um amigo, Lee Isaacs: fizemos o caminho juntos até aos montes Golã e ali fomos incorporados numa unidade.

Devíamos guiar camiões capturados ao exército sírio até Israel, mas, em vez disso, com alguma decepção minha, fui logo incumbido de trabalhar como tradutor. Nesta altura já falava hebraico com razoável competência, e o meu francês era fluente. O lugar estava inundado de voluntários anglófonos e francófonos que tinham chegado a Israel com pouco ou nenhum domínio da língua. Assim, fui por algum tempo um intérprete trilingue entre os jovens oficiais israelitas e os auxiliares de língua francesa e inglesa destacados para as suas unidades.

Em resultado, vi mais do exército israelita do que seria possível se me tivesse limitado a guiar camiões até ao vale em baixo, e isso abriu-me realmente os olhos. Pela primeira vez, pude perceber que Israel não era um paraíso social-democrata de judeus pacíficos, agrários, por acaso israelitas mas de resto iguais a mim. Eram uma cultura e um povo muito diferentes dos que eu aprendera a ver, ou insistira em imaginar. Os oficiais subalternos que conheci tinham sido recrutados nas cidades e vilas e não nos *kibutzim*, e graças a eles vim a aperceber-me de algo que devia ter sido para mim óbvio muito antes: o sonho do socialismo rural era apenas isso mesmo, um sonho. O centro de gravidade do Estado judaico estaria e teria de estar nas suas cidades. Em suma, compreendi que não vivia e nunca tinha vivido no verdadeiro Israel.

Ao invés, eu fora doutrinado num anacronismo, vivera um anacronismo e via agora a profundidade da minha ilusão. Pela primeira vez conhecia israelitas que eram chauvinistas em todas as aceções da palavra: anti-árabes num sentido que raiava o racismo, nada perturbados com a perspetiva de matar árabes onde fosse possível, amiúde lamentando não os terem autorizado a continuar a combater até Damasco e a derrotar os árabes de uma vez por todas, cheios de desprezo por aqueles a quem chamavam os «herdeiros do Holocausto», judeus que viviam fora de Israel e que não entendiam ou apreciavam os novos judeus, os israelitas nativos.

Este não era o mundo fantasiado do Israel socialista que tantos europeus adoravam (e adoram) imaginar – uma projeção esperançosa de todas as qualidades positivas da Europa Central judaica, sem nenhuma das suas desvantagens. Este era um país do Médio Oriente que desprezava os vizinhos e que estava prestes a abrir com eles uma fratura catastrófica, de gerações, ao capturar e ocupar a sua terra. No fim desse verão, abandonei Israel sentindo-me claustrofóbico e deprimido. Só voltei dois anos depois, em 1969. Mas, quando o fiz, descobri que detestava quase tudo o que via. Agora era considerado pelos meus ex--colegas e amigos do *kibutz* como um estranho e um pária.

Trinta anos mais tarde, regressei ao tema de Israel, publicando uma série de ensaios que criticavam as práticas israelitas na Cisjordânia e o seu apoio acrítico por parte da América. No outono de 2003, num ensaio na *New York Review of Books* que provocou escândalo, defendi que uma solução de um só estado, embora implausível e indesejável para a maioria dos protagonistas, era agora a perspetiva mais realista para o Médio Oriente. Esta declaração, tão motivada pelo desespero como pela esperança, desencadeou uma tempestade de ressentimentos e mal-entendidos. Como judeu, sinto que tenho a responsabilidade de criticar Israel vigorosamente e com rigor, de maneiras que os não--judeus não podem – por receio de acusações espúrias mas eficazes de anti-semitismo.

A minha própria experiência como sionista permitia-me identificar nos outros o mesmo fanatismo e visão estreita, míope e exclusivista – especialmente na comunidade de apoiantes americanos de Israel. De facto, agora via (e vejo) o problema de Israel cada vez mais como um dilema para os *americanos*. Todos os meus textos sobre o Médio Oriente têm sido explícita ou implicitamente dedicados ao problema da política americana na região e ao papel pernicioso desempenhado por organizações da diáspora aqui nos EUA, remexendo e exacerbando o conflito. Portanto, vi-me envolvido quer quisesse quer não num debate intra-americano, no qual os próprios israelitas só desempenham um papel periférico. Nesse debate, eu tenho o luxo não só de ser um judeu, e por conseguinte indiferente à chantagem moral de outros judeus censores, mas sou também um judeu que viveu em Israel e foi um sionista dedicado – e, mesmo, um judeu que se voluntariou para ajudar o exército israelita na altura da Guerra dos Seis Dias: uma vantagem ocasionalmente útil perante as críticas farisaicas.

Quando discuti uma solução de um só estado, tentei deliberadamente forçar um debate suprimido. Por um lado, estava a atirar uma pedra ao charco plácido do assentimento unanimista e acrítico que caracteriza a autodenominada «liderança» judaica aqui nos EUA. Mas o outro público para os meus textos era e são os americanos não judeus ativamente interessados no Médio Oriente, ou mesmo apenas interessados na política americana para esta região – homens e mulheres que se sentem silenciados pela acusação de anti-semitismo sempre que levantam a voz, seja sobre os excessos dos grupos de pressão israelitas, a ilegalidade da ocupação, a indecência da chantagem israelita do «Holocausto» (se não querem outro Auschwitz, não nos critiquem) ou os escândalos da guerra no Líbano ou em Gaza.

Eram pessoas assim, pelo país todo, que me convidavam a falar a grupos das igrejas, a organizações femininas, a escolas, etc. Americanos normais, com uma consciência do estrangeiro superior à média, leitores do *New York Times*, espectadores da televisão pública, professores das escolas, todos à procura de um guia para os perplexos. E eis que, invulgarmente, alguém estava disposto a falar abertamente, sem qualquer agenda partidária discernível ou identificação étnica.

Eu não fui, não sou e não passo por ser anti-israelita. Compreendo o que há de errado no mundo árabe e não me sinto minimamente inibido de falar sobre o assunto. Tenho amigos israelitas e amigos árabes. Sou um judeu nada relutante em discutir as consequências perturbadoras da nossa obsessão contemporânea com a comemoração do Holocausto. Pese embora o meu estilo firme, não sou um polemista nato e, acima de tudo, não sou um homem de partido. E assim começava uma conversa com estudantes do secundário, com religiosos praticantes ou grupos de leitura, e no final vinham dizer-me quão gratos ficavam pela rara oportunidade de uma discussão franca sobre esses temas incómodos.

> *A tensão entre a assimilação judaica (no teu caso, Cambridge e a carreira académica) e a dedicação judaica (no teu caso, os anos em Israel) está patente desde o começo da política judaica moderna. Com efeito, é possível ver o sionismo original de Theodor Herzl do final do século XIX como uma tentativa de um judeu bastante assimilado de exportar para o Médio Oriente uma variante melhor de vida europeia – na forma de um Estado nacional judaico na Palestina.*

Havia diferentes Europas, diferentes tipos de judeus europeus, diferentes sionismos. Em termos estritamente intelectuais, podemos portanto falar de judeus na Alemanha, na Áustria ou em França que – como Herzl – tinham crescido no mundo desiludido da Europa de fins do século XIX e para quem o sionismo era em parte, pelo menos, um prolongamento da sua existência europeia cosmopolita. Mas isso não se aplica absolutamente aos judeus – a esmagadora maioria, pelo menos entre os asquenazes – que viviam mais a leste: na Zona de Assentamento e na Rússia propriamente dita. E é claro que esses eram os judeus que viriam a ter mais importância nas décadas seguintes. O mundo deles ainda era religioso – um mundo encantado, apesar de todos os seus problemas –, e, por isso, a rebelião e a separação para eles tomou uma direção em geral mais dramática.

> *Mas depois também podemos perceber uma diferença, que já discutimos, entre uma experiência de assimilação frustrada dos judeus na Europa Central e uma experiência de separação e tentação de revolução dos judeus mais a leste. Isso encontra-se muito especialmente no sionismo, na versão russa do sionismo trabalhista que experimentaste. A ideia de que se pode recriar uma comunidade rural ideal não é uma ideia apenas sionista, é antes, e até sobretudo, uma ideia socialista russa.*

Uma das grandes confusões na história do sionismo, vista *a posteriori*, é a incapacidade de perceber a enorme tensão entre os pensadores sionistas, e outros radicais que brotaram no Império Russo, e aqueles que têm raízes na Europa Central e Ocidental. Esta tensão transcende a questão do tipo de país que eles se propunham inventar; ela tem que ver com atitudes muito diferentes para com os críticos e adversários.

Os radicais no Império Russo, fossem ou não judeus, raramente viam vantagem no compromisso. Do ponto de vista dos primeiros sionistas russos (ou polacos), submersos na narrativa intransigente de um passado trágico, a História era só e sempre uma narrativa de conflito – e uma narrativa em que o vencedor fica com tudo. Inversamente, os centro-europeus podiam ao menos imaginar uma perspetiva liberal da História, novamente como narrativa do progresso em que todos podem ter lugar e em que o próprio progresso garante espaço e autonomia para todos. Este raciocínio inconfundivelmente vienense foi desde o início desdenhado por radicais russos lúcidos, por exemplo Vladimir Jabotinski, como mera conversa fiada. O que os judeus procuravam na Palestina, costumava ele dizer, não era o progresso mas um Estado.

Quando se faz um Estado, faz-se uma revolução. E numa revolução só pode haver vencedores e vencidos. Desta vez nós, judeus, vamos ser os vencedores.

Apesar do meu doutrinamento inicial numa variação mais moderada e socialista do sionismo, com o tempo vim a apreciar o rigor e o realismo lúcido das críticas de Jabotinski. De qualquer modo, seria a tradição russa, no caso do sionismo revisionista de Jabotinski uma tradição de revolução *reacionária*, a prevalecer. Hoje, são os herdeiros dos sionistas revisionistas de Jabotinski que governam e dominam Israel, não a mistura bastante problemática de utopismo russo de esquerda e liberalismo centro-europeu que governou o país nas suas primeiras três décadas.

Em aspectos reveladores, hoje Israel parece-se com os pequenos estados nacionalistas que surgiram na Europa de Leste após o fim do Império Russo. Se Israel tivesse sido fundado – como a Roménia ou a Polónia ou a Checoslováquia – em 1918 e não em 1948, teria seguido de perto os pequenos estados a que a Primeira Guerra Mundial deu à luz, vulneráveis, ressentidos, irredentistas, inseguros e etnicamente exclusivos. Mas Israel não veio a existir antes do fim da Segunda Guerra Mundial. Consequentemente, destaca-se pela cultura política nacional ligeiramente paranóica e tornou-se doentiamente dependente do Holocausto – a sua muleta moral e arma predileta para rechaçar todas as críticas.

> *A separação radical dos judeus da Europa – primeiro, o assassínio em massa e, depois, a deslocalização da história judaica da Europa de Leste para Israel – distanciou-os da nova ética secular que despontou na Europa pós-cristã. Dificilmente podemos deixar de reparar que a Europa de hoje não só é pós--cristã – tendo maioritariamente abandonado a sua crença e práticas tradicionais – mas também pós-judaica, num sentido mais dramático.*
>
> *Na Europa de hoje, os judeus desempenharam um papel semelhante ao de um messias coletivo: durante muito tempo foram uma irritação considerável – causaram imensos problemas, introduziram uma série de ideias revolucionárias ou liberais perturbadoras. Mas, quando morreram – quando foram exterminados em massa –, ensinaram aos europeus uma lição universal que, após três ou quatro décadas de contemplação*

incómoda, eles começaram a adoptar. Para os europeus, o facto de os judeus já não estarem connosco – de os termos matado, deixando que os restantes fugissem – tornou-se a lição mais importante que o passado nos legou.

Mas essa incorporação dos judeus no significado da história europeia só foi possível precisamente por eles se terem ido embora. À escala de outrora, não há realmente muitos judeus na Europa, e muito poucos contestariam o seu papel na nova ética mnemónica do continente. E, por falar nisso, também não restaram muitos judeus para contribuir significativamente para a vida intelectual ou cultural europeia, pelo menos não da forma como o faziam antes de 1938. De facto, judeus como os há na Europa atual constituem uma contradição: se a mensagem que o povo judeu deixou atrás de si exigia a sua destruição e expulsão, a sua presença só tende a baralhar as coisas.

Isso leva a uma atitude europeia positiva – mas só condicionalmente positiva – perante Israel. O significado do Estado de Israel para os europeus está ligado ao Holocausto: indica um último messias de cujo legado pudemos pelos menos retirar uma moral nova, secular. Mas os atuais judeus em Israel perturbam essa narrativa. Eles dão problemas. Era melhor – segundo este raciocínio – não darem tantos problemas e deixarem os europeus interpretá-los em paz – daí a atenção que os comentadores europeus prestam ao mau comportamento de Israel. Nisto, como podes perceber, eu defendo Israel.

Muito bem. Na tua versão cristã da história judaica, os judeus – tal como Cristo – só podem ganhar verdadeiramente quando perdem (ou melhor, depois de perderem). Se parecerem vitoriosos, se parecer que alcançam os seus objetivos (à custa de alguém), há um problema. Mas essa apropriação europeia, sob outros aspectos mais elegante, da história de outrem para objetivos muito diferentes levanta problemas. A primeira, como bem dizes, é que Israel existe.

Isto é antes como se – permite-me que te ofenda – Jesus Cristo tivesse reencarnado numa versão bastante venal mas aparte isso talentosa da sua pessoa anterior: instalado num café de Jerusalém, a dizer basicamente as mesmas coisas que sempre dizia e a fazer os seus perseguidores de outrora sentirem-se arrependidos de o terem crucificado – ainda que lhe tenham profundo rancor por ele os lembrar disso. Mas pensa no que isso significaria. Daria a entender que, em pouco tempo – uma mera geração ou duas –, a incómoda recordação do sofrimento de Jesus seria completamente apagada pela irritação que a sua interminável evocação desse mesmo sofrimento despertava.

Portanto, acabavas por ficar com uma história assim: os judeus – à semelhança de Jesus – tornam-se a prova martirizada das nossas imperfeições. Mas passamos a não ver neles senão as *suas* imperfeições, a sua insistência obsessiva em viver das nossas limitações em proveito próprio. Creio que ainda hoje vemos surgir esse sentimento. Nos próximos anos, Israel irá desvalorizar, minar e por fim destruir o sentido e a autoridade do Holocausto, reduzindo-o ao que muita gente já diz dele: a desculpa de Israel para se comportar mal.

Costumávamos ouvir esta argumentação entre as franjas de lunáticos e fascistas. Mas hoje ela já penetrou a intelectualidade convencional contracultural, onde passou a ser um lugar-comum. Vai à Turquia, por exemplo, ou a Amesterdão, ou até a Londres (embora o mesmo não suceda ainda na América): em qualquer discussão séria sobre o Médio Oriente ou Israel, alguém há-de perguntar – de perfeita boa-fé – se já não será tempo de distinguir entre Israel e o Holocausto, pois não se deve deixar que este sirva para que um estado potencialmente perigoso ande à solta sem restrições.

> *Não vejo porque é que a ideia de Jesus regressar e andar por aí como um irritante intelectual de café ofende um cristão! Isso nem é muito diferente do que o que ele foi da primeira vez. Com certeza que a questão é que Ele é de facto humano; se Ele quiser lavar os pés das prostitutas, eu acho que é o que Ele deve fazer. Por isso, acho que não me ofendeste. Jesus num café de Jerusalém é uma imagem simpática.*
>
> *Mas, agora a sério, em relação ao Holocausto, passa-se algo entre a América e a Europa; embora os dois lados o tratem como a fonte de uma moral universal («não farás...»), no exemplo recente mais relevante, a Guerra do Iraque, as lições aplicadas foram flagrantemente outras. Encara-se muito facilmente o Holocausto como argumento tanto para a paz como para a guerra. Parece que, de um ponto de vista europeu, a mensagem da Segunda Guerra Mundial e do Holocausto é um pouco esta: evita guerras ilegais e agressivas justificadas por mentiras – elas despertarão o teu pior, e podes fazer coisas pa-*

PENSAR O SÉCULO XX

vorosas. É claro que não cometerás o maior dos pavores, mas podes descer mais do que imaginas.

Por contraste, a resposta americana pode ser esta: Munique ensinou-nos que, se não fizermos frente à agressão, então haverá inocentes a sofrer coisas pavorosas. E Munique – o apaziguamento ou a vista grossa aos crimes alheios – vale para qualquer cenário atual. Por isso, temos de fazer tudo o que pudermos para impedir que se repita uma situação semelhante à da Europa nas vésperas da Segunda Guerra Mundial.

Neste relato, a Guerra do Iraque tem diretamente que ver com o sofrimento dos judeus, porque os espectadores inocentes que provavelmente serão varridos na voragem são os israelitas. Saddam Hussein, como nos costumavam recordar, era um inimigo dos israelitas; entretanto, o governo israelita apoiava e confirmava a narrativa encorajando ativamente – em minha opinião contra os seus próprios interesses – a invasão do Iraque por motivos próprios.

Está muito bem, mas como poderemos decidir entre as duas posições? É possível fazê-lo, mas não se nos confinarmos a abstrações. O que está em causa é uma interpretação não da ética, mas da história. Se Munique não é uma analogia adequada – e eu acredito que não é –, é porque há demasiadas circunstâncias e variáveis locais para que o passado e o presente estejam ordenadamente entrecruzados. Mas, se quiser defender esta posição, tenho de começar por essas circunstâncias e variáveis. Resumindo, tenho de começar pelos factos. Esta é francamente uma discussão que não se presta a resolver-se pela sobreposição de narrativas éticas concorrentes.

Desde Ben-Gurion, a política israelita insistiu muito explicitamente na alegação de que Israel – e por extensão todo o mundo judeu – continua vulnerável a uma repetição do Holocausto. A ironia, claro, é que Israel constitui em si uma prova poderosíssima do contrário. Mas se aceitarmos, como decerto devíamos, que nem os judeus nem os israelitas enfrentam um extermínio iminente, então somos forçados a reconhecer que o que está a acontecer é o aproveitamento político da culpa e a exploração da ignorância. Como estado, Israel – a meu ver, irresponsavelmente – explora os medos dos seus cidadãos. Ao mesmo tempo, explora os medos, as memórias e as responsabilidades de outros estados. Mas, ao fazê-lo, arrisca-se, com a passagem do tempo,

138

a consumir o próprio capital moral que lhe permitiu exercer essa exploração.

Que eu saiba, ninguém na classe política israelita – e com certeza ninguém no exército israelita ou na elite política – exprimiu qualquer dúvida pessoal quanto à sobrevivência de Israel: certamente pelo menos desde 1967 e, na maioria dos casos, também não antes. O medo de que Israel pudesse ser «destruído», «varrido do mapa do mundo», «deitado ao mar» ou de qualquer outro modo sujeitado a algo remotamente semelhante a uma repetição do passado não é um medo genuíno. É uma estratégia retórica politicamente calculada. Talvez não seja injusta: percebe-se a utilidade, para um pequeno estado numa região turbulenta, de sempre que possível afirmar a sua vulnerabilidade, indefensabilidade e necessidade de compreensão e apoio do estrangeiro. Mas isso não explica a razão de os estrangeiros morderem o isco. É evidente que a explicação rápida é isso nada ter que ver com as realidades do Médio Oriente contemporâneo mas sobretudo com o Holocausto.

Tem muito que ver, acho eu, com o sentimento de culpa generalizado numa comunidade que não nomeaste explicitamente: os judeus americanos que não fazem a aliyah.

Costumávamos dizer que um sionista é um judeu que paga a outro judeu para viver em Israel. A América está cheia de sionistas. Os judeus americanos têm um problema de identidade muito invulgar: são uma minoria «étnica» substancial, bem implantada, destacada e influente num país onde as minorias étnicas têm um lugar particular e – em muitos casos – afirmativo no mosaico nacional. Mas os judeus, singularmente, são uma minoria étnica que não se pode descrever exatamente assim. Falamos de ítalo-americanos, hispano-americanos, americanos nativos, etc. Esses termos adquiriram conotações nitidamente positivas para as pessoas que descrevem.

Mas se alguém falasse de «judeo-americanos», seria imediatamente suspeito de preconceito. Os próprios judeus americanos não usariam certamente o termo. E todavia eles são judeus, é claro, e americanos. Então o que os distingue? Não a sua religião, obviamente, com a qual muitos já perderam o contacto há muito tempo. À excepção de uma minoria atípica, os judeus americanos não têm familiaridade com as práticas culturais judaicas tradicionais. Não têm uma língua privada particular ou herdada – a maioria dos judeus americanos ignora o iídiche e o hebraico. Ao contrário dos americanos de ascendência polaca ou irlandesa, não têm recordações nostálgicas da «terra ancestral». Logo, o que os une? A resposta, em termos muito simples, é Auschwitz e Israel.

Auschwitz representa o passado: a memória do sofrimento de outros judeus noutros lugares, em outros tempos. Israel representa o presente: uma realização judaica na forma de um estado militar agressivo e confiante – o anti-Auschwitz. Com o estado judaico, os judeus da América podem criar um rótulo de identificação e uma associação positiva sem terem de ir viver para lá, de pagar lá os seus impostos ou de qualquer outra forma trocar de nacionalidade.

Parece-me haver algo patológico nesta transferência de autodefinição contemporânea para gente muito diferente, de outros tempos e lugares. Não pode com certeza ser saudável para os judeus americanos identificarem-se tão afetuosamente com as vítimas judaicas do passado, ao ponto de acreditarem – como tantos – que a melhor razão para manter Israel em atividade é a probabilidade de que outro Holocausto esteja ao virar da esquina. Será que ser judeu exige prever uma repetição de 1938 para onde quer que nos voltemos? Se exige, então suponho que faça mesmo sentido oferecer apoio incondicional a um estado que declara esperar algo desse género. Mas não é bem um modo de vida normal.

Bom, se vamos falar de judeus americanos, acho que há mais dois fatores presentes. Eu acentuaria uma das tuas observações e sugeriria que os judeus americanos que mais eficazmente exprimiram pontos de vista sobre a política americana para o Médio Oriente não se identificam com Israel enquanto tal. O que fizeram foi alinhar com o Likud – ou talvez com os elementos do Likud que os fazem sentir-se mais culpados. A direita israelita, por outras palavras, faz o seu público americano sentir-se mal – e este, por sua vez, autoriza-a a portar-se mal.

Mas há mais. Os judeus americanos, parece-me, têm uma coisa em comum com os negros – uma qualidade partilhada que nem sempre é evidente para os outros: os judeus, como os negros, sabem quem são. Os judeus americanos conseguem prontamente identificar outros judeus americanos. Os israelitas não. Em toda a minha vida, só um judeu americano me per-

guntou se eu era judeu, e isso foi numa situação confusa, numa ponte em Praga. Os israelitas estão sempre a perguntar-me.

Quando vêm aos EUA, e talvez esteja apenas a exagerar um pouco, os israelitas olham à volta e não fazem a menor ideia de quem é judeu e quem é um baptista do Kansas. Os judeus americanos, pelo contrário, passam a vida a identificar constantemente essas distinções – distinções em que os outros americanos podem não reparar de todo. No fim de contas, os americanos não judeus geralmente não conseguem dizer se alguém é ou não judeu e coíbem-se de os distinguir.

Não se trata apenas de boas maneiras: a maioria dos americanos não consegue realmente perceber. Acho que, em geral, se perguntássemos às pessoas se Paul Wolfowitz é judeu, elas... Não, Tony, a sério, são os meus conterrâneos. Elas paravam para pensar e depois diziam: «Pois, agora que fala nisso, talvez ele seja judeu.»

Bom, se tiveres razão – e vou ter de acreditar no que dizes –, isso é muito interessante.

Ao passo que um judeu americano olha para o Paul Wolfowitz e diz, sim, é um dos nossos – e, ó senhores, em que confusão é que ele nos está a meter? Que consequências é que terá para nós, judeus, esta guerra louca no Iraque (ou, talvez, esta guerra maravilhosa no Iraque)?

Isso põe os judeus dos Estados Unidos numa posição peculiar. Eles sabem quem são, mas a sociedade em redor não sabe – ou pelo menos sabe muito menos do que os judeus americanos costumam pensar. Além disso, a sociedade em redor realmente não se importa muito – mais uma vez, decerto menos do que parece aos judeus americanos. Será que a maioria dos americanos acha perturbador que Steven Spielberg seja judeu? Não acredito. Nem sequer me parece que eles se ralem muito por a própria Hollywood ser esmagadoramente judaica. A realização ou preponderância judaica não tem grande repercussão neste país, de uma maneira ou de outra.

É como se tivéssemos preservado metade dos padrões tradicionais asquenazes de separação – saber quem é a nossa gente –, mas praticamente perdido a outra metade, porque nos falta a tradição de um campesinato cristão desconfiado e instintivamente consciente dos judeus no seu meio. Os Estados Unidos são simplesmente demasiado vastos e diversos – e a presença judaica demasiado concentrada geograficamente – para que esse género de consciência e de reconhecimento se mantenha.

Talvez. Mas decerto devias incorporar na tua descrição o impressionante êxito da legislação anti-racista, a política multicultural e o politicamente correto dos últimos quarenta anos. De formas diversas, os americanos foram sendo informados de que não devemos – nem podemos – estar obcecados com o facto de alguém ser negro, judeu ou seja o que for. Consolidada pela lei e pela prática, a indiferença acaba por se tornar sistémica. Se dissermos às pessoas, as vezes necessárias, que identificar os outros pela cor, religião ou cultura é má conduta – e não houver uma pressão compensatória na forma de partidos racistas, preconceito institucionalizado, medo de massas ou qualquer outra forma de mobilização demagógica –, então talvez as pessoas acabem por fazer o que está certo por hábito.

Nunca houve em lado algum no mundo uma pressão legislativa ou cultural comparável com vista à assimilação e à indiferença étnica, exceto em França. E o caso francês, como sabes, foi motivado por um conjunto muito diferente de considerações e circunstâncias. Mesmo assim, alguns dos efeitos foram comparáveis. Tirando o facto de haver a ocasional personalidade destacada com um nome inconfundivelmente judeu (estrangeiro) como Finkielkraut, é bastante habitual que os espectadores, ouvintes e leitores franceses não saibam que um intelectual ou comentador público é judeu – e que essa informação lhes seja indiferente.

Para citar o caso contemporâneo talvez mais conhecido, nunca ouvi Bernard-Henri Lévy – que dificilmente poderia passar por outra coisa além de judeu, nem que fosse só pelo nome – ser descrito como judeu, mesmo por aqueles que o desprezam. Parece estar entendido que, sejam quais forem as qualidades ou limitações de uma figura pública em França, estas podem ser adequadamente catalogadas, de modo favorável ou não, sem recurso a um rótulo étnico. Note-se, porém, que este não era de todo o caso antes de 1945.

Parece-me surgir uma questão interessante a propósito da tua sugestão de que os judeus na América têm um sentido estritamente subjetivo da sua identidade distinta e que este não é partilhado por observadores de fora. Se for realmente verdade que só os judeus conseguem identificar-se uns aos outros, então os Estados Unidos devem ser um permanente desafio para as próprias premissas do sionismo. Afinal, se pudermos ir para um país onde – com o passar do tempo – as pessoas não se darão conta de que somos judeus a menos que queiramos, então teremos concretizado uma das grandes ambições dos assimilacionistas. E, nesse caso, para que precisamos de Israel?

Logo, é um paradoxo curioso que, num dos poucos países onde a assimilação deu mesmo resultado, encontremos judeus quase unicamente obcecados precisamente com aquelas circunstâncias em que a assimilação ou falhou ou foi categoricamente rejeitada: o extermínio em massa e o estado judaico. Porque é que, logo na América, os judeus haviam de se preocupar tanto com essas questões?

Agora devia lembrar-te de que os meus professores sionistas têm uma resposta para tais paradoxos: mesmo que os gentios gostem de ti e te tratem como um deles, tu não vais gostar de ti mesmo. Na verdade, vais gostar de ti ainda menos precisamente por isso. E procurarás outras maneiras de afirmar o teu judaísmo distinto. Mas o preço da assimilação é o judaísmo que afirmares ser perverso e pouco saudável.

Às vezes, acho que os sionistas têm alguma razão.

> *Aqui parece-me haver outra coisa importante, que tem que ver não só com um percurso geral de assimilação, mas com a América e a sua distância geográfica e política da Europa de Leste e do Médio Oriente. As duas experiências com mais importância – o Holocausto, Israel – nem sequer são acontecimentos da história dos judeus americanos, certamente não de alguma forma direta para a maioria deles.*

É verdade. Porque a maioria dos judeus americanos pode situar a chegada dos seus antepassados a este país numa época muito anterior quer ao Holocausto quer ao nascimento do estado de Israel.

> *Mas agora repara, estou a preparar a defesa das preocupações dos judeus americanos com Auschwitz e Israel. Olha para a coisa do ponto de vista do judeu americano: ali estava ele, inseguro e aos tropeções, assimilando-se à vida americana; às vezes é engraçado, às vezes custa, mas a transição tinha*

mais ou menos funcionado... e de repente ele é golpeado do exterior.

Pensa nos judeus americanos durante a Segunda Guerra Mundial e nos problemas que tiveram em reagir ao Holocausto. Hitler declara que os judeus começaram a guerra e que os seus inimigos estão a lutar a favor da conspiração judaica internacional, o que põe os judeus americanos numa situação incómoda. E havia muito mais anti-semitismo nos Estados Unidos nas décadas de 1930 e 1940 do que hoje.

Muitos judeus americanos pensaram que, se tratassem o assassínio dos judeus como um casus belli, *estariam a cair na ratoeira de Hitler. Assim, muitos optaram pelo silêncio e pela inação, enquanto se indignavam por Hitler os pôr num tal aperto. Naqueles anos, alguém que desejasse que os Estados Unidos entrassem na guerra era prudentemente aconselhado a manter uma certa discrição relativamente à perversidade que nós, hoje, consideramos o acontecimento central dessa guerra.*

Eu tenho consciência disso. E concordo que a história dos judeus americanos é em muitos aspectos a história de uma reação tardia – muitas vezes adiada por uma geração ou mais – a acontecimentos na Europa ou no Médio Oriente. A consciência da catástrofe judaica – e do seu rescaldo na criação do Estado de Israel – chegou muito depois dos factos. A geração dos anos 1950 teria preferido continuar a não ver – algo que posso confirmar pela experiência britânica, diferente mas comparável. Israel naqueles anos era como um parente distante: alguém de quem se falava bem e a quem se costumava mandar um postal pelos anos, mas que, se viesse de visita e ficasse tempo de mais, se tornava embaraçoso e por fim irritante.

Acima de tudo, pouquíssimos dos judeus que eu conheci naquele tempo teriam querido visitar esse parente, e muito menos viver com ele. E se isso era verdade na Inglaterra, quanto mais não seria nos EUA. Os americanos, muito à semelhança dos israelitas neste aspecto, valorizavam o êxito, a realização, a promoção, o individualismo, a superação dos obstáculos ao progresso pessoal e uma despreocupação desdenhosa com o passado. O Holocausto, por isso, não era em geral uma história que não perturbasse, particularmente pela opinião generalizada de que os judeus tinham ido «como cordeiros para o matadouro».

KING'S E KIBUTZIM: O SIONISTA DE CAMBRIDGE

Eu iria mais longe. Não acho que o Holocausto tenha caído nada bem nas sensibilidades dos judeus americanos – e muito menos no conjunto da sociedade americana –, até a própria narrativa nacional ter aprendido a conciliar e até a idealizar histórias de sofrimento e vitimização. Os ingleses sempre estiveram à vontade com os seus Dunquerques – fracassos embaraçosos resgatados como êxitos heróicos. Mas os americanos tinham historicamente pouca simpatia pelo fracasso até muito recentemente, preferindo negá-lo ou encontrar nele alguma dimensão moral positiva.

Assim, durante um longo período, os judeus americanos continuaram a recorrer, por hábito e preferência, a uma narrativa mais antiga: uma história de fuga – não lamentada – da terra do passado, e da chegada a uma nova casa onde as identidades anteriores pouco contavam. Irving Berlin era um judeu russo. Mas, em vez de pensar, falar ou escrever sobre o seu judaísmo russo, ele notabilizou-se a compor canções americanas, com narrativas cativantes e versos otimistas para autocelebração musical: algo que ele fazia muito melhor que a maioria dos americanos nativos. Berlin foi idolatrado. Mas nessas décadas quem festejava Isaac Bashevis Singer? Tudo isso iria mudar, mas só nos anos 1980.

> *Não haverá algumas fases intermédias e outras razões para que os judeus americanos tenham hesitado em identificar-se com o Holocausto? Pensa na Guerra Fria e no que esta implicava. Os alemães ocidentais eram provavelmente o mais importante aliado americano no continente europeu a partir do início da década de 1950, uma realidade difícil que exigiu a sua reabilitação apressada. E Adenauer, o chanceler democrata--cristão, propôs de forma muito deliberada trocar o apoio e a lealdade do país pelo assentimento americano em não falar do desagradável passado recente.*
>
> *Entretanto, na Alemanha Ocidental – e não só aí –, ocorreu essa bizarra mudança de alianças pela qual a esquerda passou da admiração pelo destemido Israelzinho social-democrático para a antipatia pelo imperialismo sionista, e a direita abandonou o anti-semitismo e aprendeu a gostar dos nossos poderosos aliados do Estado judaico.*

A perceção internacional de Israel tem uma história própria. Quando o país nasceu, Estaline foi a parteira. A visão da esquerda, tanto a comunista como a não comunista, era a ideia de que, por razões ideológicas e genealógicas, um estado que incluísse judeus leste-europeus com antecedentes socialistas devia com certeza ser um parceiro simpático. Mas Estaline depressa compreendeu, na verdade mais depressa do que a maioria, que o percurso natural de Israel seria formar uma aliança com protetores ocidentais, em particular dada a crescente importância do Médio Oriente e do Mediterrâneo para a segurança e os interesses económicos do Ocidente. A restante esquerda foi lenta a entender isso: ao longo dos anos 1950 e boa parte dos anos 1960, Israel ainda era associado à esquerda política e intelectual convencional e admirado por esta. E o país foi mesmo governado, nas suas primeiras três décadas, por uma elite política exclusivamente composta por autodenominados sociais-democratas de uma espécie ou de outra.

Não foi tanto na Guerra dos Seis Dias em 1967, mas antes no período entre essa guerra e a Guerra do Yom Kippur em 1973, que a esquerda internacional abandonou Israel. Isso, parece-me, teve mais que ver com o tratamento dos árabes por Israel do que com a sua política interna, que mal se alterou nesses anos.

> É verdade que a Guerra dos Seis Dias aproximou muitos judeus americanos de Israel, embora a sua repercussão tenha sido menor do que na Europa, acho eu. Mas o entendimento contemporâneo do Holocausto tem algo que ver com a ideia de que em casos extremos se deve usar a violência para defender os direitos humanos. O Holocausto torna-se uma associação mais cómoda quando é identificado não só com a vitimização, mas com os direitos humanos – e assim com a intervenção militar em nome desses direitos.

> Logo, quando nos recordamos de como os americanos justificaram a intervenção nas guerras dos Balcãs dos anos 1990, é evidente que todos os envolvidos invocavam o Holocausto como um padrão: a pior violação dos direitos humanos de todos os tempos, aquilo que «nunca mais deve acontecer». A geração que então detinha autoridade política fora ensinada a pensar assim, e foram argumentos nessa linha que por fim se invocaram para justificar a intervenção dos EUA contra a Sérvia.

> Esses argumentos podiam repercutir-se eficazmente em relação a acontecimentos na Europa. Curiosamente, a universa-

lização do Holocausto acabou por fazer mais sentido no seu ponto de origem – fazia sentido sobretudo na Europa, pois os europeus mais velhos percebiam instintivamente o raciocínio e concordavam intuitivamente com as conclusões.

Mas penso que esse mesmo raciocínio tem uma repercussão muito diferente se aplicado ao mundo em geral – ou se aplicado pelos americanos, como tantas vezes acontece, em relação a Israel e ao Médio Oriente. Aqui o risco é a ideia de que a qualidade universal da lição a tirar de Auschwitz venha a aplicar-se a Israel, que, por sua vez, de país se transforma em metáfora universal: nunca mais um lugar como Israel sofrerá um acontecimento como o Holocausto. Mas, visto do exterior da América – no próprio Médio Oriente, por exemplo –, esse prolongamento de uma analogia moral para o terreno político local parece um pouco estranha.

Quanto mais nos afastamos dos Estados Unidos, mais o comportamento de Israel parece simplesmente a exploração política da narrativa de uma vítima. É claro que acabamos por nos afastar tanto que chegamos a países e continentes – Ásia Oriental, África – onde o próprio Holocausto é uma abstração distante. Nesse ponto, as pessoas não veem senão o espetáculo bizarro de um país pequeno, pouco importante, numa região perigosa, que se aproveita do país mais poderoso do mundo para os seus próprios fins, mas em detrimento dos interesses do seu protetor.

Assim, há três dimensões a considerar nesta situação peculiar. Há o envolvimento americano acrítico, mediado através de uma universalização nada sofisticada do significado de um genocídio europeu. Há depois a reação europeia: atenção, embora reconheçamos prontamente que o Holocausto foi tudo o que vocês dizem, isto é uma apropriação indevida. Por fim, há o resto do mundo que pergunta que história ocidental é esta que nos estão a impor com consequências geopolíticas grotescamente deturpadoras?

Voltemos à América, à origem. Vou agora proceder a uma defesa dos judeus americanos e da sua visão do mundo, que daria algo assim: por vires da Inglaterra, Tony, não tens de te haver com a religiosidade profunda e confusa do gentio. Ela simplesmente não existe. É claro que as pessoas pertencem à

Igreja de Inglaterra; é uma instituição respeitada e socialmente útil, que vai assinalando o calendário e dando às viúvas algo que fazer. Mas não se pode bem dizer que seja uma fonte de fervor religioso.

Ao passo que aqui nos Estados Unidos, assim que te afastas de um punhado de regiões nas costas leste e oeste, encontras os cristãos – verdadeiros cristãos. Celebram o Natal, e alguns deles fazem-no a sério. A Páscoa também, com todas as suas evocações ameaçadoras e sangrentas. E a seguir, se fores mais longe, para o campo – o que reconhecidamente não é algo que muitos judeus americanos façam de boa vontade –, vais encontrando formas cada vez mais estranhas de crença cristã fervorosa e exótica.

E isso – embora eu ache que a comparação é muito imprecisa, é a minha impressão – faz os judeus americanos, de certa maneira por reflexo, pensarem na Rússia, na Polónia, na Ucrânia ou na Roménia: também aí havia gente com rituais diferentes e que de facto acreditava neles, que podia ser não apenas diferente, mas realmente ameaçadora. Parece-me que é esse medo, geralmente não verbalizado, que paira atrás da inquietação primitiva em torno da perspetiva de outro Holocausto e que contribui para o desejo de manter Israel como um futuro refúgio. Isso parece-me irrazoável e um profundo equívoco, mas de forma alguma incompreensível.

Ora, outra reação a isto – uma reação minoritária, a reação neoconservadora – foi o comprometimento. Refiro-me à aliança entre os sionistas americanos, que acham que Israel deve existir como pátria para outros judeus, e os fundamentalistas cristãos americanos, que acham que Israel deve existir como ponto de encontro para os judeus antes do seu extermínio pelo fogo no apocalipse iminente. Por um lado, temos judeus que pouco sabem sobre Israel; por outro, cristãos que pouco sabem sobre os judeus. Mas têm visões e razões coincidentes para querer a ida dos judeus para Israel, e mesmo para querer guerras no Médio Oriente. Não posso deixar de pensar que, a posteriori, esta parecerá uma das alianças mais estranhas da história política dos judeus: ela faz a cooperação do sionismo revisionista com a Polónia dos anos 1930 parecer francamente banal.

Olhemos para isto de uma forma mais geral. Tal como defendes que a América parece um pouco diferente graças à religiosidade estranha e intensa do mundo não judaico circundante, a América também é diferente no igualitarismo cívico intenso e agressivo que a Constituição impõe e que é constantemente martelado nas pessoas como parte do que significa ser americano. Como observaste, eu cresci num país onde o cristianismo, na sua forma anglicana bastante diluída, era a condição natural da vida, que ia até e abrangia as instituições estabelecidas do Estado – na verdade, sobretudo estas. Estou muito mais bem informado quanto ao Novo Testamento, Salmos, hinos, catecismos e rituais da igreja cristã do que qualquer judeu americano meu conhecido que não os tenha estudado profissionalmente. Ao contrário dos americanos, falta-me essa insistência visceral em mim mesmo na distinção entre religião e identidade cívica ou nacional. E, portanto, a América também nisso é diferente: é diferente nos dois extremos. Concordas?

Muitíssimo. Mas também há algo nessa diferença que torna os judeus americanos mais diferentes de ti do que talvez te apercebas. Identificar-se intensamente com o Estado na separação Igreja-Estado permite um nível de ignorância que era e é inimaginável na Europa. Os judeus americanos, por exemplo, têm dificuldade em distinguir os vários géneros de religiosidade cristã. Não me refiro apenas às diversas denominações confusas do protestantismo, mas às diferenças essenciais entre fundamentalistas e não fundamentalistas, entre católicos praticantes e católicos não praticantes e até entre católicos e protestantes.

Essas confusões nascem de uma espantosa ignorância cultural, um desconhecimento impressionante do Novo Testamento. Isso é algo que distingue os judeus americanos dos judeus ingleses muito mais do que à primeira vista se esperaria – porque podemos supor que, mesmo que apenas por autodefesa, os judeus americanos tirassem uma tarde para se familiarizar com essa adenda misteriosa e, no fim de contas, bastante breve à Bíblia.

Penso que é por isto que o mundo cristão que se propaga às Grandes Planícies e através das montanhas Rochosas é muito mais alheio e talvez mais ameaçador do que julgaríamos.

Enquanto em Inglaterra, parece-me, o cristianismo tem refe-
rências culturais mais vastas e familiares. Quando, por exem-
plo, falas da Bíblia do rei Jaime, não estás só a aludir a uma
entre várias versões do Livro Sagrado. Estás a falar de um
texto cultural tão universal e familiar como Shakespeare. Essa
perspetiva é partilhada por poucos judeus americanos.

Em Inglaterra, a religiosidade no seu menor nível textual ou mne-
mónico e, portanto, mais facilmente assimilado era ainda universal na
minha infância. Não conheço quaisquer judeus ingleses que ficassem
muito apreensivos caso apanhassem um comboio e – encontrando-se
em plena Lincolnshire – descessem na Lincoln Station, entrando na
Catedral de Lincoln, ou até na igreja paroquial do sítio. É provável
que achassem a experiência confortável e mesmo familiar, especialmente se tivessem nascido antes de 1960. Enquanto parto do princípio
de que alguém do Upper West Side por acaso largado no noroeste do
Texas, numa igreja baptista, pode perfeitamente sentir-se pouco à vontade por toda a espécie de razões.

Alguma vez tiveste a sensação de que alguém estivesse a
tentar expulsar-te da comunidade judaica americana?

Nos seus comentários na *New Republic* a propósito do meu ensaio mal afamado da *New York Review of Books*, ficou conhecida a
observação de Leon Wieseltier de que eu era obviamente um judeu
que tinha passado muito tempo em jantares de festa em Nova Iorque,
a ouvir pessoas que criticavam Israel, e estava envergonhado com a
associação e a tentar distanciar-me dela. Isso pareceu-me uma interpretação curiosamente errada: sempre *detestei* jantares de festa e fazia
tudo para os evitar! Ainda faço, embora hoje, evidentemente, já não
tenha de pensar em razões para recusar convites.

Além disso, ouvir críticas a Israel nunca me faria sentir vergonha
como judeu – por um lado, não me identifico com o país; por outro,
não sofro de confusão ou insegurança com o meu judaísmo. Portanto,
parece uma maneira esquisita de rejeitar a minha filiação na comunidade judaica americana bem-pensante, à qual de qualquer modo nunca pertenci. Podia ter sido uma acusação mais eficaz sugerir que eu
estava tão perturbado com a atitude de Israel *porque* eu era judeu. No
entanto, como já me assinalaste, não me importo muito de ser expulso

de comunidades; se calhar até gosto. Essa exclusão oferece novamente a oportunidade de nos vermos como alguém de fora, e para mim isso sempre foi uma posição segura e até confortável.

Bem, caíres de paraquedas na baixa de Manhattan e a seguir definires-te como opositor dos judeus americanos convencionais é seguramente um plano de êxito para te tornares um intruso!

Nunca houve grandes riscos. Suponhamos que eu tinha sido expulso a toque de caixa não de uma comunidade da qual, como Groucho Marx, nunca quis especialmente fazer parte, mas de um lugar e de uma sociedade que constituíssem a fonte do meu rendimento e da minha posição profissional. Isso teria sido uma história diferente. Por isso, reajo com genuíno desconforto quando as pessoas dizem: «É tão heróico da sua parte tomar atitudes impopulares.»

É claro que ninguém desaprova que o admirem ou respeitem por escrever bem ou dizer alguma coisa verdadeira ou interessante. Mas, na verdade, foi preciso muito pouca coragem para publicar um artigo polémico sobre Israel na *New York Review of Books* quando detinha uma cátedra de docente numa grande universidade. Se de facto corri alguns riscos, eles eram muito restritos – provavelmente perdi alguns amigos nova-iorquinos, o que é decididamente contingente, e suponho que perdi a possibilidade de escrever numa publicação ou duas.

Por isso, certamente não me considero corajoso. Considero-me apenas – se me permites alguma presunção – bastante mais honesto e frontal do que algumas pessoas que conheço.

V

Paris, Califórnia: o Intelectual Francês

Em Cambridge e depois em Paris, o socialismo não foi só um objetivo político, mas a minha área de estudos académicos. Em alguns aspectos, isso não mudou antes de eu entrar na meia-idade. Quando comecei a estudar em Cambridge em 1966, assinalava-se o trigésimo aniversário da Frente Popular, a coligação de esquerda que esteve brevemente no poder em França, com o socialista Léon Blum como primeiro-ministro. Na altura, esse aniversário desencadeou uma profusão de livros que descreviam e analisavam o fracasso da Frente. Muitos dos que se dedicaram ao tema fizeram-no com o objetivo explícito de ensinar lições que garantissem o êxito da próxima vez: para muitos, uma aliança transformadora de partidos de esquerda parecia ainda possível e desejável.

Por mim, não estava essencialmente interessado nas questões políticas imediatas que esses debates implicavam. Segundo a minha própria formação, o comunismo revolucionário fora desde o princípio um desastre, e eu via pouca utilidade em reavaliar as suas perspetivas no presente. Por outro lado, eu tinha ido para Cambridge a meio do mandato trabalhista cínico, esgotado, subserviente e cada vez mais infrutífero de Harold Wilson. Daquele lado parecia haver pouco a esperar. Por isso, o meu interesse nas perspetivas da social-democracia levou-me ao estrangeiro, a Paris, o que dá a entender que foi a política que me trouxe aos estudos franceses em vez do contrário.

Embora isso possa parecer esquisito *a posteriori*, dada a minha posição política e a turbulência da cidade, eu precisava de Paris para me tornar, com propriedade, um estudante de história. Eu fora contemplado com a bolsa anual de Cambridge para uma vaga de pós-graduação na École Normale Supérieure, uma posição ideal para estudar e observar a vida intelectual e política francesa. Uma vez instalado, em 1970, tornei-me um verdadeiro estudante – mais do que alguma vez fora em Cambridge – e fiz francos progressos na minha tese de doutoramento sobre o socialismo francês nos anos 1920.

Comecei a procurar orientação académica. Em Cambridge, não se era exatamente ensinado: apenas líamos livros e falávamos sobre eles. Entre os meus professores havia uma variedade considerável: historiadores empiristas, liberais ingleses à moda antiga, historiadores intelectuais com sensibilidade metodológica e ainda alguns historiadores de economia da velha escola da esquerda entre as duas guerras. Os meus orientadores de doutoramento, longe de me iniciarem em metodologias históricas, iam-me desaparecendo da vista. O orientador que me fora atribuído, David Thomson, faleceu pouco depois de eu o ter conhecido. O meu segundo orientador foi J. P. T. Bury, um historiador da Terceira República Francesa, idoso, muito amável, que servia um óptimo xerez mas pouco sabia do meu tema. Não creio que nos tenhamos encontrado mais de três vezes durante o meu trabalho no doutoramento. Andei assim sem qualquer supervisão no primeiro ano de estudos doutorais em Cambridge, em 1969-1970.

Não só tive de escolher o tema da minha tese, como tive de inventar a *problématique*, as perguntas que teria sentido fazer e os critérios que deveria invocar ao responder a elas: porque não conseguira o socialismo cumprir as suas promessas? Porque é que o socialismo em França não alcançara as realizações da social-democracia do Norte da Europa? Porque não se dera uma revolta ou revolução em França em 1919, apesar das expectativas nesse sentido e das convulsões radicais noutras paragens? Porque é que o comunismo soviético foi muito mais capaz nesses anos de herdar a capa da Revolução Francesa do que o socialismo local da França republicana? As questões implícitas do triunfo da extrema-direita nos anos 1930 jaziam em segundo plano. A ascensão do fascismo e do nacional-socialismo devia ser simplesmente compreendida como um fracasso da esquerda? Era assim que eu pensava na altura; só muito mais tarde o espectro destas perguntas se tornaria real para mim.

PARIS, CALIFÓRNIA: O INTELECTUAL FRANCÊS

Lia tudo a que podia deitar a mão. Escolhi o melhor que pude as fontes do tema e soube onde encontrá-las; pus-me então a lê-las. Aquilo que podia fazer com proveito em Inglaterra, antes de me mudar para Paris e de aceder aos arquivos franceses, era ler a imprensa francesa do período a seguir à Primeira Guerra Mundial. E assim fui para Londres passar o segundo período letivo de 1970, fiquei em casa da mãe de Jacquie Phillips e orientei-me pelo espólio francês da hemeroteca do British Museum, em Colindale, ganhando através da leitura uma maior familiaridade com a França dos anos 1920. Como é da natureza das coisas, este *séjour* aproximou-me ainda mais da família Phillips, e Jacquie e eu casámo-nos no ano seguinte. Tivemos um casamento grande e bastante tradicional, debaixo de uma *chuppah*(*), partimos um copo e tudo.

Ao aceitar a minha bolsa na École Normale Supérieure, preparava-me para outro género de compromisso: com a França, a história francesa e os intelectuais franceses. Graças à minha preparação em Cambridge, sabia exatamente quem tinha de visitar em Paris, fiz eu próprio os meus contactos e em boa medida a minha supervisão (embora me tivessem atribuído um orientador académico francês – o professor René Rémond –, não nos interessámos muito um pelo outro e, de comum acordo, só nos encontrámos uma vez).

De repente, eu encontrava-me no epicentro da elite intelectual da França republicana passada e presente. Estava bem ciente de que estudava no mesmo edifício onde Émile Durkheim e Léon Blum haviam estudado no final do século XIX, ou Jean-Paul Sartre e Raymond Aron trinta anos antes. Eu estava radiante, rodeado de estudantes inteligentes, com afinidades, numa zona do quinto *arrondissement* parecida com um *campus*, que combinava o conforto habitacional com uma biblioteca singularmente acolhedora de onde se podia até levar os livros emprestados (então como agora, algo quase inédito em Paris).

Para o bem e para o mal, comecei a pensar e a falar como um *normalien*. Era em parte uma questão de forma: tomar uma atitude e adotar um estilo académico e em tudo o resto; mas era também uma adaptação osmótica. A École estava repleta de jovens franceses absurdamente eruditos, de ego inchado e peito encolhido: muitos são agora distintos professores e diplomatas veteranos pelo mundo inteiro. Era

---

(*) Toldo sob o qual decorre parte da cerimónia no casamento tradicional judaico e que simboliza o lar que o casal irá construir. *(N. T.)*

uma atmosfera intensa, de viveiro, muito diferente de Cambridge, e aprendi um modo de argumentar e pensar que permaneceu comigo. Os meus colegas e contemporâneos debatiam com admirável rigor e profundidade, embora às vezes fossem menos recetivos às provas e aos exemplos que a experiência mundana oferece. Adquiri as virtudes deste estilo, mas também os seus vícios, sem dúvida.

Olhando para trás, devo muita da minha identificação com a vida intelectual francesa ao meu encontro com Annie Kriegel, a grande historiadora do comunismo francês. Contactei-a em Paris muito simplesmente porque ela tinha escrito o livro sobre o meu tema, a sua obra máxima, em dois volumes: *Aux origines du communisme français*. A sua insistência em compreender o comunismo historicamente – o movimento, e não a abstração – exerceu em mim grande influência. E, como pessoa, ela tinha um carisma dramático. Annie, por sua vez, estava espantada por encontrar um inglês que falava decentemente francês e se interessava pelo socialismo, e não pelo comunismo, então na moda.

Naqueles anos, o socialismo parecia morto como assunto histórico. O Partido Socialista Francês tivera maus resultados nas eleições parlamentares de 1968 e desabara em 1971, após uma participação fraca nas presidenciais anteriores. É certo que foi reconstruído pelo oportunismo de François Mitterrand, mas como uma máquina eleitoral sem alma, com um novo nome e privada do seu velho espírito. No início dos anos 1970, o único partido de esquerda com perspetivas a longo prazo parecia ser o comunista. Na eleição presidencial de 1969, havia tido vinte e um por cento dos votos, batendo de longe todos os restantes partidos da esquerda.

O comunismo parecia ocupar então o lugar central do passado, do presente e do futuro da esquerda francesa. Em França como na Itália, para não falar de terras mais a leste, podia apresentar-se e apresentava-se como o vencedor da história: o socialismo parecia ter perdido em toda a parte menos na Europa Setentrional. Mas eu não estava interessado em vencedores. Annie percebeu isso e achou que era uma qualidade louvável num historiador sério. E, portanto, foi graças a ela e aos seus amigos – sobretudo o grande Raymond Aron – que encontrei o meu caminho na história de França.

Annie Kriegel era uma mulher forte e complexa. A sua baixa estatura – media um metro e meio – enganava. Annie aderira à Resistência Francesa aos dezasseis anos (o seu contemporâneo Maurice Agulhon,

PARIS, CALIFÓRNIA: O INTELECTUAL FRANCÊS

que mais tarde escreveu *La république au village*, recordava-se de que, muito depois da libertação, ela ainda guardava uma metralhadora ligeira na parede do seu quarto de dormitório). Tornou-se uma estalinista doutrinária no início da década de 1950, secretária de organização e comissária política *de facto* do movimento estudantil comunista em Paris. Como tantos da sua geração, ela abandonou essa filiação política de juventude no rescaldo da Revolução Húngara e da sua repressão pelos soviéticos em 1956. Depois, a seu tempo, veio a tornar-se a especialista reconhecida no tema das suas associações passadas.

Quando a conheci, Annie consagrava a Israel e ao sionismo a mesma dedicação e fervor incondicional que outrora reservara à URSS. Curiosamente, ou talvez não, vi-me assim bastante próximo de uma mulher cujo passado comunista e presente sionista me eram quase igualmente antipáticos. E, contudo, Annie Kriegel foi uma das minhas duas grandes influências intelectuais do começo dos anos 1970 (George Lichtheim foi a outra). Diz muito de Annie que, apesar de eu ter discordado das suas conclusões na minha tese de doutoramento, ela tenha aceitado com entusiasmo prefaciá-la quando foi publicada em França como o meu primeiro livro (*La reconstruction du parti socialiste, 1921-1926*).

Com efeito, eu citei Annie nessa obra apenas para discordar dela; por norma, eu evitava a discussão de toda a bibliografia secundária sobre o meu tema. Estava bastante decidido a não escrever apenas mais uma monografia histórica convencional ao jeito inglês ou americano, que convoca todas as interpretações e depois acrescenta timidamente uma pequena revisão própria. Eu preferia perceber o que podia conseguir por mim mesmo.

Se isto parece um tanto presunçoso para um jovem académico na casa dos vinte, a minha desculpa é talvez não só conhecer francamente pouco da bibliografia secundária, como também nunca ter sido *ensinado* a abordá-la. Em questões historiográficas, eu quase me educara sozinho. A despeito do meu diploma de historiador de Cambridge, eu era um pouco autodidata – talvez em demasia. Mais do que podia à época perceber, eu integrara-me assim numa longa tradição, por vezes distinta, de historiadores que deviam muito – demasiado – da sua educação às suas próprias leituras não orientadas.

Nesses mesmos anos em Paris, também vim a conhecer Boris Souvarine, um dos fundadores do comunismo francês, mas talvez mais conhecido como o autor da primeira (e ainda uma das melhores) descri-

157

ções de Estaline e do estalinismo. Foi através de Souvarine que aprendi – ou talvez tenha confirmado – algo que procurei transmitir em vários dos meus livros: a profunda fé marxista que pautava a política da velha esquerda europeia, independentemente da sua posição no leque da política radical. Souvarine contou-me uma história engraçada que ilustra lindamente essa questão.

Charles Rappoport fora outra figura dessa geração comunista fundadora, e ele e Souvarine conversavam, no princípio dos anos 1920, sobre Jean Longuet, um dos dirigentes do Partido Socialista Francês durante a Primeira Guerra Mundial. Longuet era naturalmente um homem de compromissos, sempre à procura de um meio-termo entre Lenine e os socialistas europeus moderados, e as suas manobras indispunham contra ele os seus colegas radicais. Longuet era também neto de Marx. Daí Rappoport virar-se para Souvarine e observar: «Vês, o problema de Longuet é que *"il voulait contenter tout le monde et son grand-père"*», ele queria contentar toda a gente e o avô também, uma alusão espirituosa a «*il voulait contenter tout le monde et son père*», o remate de *O Moleiro, o Filho e o Burro*, uma das fábulas mais conhecidas de La Fontaine. Isto definia perfeitamente Longuet e quejandos que procuravam desesperadamente adaptar as suas lealdades marxistas a qualquer situação em que se achassem. Mas a história com as suas referências capta outra coisa essencial dos intelectuais da esquerda: as referências partilhadas que se originavam não somente de um objetivo político comum, mas de muitas leituras.

Ao escolher para a minha tese o estudo dos anos 1921-1926, mantive uma certa distância da década de 1930 e da questão da Frente Popular. Mas, mesmo assim, já fora atraído para a trágica figura de Léon Blum, que esteve no centro da política do Partido Socialista, conforme a descrevi para os anos 1920, e que veio, claro, a ser primeiro-ministro de França na década seguinte. Na altura, eu não teria pensado em escrever história com laivos biográficos, mas Blum era já essencial para o meu relato, pois ele encarnava algo que transcendia o socialismo político: uma tentativa sustentada de influenciar com ideais do século XIX a política de massas do século XX.

Embora eu não gostasse nem goste de fazer entrevistas, entrevistei o filho e a nora de Léon Blum, Robert e Renée-Robert Blum. Eu tentava, conquanto desajeitadamente, orientar-me no mundo mental da geração de intelectuais europeus nascida entre 1870 e 1910. Blum nascera em 1872, pouco depois de Rosa Luxemburgo, três anos antes de

PARIS, CALIFÓRNIA: O INTELECTUAL FRANCÊS

Luigi Einaudi, sete anos antes de William Beveridge e dez anos antes de Clement Attlee e John Maynard Keynes. O que Blum partilha com todos eles é a mistura, distintamente do século XIX, de confiança cultural inspirada por um dever de dedicação ao melhoramento público.

Ao interessar-me pelo período anterior a 1939, mas confinando a minha atenção aos herdeiros de esquerda da Europa liberal, eu estava inquestionavelmente a contornar certas perguntas decisivas sobre a vida política e principalmente intelectual dessas décadas. Faltara no pensamento da esquerda e do centro entre as duas guerras qualquer avaliação da possibilidade do *mal* como um elemento constrangedor, e menos ainda dominante, nos assuntos públicos. A criminalidade política deliberada, como a que foi empreendida pelos nazis, era absolutamente incompreensível para a maioria dos observadores e críticos, fossem de direita ou de esquerda.

O facto de o terror e as grandes fomes estalinistas dos anos 1930 não terem sido compreendidos pela maioria dos comentadores ocidentais exemplifica a questão. A Primeira Guerra Mundial havia decerto enterrado muitas das ilusões progressistas das décadas anteriores, mas não tinha chegado a substituí-las pela própria impossibilidade da poesia. De facto, houve aqueles para quem os anos 1930 não foram de modo algum a «década baixa e desonesta»(*) de Auden.

Richard Cobb, historiador de Oxford nascido em 1917, recordava a Paris da Frente Popular como um lugar alegre, cheio de esperança e optimismo. Para Cobb e muitos outros, os anos 1930 foram uma época de imensas energias que esperavam somente ser mobilizadas. Nem toda a gente, de modo algum, se sentia esmagada pela sensação de desgraça e de fim de uma era. A própria Frente Popular (em França como em Espanha) era uma notável coligação de socialistas, comunistas e radicais. As reformas que trouxe à França, incluindo as férias pagas, menos horas de trabalho semanais, o reconhecimento dos direitos sindicais, etc., superaram em muito o que os aliados de Blum haviam previsto. Especialmente os comunistas, instruídos por Moscovo para apoiarem um governo burguês de esquerda em França contra a ameaça crescente da Alemanha nazi, não tinham interesse em assustar a classe média, e muito menos em promover a revolução.

Para a direita, porém, parecia haver uma revolução em curso. Robert Brasillach, brilhante crítico reacionário, quando escrevia no

---

(*) Verso do poema «September 1, 1939», de W. H. Auden. *(N. T.)*

Je suis partout estava bastante convencido de que vivia uma repetição da Revolução Francesa. Mas esta era, pensava ele, uma revolução cujas consequências iriam exceder as das suas antepassadas francesa e russa, porque podia realmente ter êxito sem sequer violentar os seus princípios. Pior ainda, era dirigida por Léon Blum, um intelectual judeu.

O que me interessou em Blum como judeu foi precisamente isso: o ódio que despertou. Hoje até nos custa imaginar o grau de preconceito e aversão declarados, sem remorso, que alguém como Blum pôde inspirar nesses anos, pura e simplesmente devido à sua origem judaica. Por outro lado, o próprio Blum costumava fazer orelhas moucas à escala e implicações do anti-semitismo público e da invocação deste contra ele. Havia, é claro, uma certa ambivalência na identidade de Blum: genuína e totalmente francês, ele não era menos aberta e orgulhosamente judeu. Nos últimos anos, combinou uma grande simpatia pelo Estado judeu recém-nascido no Médio Oriente com uma quase indiferença pela mensagem sionista em si. Esses entusiasmos e identificações aparentemente incompatíveis talvez não fossem muito diferentes dos meus em várias alturas, o que pode explicar o meu duradouro interesse por Blum.

Na altura, porém, eu mantinha as questões judaicas longe dos meus interesses académicos. Apesar do meu compromisso recente e entusiástico com Israel, nesses anos do início da década de 1970, eu não teria pensado em fazer do judaísmo frontal de Blum tema de estudo. O comprometimento político judaico absorvera todas as minhas atenções adolescentes. Mas, quando o abandonei, foi como se já não visse os temas judaicos na minha vida profissional, e muito menos me dedicava a eles. Retrospetivamente, consigo perceber que tinha terminado a minha «década judaica» e que me consagrava à preparação da sua sucessora francesa.

O que me obcecava durante os anos 1970 eram instituições, partidos e teorias políticas, que, na sua totalidade, eu tendia a considerar, sem nunca o afirmar explicitamente, como o resultado de condições sociais. Na Cambridge desses tempos, e de diferentes maneiras, Quentin Skinner e John Dunn ensinavam a história das ideias privilegiando a referência à contextualização cultural, epistemológica e textual da produção intelectual. Atribuo-lhes todo o mérito pelo meu interesse em pensar seriamente no que significa interrogar ideias inicialmente desenvolvidas e expostas noutro tempo ou lugar. Mas, para mim, o

PARIS, CALIFÓRNIA: O INTELECTUAL FRANCÊS

contexto manteve-se social, ou no máximo político, não religioso, cultural ou hermenêutico.

Em Paris, fiz o que competia a um académico: escrevi uma dissertação, descobri uma editora para ela e procurei novas áreas de estudo. Mas, noutros aspectos, eu não sabia bem o que andava a fazer nem para onde ia. Não tinha uma ideia clara de como ser um historiador académico nem do que isso significaria, embora eu para pouco mais servisse. Acabei por conseguir ajustar os meus vários interesses e afinidades numa carreira académica, mas só graças à sorte e à ajuda generosa de outros.

Quando terminei o meu doutoramento, não consegui ter uma bolsa nem arranjar uma posição académica e tinha-me resignado a trabalhar numa prestigiosa escola para rapazes no Sul de Londres. Graças a John Dunn, meu amigo e mentor no King's, protelei a aceitação do emprego durante o tempo suficiente para saber se a faculdade me concederia uma bolsa de investigação.

Se consegui entrar no mercado de trabalho em Cambridge, foi em grande parte devido a George Lichtheim, o grande historiador do marxismo e do socialismo, um benfeitor que nunca cheguei a conhecer. Eu tinha lido todos os seus livros importantes entre 1968 e 1973 e ficara sem dúvida a dever imenso à sua perspetiva: a de um observador simpatizante mas implacavelmente crítico do marxismo de fins do século XIX e início do século XX. Parece que Lichtheim e Annie Kriegel escreveram cartas de recomendação muito vigorosas a meu favor, baseadas em ambos os casos nas suas leituras da minha tese. Devo-lhes tudo – e não consigo pensar em duas pessoas com quem preferisse estar em dívida.

Mas Lichtheim e Kriegel representavam um gosto minoritário, e ambos eram forasteiros – pelo menos na academia inglesa. Richard Cobb, o principal historiador britânico de França naquela época e uma figura influente na minha área, nunca me considerou realmente um historiador. Para Cobb, eu interferia em várias disciplinas e reunia os piores instintos de um intelectual francês: escrevia política sob a aparência de conhecimento histórico.

Graças ao seu veto, não alcancei nenhuma outra bolsa ou emprego aos quais me candidatei nesses anos. As editoras britânicas rejeitavam a minha tese. Embora me tivesse valido a bolsa do King's, a tese só foi publicada em francês: foi-me oferecido um contrato pela Presses de la Fondation Nationale des Sciences Politiques, que deve ter recebido

161

uma recomendação invulgarmente enérgica – provavelmente de Annie Kriegel – antes de se comprometer com um primeiro livro de um inglês desconhecido.

O facto de eu nunca ter voltado a procurar uma editora de língua inglesa provavelmente dá algo mais a entender: eu *era* realmente um intelectual e não um académico, e completamente ingénuo quanto a cálculos de carreira ou planeamento estratégico. Simplesmente nunca me ocorreu que publicar em francês o meu primeiro livro era uma decisão insensata se eu quisesse singrar como historiador nos EUA ou na Grã-Bretanha. Cobb não se enganara completamente: tinha havido uma espécie de erro de categorização. Eu encontrava-me no percurso de carreira de um historiador inglês, mas julgava-me um intelectual francês dissidente e agia como tal.

No início da década de 1970, ainda era possível ensinar história em Inglaterra e, contudo, estar completamente distante da comunidade académica norte-americana. O Atlântico era muito mais vasto nesse tempo. Contudo, um par de anos após ter ganho a bolsa do King's College, o acaso e o contacto humano mais breve ofereceram-me uma oportunidade de ir à Califórnia. Uma noite fui jantar no King's com F. Roy Willis, um antigo aluno da faculdade que agora ensinava na Universidade da Califórnia, em Davis, e que escrevera uma história do começo da unificação europeia, *France, Germany and the New Europe*. Nove meses depois do nosso curto encontro, ele telefonou para Cambridge e perguntou-me se eu gostaria de passar um ano em Davis.

À boa maneira americana, Willis indicou um salário anual. Hesitei: era tão superior ao que ganhava em Cambridge que me perguntei se não o teria ouvido mal. Ele, por sua vez, percebeu mal a minha hesitação e aumentou a oferta: foi a minha primeira e uma das mais bem sucedidas incursões na negociação! Jacquie e eu voámos para Boston no verão seguinte e, após um curto período com um amigo em Cambridge, no Massachusetts, comprámos um enorme *Buick* antigo e fizemo-nos à estrada pelo país.

Aquele ano em Davis, 1975-1976, foi o meu primeiro contacto com os Estados Unidos. Foi uma experiência maravilhosa. Nada dependia dela. Pela primeira vez, lecionei cursos gerais sobre história europeia e percebi que não podia fazer na Califórnia o que quase toda a gente fazia em Cambridge: dar as aulas lendo. Em vez disso, aprendi a improvisar e tornei-me um professor universitário competente.

Os meus estudantes americanos abordavam os estudos de maneira muito diferente dos seus pares britânicos. Na Califórnia, eu ensinava jovens que não sabiam realmente muito mas que não tinham vergonha de o admitir e tinham vontade de aprender. Em Inglaterra, são raros os maiores de dezasseis anos que alguma vez admitem a sua ignorância, e decerto não o fazem em Cambridge. Isso contribui para um estilo coloquial mais confiante, mas também significa que o típico estudante inglês costuma passar anos sem ler certos textos fundamentais porque nunca ninguém questiona a sua familiaridade com eles.

Quando regressámos a Inglaterra em 1976, Jacquie e eu começámos a afastar-nos. Em Dezembro de 1976, separámo-nos e divorciámo-nos dois anos depois. As razões para o rompimento não são difíceis de perceber. A Califórnia alargara os meus horizontes, e, embora eu tivesse declinado a oferta de um cargo permanente em Davis, regressar a Cambridge veio a ser dececionante e por fim insatisfatório. Antes de irmos para os EUA, Jacquie e eu tínhamos vivido num apartamentozinho de dois quartos; quando voltámos da Califórnia, era obviamente tempo de comprar uma coisa maior. Mas o ato de adquirir propriedade, como tantas vezes acontece, aguça o espírito. Até então, como me parece *a posteriori*, tinha-me limitado a seguir pela via de sentido único que o diploma me abrira; agora já não me sentia tão seguro de querer que a minha vida ganhasse essa forma. Não podia aceitar bem que aquilo fosse tudo: uma carreira, uma universidade, uma casa, uma esposa.

Depois de Jacquie e eu nos termos separado, fui viver uma temporada em França para fazer a investigação para o meu segundo livro, *Socialism in Provence*. Passei grande parte da primeira metade de 1977 na Baixa Provença, no departamento do Var, onde se situavam as minhas fontes – e onde Nicholas Kaldor, o economista de Cambridge e membro do King's, me oferecera a sua casa em La Garde-Freinet, uma cidadezinha a uns doze quilómetros a norte de Saint-Tropez. Era uma encantadora casa de vila provençal, do século XVIII, numa rua de moradias vazias e fechadas, ensolaradas de um lado e com sombras, relva e colina do lado oposto. Sentia-me feliz por estar de novo só, pela primeira vez desde os dezoito anos, a viver sozinho, tendo um objetivo apenas e os poucos haveres de que necessitava para trabalhar e viver: um carro, uma mala com roupa, dinheiro mais ou menos suficiente e uma casa que era minha até ao verão.

A vida em La Garde-Freinet tinha uma rotina antiga e consolidada. Antes da chegada dos turistas no verão, a região tinha ainda muito da antiga Provença, e até alguns velhos que ainda falavam o dialeto tradicional. As andanças diárias das ovelhas e dos pastores, os velhos padrões da economia rural e a animação da aldeia da colina lembravam ainda o século XIX. O meu tema – as origens económicas e sociais do socialismo na Provença – ainda estava à minha volta. Eu sentia-me *bien dans ma peau* de todas as formas.

Todas as manhãs eu acordava e enfiava-me no venerando *Citroën DS 19* descapotável que tinha comprado quando voltara dos EUA. Começava por rodar pela colina abaixo (o motor de arranque estava avariado) e – dado que a estrada percorria todo o caminho dali até à costa – carregava diariamente a bateria do carro, o suficiente para regressar a casa. Estacionava em Sainte-Maxime, comprava uma baguete, queijo, fruta, uma garrafa de água mineral e os jornais da região, e sentava-me na praia três horas, a nadar e a ler intermitentemente. Depois, era hora de voltar para o carro e de subir a montanha, para um duche, uma sesta e muitas horas de trabalho no livro, até noite avançada.

Passava tardes em bibliotecas de vila, nos arquivos municipais, nos arquivos regionais da vizinha Draguignan e nos arquivos urbanos da cidade costeira de Toulon. Desde então, fiz investigação para outros livros, mas nunca na mesma escala intensiva nem com a mesma familiaridade local. A experiência reforçou a minha opinião de que nenhum historiador devia empreender um trabalho de investigação primária baseado em fontes sem ter garantido um acesso prolongado aos materiais de arquivo. A investigação à distância baseada em algumas visitas ocasionais é, quando muito, frustrante e geralmente insuficiente para o seu propósito.

Estava agora perto dos trinta anos e separara-me da minha primeira mulher, para desgosto dos meus pais. É verdade que ainda me voltaria a divorciar, a minha irmã Deborah divorciar-se-ia duas vezes, e até os meus pais acabaram por divorciar-se, mas o meu divórcio foi o primeiro do nosso núcleo familiar. Embora mais tarde tenha vindo a saber que o divórcio e os casamentos múltiplos, com várias trocas e misturas, eram muito comuns na história da nossa família, os meus pais e eu estávamos suficientemente assimilados à Inglaterra dos anos 1950 para pensarmos no divórcio como algo invulgar e a evitar.

Fora a minha recente incapacidade de encontrar a mulher certa, porém, aos meus pais parecia que a minha vida era bem vivida, embora a achassem algo opaca. Não era óbvio (para eles) que eu estivesse a «trabalhar» de qualquer maneira reconhecível, tanto mais que o meu patrão parecia não se opor a que eu desaparecesse para o Sul de França por seis meses. A minha mãe, influenciada profundamente (tal como toda a sua geração) pelo desemprego dos anos 1930, tinha receio de que eu fosse despedido de Cambridge se ficasse muito tempo fora. Com o tempo, vieram a entender a vida, a investigação e a ocupação académicas – embora não saiba ao certo se os dois compreenderam inteiramente o que eu andava a fazer antes da publicação e do êxito de *Pós-Guerra*.

Em 1977, ao pensar e escrever sobre os trabalhadores rurais franceses e a classe operária francesa do século XIX, suponho que ainda estivesse a defender e até a praticar um certo tipo de marxismo – pelo menos como abordagem histórica –, enquanto politicamente mantinha as minhas distâncias dele e não reconhecia metade da sua influência no meu trabalho. O meu primeiro livro também abordara os marxistas mas, ao lidar sobretudo com partidos políticos e ativistas, não era de todo história social como esta era então concebida.

Eu nada tinha contra o que me parecia a história social clássica. Muito pelo contrário: nesses anos, era sobretudo o exemplo de Maurice Agulhon e do seu *La république au village* que me motivava. Agulhon tinha revelado e explicado as origens do radicalismo político que se formara no campo francês no decurso da primeira metade do século XIX. Em particular, ele descrevia as esperanças generalizadas de um certo socialismo rural, esmagadas em 1851 pelo golpe de Napoleão Bonaparte.

Influenciado por Agulhon e outros historiadores da França rural meridional, eu propus-me escrever uma história social popular: um estudo regional da Provença de fins do século XIX, mesmo que a um certo nível este género de texto histórico básico não fosse o meu forte nem correspondessse aos meus instintos intelectuais. Enterrei-me nos arquivos do Var. Muitos anos antes, um velho professor meu de Cambridge, Christopher Morris, avisara-me (algo sentencioso) que um historiador devia saber o preço dos porcos no mercado anual. Ao fim de alguns anos de pesquisa, eu já sabia o preço dos porcos (e de muito mais) nos mercados anuais do Var entre 1870 e 1914. Também eu (parecia anunciar esta investigação) consigo fazer uma história social decente. E fiz. E depois nunca mais voltei a fazer.

Eu estava genuinamente espantado com a escrita histórica social dos anos 1970. A economia, a política e até a própria sociedade estavam a desaparecer do centro, e até de todo o campo. Irritava-me a utilização de dados sociais e culturais seletivos para desalojar as explicações convencionais, de contexto ou política, dos grandes acontecimentos: assim, a Revolução Francesa podia ser reduzida a uma revolta de género ou, mesmo, a uma expressão adolescente de descontentamento intergeracional. As características dantes consideradas evidentemente as mais importantes dos grandes acontecimentos do passado eram substituídas por aspectos até então inteiramente periféricos.

Eu estudei história moderna porque me parecera obviamente uma via para o empenhamento intelectual e para o investimento cívico. Mas como é que nos empenhamos intelectualmente como cidadãos e, sobretudo, atraímos outros cidadãos, quando o que fazemos diz tão obviamente respeito a notas de rodapé da história social que só interessam aos nossos pares? Muitos colegas meus pareciam estar a participar numa espécie de carnaval académico semiconsciente: uma inversão de regras irresponsável em que historiadores sociais de segunda categoria tinham ganhado a liberdade de aparecer e de dominar a área, denegrindo e derrubando os principais académicos cujas publicações e interesses haviam governado a profissão durante décadas.

Estava portanto em desacordo com as principais tendências da minha própria disciplina: estas tendiam para a teoria da modernização, por um lado, e – com um certo desfasamento – para os «estudos culturais», por outro. O que eu achava particularmente exasperante, suponho, era a pretensão, por parte de muitas destas novas abordagens da história social, de prolongar e enriquecer um marxismo que em grande medida não percebiam.

A teoria da modernização, nesses anos, beneficiava de respeitáveis antecedentes, nos textos dos anos 1950 sobre a sociedade industrial: nomeadamente de Ralf Dahrendorf e Raymond Aron. Nas suas formas mais grosseiras, porém, ela propunha uma narrativa do progresso com um resultado claro e não questionado: a sociedade industrial e o seu *doppelgänger* político – a democracia. Tudo isto me parecia uma teleologia bastante evidente e pouco subtil que oferecia uma visão cheia de certeza sobre processos passados e desfechos futuros, que, como historiador, eu achava aberrante – e até mesmo, por estranho que pareça, como historiador marxista. Quanto aos estudos culturais, deprimia-me a sua superficialidade: moviam-se pela necessidade de separar informação e experiência social de quaisquer raízes ou influências económicas, o mais possível para se diferenciarem do marxismo desacreditado em que em tudo o mais se baseavam despudoradamente.

PARIS, CALIFÓRNIA: O INTELECTUAL FRANCÊS

Nos debates políticos e académicos das décadas anteriores, o marxismo sempre fora tratado em última análise como um modelo histórico alimentado pelo motor do interesse e ação proletários. Mas, por essa mesma razão, à medida que o proletariado operário ia diminuindo em número e relevância nas sociedades avançadas, o marxismo parecia vulnerável à implausibilidade das suas premissas.

O que acontece afinal quando o proletariado deixa de funcionar como um motor da história? Às mãos de praticantes dos estudos culturais e sociais dos anos 1970, ainda se conseguia pôr a máquina a trabalhar: substituía-se simplesmente o proletariado por mulheres, estudantes, camponeses, negros ou, por fim, homossexuais, ou mesmo qualquer grupo que tivesse justa razão para se sentir insatisfeito com a atual disposição do poder e da autoridade.

Embora tudo isto me parecesse improdutivo e inexperiente, a minha irritação devia-se ao trajeto peculiar da minha própria educação. Nos anos 1970, fui apanhado numa espécie de distorção temporal. Eu compreendia e em grande medida partilhava mais a visão do mundo de Eric Hobsbawm e E. P. Thompson do que os interesses da minha geração académica. Estes homens tinham sido formados pelas vicissitudes dos anos 1920 e 1930, as mesmas que eu escolhera para a minha tese.

Os contemporâneos americanos, em especial, pareciam estar a ir depressa de mais, antes mesmo de adquirirem uma compreensão plena daquilo que estavam a perder. Eu, por outro lado, tendo feito um doutoramento aos vinte e quatro anos, já era um membro da faculdade numa altura em que os meus pares ainda escolhiam os orientadores das suas licenciaturas e eram incentivados a procurar novas áreas de interesse e novos métodos. Por navegar sozinho, faltavam-me atitudes geracionais. Portanto, talvez não surpreenda que mais de uma vez eu tenha reagido contra as inclinações da minha geração.

Fiz algumas escolhas erradas nesses anos. Pouco depois de voltar da Provença para Cambridge, em 1977, envolvi-me com Patricia Hilden, uma estudante de licenciatura que viera trabalhar comigo. Devido à sua influência, abri uma excepção para a história das mulheres na minha crítica da nova história social, embora eu fosse realmente bastante ignorante sobre o assunto e o pouco que sabia não me tivesse impressionado. Mas Patricia era uma feminista muito agressiva e segura de si, incisiva e impiedosa: uma mistura curiosamente sedutora. Assim, com impudente incoerência, tolerei a história das mulheres, apesar de manter o meu desdém implacável por todas as outras espécies de estudos hifenizados(*) ou de identidade.

A nossa relação foi um equívoco desde o princípio, e não apenas por me ter feito entrar em território intelectualmente desonesto. Nos anos seguintes, viajei várias vezes entre a Inglaterra e a América, essencialmente no rasto de Patricia, que parecia nunca estar satisfeita onde estivesse. Na primavera de 1978, candidatei-me a dois empregos menores que me foram oferecidos nos Estados Unidos, em Harvard e na Universidade da Califórnia, em Berkeley. Escolhi Berkeley a pretexto de Harvard se parecer muito com a Cambridge que eu abandonava. Foi esta, pelo menos, a razão que dei a mim mesmo. Mas a consideração principal era que Patricia queria regressar à Califórnia. Também me agradava a ideia de lá voltar, embora os meus interesses intelectuais já se afastassem do foco sócio-histórico que despertara em Berkeley o interesse pela minha pessoa.

Fiquei então retido e a ensinar história social em Berkeley entre 1978 e 1980, muito contra as minhas preferências. Houve um semestre em que dei um curso sobre a história do socialismo e do comunismo na Europa. Apareceram mais de duzentos alunos, e o que começou como um seminário passou a ser um grande ciclo de conferências. Quando abordei Leon Trotski e a tragédia da Revolução Russa, a origem da minha popularidade tornou-se clara. Havia desde os anos 1920 marxistas (na realidade, leninistas) que viam em Trotski o caminho não percorrido, a história que de algum modo se perdeu, o rei exilado. No final dos anos 1970, no Norte da Califórnia, conforme se via, eles continuavam por aí. Um grupo de jovens veio ter comigo depois da minha conferência sobre Trotski e disse: «Tony, estamos mesmo a gostar da sua cadeira e estávamos a pensar se não poderia vir falar ao Grupo da Quarta Internacional em São Francisco acerca dos erros de Trotski e do modo de evitá-los no futuro.»

Ali, numa terra distante, estava um reflexo dos interesses de juventude do meu pai, e talvez dos meus: o que tinha corrido mal à esquerda revolucionária? Não terá sido o seu fracasso talvez parcialmente responsável pela horrível violência das décadas de 1930 e 1940 na Europa? Para aqueles estudantes, assim como de facto para o meu pai e

---

(*) Relativos às comunidades norte-americanas de ascendência não anglo-saxónica, cujas designações contêm um hífen: *Irish-Americans* (irlando-americanos), *African-Americans* (afro-americanos), *Italian-Americans* (ítalo-americanos), etc. *(N. T.)*

PARIS, CALIFÓRNIA: O INTELECTUAL FRANCÊS

alguns amigos seus, tais perguntas ainda pediam respostas de natureza pessoal: a solução para o dilema do leninismo era Trotski, e não Estaline. Eu nunca vira bem as coisas assim e encontrava-me muito longe de qualquer tipo de marxismo revolucionário. Mas reconheci uma sensibilidade familiar, uma ânsia familiar. Percebi que o que estava realmente a ensinar era uma espécie de curso vocacional direcionado para a história, sobre a forma de fazer política de extrema-esquerda. Berkeley tinha os seus encantos.

Mas Patricia insistira para que vivêssemos em Davis e não em Berkeley. E assim nos instalámos em Davis, o que significava que eu tinha de viajar diariamente para Berkeley: cem quilómetros para cada lado no autocarro da universidade. Nesse mesmo verão (1979), casámo-nos em Davis. Mas, no semestre seguinte, consegui pelo menos mudar-me para Berkeley – Patricia, sempre insatisfeita onde estava, tinha por essa altura retomado o seu pós-doutoramento em Inglaterra.

Durante o meu segundo ano na Califórnia, ficou claríssimo para mim que eu não estava no meu lugar. Berkeley parecia muito longe da Europa, e ainda mais longe dos meus interesses. No sistema americano, os departamentos e as universidades atribuem promoções e a «efetivação» a professores assistentes promissores, oferecendo a perspetiva de um emprego futuro permanente como professor. Logo, garantir a passagem a efetivo (ou recusá-la a outros) é a obsessão dominante da vida universitária, pois quem for promovido obtém uma certa posição, prosperidade, autonomia e segurança: uma recompensa nada má.

O meu processo de passagem a efetivo em Berkeley decorreu sob a sombra lançada por um longo artigo que publiquei em 1979 e que criticava tendências populares da história social, intitulado «A Clown in Regal Purple»(*). Vários colegas do departamento de história me advertiram pomposamente que, em virtude desse ensaio mal-afamado, teriam de votar contra mim. Como me explicou um deles, fá-lo-iam não pelo conteúdo polémico do ensaio, mas porque este tinha «referido nomes». Em particular William Sewell, um daqueles que eu enumerara como perpetrador da espécie mais equívoca de história social, era um licenciado de Berkeley. Para um jovem professor assistente como eu, depreciar o trabalho dos alunos dos seus colegas era *lèse-institution* e imperdoável. Desprovido quer de lealdade institucional,

---

(*) Literalmente «Um Palhaço em Púrpura Real», expressão usada por Alexander Pope em *An Essay on Criticism* (1709) para definir «um conceito sem valor expresso por palavras pomposas». *(N. T.)*

quer de instintos de prudência, é claro que nunca me dera conta da extensão da minha ofensa. Graças àquele ensaio, o voto de passagem ao quadro no meu departamento dividiu-se, apesar de uma maioria positiva. Fossem quais fossem as minhas perspetivas a longo prazo, o ambiente parecia envenenado.

Por isso, decidi voltar para Inglaterra se pudesse. Abrira uma vaga na faculdade de Política em Oxford, um leitorado universitário com direito a bolsa no St. Anne's College. Candidatei-me e ofereceram-me o lugar. Regressei à Inglaterra inequivocamente feliz. Haveria de ter saudades dos meus tempos na Califórnia – de atravessar a costa para sul na Highway One num *Mustang* descapotável e de trocar apontamentos de política com os trotskistas, etc. E senti a falta dos meus alunos. Mas nunca lamentei ter deixado Berkeley.

Aqui, mesmo a meio, gostava de interromper a narrativa.

Tanto na vida privada como na profissional, és um rebelde de esquerda, mas não um rebelde contra a esquerda. Até o teu sionismo é socialista, e tu revoltas-te contra Israel quando descobres que nem todo o sionismo é socialista. Como académico, dedicas-te a temas bastante tradicionais para um historiador marxista, e a tua insatisfação nos anos 1970 tem algo que ver com o abandono por colegas teus de esquerda das categorias marxistas – que se insinuam no final do teu artigo «A Clown in Regal Purple». Falas nesse artigo do colapso total da história social, que equivale a uma «perda de fé na história». Mas parece-me que estás a fazer, nessa fase da tua vida e carreira, uma última tentativa para te convenceres de que é possível arrumar tudo nas categorias marxistas.

Mas nem toda a história do século XX pode ser entendida dentro das categorias do marxismo, ou mesmo dentro do enquadramento mais amplo do iluminismo e das suas variações, entre as quais o marxismo. E, pelo que disseste dos fascistas na nossa discussão anterior, julgo que concordas. Por isso, vamos discutir a extrema-direita antes de voltarmos à esquerda e aos seus falhanços. Abordemos a vida intelectual da extrema-direita e falemos sobre os fascistas.

Já falámos e voltaremos a falar da atração emotiva e intelectual do marxismo e do leninismo. No fim de contas, a Frente Popular é uma forma de antifascismo. E todavia, logi-

camente, antes do antifascismo tem de vir o fascismo: a ascensão de Mussolini ao poder em 1922, a ascensão aparentemente similar de Hitler em 1933, a influência crescente dos fascistas romenos nos anos 1930 – e já agora a corrente mais fraca, mas ainda assim importante, do pensamento fascista em França e na Grã-Bretanha.

Por isso, deixa-me começar por fazer uma pergunta sobre o assunto que não *quiseste abordar na tua tese. Porque é que negligenciamos tão prontamente os intelectuais fascistas das décadas de 1920 e 1930?*

Quando falámos dos marxistas, pudemos começar por conceitos. Os fascistas não têm verdadeiramente conceitos. Têm atitudes. Têm reações particulares à guerra, à depressão e ao atraso. Mas não têm à partida um conjunto de ideias que pretendem aplicar ao mundo.

Pergunto-me se outra razão pela qual temos dificuldade em recordar os fascistas é a ideia de que, mesmo quando tinham argumentos, estes eram geralmente argumentos contra *algo: o liberalismo, a democracia, o marxismo.*

Até ao final dos anos 1930 (ou até ao início dos anos 1940, durante as ocupações em tempo de guerra), quando se começam a envolver em políticas verdadeiramente consequentes, como a legislação anti-semítica, os intelectuais fascistas não se destacam claramente de muitas das discussões políticas dos anos entre as duas guerras. Em assuntos como a Guerra Civil Espanhola, a Frente Popular, a Sociedade das Nações, Mussolini, a América, é difícil separar os franceses Pierre Drieu la Rochelle e Robert Brasillach, que eram visivelmente fascistas, dos editoriais da imprensa convencional francesa de direita moderada.

As críticas à social-democracia ou ao liberalismo, ou as atitudes face ao marxismo ou ao bolchevismo, também são muito difíceis de distinguir. Isso é habitual até na Alemanha antes de 1933, onde na política externa predomina quase o mesmo conjunto de atitudes que se estende também de um liberal como Gustav Stresemann aos nazis. E na Roménia, claro, aqueles que agora identificaríamos como intelectuais fascistas – Mircea Eliade, Emil Cioran – não eram apenas convencionais, eram a *intelligentsia* dominante.

Quais podiam ser as virtudes intelectuais dos pensadores fascistas?

Vejamos o caso de Robert Brasillach. Os seus contemporâneos consideravam-no uma das vozes sofisticadas da extrema-direita. E a sua juventude é típica. Atinge a idade adulta na década de 1930. Escrevia muito bem – como acontecia com um bom número de intelectuais fascistas. Eram em geral espirituosos e mais sardónicos do que os intelectuais de esquerda, cuja seriedade tendia para o pesado. Tinham sensibilidade estética, que lhes permitia uma reação solidária e cultivada à arte moderna. Brasillach, por exemplo, era crítico de cinema – e muito bom. Se o leres agora e fores imparcial, vês que as críticas dele aos filmes de esquerda dos anos 1930, precisamente os mais admirados hoje, são bastante penetrantes.

Ao contrário da geração de intelectuais de esquerda dominantes no pós-guerra – a geração de Sartre, que é a geração de intelectuais predominante imediatamente a seguir –, os intelectuais fascistas dos anos 1930 eram em geral menos propensos a tecer considerações sobre tudo. Não são intelectuais para todo o serviço; tendem a concentrar--se em certas áreas e a ser conhecidos por isso. Geralmente têm muito orgulho em ser críticos de cultura ou especialistas em política externa, ou seja o que for, e não vagueiam à toa pelo amplo terreno da política pública. Alguns deles são admirados, embora com relutância, por um leque de pessoas muito mais vasto do que se fossem apenas vistos como intelectuais fascistas de serviço. Brasillach tem assim muitos admiradores pela sua crítica de cinema e por alguns outros ensaios culturais, mesmo se os publica num pasquim de direita como o *Je suis partout*. Essa especialização deixou os intelectuais fascistas em muito melhor posição para se defenderem da acusação de serem meros escrevinhadores.

Por fim, no caso de alguém como Brasillach, havia uma espécie de individualismo cultivado que, evidentemente, fica bem à direita e costuma ser incómodo na esquerda. Os intelectuais de direita parecem-se com os críticos culturais afetados das décadas de 1830 e 1840, por exemplo; são um tipo social mais reconhecível e simpático do que o intelectual ideológico das gerações de esquerda posteriores. Um Brasillach não se identifica de um modo muito ativo ou consistente com um partido político. Ora, parte da ironia, claro, é que em França não existem partidos de extrema-direita minimamente relevantes com os quais ele se possa identificar. Mas isso também é verdade noutros lugares. A maioria dos intelectuais de direita – Jünger, Cioran, Brasillach – não eram homens de partido. Tudo isto são vantagens num mundo intelectual.

De onde surgiram os intelectuais fascistas? Podemos falar de uma genealogia puramente intelectual dos fascistas?

A história genética convencional dita que o fascismo despontou das incertezas da geração anterior à Primeira Guerra Mundial ao ser confrontada com a guerra e com o período do pós-guerra logo a seguir. O que passamos a ter é uma espécie de nacionalismo deformado e claramente novo, transfigurado pela energia e violência da Primeira Guerra Mundial num movimento político inédito, um potencial movimento de massas, de direita. Zeev Sternhell, pelo contrário, sublinha que antes da Primeira Guerra Mundial as atitudes para com a democracia ou a decadência, juntamente com a experiência da guerra e o fracasso da esquerda nessa guerra, encaminham uma geração inteira para o fascismo. Nesta versão, as verdadeiras origens do fascismo e, acima de tudo, as suas políticas económicas e a sua crítica da democracia estão na *esquerda*.

Não temos de optar entre estas versões. Não é difícil encontrar indivíduos que tenham seguido as duas trajetórias. E é possível que ambas sejam um pouco anacrónicas. Se pudéssemos parar o tempo em 1913, no ano antes da eclosão da Primeira Guerra Mundial, e inquirir sobre a posição política e as prováveis filiações futuras da geração mais jovem, veríamos que a questão não é bem a divisão entre esquerda e direita. Muitos movimentos definiam-se deliberadamente como nem de esquerda nem de direita. Recusavam ser categorizados segundo o léxico revolucionário francês que há tanto tempo fornecia os parâmetros da geografia política moderna.

Viam os próprios debates no seio da sociedade liberal mais como o problema do que o caminho para a solução. Pensa nos futuristas italianos com os seus manifestos e ensaios artísticos nos anos antes da Primeira Guerra Mundial. Em França houve um inquérito, *Les jeunes gens d'aujourd'hui* (Os Jovens de Hoje), que se tornou uma espécie de manifesto da juventude de direita, embora os seus autores não o tenham apresentado como tal. O que os jovens tinham em comum era a convicção de que só eles podiam agarrar o século. Gostaríamos de ser livres, declaravam: queremos libertar as energias profundas da nação. Em 1913, não saberíamos se esse sentimento era de esquerda ou direita: podia muito plausivelmente servir como um manifesto modernista de esquerda – tem de haver mudança, haverá rupturas radicais, é preciso acompanhar o presente e não ser confinado pelo passado. Mas, ao mesmo tempo, essas expressões de impulsos juvenis frustrados soam classicamente de *direita* no tom: vontade nacional, propósito nacional, energia nacional. O século XIX tinha sido o século burguês. O século XX seria o século da mudança, que nos alcançaria tão depressa que só os jovens e descomprometidos podiam esperar agarrar o dia e seguir com ele. A velocidade era essencial: o avião e o automóvel tinham sido inventados há pouco.

Na Alemanha, toda a gente, dos grupos vegetarianos aos clubes de ciclismo, dos clubes de montanhismo às sociedades naturistas, se inclinava – com excepções – para o nacionalismo de direita. Inversamente, o mesmíssimo género de pessoas em Inglaterra – vestindo roupas notavelmente semelhantes e com uma motivação similar na prática de exercício – inclinava-se para a esquerda: em conversas sobre o papel de parede de William Morris, elevando o nível cultural dos trabalhadores, divulgando a contraceção e a dieta para benefício das massas, etc.

> *Após 1913, dá-se a Primeira Guerra Mundial, depois a aplicação do princípio da autodeterminação nacional e a Revolução Bolchevique. Pergunto-me se não podemos dividir alguns destes fatores, por tempo e lugar, no surgimento do fascismo.*

O que surpreende mesmo *a posteriori* é que a violência da Primeira Guerra Mundial não teve o efeito que hoje supomos. Foi precisamente o aspecto sangrento e mortífero da guerra o que tanto celebraram aqueles para quem ela foi o momento determinante da sua juventude. Quando lemos Ernst Jünger, Drieu la Rochelle ou as reações coléricas a Erich Maria Remarque, percebemos que a celebração retrospetiva do companheirismo no conflito deu à guerra uma aura muito especial para muitos membros da Geração da Frente. Os veteranos dividiam-se entre os que acalentaram uma eterna *nostalgie de la boue*(*) e aqueles

---

(*) Nostalgia da lama ou a atração pelo primordial, mas também pelo sórdido. *(N. T.)*

que se afastaram para sempre de todas as formas de política nacionalista e militarismo. Estes podem ter sido a maioria absoluta, especialmente em França e na Grã-Bretanha, mas não eram decididamente a maioria entre os intelectuais.

A Revolução Bolchevique teve lugar no final de 1917, portanto antes do fim da guerra. Isso quer dizer que, mesmo antes de o período do pós-guerra ter começado, já existia a ameaça iminente de uma segunda perturbação: uma revolução europeia facilitada e justificada pelo sobressalto da guerra e pela injustiça (real ou percebida) dos acordos de paz. Se analisarmos país por país, começando pela Itália, vemos que sem a ameaça de uma revolução comunista teria havido muito menos espaço para que os fascistas se oferecessem como garantia da ordem tradicional. Com efeito, o fascismo, pelo menos em Itália, não sabia ao certo se era radical ou conservador. Ele sucumbiu à direita em grande parte devido ao êxito da sua ala direita em apresentar o fascismo como resposta adequada ao perigo do comunismo. Sem o espectro de uma revolução de esquerda, os fascistas da ala esquerda podiam perfeitamente ter dominado. Em vez disso, Mussolini teve de expurgá-los, como Hitler faria dez anos depois.

Inversamente, a relativa debilidade da esquerda revolucionária na Grã-Bretanha, França ou Bélgica do pós-guerra limitou a credibilidade dos esforços da direita para explorar o papão comunista na década seguinte. Na Grã-Bretanha, até Winston Churchill foi ridicularizado pela sua obsessão com a Ameaça Vermelha e os bolcheviques.

Muitos fascistas admiravam Lenine, a sua revolução e o Estado soviético e viam o governo de um só partido como a solução.

Ironicamente, a Revolução Bolchevique e a criação da União Soviética levantaram problemas muito mais delicados à esquerda do que à direita. Nos primeiros anos do pós-guerra, muito pouco se sabia na Europa Ocidental sobre Lenine e a sua revolução. Assim, havia imensas reformulações oportunistas e abstratas da situação russa, conforme as preferências locais: era uma revolução sindicalista, uma revolução anarquista, um socialismo marxista adaptado às circunstâncias russas, uma ditadura temporária, etc. A esquerda tinha de se preocupar por essa revolução num país atrasado e agrário não corresponder às previsões de Marx, podendo portanto gerar resultados deturpados e mesmo tirânicos. Ao passo que, para os fascistas, os aspectos do leninismo que mais perturbavam os marxistas convencionais – a tónica no voluntarismo e o desejo arrogante de Lenine de acelerar a história – eram o que eles achavam mais agradável. O Estado soviético era violento, decidido e firmemente dirigido a partir de cima: nesses primeiros anos, era tudo aquilo a que os futuros fascistas aspiravam e que achavam faltar na cultura política das suas sociedades. Foi para eles a confirmação de que um partido podia fazer uma revolução, apoderar-se de um Estado e governar pela força se necessário.

Nesses primeiros anos, a Revolução Russa também engendrou propaganda eficaz e até bela. Com o tempo, sobretudo, os bolcheviques mostraram uma particular habilidade para explorar os lugares públicos.

Eu iria mais longe. O rosto público do fascismo e do comunismo foi muitas vezes inegavelmente semelhante. É assustador como, por exemplo, os planos de Mussolini para Roma se parecem com a Universidade de Moscovo. Se nada soubéssemos da história da Casa do Povo de Nicolae Ceauşescu, como determinaríamos se era arquitetura fascista ou comunista? Havia também um comum (e superficialmente paradoxal) conservadorismo de gosto nas artes mais elevadas, após o entusiasmo inicial dos anos revolucionários. Na música, na pintura, na literatura, no teatro e na dança, os comunistas e os fascistas desconfiavam extraordinariamente da inovação e da imaginação. Nos anos 1930, o radicalismo estético era tão indesejado em Moscovo como em Roma ou Berlim.

É impressionante que para os fascistas romenos fosse tão importante cantar em público. E não dependeria o fascismo – isto é uma espécie de argumento marxista sobre o fascismo – de um certo nível de desenvolvimento tecnológico que permite a deslocação das pessoas, mas não da informação? No fim de contas, um coro é um meio de comunicação que faz sentido antes da rádio, que no campo romeno era escassa entre as duas guerras.

Estamos exatamente no momento em que as sociedades europeias entram na sociedade de massas. As pessoas podem ler os jornais. Tra-

PARIS, CALIFÓRNIA: O INTELECTUAL FRANCÊS

balham em enormes aglomerados e expõem-se a experiências comuns – na escola, nos quartéis, nas viagens de comboio. Temos portanto, numa grande escala, comunidades com plena consciência de si próprias, mas em geral nada que se assemelhe a sociedades genuinamente democráticas. Assim, países como a Itália ou a Roménia eram particularmente vulneráveis a movimentos e organizações que combinassem uma forma não democrática e um conteúdo popular.

Julgo que essa é uma das razões por que tão poucos os perceberam; os seus críticos, seguramente que não. Os marxistas não conseguiam encontrar qualquer «lógica de classe» nos partidos fascistas: por conseguinte, fizeram pouco caso deles, como meros representantes superestruturais da velha classe dominante, inventados e instrumentalizados com o propósito de mobilizar apoio contra o perigo da esquerda – uma descrição necessária mas muito insuficiente do apelo e da função do fascismo.

Faz portanto sentido que no rescaldo da Segunda Guerra Mundial, com a instauração de democracias estáveis na maior parte da Europa Ocidental e partes da Europa Central, o fascismo tenha perdido a sua influência. Nas décadas seguintes, com a chegada da televisão (e ainda mais com a Internet), as massas desagregam-se em unidades cada vez menores. Por consequência, apesar de toda a sua atração demagógica e populista, o fascismo tradicional ficou em desvantagem: aquilo que os fascistas fazem sumamente bem – transformar minorias furiosas em grupos maiores, e fazer dos grupos multidões – é agora extraordinariamente difícil de conseguir.

> *Pois. O que os fascistas faziam bem era a aglutinação momentânea e a nível nacional. Parece-me que agora ninguém deve conseguir fazer isso, pelo menos da mesma maneira.*

Hoje, as perspetivas do fascismo dependem de um país ficar encurralado nalguma combinação de sociedade de massas e instituições políticas frágeis e fragmentadas. Nos dias de hoje, não me ocorre lugar algum no Ocidente onde essas condições se verifiquem de forma suficientemente severa.

Contudo, daí não decorre de modo algum que tenham desaparecido de vez as reivindicações ao estilo fascista ou indivíduos de inclinação fascista. Vimo-los ainda recentemente na Polónia e em França; podemos observá-los a prosperar na Bélgica, Holanda e Hungria.

177

Mas os protofascistas de hoje estão limitados: em primeiro lugar, não podem reconhecer abertamente a sua filiação política natural. Em segundo lugar, o seu apoio permanece confinado a cidades individuais ou a projetos de um só tema: a expulsão de imigrantes, por exemplo, ou a imposição de «testes de cidadania». E por fim, hoje, os potenciais fascistas deparam com um ambiente internacional diferente. A sua propensão instintiva para pensar em termos exclusivamente nacionais dá-se mal com a importância contemporânea das instituições transestatais e da cooperação interestatal.

Talvez os fascistas tenham sido os últimos a acreditar que o poder fosse belo.

Que o poder fosse *belo*, sim. Os comunistas, claro, acreditaram até ao fim que o poder é *bom*: invocações do poder, adequadamente revestidas da embalagem doutrinária certa, ainda podiam ser apresentadas sem desculpas. Mas a apresentação assumida do poder como beleza? Sim, isso era unicamente fascista. Mas não sei se terás razão quanto ao mundo não europeu. Pensa na China, afinal o exemplo mais óbvio disso.

Receio que a China seja um excelente exemplo.

Porém, voltando à Europa, o fascismo e o nacional-socialismo são muitas vezes explicados como o resultado de acordos de paz injustos após a Primeira Guerra Mundial. Embora os americanos tenham introduzido o princípio da autodeterminação nacional, na prática as fronteiras foram em grande parte desenhadas como no passado: para castigar os inimigos vencidos e recompensar os aliados.

Mas, na verdade, pouco parece importar que os estados tenham ficado, por assim dizer, com pouco ou muito território, em consequência da Primeira Guerra Mundial. Os romenos, para dar um exemplo óbvio, ficaram com demasiado território e foram um paradigma central do fascismo na Europa entre as duas guerras. Por isso, é difícil defender que é uma questão de descontentamento com os acordos de paz.

Os italianos contavam-se certamente entre os vencedores. É verdade que havia coisas que eles queriam e não obtiveram, mas estavam do lado vitorioso, como os romenos. E, não

PARIS, CALIFÓRNIA: O INTELECTUAL FRANCÊS

obstante, o fascismo chega ao poder. Portanto, talvez precise-
mos de uma explicação mais profunda para perceber o descon-
tentamento dos fascistas independentemente da quantidade de
território que os seus países receberam em nome da autodeter-
minação nacional.

Com território, e na verdade precisamente com mais território, o
problema é ainda maior. Os fascistas sempre se indignaram com a presença de minorias no seu seio: uma prova viva de que o Estado nacional, por muito extenso fisicamente, não era bem o que eles queriam.
Uma presença cancerosa – de húngaros, ucranianos, judeus – estraga a
imagem que o poeta faz da Roménia ou que o patriota faz da Polónia,
ou seja lá o que for.

Tais sentimentos podem coincidir perfeitamente com a sensação
de que, apesar da sua expansão recente, a nação ainda é demasiado pequena num outro sentido: aos olhos das restantes nações ou se
comparada a outras civilizações. E, assim, até os fascistas mais ciosa-
mente estéticos, sofisticados e cosmopolitas – sendo os romenos um
bom exemplo – cedem com frequência ao nacionalismo mais bruto e
rancoroso. Porque é que, perguntam eles, os outros não reconhecem a
nossa grande importância? Porque não percebem que a Roménia (ou
a Polónia ou a Itália) é o centro cultural da Europa? Portanto, é muito
difícil distinguir países infelizes e felizes. Até os países que obtiveram
tudo o que queriam não obtiveram tudo o que queriam em algum sentido mais amplo; não se tornaram o país que pensavam que a guerra
faria deles, mas que, lá muito no fundo, sempre souberam que nunca
podiam ser.

Rapidamente se revela falsa a ideia de que criar um estado
será o fim da história ou realizará as aspirações das massas,
como na Polónia ou no Báltico. A variante é ter já um pequeno
estado mas acreditar que só é preciso mais território, como na
Roménia – o que também muito rapidamente se revela falso.

Só essa charada permite aos fascistas reformular o problema nos
seus termos. A questão, defendiam eles nos anos 1920, não é a falta
de um estado (que já não era um problema para a maioria das nações
europeias após 1919); ao invés, é a presença de um tipo errado de
estado. O estado – burguês, liberal, cosmopolita – é demasiado fra-

179

co. Foi modelado segundo imitações desaconselháveis de precedentes ocidentais. Foi obrigado pela força a aceitar e a comprometer-se com a presença do tipo errado de gente, ficando portanto etnicamente poluído, e por aí fora.

Mas, para os fascistas nos primeiros anos entre as duas guerras, a consciência permanente da fraqueza nacional era em geral motivada pela realidade económica. A maioria dos pequenos países da Europa Central e do Sul (vitoriosos ou derrotados) estava materialmente devastada quer em resultado da guerra, quer em virtude dos reajustamentos territoriais que se seguiram. O comércio, em particular, sucumbiu. Os antigos impérios, fossem quais fossem as suas limitações, eram vastas zonas de comércio livre; os novos Estados-nação eram tudo menos isso.

Aqui, o fascismo floresceu à custa de uma clara fraqueza da esquerda democrática contemporânea: os sociais-democratas não tinham política económica. Os sociais-democratas tinham com toda a certeza políticas sociais e ideias gerais sobre o seu modo de financiamento. E claro que tinham teorias – até teorias económicas – sobre os motivos que tornavam o capitalismo disfuncional. Mas sabiam apenas muito vagamente gerir economias capitalistas disfuncionais agora que se viam numa posição de responsabilidade.

Assim, o completo silêncio da esquerda democrática durante a década de 1920 e a Grande Depressão deixou os fascistas com uma mão livre, à vontade para, quase sem concorrência, proporem medidas económicas radicais. De facto, muitos dos mais interessantes convertidos ao neofascismo nesses anos foram profissionais liberais de esquerda, jovens e promissores, como Henri de Man, John Strachey, Oswald Mosley e Marcel Déat, que abandonaram o socialismo desgostados com a sua incapacidade para reagir imaginativamente à catástrofe económica.

Os fascistas foram capazes de levar por diante as primeiras experiências com o estado-providência, precisamente porque, despreocupados com qualquer tipo de ortodoxia, não tinham os desacordos marxistas de reforma versus revolução. E, por isso, podiam dizer livremente: devíamos talvez planificar, os soviéticos fazem-no, parece que funciona, ou, talvez devêssemos roubar aos judeus e redistribuir, isso parece prático.

PARIS, CALIFÓRNIA: O INTELECTUAL FRANCÊS

Em boa verdade, também houve uma consideração mais sofistica-da: porque é que não instrumentalizamos o Estado para planear e im-por políticas económicas, em vez de nos submetermos aos mecanismos entediantes da política parlamentar? De futuro, vamos simplesmente ditar a política, em vez de procurarmos quem a apoie. Esta versão do debate aparecia mais frequentemente nos textos de ex-esquerdistas desiludidos com a «democracia burguesa» ou em projetos de jovens impacientes que nunca tinham estado envolvidos na política. Porque, perguntavam eles, temos de modelar a política pública no comporta-mento individual? Um homem não deve pedir emprestado mais do que pode pagar, mas essas restrições não se aplicam ao Estado.

E é aí, claro, que entra o fascismo: a ideia de que o Estado é li-vre de fazer o que quiser. Imprima-se dinheiro, se é o que é preci-so; redistribua-se a despesa e os trabalhadores onde for necessário; invista-se fundos públicos em projetos de infraestruturas mesmo que não se paguem durante décadas; não tem importância. Estas ideias não eram fascistas por si só: na verdade, em breve seriam associadas, com sofisticação, aos textos de Keynes. Mas, nos anos 1930, só os fascistas estavam interessados em adoptá-las.

Na Alemanha, Hjalmar Schacht podia facilmente – se nos esque-cermos da sua aquiescência perante o anti-semitismo nazi – ser con-siderado alguém que adaptou a teoria keynesiana e a prática do *New Deal*. Em parte por essas razões, o fascismo não só era realmente res-peitável como – até 1942 – era também o guarda-chuva institucional para grande parte do pensamento económico inovador. Era desinibi-do quanto ao aproveitamento do Estado, contornando os obstáculos políticos à inovação política radical, e transcendia de boa vontade as restrições convencionais à despesa pública. Note-se, porém, a con-sequente inclinação pelas conquistas no estrangeiro como a maneira mais fácil de compensar o défice.

Essa é uma diferença importante. Keynes faz propostas para o equilíbrio dentro das economias nacionais, enquan-to Schacht e os seus sucessores dependiam da espoliação de terceiros.

Dito isto, não sei se não estaremos a riscar muito apres-sadamente os fascistas das verdadeiras continuidades no pensamento europeu. A ideia de que a nossa nação não são as pessoas que vivem no país, mas as que falam a língua e se relacionam com a tradição ou prestam culto numa certa igreja, deriva diretamente dos românticos e pode observar-se também muito facilmente no nacionalismo do século XIX. Ou seja, as entoações deste nacionalismo parecem-nos ingénuas e de algum modo inofensivas quando as lemos hoje, mas, não obstante, parece haver uma continuidade passível de ser cartografada entre, por um lado, Fichte e Herder e, por outro, os fascistas um século depois.

Podemos sempre trazer à luz essas continuidades. Começamos com Byron, por exemplo, que celebra a Grécia e as suas virtudes como a fonte de todo o bem, em toda a parte. E terminamos com o poeta romeno Mihai Eminescu – que claramente *não* é alguém que acredite que todo o mundo beneficiaria com a adoção generosa da identidade cultural romena, mas antes que toda a Roménia beneficiaria da exclusão dos não romenos do território que define o lugar onde exclusivamente os romenos deviam residir. Por outras palavras, com a ascensão do nacionalismo, a noção romântica estreita-se e inverte-se. E o que começa como celebração da identidade universal passa a ser pouco mais que uma defesa do lugar.

Isso é válido até para a França. Vejamos Victor Hugo, por exemplo. O seu conceito romântico de «espírito francês» – mesmo no seu opúsculo antinapoleónico de meados do século, *Les Châtiments* – celebrava qualidades da França que todas as pessoas de boa-fé podiam partilhar. A França assim descrita é uma destilação de virtudes e possibilidades humanas. Contudo, na altura em que chegamos aos textos sobre a França dos escritores entre as duas guerras, o país deles deixou de ser um modelo universal para passar a vítima da história: da Alemanha, da Grã-Bretanha, dos seus próprios erros, e por aí fora. As invocações da França neste tom pouco mais não são que recordações neo-românticas de uma glória perdida que carece com urgência de reparação. O mapa de França (que para estes fins corresponde aos mapas da Roménia, Polónia, Alemanha, etc.) torna-se uma espécie de talismã da direita: uma perfeição no espaço e no tempo, divinamente concedida, a melhor França e a única possível.

Os comunistas tendiam a venerar o que consideravam não contingente: aquilo que tinha de ser, aquilo que iria acontecer a todos, aquilo que era inevitável e, portanto, desejável. Ao passo que os fascistas também acreditavam na história mas adoravam o voluntarismo, o contingente, o fortuito. No fim de contas, a nossa língua é fortuita, a nossa etnia é fortuita, a nossa língua-mãe e a nossa pátria são fortuitas. E temos de nos dispor a amá-las assim. O que talvez explique também o estilo e a afetação.

Percebo o lado sedutor da tua generalização, mas, até na sua forma de encararem o contingente, os fascistas estavam longe de ser coerentes. É terrivelmente fácil falar de certa abstração denominada «posições intelectuais fascistas». O fascismo variava consoante os países e as pessoas. Os intelectuais afetados do mundo de um Brasillach são muito diferentes, na sua satisfação do particular, dos intelectuais nacionalistas endurecidos pela violência como Ernst Jünger, ou dos intelectuais políticos fascistas. Sabes, um Drieu la Rochelle não sabia distinguir um argumento económico de outro. Enquanto Marcel Déat, o socialista-que-se-tornou-fascista, era um *normalien* muito talento-so com um entendimento sólido da economia keynesiana. Logo, ao contrário dos intelectuais comunistas, não os liga nada remotamente tão firme como uma lealdade a um projeto ou mesmo a um aconteci-mento. São como o próprio fascismo: muito mais claro no estilo e nos inimigos do que no conteúdo.

Os comunistas aceitam a violência como a exigência ob-jetiva do desenrolar da história. Os fascistas parecem gostar da violência como método de impor a sua subjetividade aos outros. Os afetados podem ser bastante violentos. Refiro-me aos romenos.

A distância que separa o diálogo cultural e o assassínio retóri-co é muito estreita. Não estou a falar de Codreanu e dos fanáticos semirreligiosos dos movimentos estudantis, que se confundem com o verdadeiro fascismo romeno. Estou a falar de gente que teria sido absolutamente *salonfähig*(*) e respeitável em qualquer salão comum universitário do mundo – e que de facto, mais tarde, sê-lo-ia: Mircea Eliade, para nomear apenas um.

(*) Apresentável. *(N. T.)*

PENSAR O SÉCULO XX

Eles eram perfeitamente capazes de falar sobre a expulsão dos judeus, sobre o massacre dos húngaros ou sobre a necessidade de recorrer à violência para limpar o corpo conspurcado da Roménia de todas as suas minorias malignas. Consideravam as fronteiras, as fronteiras romenas, como uma epiderme a ser protegida de violação. É uma linguagem de cólera, mesmo que individualmente as pessoas não pareçam particularmente coléricas. Como se estivessem imbuídos de uma retórica extrema, mesmo quando querem dizer algo não obviamente ou necessariamente extremo.

Havia quem o observasse, embora nem sempre comentasse. No seu diário de Bucareste dos anos 1930 e início dos anos 1940, Mihail Sebastian comenta as conversas com Mircea Eliade e Nae Ionescu. Vão a cafés na Baixa de Bucareste e parecem levar uma vida ao estilo parisiense, com conversas de café sobre arquitetura, pintura ou qualquer outro assunto. E de repente, conforme Sebastian regista no diário, Eliade sai-se com um comentário crudelíssimo sobre os judeus. O que é interessante é não lhe ocorrer que talvez seja estranho dizê-lo a Sebastian, um judeu. E ao próprio Sebastian não ocorre totalmente senão mais tarde. É como se falar cruelmente das minorias fosse uma parte tão natural da conversa que exigisse um grande esforço de autoconsciência imaginar que se pudesse estar a ofender alguém ou a provocar uma ruptura.

Sebastian é invulgar, parece-me, porque embora isso não pareça surpreendê-lo, ainda assim ele toma nota disso. E penso que o seu judaísmo perpassa no facto de ele se dar ao trabalho de escrever. Acho que, para Sebastian, é precisamente a política a distanciar-se da cultura. Porque, quando se sabe que estão a ser queimados judeus em Bukovina, comentários anti-semíticos são no mínimo estranhos. O que torna esses diários tão fascinantes é Sebastian não saber realmente o que se está a passar na Segunda Guerra Mundial; ele morre num acidente em 1945 e nunca vem a saber do Holocausto como nós o percebemos. Ele está a escrever sobre a Roménia e sobre uma linhagem especificamente romena.

É um pequeno exemplo de um problema mais amplo para pessoas como nós: como podemos voltar ao mundo de tais conversas fascistas? E temos de ter cuidado com os rótulos. Por qualquer padrão, a

184

PARIS, CALIFÓRNIA: O INTELECTUAL FRANCÊS

Guarda de Ferro e Corneliu Codreanu são muito mais directamente fascistas no que fazem e na maneira como organizam e mobilizam a sua política e a sua propaganda, entre outros aspectos. Os intelectuais não saem à rua para degolar pessoas e pendurá-las nos ganchos dos talhos e assim por diante. Por outro lado, Codreanu está a funcionar num tom ligeiramente diferente, e chamá-lo fascista – embora capte algo do que ele *faz* – não identifica exatamente aquilo que ele está a dizer.

> *A organização de Codreanu era conhecida como a Guarda de Ferro, mas na verdade chamava-se Legião do Arcanjo Miguel – Codreanu tivera uma visão do Arcanjo Miguel na sua cela da prisão. Julgo que tinham como princípios amar a Deus, amar-nos uns aos outros, cumprir a nossa missão, etc. Não deduziríamos esses objetivos a partir de uma definição típica de fascismo.*

E eles pareceriam muito estranhos a alguns dos fascistas não religiosos, irreligiosos e anti-religiosos mais a ocidente.

> *A respeito do marxismo e do liberalismo, já referiste a primeira geração que cresceu num mundo sem religião, onde a questão da fé não se punha. Talvez fosse o caso individual dos liberais ou dos marxistas, mas sociologicamente é muitíssimo importante em que Deus toda a gente não acredita, ou em que ainda pode vir a acreditar. No caso romeno, é, claro, a ortodoxia cristã, e parece que isso importa.*
>
> *Ela parece inspirar o culto particular da morte. Os fascistas romenos tinham realmente uma fixação com a morte individual – e não só a morte da pessoa que matamos, mas a morte de que nós próprios estamos à espera, como uma ressurreição. Parece uma perversão do cristianismo, e não outra coisa.*
>
> *Isso leva-nos aos países católicos governados pela direita nos anos 1930 – Espanha, Portugal, Áustria, Itália. A França junta-se à lista durante a guerra.*

Nos países católicos, ao contrário dos países ortodoxos, a Igreja tem uma base institucional segura e mais ou menos autónoma. E em cada país católico existem lealdades particulares e tradições institucionais. Em França, a esmagadora maioria da população é nominalmente católica e em metade do país, grosso modo, ativamente católica. A Igreja Católica está numa situação de oposição determinada historicamente: foi, operacional e legalmente, excluída do poder, e, contudo, mantém uma enorme influência durante a maior parte do século XX. Não se associou a partidos da extrema-direita; esteve firmemente ligada aos partidos convencionais da direita moderada. Foi uma das razões por que o fascismo não chegou ao poder em França, exceto mais tarde e por decreto estrangeiro, na Segunda Guerra Mundial.

A outra razão, claro, é o partido francês que sociologicamente mais se aproxima da aparência de um partido fascista – com uma classe média-baixa ressentida e assustada, receosa da revolução de esquerda e irritada com a riqueza e o poder – ser o Partido Radical. Ele esteve ligado à esquerda por razões especificamente francesas: pelo seu anticlericalismo e pela sua associação com a Revolução Francesa, como base para a legislação que os seus apoiantes pretendiam. Talvez essa fosse uma das razões, aliás, pelas quais os intelectuais fascistas franceses não tinham uma filiação partidária óbvia, com importância coletiva.

Poderíamos olhar para a Bélgica e para a Holanda e dizer que os partidos católicos são nesses países a forma organizativa dominante na qual se exprime a política de direita. O próprio Vaticano foi dominado entre 1938 e 1958 por uma estrutura e hierarquia organizativa de extrema-direita, pelo que nessa época a sobreposição entre a autoridade católica e a política conservadora era muito confortável.

Entretanto, em Inglaterra, o Partido Conservador nada fazia sem trabalhar de perto com a hierarquia anglicana. É uma das razões pelas quais foi um partido-tenda tão bem sucedido, minimizando assim as oportunidades para um movimento fascista separado. A eclosão de rompantes ocasionais de extremismo, neste partido conservador e ligado à igreja, podia ser relativizada como um género antigo de política culturalmente reacionária.

Em 1933, Hitler chega ao poder e torna-se claro, digamos, o mais tardar por volta de 1936, que a Alemanha nazi irá ser o estado de direita poderoso na Europa. Como é que todos esses fascistas nos seus contextos internos se relacionam com isso?

Em geral, reiteram a sua associação com o fascismo *italiano*. O fascismo na Itália, sem conotações racistas declaradas e – para a maior parte dos países europeus – associações particularmente ameaçadoras, torna-se o tipo de encarnação internacional respeitável da política que eles gostariam de ver praticada nos seus países. Isso aconteceu em Inglaterra, onde Oswald Mosley era um grande admirador de Mussolini. Muitos direitistas franceses visitavam a Itália, liam em italiano e professavam uma familiaridade com a vida italiana. A Itália chegou a ter algum papel na proteção da Áustria contra a Alemanha nazi, entre 1933 e 1936.

Mas, nesses anos, ainda era perfeitamente possível expressar admiração por Hitler, e muita gente o fez. A mulher e a cunhada de Mosley foram à Alemanha, conheceram Hitler e relataram todo o género de admiração pela sua força, determinação e originalidade. Houve visitas francesas à Alemanha, embora menos; a maioria dos fascistas franceses fora originalmente formada em moldes nacionalistas, e o nacionalismo francês daquela época era por definição antigermânico e anti-inglês.

Os romenos mostraram pouquíssimo interesse pela Alemanha, pelo menos até à guerra. Viam-se como o prolongamento da cultura latina e ficaram obcecados com a Guerra Civil Espanhola, que consideravam a grande escolha cultural da década de 1930. Em geral, a maioria dos fascistas romenos hesitou um pouco em associar-se a Hitler, menos por Hitler representar alguma política específica desagradável do que por ele ser alemão. Muitos tinham sido moldados por um sentimento anti-alemão surgido na Primeira Guerra Mundial, durante a qual os alemães haviam vencido decisivamente os romenos (ainda que, no final da guerra, a Roménia, como aliada da Entente, fosse considerada vencedora). A Roménia alcançara uma tremenda quantidade de território no fim da guerra, especialmente da Hungria, graças à sua aliança com a Grã-Bretanha e a França. Visto que Hitler se dispunha a destruir a ordem do pós-guerra criada por aqueles acordos de paz, os romenos tinham razões para ser comedidos. Logo que Hitler demonstrou que podia ditar fronteiras na Europa, a partir de 1938, os romenos não tiveram escolha senão lidar com ele. De facto, quando Hitler preparou a devolução à Hungria de alguns territórios romenos, não havia outro remédio.

Às vezes, embora isso fosse uma excepção, o carácter germânico do nacional-socialismo alemão era uma atração. Veja-se Léon Degrelle, o líder fascista na Bélgica. Degrelle, embora fosse francófono, representava um tipo de revisionismo belga mais comum nas zonas flamengas. Os revisionistas achavam, com razão, que a Alemanha era mais solidária do que os vizinhos franceses, holandeses ou ingleses, comprometidos com a situação vigente. Estavam especialmente preocupados com pequenas revisões territoriais e com os direitos da língua flamenga, que os alemães sabiamente lhes concederam em 1940, quando ocuparam a Bélgica. Mas o caso mais destacado de fascismo pró-alemão deu-se na Noruega, com o partido de Quisling. Esses noruegueses consideravam-se um prolongamento da *Deutschtum* e integrantes do grande espaço nórdico, onde podiam aspirar a um papel nas ambições nazis. Antes da guerra, porém, eles tinham pouca importância.

Contudo, o nacional-socialismo alemão também surtia uma certa atração na Europa. Os alemães apresentavam uma história que os italianos não tinham: uma Europa pós-democrática, forte, dominada pela Alemanha, mas em que outros países ocidentais também beneficiariam. Essa história atraiu muitos intelectuais no Ocidente – e alguns acreditavam profundamente nela. A ideia europeia, como tendemos a esquecer, era então uma ideia de direita. Era uma oposição ao bolchevismo, obviamente, mas também à americanização, à chegada da América industrial com os seus «valores materialistas» e o seu capitalismo financeiro sem compaixão, aparentemente dominado por judeus. A nova Europa, planificada economicamente, seria forte – na verdade, só poderia ser forte se transcendesse fronteiras nacionais irrelevantes.

Tudo isso era muito apelativo para intelectuais fascistas mais jovens, mais interessados na economia, muitos dos quais acabariam por administrar países ocupados. Assim, a partir de 1940, a seguir à queda da Polónia, da Noruega e especialmente da França, o modelo alemão adquiriu momentaneamente um certo fulgor.

Temos de contrapor a este aspecto o problema dos judeus. Foi então, durante a guerra, que a questão da raça se tornou inevitável – e muitos intelectuais fascistas, especialmente em França e na Grã--Bretanha, não puderam contorná-la. Uma coisa era pronunciar-se constantemente sobre os encantos do anti-semitismo cultural; outra muito diferente era apoiar o assassino de nações inteiras.

A ascensão de Hitler ao poder também provoca, após um período de cerca de um ano, uma reorientação completa da política externa soviética, conforme ela é expressa pela Internacional Comunista. Os soviéticos aproveitam a causa do antifascismo. Os comunistas já não iriam combater toda a gente à sua direita, incluindo desde logo e principalmente os sociais-democratas. A partir de 1934, deviam formar alianças com partidos socialistas e ganhar eleições sob o nome de uma Frente Popular. O antifascismo, portanto, permite ao comunismo soviético apresentar-se como uma causa universal atraente que une todos os inimigos do fascismo. Mas esse universalismo, dadas as circunstâncias da época, foi amplamente realizado em França. O Partido Comunista Francês torna-se muito mais importante do que seria por direito. O KPD alemão deixa de existir...

... e a maioria dos partidos comunistas europeus era irrelevante. O único partido que contava era o Partido Comunista Francês (PCF). Em 1934, Estaline percebeu que este passara a ser a sua única alavanca útil nas democracias ocidentais que restavam. O PCF, um elemento bastante pequeno, embora ruidoso, da política francesa de esquerda, transformou-se subitamente num importante instrumento no plano internacional.

O PCF era um animal peculiar. Tinha raízes numa longa e forte tradição de esquerda nacional, operando no único país com um sistema político democrático aberto e uma esquerda revolucionária poderosa. Começou por ser grande, em 1920. Em toda a Europa, a Revolução Bolchevique obrigara os socialistas a escolher entre o comunismo e a social-democracia, e na maioria dos casos os sociais-democratas levaram a melhor. Em França, não. Os comunistas foram mais numerosos até meados dos anos 1920.

Então, gradualmente, graças às táticas impostas por Moscovo, às dissensões internas e à incapacidade de apresentar argumentos racionais para que se votasse nele, o partido diminuiu. Nas eleições de 1928, o grupo parlamentar do PCF era pequeno, e, a seguir às eleições de 1932, microscópico. O próprio Estaline ficou bastante abalado com o colapso do comunismo como força viva na política francesa. Por essa altura, tudo o que restava era o domínio comunista de sindicatos e câmaras municipais na «cintura vermelha» de Paris. Mas isso ainda era muito: num país onde a capital era tudo e onde não existia televisão, mas muitos jornais e rádio, a omnipresença dos comunistas em greves, discussões e na rua, em todos os subúrbios radicais de Paris, dava ao partido muito maior visibilidade do que os seus números justificavam.

Felizmente para Estaline, o PCF também era notavelmente maleável. Maurice Thorez – um fantoche obediente – foi nomeado líder em 1930, e, em poucos anos, o Partido Comunista passou da total marginalidade à relevância internacional. Com a mudança de Estaline para a estratégia da Frente Popular, os comunistas já não eram forçados a declarar que a verdadeira ameaça aos trabalhadores era o partido socialista «social-fascista».

Pelo contrário, agora era possível formar uma aliança com os socialistas de Léon Blum, para proteger do fascismo a República. Talvez tenha sido um expediente amplamente retórico para proteger a União Soviética do nazismo, mas era bastante confortável. As preferências que há muito a esquerda tinha por uma aliança contra a direita combinavam bem com a nova preferência da política externa comunista pela aliança entre as repúblicas burguesas e a União Soviética contra a direita internacional. Os comunistas, é claro, nunca aderiram ao governo que resultou da frente unificada nas eleições da primavera de 1936, mas eram considerados pela direita, em geral com razão, como o partido mais forte e perigoso no seio da coligação da Frente Popular.

A interpretação de Estaline do interesse de Estado soviético tinha mudado de tal maneira que agora parecia consonante com os interesses de Estado franceses. E assim, repentinamente, em vez de Thorez ter de estar sempre a afirmar-se ansioso por desistir da Alsácia e da Lorena para os alemães, como ditava a linha anterior, a Alemanha podia tornar-se o grande inimigo – uma posição muito mais conveniente.

É ainda mais do que isso. Os países que de algum modo haviam abandonado a França, por se terem recusado a formar uma frente comum contra a ameaça crescente da Alemanha, tornaram-se países que agora abandonavam a União Soviética, ao não garantir a livre passagem do Exército Vermelho em caso de guerra. A Polónia tinha assinado uma declaração de não-agressão com a Alemanha em janeiro de 1934, e toda a gente sabia que a Polónia nunca permitiria de livre vontade a passagem de tropas soviéticas. Assim, os interesses franceses

PARIS, CALIFÓRNIA: O INTELECTUAL FRANCÊS

e soviéticos pareciam de algum modo encaixados, e a muitos franceses convinha acreditar nisso. A Frente Popular era também um lembrete da aliança franco-russa da década de 1890 até à Primeira Guerra Mundial, a última vez que a França tivera força no plano internacional.

Havia também uma atitude francesa peculiar para com a União Soviética, na qual pensar em Moscovo é sempre de certo modo como pensar em Paris. A questão do estalinismo era vista em França primeiramente como um enigma histórico: será que a Revolução Russa é a herdeira legítima da Francesa? Se for, não deverá ser defendida de todas as ameaças estrangeiras? A sombra da Revolução Francesa continuou assim a intrometer-se, dificultando uma visão clara do que se estava a passar em Moscovo. Por isso, os julgamentos de fachada, que começaram em 1936, foram vistos por muitos intelectuais franceses, de modo algum todos comunistas, como o terror à Robespierre e não como o assassínio em massa totalitário.

A Frente Popular permite uma certa fusão entre o comunismo e a democracia. Porque, ao mesmo tempo, Hitler está a livrar-se dos resquícios da democracia alemã: ele proíbe o Partido Comunista Alemão na primeira metade de 1933. No ano seguinte, a URSS incentiva os comunistas a trabalhar com as democracias. Dá-se então a simpática coincidência de o Partido Comunista Francês continuar a funcionar num sistema democrático.

O Partido Comunista Francês estivera presente, lembra-te, de há uns doze anos àquela parte. Para muita gente que quisesse pensar bem dele, era portanto ainda possível tratá-lo como «um de nós» no que tocava a alianças da esquerda tradicional. E, na verdade, muitos comunistas não se importavam de voltar a fazer parte da família.

E é uma reunião de família bastante barulhenta e dramática: não só a formação do governo da Frente Popular em junho de 1936, mas todos os gestos que a precederam, com os comunistas desatando a cantar a Marselhesa e as reuniões públicas em Paris...

... de socialistas e comunistas a convergir em grandes manifestações, simbolicamente na Place de la Nation, na Bastilha, na Place de la République e por aí fora, de uma maneira que surpreenderia quem quer que soubesse dos dez anos anteriores de recontros e de cabeças partidas nos subúrbios de esquerda. Havia um forte desejo de recuperar essa unidade perdida da esquerda, que agora se intersetava com o medo crescente do nazismo.

Em 1936, pela primeira vez, os três partidos de esquerda, com algumas excepções a nível local, concordaram em não concorrer uns contra os outros na segunda volta das eleições – por outras palavras, em garantir que houvesse um bloco de esquerda vitorioso. E, na maioria dos casos, isso significava que o compromisso aceitável era o Partido Socialista, candidato do meio entre os radicais e os comunistas. E, por conseguinte, para espanto geral, os socialistas de Blum surgiram pela primeira vez como o maior partido individual de França – e numericamente, pelo menos, como o partido dominante na coligação da Frente Popular. Toda a gente, inclusive a maioria dos socialistas, estava à espera de que fossem os radicais a dominar.

Blum tinha perfeita consciência de quem eram os comunistas: ele fora durante muitos anos o seu alvo principal. Mas desejava profundamente a solidariedade, a cooperação mútua e o fim da amarga cisão da esquerda. Blum era o homem ideal para servir não só como figura de proa, mas como porta-voz dessa unidade.

O que é que Blum tinha exatamente que lhe permitiu cumprir esse papel tão bem, por um lado, mas também tão abominavelmente, por outro?

Blum era um crítico de teatro judeu de origem alsaciana, com uma voz estridente. Era mais intelectual do que a maioria dos intelectuais e nunca fazia concessões no vestuário: lunetas, polainas, tudo isso. Era imensamente popular entre as multidões camponesas no Sul, onde representava o velho eleitorado de Jean Jaurès, e sentia-se igualmente em casa com os mineiros e os trabalhadores ferroviários.

A um nível pessoal, Blum era à sua maneira invulgarmente carismático. Era tão obviamente honesto, pensava tão manifestamente o que dizia, tentava tão claramente ser ele próprio e não outra pessoa, que era na verdade bastante cativante e aceite nos seus próprios termos. O seu estilo – que para nós pareceria bastante romântico e de uma elegância um tanto exagerada para um político, especialmente de esquerda – era na realidade considerado prova de que a esquerda tinha um líder com classe. E, evidentemente, um líder profundamente odiado quer pelos comunistas, quer pela direita francesa.

Blum era também o único que percebia o que o seu Partido Socialista tinha de fazer para se manter como força política em França. Se os socialistas abandonassem o marxismo e tentassem passar a ser uma espécie de partido social-democrata segundo o modelo do Norte da Europa, fundir-se-iam simplesmente com o Partido Radical, com cuja base social tinham muito em comum. Por outro lado, os socialistas não podiam competir com os comunistas como um partido revolucionário e anti-sistema. E assim Blum enveredou por um caminho estreito, fingindo que conduzia um partido revolucionário empenhado no derrube do capitalismo e que, na prática, funcionava como o mais próximo que a França tinha de um partido social-democrata.

A estratégia comunista baseava-se no pressuposto de que os radicais iriam ganhar as eleições e formar um governo benigno de esquerda moderada, que não assustasse ninguém e que, por conseguinte, fosse um sólido líder da República, mas que pudesse ser levado a uma política externa pró-soviética. Em vez disso, apanharam um governo socialista, chefiado por um homem empenhado, pelo menos na retórica, em transformar a administração do país, a sua estrutura institucional e as suas políticas sociais. A liderança comunista não estava nada interessada em mudanças radicais em França, e muito menos numa revolução. Estava interessada numa França que servisse os interesses da União Soviética.

Blum tinha problemas. Estava limitado pela fragilidade da sua coligação. Os radicais não queriam praticamente inovações políticas, e os comunistas só queriam mudanças na política externa. Não desejavam criar problemas internos que pudessem enfraquecer o governo. A sua missão era conservar no poder um governo de esquerda e direcionar a sua política externa para os interesses soviéticos. Os socialistas ficaram assim sozinhos, a exigir, e a fazer aprovar no parlamento, limites às horas de trabalho, reformas coloniais, reconhecimento dos sindicatos nas fábricas, férias pagas e por aí fora.

Blum sabia pouco de economia. Era mal informado quanto a noções de financiamento do défice ou de investimento público. Assim, pouco fez, e todos os lados lho levaram a mal. A direita achava-o excessivamente aventuroso; a esquerda desiludiu-se com a sua falta de imaginação. Ele ficou confundido.

Durante todo esse tempo, Blum debatia-se igualmente com a dificuldade de encontrar aliados no estrangeiro. A Espanha também tinha um governo de Frente Popular, mas sob a ameaça de um golpe militar. Apesar da sua solidariedade pessoal, Blum não prestou grande ajuda. Tinha um receio paranóico de perder o apoio britânico, o que explica a sua relutância em providenciar auxílio à República Espanhola.

Paris era um lugar especial para a esquerda, e não só para a esquerda francesa. Tornou-se um espécie de capital do comunismo europeu na segunda metade dos anos 1930, numa altura em que a política soviética na URSS era especialmente destruidora e sanguinolenta. Concordas com a afirmação de que, por poderem viver com segurança na Paris antifascista, a lealdade dos alemães e de outros refugiados políticos de esquerda para com Estaline podia continuar?

A vitória de Hitler e o esmagamento subsequente do Partido Comunista Alemão, o KPD, foi um golpe terrível na sua fé comunista, no seu comportamento deferente para com Estaline. Mas, em Paris, eles podiam reconfortar-se com uma variante mais simpática de política de esquerda. O comunismo parecia autorizado pela linha mais branda da Frente Popular, e parecia possível pela chegada de um verdadeiro governo de Frente Popular em França.

Naqueles anos, não parecia implausível que a batalha final viesse a ser entre o comunismo e o fascismo, com a democracia espremida no meio: era melhor saber qual dos lados se iria escolher. Até em Inglaterra, Orwell não pôde publicar a sua memória da Guerra Civil Espanhola, *Homenagem à Catalunha*, numa editora de esquerda convencional: a esquerda *bien-pensant* não queria ser associada a ataques ao comunismo. Mas Paris também teve um efeito direto nos comunistas. Pensa em Arthur Koestler que, nas suas memórias, admite que tinha abandonado o estalinismo mas não podia reconhecer publicamente a sua apostasia devido à necessidade de manter a unidade antifascista. A lógica do antifascismo era binária: aquele que não está connosco está contra nós. Isso tornava muito mais difícil criticar Estaline, pois podia parecer que se favorecia Hitler.

Koestler vem de Kharkiv, da Ucrânia soviética, onde estivera. Tinha visto a coletivização forçada e a fome. Ele é um dos pouquíssimos intelectuais do grupo de que temos estado a falar que chega a ver com os próprios olhos o pior do projeto soviético. E então desembarca numa Paris onde, como dizes, era má educação falar dessas coisas.

Koestler rompeu o silêncio – e eu acho que isso é muito importante – por causa da Guerra Civil Espanhola, não por causa da União Soviética. Paris era o lugar onde conversar, mas a Espanha era o lugar onde ir. Orwell e Koestler foram ambos para a Espanha, tal como muitos dos melhores pensadores da esquerda.

Em 1931, a monarquia espanhola fora derrubada, e proclamada uma república. Até então, e desde 1923, a Espanha tivera uma espécie de versão branda de Mussolini. Ninguém deu muito por isso. Fosse qual fosse a admiração por figuras do tipo de Mussolini, ela confinava--se ao próprio *Duce*, e o líder espanhol Primo de Rivera era pouco conhecido. Mas, logo que a República emergiu, as configurações políticas na Espanha – que ainda não preocupavam muito a maioria do estrangeiro – tornaram-se bastante mais visíveis. De um lado, a Igreja e o exército julgavam encarnar a Espanha eterna; do outro lado, havia anarquistas andaluzes, autonomistas e sindicalistas catalães, nacionalistas bascos, mineiros asturianos: todas as suas reivindicações políticas e económicas radicais combinavam perfeitamente com exigências de uma maior autonomia local e um ressentimento de longa data com Madrid. De início, nada disso significava muito para alguém de fora. Mas as coisas começaram a mudar em 1934, quando os mineiros das Astúrias se revoltaram e foram subjugados, e o que hoje nos parece um confronto de classes clássico, baseado nos trabalhadores, passou a ser notícia internacional. Esses acontecimentos coincidiram exatamente com um golpe clérico-autoritário na Áustria e sucederam apenas um ano depois da chegada de Hitler ao poder na Alemanha.

Mas porque é que a Espanha se tornou assim tão importante em 1936? A resposta, em parte, é que para a maioria dos observadores o país estava a seguir um padrão agora familiar: o de uma república democrática sob a ameaça de forças fascistas ou, em todo o caso, antidemocráticas. No caso de Espanha, as forças antidemocráticas em questão eram visivelmente reacionárias: o exército, os proprietários de terras e a Igreja. Os proprietários de terras, especialmente – e legitimamente, do seu ponto de vista –, sentiam-se ameaçados pela política da vitoriosa coligação da Frente Popular: o imposto progressivo sobre as propriedades médias e os debates sobre a coletivização da terra. Isso era muito apelativo para os apoiantes do governo, no Sul em particular, mas menos para os pequenos proprietários do centro e do Oeste. Portanto, naqueles anos, a esquerda teve alguma responsabilidade ao empurrar para a direita potenciais eleitores moderados. Mas é óbvio que o facto central para a Espanha em 1936 foi o golpe militar, efetuado contra um governo democraticamente eleito. Em termos históricos, foi um golpe espanhol bastante convencional, em que o exército, como tantas vezes, declarou falar e agir pela nação contra uma classe política que estava a trair os seus interesses. Mas, desta vez, a guerra civil entre o exército e os políticos absorveu em si uma série de conflitos internos e guerras civis locais, todos eles exacerbados pela associação com o cisma nacional.

E assim se deu a guerra civil europeia: ganhando forma nas discussões parisienses, na doutrina soviética, nos discursos de Hitler e Mussolini. Todos eles pareciam refletir-se nas lentes espanholas. Pela Europa fora, tanto à esquerda como à direita, convinha afirmar que o comunismo desempenhava um grande papel no conflito espanhol, quando, na verdade, a presença comunista só começou a ter importância quando Estaline declarou o seu apoio aos republicanos em outubro de 1936. A restante esquerda ficou internamente dividida e, até no relato solidário de Orwell, parecia politicamente incompetente e militarmente marginal.

Assim, o conflito em Espanha tornou-se um conflito intelectual, político e militar europeu em grande parte devido à redefinição que dele se fez no estrangeiro: comunismo contra fascismo, trabalhadores contra capitalistas, em vez de Catalunha contra Madrid, ou trabalhadores sem terra do Sul contra a classe média rural, fundiária, do Oeste, ou regiões fortemente católicas contra regiões maioritariamente anticlericais. Os comunistas espanhóis reclamaram um papel central, quando na verdade haviam sido inicialmente periféricos; os socialistas locais e o centro republicano não podiam superá-los – até porque, à medida que o tempo passava, precisavam desesperadamente de todo o apoio disponível.

O preço que os defensores não comunistas da República pagaram pela ajuda soviética foi o aumento da influência dos comunistas nas áreas que agora controlavam. Entretanto, nas regiões dominadas pelos republicanos, existiam distritos praticamente autónomos, governados por comunistas, socialistas ou anarquistas. Havia assim uma espécie de revolução em curso dentro da revolução: às vezes verdadeiramente radical, outras vezes apenas uma questão de comunistas que assumiam o controlo localmente para suprimirem a competição de esquerda.

Se fôssemos um intelectual no exílio, a França escolhia-nos. Paris era ali, simplesmente. Mas a Espanha era uma escolha ativa. Porque é que tanta gente foi combater para Espanha?

Ir para Espanha lutar pela república tinha um apelo enorme. Era uma maneira de se ser antifascista, de tomar parte numa sociedade que enfrentava escolhas muito simples, num cenário atraente. Vieram alguns voluntários para a direita, incluindo romenos, mas a maioria esmagadora dos voluntários veio pela esquerda, pelos coitados, contra as forças da reação. E também se podia finalmente – lembra-te, já estamos a uma geração de distância da Primeira Guerra Mundial – sair e fazer alguma coisa quanto aos perigos cada vez maiores para a democracia, as repúblicas, o progresso, o mundo do Iluminismo, etc. Era possível descrevê-lo muito intelectualmente e era o lugar romântico para se ir e morrer.

Voltemos a Arthur Koestler, à sua personalidade e ao seu exemplo. Porque é que achas que é a Espanha que o leva finalmente a rejeitar o modelo soviético e a deixar de seguir a linha comunista?

Koestler esteve momentaneamente no corredor da morte – mas numa prisão fascista, portanto não é óbvia a razão pela qual a experiência o fez concentrar-se no que se estava a passar em Moscovo. Acho que em parte foi por ele estar longe de Paris. Separado da comunidade-viveiro dos intelectuais progressistas, longe do cenário no qual havia muitas boas razões, não tanto para fingir, mas para calar as dúvidas pessoais.

Porque Koestler estava agora em Espanha, e a Espanha tinha que ver com ação; já não tinha que ver com a mitologia, a unidade ou outra coisa qualquer. Acho que era mais fácil para ele dizer a si próprio a verdade quando na manhã seguinte não tinha de encontrar companheiros ex-comunistas que haviam optado por permanecer calados e eram reticentes em dizer o que realmente pensavam.

*Uma vez transposto esse limiar, o resto vem com uma rapi-
dez espantosa. Tu invocas* O Zero e o Infinito, *o seu livro acerca dos julgamentos estalinistas de fachada, que é escrito...*

... por volta de 1940. Os três livros relevantes para esta vertente
da história de Koestler – *Spanish Testament, Scum of the Earth* e *O
Zero e o Infinito* – foram escritos a um ritmo impressionante, em dois
anos. O primeiro reflete sobre a sua experiência espanhola, o segundo
sobre a realidade da Europa em 1940 e no que tinha acontecido ao
mundo de Koestler, e o terceiro é a consequência dos outros dois: com
essa experiência, e a seguir à perda de tantas mais coisas, Koestler podia agora escrever francamente sobre a tragédia do comunismo.

*Mais tarde, Koestler escreve sobre a sua própria desilusão.
Mas parece-me que o seu capítulo em* The God That Failed *é
de uma natureza qualitativamente diferente...*

... de todos os outros...

*... porque Koestler conta com pormenores credíveis e con-
vincentes as suas razões para aderir ao Partido Comunista.
Acho que se houvesse um desafio entre Orwell e Koestler,
um concurso entre os dois para escolher o intelectual político
mais importante das letras inglesas, ao contrário de muita gente tu darias a primazia a Koestler, e não a Orwell.*

Orwell funciona, parece-me, em duas escalas, uma muito elevada e
outra muito baixa. A escala mais baixa diz respeito ao discernimento
inglês das peculiaridades dos ingleses, os diferentes matizes de classe e
ilusão na Inglaterra. E foi esse talento inigualável para o pequeno esboço que o serviu tão bem em Espanha na *Homenagem à Catalunha*,
mesmo que do livro se retirem conclusões mais amplas.

No outro extremo, Orwell é com certeza o melhor romancista
em língua inglesa do totalitarismo – embora não chegue ao nível das
obras-primas russas. Aqui ele opera na escala mais elevada, no mais
vasto dos temas: em *O Triunfo dos Porcos* e obviamente em *1984*,
as componentes características do totalitarismo são esboçadas com o
propósito de realçar amplas lições sobre o preço da fé, da ilusão e do
poder no nosso tempo.

PARIS, CALIFÓRNIA: O INTELECTUAL FRANCÊS

Koestler não me parece operar nem na escala baixa nem na muito elevada. É precisamente na escala média que ele se distingue. O seu interesse não reside na descrição de modelos ideológicos e das suas limitações, mas sim na exemplificação de atitudes mentais e das incompreensões do mundo: já esse mundo em si, que é incompreendido, interessa-o muito menos.

Isso dota-o (muito mais do que Orwell, que nestas questões pode ser de uma brusquidão desdenhosa) de uma invulgar empatia com a história mais ampla do século XX: como é que tantas pessoas brilhantes se puderam convencer de tais histórias, com todas as consequências terríveis que se seguiram. Koestler fá-lo melhor do que ninguém. E é exatamente, claro, porque ele próprio foi uma delas. Ao passo que Orwell – que nunca se iludira dessa forma – é um observador inigualável dessas pessoas, mas sem particular empatia.

Mas, para ambos, o elo entre a Espanha e a União Soviética é bastante extraordinário. Há esta passagem perto do fim de Homenagem à Catalunha, *relativa aos tumultos em Barcelona, sobre a central telefónica, na qual ele escreve que as consequências daquilo não se ficam só por Barcelona, não se ficam só por Espanha, as consequências serão sentidas no mundo inteiro. O que, fora do contexto, parece absurdo...*

Até bizarro.

... mas ele tem toda a razão. Porque o que ele está a explicar é parte da lógica do Grande Terror na União Soviética. Estaline estava realmente a pensar na Espanha e na União Soviética como parte da mesma luta. Ele via essas questões exatamente da mesma maneira que Orwell, embora, evidentemente, com a avaliação contrária. A sua preocupação era que não se permitisse jamais que acontecesse na União Soviética o que podia acontecer em Espanha. Para ele, toda a luta era uma só. E porque para Estaline ela era uma só, isso significa que Orwell está certo...

... ao vê-la como uma só. Os que não acreditaram em Orwell em 1939 seriam obrigados a recuar nos anos seguintes: de 1945 a meados dos anos 1950, um elemento decisivo em todos os julgamentos no bloco soviético desses anos – fossem eles na Polónia, Checoslováquia, Hungria, Bulgária, Roménia ou Alemanha de Leste – seriam as ações dos acusados durante a Guerra Civil de Espanha. A questão, repetidamente clarificada, era que a discordância, ou mesmo o pensamento independente, era inaceitável para a hierarquia comunista. A relativa autonomia dos comunistas individuais em Espanha – ou, em menor escala, durante a Resistência Francesa – tinha de ser castigada retrospetivamente.

Nesse sentido, a estratégia comunista em Espanha revela-se uma simulação para a tomada do poder na Europa de Leste após 1945. É evidente que à época era muito difícil ter-se consciência disso. Moscovo, afinal, foi o único apoiante significativo e eficaz da república espanhola. A União Soviética era cada vez mais vista como o único bastião que restava contra a ascensão do fascismo na Europa Central e de Leste – e, portanto, também em Espanha. Todos os outros, incluindo a Grã-Bretanha, faziam compromissos com a melhor das boas vontades... desde que não fossem eles os afetados.

> *Afastemo-nos um pouco dos confortos de Paris e do desafio de Espanha. Este foi o momento dos julgamentos de fachada de Moscovo, o auge do Terror. Ao longo dos anos 1930, o que estava a acontecer na União Soviética em termos de escala e repressão era incomparavelmente pior do que qualquer coisa na Alemanha nazi. Os soviéticos estavam a matar milhões de pessoas à fome quando Hitler subiu ao poder; no Grande Terror de 1937 e 1938, fuzilaram mais 700 mil. Antes da guerra, o regime nazi podia no máximo ser responsabilizado por cerca de dez mil mortes.*

No começo, a Alemanha nazi ainda era em alguns aspectos uma espécie de *Rechtsstaat*(*), por estranho que pareça. Tinha leis. Podiam não ser leis agradáveis, mas, desde que se não fosse judeu, comunista, dissidente ou deficiente, ou de outra forma indesejável socialmente, não se entrava em conflito com elas. A União Soviética também tinha leis: mas *qualquer um* podia entrar em conflito com elas só por se ser recategorizado na classe dos inimigos. Logo, do ponto de vista da vítima, a URSS era muito mais assustadora – porque menos previsível – do que a Alemanha nazi.

(*) Estado de Direito. *(N. T.)*

PARIS, CALIFÓRNIA: O INTELECTUAL FRANCÊS

No fim de contas, recordemos que um número muito significativo de visitantes viajou das democracias até à Alemanha nazi e não encontrou problema algum. Na verdade, ficaram encantados com os seus êxitos. É verdade que também houve viajantes ocidentais iludidos na União Soviética. Mas a Alemanha nazi não tinha de montar um espetáculo. Ela era o que era, e muita gente gostou bastante.

A União Soviética, pelo contrário, era em grande parte desconhecida e decididamente não era como se descrevia. Mas muitos precisavam de acreditar na sua autodefinição como pátria da revolução – incluindo um bom número das suas vítimas. Hoje, não sabemos o que pensar dos muitos observadores ocidentais que aceitaram os julgamentos de fachada, minimizaram (ou negaram) a fome na Ucrânia ou que acreditaram em tudo o que lhes diziam sobre a produtividade, a democracia e a grande e nova Constituição Soviética de 1936.

Mas não te esqueças de que gente que sabia tudo o que havia para saber também acreditava nessas coisas. Vejamos, por exemplo, as memórias de Evguenia Ginzburg; ali está ela, varrida para o Gulag, a passar por todas as piores prisões de Moscovo, despachada para a Sibéria de comboio. Não só encontra outras vítimas, mulheres que ainda são grandes crentes e que estão convencidas de que há lógica e justiça por trás do seu sofrimento, tal como ela própria se mantém dedicada a um certo ideal comunista. O sistema, insiste ela, pode ter-se desnorteado gravemente, mas ainda podia ser consertado. Esta capacidade – esta profunda necessidade – de pensar bem do projeto soviético estava tão firmemente entranhada em 1936 que até as suas vítimas não perdiam a fé.

Mas penso que a outra coisa a lembrar, se quisermos perceber os julgamentos de fachada, pelo menos até 1940, é que até os seus críticos no Ocidente não tinham termos de comparação. Careciam de um exemplo histórico através do qual se entendesse o significado dos acontecimentos contemporâneos. Paradoxalmente, quanto mais liberal o observador, quanto mais democrático o seu país, tanto mais difícil lhe era compreender o comportamento de Estaline. Com certeza, podia um observador ocidental comentar, que as pessoas não confessam crimes terríveis a menos que haja alguma verdade na acusação?

Afinal, se nos declararmos culpados num tribunal inglês ou americano, é o fim da questão. Portanto, se os homens que Estaline acusava se declaravam culpados com tamanha vivacidade, quem somos nós em

201

Inglaterra ou na América para exprimir ceticismo? Era preciso considerar *a priori* a hipótese de todos terem sido torturados. Mas isso, por sua vez, implicava que a União Soviética tivesse de ser moral e politicamente corrupta, um sistema devotado não à revolução social, mas à preservação do poder absoluto. De outro modo, porque haveria de fazer tais coisas? Mas alimentar esses raciocínios em 1936 exigia um grau de lucidez e independência mental que era muito raro.

Era realmente muito raro que um europeu de fora da URSS visse realmente o pior dos crimes soviéticos e depois voltasse à Europa para falar deles. Quero dizer, pensamos no amigo de Koestler em Kharkiv, Alexander Weissberg, que – como Koestler – viu a fome na Ucrânia. Foi então varrido na vaga de prisões que precedeu o Terror. Weissberg sobreviveu por um triz: foi um dos prisioneiros trocados entre os soviéticos e os alemães em 1940. Assim, foi parar à Polónia, sobreviveu ao Holocausto e escreveu a sua memória sobre o Terror – uma correção ao romance do seu amigo Koestler.

Bem, é como Margarete Buber-Neumann, que publicou *Prisoner of Stalin and Hitler* em 1948.

Buber-Neumann e Weissberg estavam no mesmo transporte do NKVD que saiu da União Soviética em 1940 e foram diretamente para os braços da Gestapo.

Não se tratou apenas de tanta gente ter acreditado no sistema, mesmo depois de ter sido reprimida na União Soviética. Tratou-se, em geral, de aqueles que foram punidos terem a certeza de que devia ter havido um engano qualquer. E se era assim que se pensava, a única explicação era considerar-se o sistema em si fundamentalmente saudável. Tu és vítima de um erro judicial, ao passo que os outros prisioneiros são com certeza criminosos. Vês o teu caso como excecional, e isso parece salvar as vítimas do sistema universal.

Nota como tudo isto é diferente da situação dos reclusos dos campos nazis: eles sabem perfeitamente que nada fizeram e que foram encarcerados por um regime criminoso. É verdade que isso não melhora as suas hipóteses de sobrevivência e decerto em nada diminui o sofrimento. Mas torna-se muito mais fácil ver claramente e dizer a verdade.

Pelo contrário, a experiência do comunismo deixa os seus sobreviventes intelectuais peculiarmente preocupados com as suas próprias convicções, mais do que com os próprios crimes: retrospetivamente, é a lealdade ilusória que explica o seu trauma, mais do que tudo o que sofreram às mãos dos seus carcereiros. O título da memória de Annie Kriegel – *O Que Me Pareceu Compreender* – transmite bem isso. É a sensação de reiterada auto-interrogação: será que percebi mal? O que é que eu percebi? O que vi e o que não fui capaz de ver? Em suma, porque é que não vi bem?

> *O terror soviético era individualista. E assim havia os indivíduos nos julgamentos de fachada que confessavam individualmente crimes totalmente implausíveis, mas faziam-no como indivíduos. As capturas também eram na sua maior parte individuais, mesmo nas operações em massa. Das 700 000 pessoas fuziladas nesse período, em 1937 e 1938, a maioria foi presa a meio da noite, individualmente. Isso deixava-as, e às suas famílias, sem possibilidade de perceber o que se tinha passado. E essa zona cinzenta aterradora, essa incerteza indefinida, continua a fazer parte da paisagem da memória soviética até ao presente. É por isso, acho eu, que, quando pensamos em Orwell como alguém simplesmente lúcido, só estamos a ver parcialmente. Tal como Koestler, Orwell tinha essa capacidade de imaginar conspirações e intrigas – por absurdas que pudessem parecer – em curso nos bastidores e de tratá-las então como se fossem reais, tornando-as assim reais para nós.*

Julgo que essa é uma questão decisiva. Aqueles que compreenderam o século XX, quer por antecipação – como Kafka –, quer como observadores contemporâneos, tinham de ser capazes de imaginar um mundo para o qual não havia precedente. Eles tinham de supor que essa situação inédita e aparentemente absurda era mesmo o que se passava – em vez de suporem como toda a gente que isso seria algo grotesco e impensável. Ser capaz de pensar o século XX dessa maneira era extraordinariamente difícil para os contemporâneos. Pela mesma razão, muita gente se tranquilizou pensando que o Holocausto não podia estar a acontecer porque não fazia sentido. Não que não fizesse

PENSAR O SÉCULO XX

sentido para os judeus: isso era óbvio. Mas tão-pouco fazia sentido para os alemães. Já que queriam vencer a sua guerra, de certeza que os nazis iriam explorar os judeus, em vez de os matarem com custos enormes.

Essa aplicação ao comportamento humano de um cálculo moral e político perfeitamente razoável, elementar para homens criados no século XIX, não funcionou de todo no século XX.

204

VI

A Geração da Compreensão: o Liberal Leste-Europeu

Quando cheguei a casa, vindo da Califórnia, aterrei na terra de Margaret Thatcher, que foi eleita primeira-ministra em 1979 e que permaneceria no poder até 1990. Se, em Berkeley, eu ainda estava preocupado com o que me pareciam os interesses culturais imaturos da esquerda académica pós-marxista, na Inglaterra fui subitamenre confrontado com uma revolução na economia política que provinha da direita.

Eu pensava que certas realizações da esquerda, ou melhor, da social-democracia, estavam consolidadas. Nos anos 1980, na Grã-Bretanha de Thatcher, depressa percebi a facilidade com que se podiam corroer e destruir as vitórias passadas. As grandes realizações do consenso social-democrata de meados do século XX – a educação com base na meritocracia, o ensino superior gratuito, os transportes públicos subsidiados, um serviço nacional de saúde funcional, o apoio estatal para as artes e muito mais – podiam ser desfeitas. A lógica do programa de Thatcher era, nos seus próprios termos, irrepreensível: a Grã-Bretanha, em declínio pós-imperial, já não podia sustentar o nível de despesa social de um período anterior. A minha resistência a essa lógica não era só uma questão de intuições acerca dos altos custos sociais de semelhante política; era também o resultado de um pensamento novo sobre a política, que me permitia perceber que qualquer lógica orientadora daquele tipo era provavelmente um erro.

Lecionava agora em Oxford uma cadeira de Política, que exigia de mim um pensamento analítico e prescritivo e que me proporcionava a oportunidade de aperfeiçoar as minhas capacidades em ambos; eu podia dispensar, pelo menos em parte, a perspetiva mais distanciada do historiador. Para as minha aulas, lia agora (em muitos casos pela primeira vez) autores contemporâneos como John Rawls, Robert Nozick e Ronald Dworkin – assim como os clássicos do pensamento liberal e conservador. Fui, talvez pela primeira vez, obrigado a pensar em termos de géneros de explicação política concorrentes. Já não ficava obcecado sobretudo com as insuficiências do marxismo; *todas* as teorias políticas me pareciam agora pela sua própria natureza descrições parciais e incompletas das complexidades da condição humana... e ainda bem que assim era.

Estava a tornar-me um pluralista, no sentido particular que Isaiah Berlin dava à palavra. Cheguei aos textos de Berlin durante esses anos, embora já tivesse lido alguns dos ensaios mais conhecidos. (Quanto ao próprio Berlin, mal o conheci em Oxford. Só nos encontrámos em duas ocasiões breves. A minha ligação era estritamente intelectual.)

A lição berliniana mais pertinente para a análise e para o debate político do dia-a-dia é a lembrança de que todas as escolhas políticas acarretam custos reais e inevitáveis. A questão não é se há uma decisão certa ou errada a tomar, nem mesmo se enfrentamos uma escolha tal que a decisão «certa» consiste em evitar os piores erros. *Qualquer* decisão – incluindo qualquer decisão acertada – implica renunciar a certas opções: privarmo-nos do poder de fazer determinadas coisas, algumas das quais podiam bem ter valido a pena. Em suma, há escolhas que fazemos bem, mas que implicitamente envolvem a rejeição de outras escolhas cujas virtudes seria um erro negar. No mundo real da política, como em tantos outros espaços da vida, todas as decisões que valem a pena implicam genuínos ganhos e perdas.

Se não existe apenas um bem, então é provável que não exista apenas uma forma de análise que capte todas as várias formas do bem, nem apenas uma lógica política que possa dominar toda a ética. Esta não é uma conclusão prontamente alcançável através das categorias ou dos métodos do pensamento político continental contemporâneo. Nesta tradição, o conceito dominante era o de benefícios absolutos e custos omitidos: a argumentação política neste tom tinha uma índole de tudo ou nada. Havia sistemas e objetivos bons e maus, escolhas

A GERAÇÃO DA COMPREENSÃO: O LIBERAL LESTE-EUROPEU

certas e erradas que derivavam das suas premissas não menos certas e erradas. Nesta maneira de pensar, reforçada no passado recente pela experiência da guerra total, a política era realmente descrita como um jogo de tudo ou nada, ganha ou perde, vida ou morte. O pluralismo era por definição um erro de categoria, um logro deliberado ou uma ilusão trágica.

Foi também nesses anos que li a melhor crítica do marxismo já publicada. Na altura da publicação de *Main Currents of Marxism*, em 1979, eu ainda pouco sabia da história política ou intelectual polaca, embora tivesse ouvido falar de Leszek Kołakowski nos anos 1960, quando ele era ainda o principal marxista revisionista na Polónia. Em 1968, ele perdeu a sua cátedra de História da Filosofia na Universidade de Varsóvia, depois de as autoridades comunistas o terem acusado, não de forma infundada, de ser o líder espiritual de uma geração de estudantes rebeldes. A sua saída da Polónia constitui um momento tão bom como qualquer outro para assinalar o fim do marxismo como força intelectual séria na Europa continental. Kołakowski acabou por ir ter ao All Souls College, em Oxford, onde o conheci pouco depois de ter surgido a primeira tradução de *Main Currents*. Esses três tomos são um monumento de erudição humanística. Eu fiquei assombrado com a escala absoluta do empreendimento e não pude deixar de ficar impressionado com a seriedade com que Kołakowski abordou o marxismo, mesmo quando se dispunha a esvaziar a sua credibilidade política.

A perspetiva de Kołakowski – o marxismo, especialmente no seu apogeu, merecia atenção intelectual mas era desprovido de perspetivas políticas ou de valor moral – viria a tornar-se a minha. Depois de ler Kołakowski, que via no leninismo uma leitura plausível, senão inevitável, de Marx (e de qualquer modo a única politicamente bem sucedida), achei cada vez mais difícil manter a distinção, que me fora inculcada desde a infância, entre o pensamento marxista e a realidade soviética. Nunca conheci bem Kołakowski. De facto, eu era na realidade bastante tímido (ainda mais depois de ter lido a sua obra-prima) e provavelmente nunca teria marcado um encontro com ele. Mas a minha mulher daquela altura, que era tudo menos tímida, insistiu em fazê-lo, pelo que almoçámos os três em Oxford no início dos anos 1980. Depois disso, encontrei Leszek algumas vezes, a última das quais pouco antes da sua morte. Ele continuou a ser para mim merecedor de ilimitada admiração e respeito.

207

Foi naqueles anos que conheci um dos meus amigos mais chegados das décadas seguintes. Richard Mitten era de uma família de classe média baixa de origem alemã no Missouri; ele tinha frequentado a Universidade Estadual do Sudeste do Missouri e trabalhara, como trotskista entusiástico, nos estaleiros de reparação ferroviários de Chicago. Então, por uma série de acasos felizes, continuou os estudos em Columbia e em Cambridge. Rich nunca concluiu o seu doutoramento em História, talvez por insensatamente ter começado a estudar os austromarxistas de Viena, do início do século XX. Esse tema, embora importante e fascinante, exigia uma preparação linguística e intelectual sofisticada, que Rich iria de facto adquirir com o passar dos anos, mas principalmente por se ter instalado em Viena e ali ter feito a sua vida. A mudança separou-o do seu contexto universitário – de forma muito semelhante ao que sucedera com os membros da minha geração que se deixavam ficar por Paris, «tornando-se locais» e passando a ser estudiosos ou intelectuais verdadeiramente inseridos no mundo dos seus estudos, mas precisamente por essa razão incapazes de terminar o projeto que os trouxera ali. Rich completou, porém, um doutoramento na própria Universidade de Viena, tendo lecionando aí e na Universidade Centro-Europeia de Budapeste. Atualmente, ele dirige o programa de Estudos Internacionais do Baruch College na City University de Nova Iorque.

O meu outro grande amigo desses anos em Inglaterra era também americano. David Travis, que, como Rich, era uns cinco anos mais novo do que eu, fora estudante num seminário que eu dei em Davis, em 1975. Naquela altura, eu era consideravelmente mais jovem do que a maioria dos professores universitários americanos, e David era bastante mais velho do que a maioria dos estudantes americanos – tinha trabalhado para o Departamento de Caça e Pesca da Califórnia –, uma circunstância que facilitou a nossa amizade. Com o meu incentivo, David candidatou-se a Cambridge para fazer um doutoramento em história italiana, e por isso ele vivia em Inglaterra quando eu cheguei a Oxford. Dois anos depois, David foi escolhido para uma bolsa de investigação pós-doutoral em Oxford, e pudemos desfrutar juntos do facto de nos sentirmos americanos e «não ingleses».

Certa vez – fartos da comida do colégio –, fomos ao McDonald's em Oxford, onde pedi um hambúrguer com queijo. A jovem amável do outro lado do balcão respondeu: «Peço desculpa, já não temos queijo.» Como é que o McDonald's podia não ter *queijo*? E, no entan-

A GERAÇÃO DA COMPREENSÃO: O LIBERAL LESTE-EUROPEU

to, assim era – a globalização ainda estava por vir. Noutra altura, fomos ver *Brother from Another Planet*, o filme de 1984 de John Sayles, num cinema pequeno e gélido da zona oriental de Oxford, aquecido por um radiador elétrico na coxia. O filme é sobre um extraterrestre negro em fuga que acidentalmente aterra em Nova Iorque e é levado para Harlem, onde a população o trata como se fosse perfeitamente normal. Há um momento hilariante no metro, quando ele e um amigo acabado de conhecer apanham o comboio para norte. O amigo (um nova-iorquino) diz-lhe: «Posso mostrar-te os meus poderes mágicos? Eu consigo fazer desaparecer os brancos.» Quando o comboio chega à 59th Street, a partir de onde prossegue sem paragens até à 125th Street, no coração de Harlem, o amigo diz: «Quando as portas se abrirem, faço desaparecer os brancos todos.» As portas abrem-se e, como era esperado, todos os brancos saem, para espanto do extraterrestre. David e eu contorcíamo-nos de riso; o resto do cinema mantinha-se quedo e mudo. O meu sentido egoísta de marginalidade cultural fortaleceu-se ludicamente.

Pouco depois de eu ter chegado a Oxford, a minha mulher Patricia – sempre igual a si própria – decidiu que queria voltar para os EUA. Candidatou-se a uma vaga que ia abrir na Universidade de Emory, em Atlanta, conseguiu o emprego e começou a trabalhar em janeiro de 1981. Para estar com ela, aceitei no ano seguinte uma cadeira de professor convidado. Atlanta desagradou-me intensamente: uma zona húmida, cinzenta, aborrecida, de subúrbios e isolamento. A própria Emory, que os seus professores viam como um oásis de cultura e sofisticação no deserto do Sul, pareceu-me um lugar triste e medíocre: uma opinião que não tive oportunidade de rever, por injusta que pareça. Um ponto alto da minha passagem foi a visita de Eric Hobsbawm, que participava numa conferência em Atlanta. Devíamos estar os dois aliviados por desfrutar umas horas da companhia um do outro nas redondezas alienantes da zona financeira na Baixa de Atlanta.

A consequência mais importante e duradoura da minha permanência em Atlanta foi a visita de um sociólogo político (hoje historiador) polaco, Jan Gross. Por estar no departamento de Política em Oxford, eu tinha sido designado em Emory para o departamento de Sociologia, como professor convidado de sociologia política. O reitor da faculdade, ansioso por melhorar a qualidade bastante desleixada do departamento, aproveitou a oportunidade para me incluir numa

209

comissão de recrutamento com o objetivo de substituir um sociólogo político que ia passar à reforma. A maioria dos candidatos em consideração eram clones genéricos do modelo quantitativo do *midwest* na sociologia americana.

E depois havia Gross. Jan era um emigrante político da Polónia, forçado ao exílio durante a campanha anti-semítica de 1968. Tinha feito um doutoramento em Yale, onde exercera a sua primeira posição académica. Eu lembrava-me de ter lido o seu livro sobre o domínio alemão na Polónia durante a guerra e pensei imediatamente: *este* é o homem certo. Consegui pô-lo na lista final de candidatos, juntamente com três sociólogos políticos respeitáveis mas substituíveis. Assim, Jan foi convidado para Atlanta e proferiu o que deve ter parecido à sua audiência uma palestra quase inteiramente incompreensível – Galícia isto, Volínia aquilo, Bielorrússia aqueloutro – baseada no material do que viria a ser o seu estudo clássico da anexação soviética da Polónia oriental durante a guerra, um tema sem interesse para o departamento de Sociologia de Emory.

Fomos jantar e falámos do Solidariedade, o sindicato da Polónia comunista que acabara de ser suprimido pela lei marcial de Dezembro de 1981. O Solidariedade, um genuíno movimento de massas que tinha conseguido atrair apoio intelectual tanto à direita como à esquerda, tinha ajudado a reapresentar a Polónia ao Ocidente. Jan, como muitos outros da geração polaca de 1968, mantinha contacto com intelectuais na Polónia e empenhava-se ativamente na interpretação para públicos ocidentais da evolução dos acontecimentos polacos. Achei o homem e o tema completamente fascinantes; nessa noite, senti pela primeira vez que a minha presença em Atlanta não era um desperdício: longe de ter aterrado no planeta Zurg, estava novamente entre pessoas semelhantes a mim.

Depois de a comissão de recrutamento recomendar, como era esperado (com o meu desacordo minoritário), que se nomeasse um dos clones, fui ter com o reitor às escondidas dos outros membros do departamento: se quiser, pode manter este departamento de Sociologia medíocre ou então pode recrutar Jan Gross, um verdadeiro intelectual europeu e um estudioso de relevo, um homem que percebe a sociologia, mas também muitas outras coisas, e que transformaria a reputação da sua divisão de estudos sociais. O reitor, que não era tolo, contratou logo Jan. O departamento de Sociologia nunca me perdoou.

A GERAÇÃO DA COMPREENSÃO: O LIBERAL LESTE-EUROPEU

A mulher de Jan, Irena Grudzińska-Gross, era uma académica reconhecida (de literatura comparada) por direito próprio, e o casal tinha dois filhos pequenos. Tal como Jan, ela tinha participado ativamente no movimento estudantil em Varsóvia, em 1968, e, tal como Jan, deixou o país a seguir. Durante o seu tempo em Emory, Jan impôs-se solidamente como uma figura fundamental dos estudos leste-europeus e um dos mais destacados historiadores da região. Mais tarde, mudar-se-ia para a Universidade de Nova Iorque e, depois, para Princeton. A monografia que veio a publicar sobre a anexação soviética da Polónia oriental, *Revolution from Abroad*, é um raro monumento vertical no matagal devastado da sovietologia, uma disciplina cujo tema se autodestruiria alguns anos depois. Anos mais tarde, Jan viria a publicar dois estudos polémicos sobre a experiência dos judeus na Polónia, durante e após a guerra: *Vizinhos* e *Fear*. O segundo, em particular, tornou-se um clássico instantâneo, transformando o modo como o Holocausto e a participação polaca nele são discutidos na Polónia.

Em grande parte graças a Jan e Irena, a Europa de Leste e os europeus de Leste começaram a oferecer-me uma vida social alternativa que, por sua vez – e muito apropriadamente para a região –, se tornou uma existência intelectual renovada e redirecionada. Se não fosse por Jan e Irena, teria hesitado ainda mais do que hesitei quando regressei a Atlanta no outono de 1984 como professor convidado. Por essa altura, Jan e Irena já estavam instalados com a sua família, e eu passava muito tempo em casa deles. Acho que Patricia detestava. Jan, Irena e eu partilhávamos um sentimento comum de isolamento e *dépaysement*. Sentíamo-nos europeus num ambiente que não só era americano como americano do Sul, e assim duplamente estrangeiro: fumávamos, bebíamos, ficávamos acordados até tarde, debatíamos ideias, começávamos a falar em francês e italiano, para dar ênfase ou para nos mostrarmos, discutíamos o Solidariedade, trocávamos subentendidos e piadas culturais. Patricia, que não podia acompanhar essas conversas e que levava profundamente a mal a sua exclusão implícita, só queria ir para casa, ler a *Newsweek* na cama e mastigar sementes de abóbora.

No início de 1985, Patricia e eu separámo-nos. Fiquei intensamente aliviado, mas, ainda assim, a mudança de circunstâncias deixou-me inseguro e deprimido. Jan, com quem eu mantinha um contacto próximo, mesmo depois do meu regresso a Oxford, sugeriu que me distraísse fazendo novas amizades. Em particular, recomendou-me que procurasse alguns dos seus amigos e contactos polacos em Paris –

211

PENSAR O SÉCULO XX

uma cidade para onde os exilados polacos de 1968, como tantos antes deles, foram instintivamente atraídos. Apontei devidamente os seus nomes: Wójciech Karpiński, Aleksander Smolar e Barbara Toruńczyk, diretora da *Zeszyty Literackie*, uma importante publicação literária polaca.

No final do Hilary Term(*) de Oxford, em 1985, fui passar umas férias à Europa, começando por visitar David Travis em Roma e depois regressando por Paris. Uma vez na cidade, resolvi impulsivamente procurar Barbara Toruńczyk – conhecida pelo diminutivo polaco de Basia. Ela convidou-me a visitar o seu apartamento catastrófico e desarrumado, onde estive umas seis horas a vê-la preparar a *Zeszyty*. Voltou-se então para mim: «Agora vou esquiar para os Alpes saboianos com uns amigos. Quer vir connosco?» Na verdade, eu tinha acabado de chegar naquela manhã, no comboio de Roma, mas, apesar disso, aceitei, viajando para sul nessa mesma noite noutro comboio com um grupo de polacos enérgicos e dados ao esqui. Sem dinheiro, mas aventuroso.

Eu já não fazia esqui há anos e, em todo o caso, nunca fui muito bom. A estação ia adiantada e as pistas eram perigosas: a neve tinha derretido em algumas zonas, obrigando a que nos desviássemos das ervas e das pedras. Não podíamos usar o teleférico e tínhamos de subir a encosta à volta de Briançon. Eu esforçava-me bastante, em parte por simples pavor, em parte sem dúvida para impressionar Basia, com quem fiquei sozinho quando os outros se foram embora.

Barbara Toruńczyk é uma mulher invulgar e fascinante. Corajosa, cheia de de talento – fora identificada pela polícia polaca como uma instigadora da rebelião estudantil e agora editava sozinha a revista literária mais notável da Europa de Leste –, ela aproximou-me ainda mais da Polónia. Basia era da minha idade, como Jan: eu tomava consciência do elo espiritual que ligava a nossa geração através das fronteiras políticas.

É verdade que o meu ano de 1968 tinha sido muito diferente do dos meus amigos polacos; a minha educação envolvia agora o entendimento dessas diferenças. Tal como a maioria dos europeus ocidentais da minha geração, eu só tivera uma vaga ideia do que nesse ano aconteceu para lá da Cortina de Ferro. Fui a Paris mas não fui à Polónia,

---

(*) Designação, em algumas universidades britânicas, do período letivo entre início de Janeiro e fins de Março. *(N. T.)*

212

A GERAÇÃO DA COMPREENSÃO: O LIBERAL LESTE-EUROPEU

onde os estudantes eram atacados com gás lacrimogéneo, espancados, presos e expulsos em números que seriam escandalosos no Ocidente. Tinha apenas a vaga noção de que os dirigentes da Polónia comunista tinham garantido aos seus cidadãos que o movimento estudantil local era organizado e liderado por «sionistas», e que estes emitiam documentos de viagem para os polacos de origem judia, autorizando-lhes a partida, mas privando-os de qualquer direito de regresso.

Confesso que também fiquei embaraçado pela minha ignorância sobre o Leste da Europa, e muito ciente de quão diferente tinha sido a minha década de 1960 da experiência de Jan, de Basia e dos seus pares. Eu tinha realmente *sido* um sionista, um capricho interessante e quase sem consequências, exatamente na altura em que o governo *deles* os acusava (e a milhares de outros) de «sionismo», a fim de os isolar da opinião pública e dos seus compatriotas. Todos nós tínhamos experimentado a desilusão: eu fora desenganado dos meus sonhos sionistas, eles do que restava do seu reformismo marxista. Mas, ao passo que as minhas ilusões só me tinham custado tempo, os meus contemporâneos polacos haviam pago um preço substancial pelas suas: nas ruas, na prisão e, por fim, na emigração forçada.

Vi-me no decurso desses anos a transitar confortavelmente para um outro mundo, a ocupar o meu lugar numa cronologia alternativa que provavelmente sempre existira ali, implicitamente oculta sob a superfície, moldada por um passado do qual eu sempre estivera apenas semiconsciente. Um passado em que a Europa de Leste deixava de ser somente um lugar; a sua história era agora para mim um quadro de referência direto e muito pessoal.

Jan, Irena, Basia e os outros não eram só meus contemporâneos; se não fossem pequenas voltas do destino, podíamos ter nascido no mesmo sítio. No fim de contas, o meu avô veio de Varsóvia. A maioria dos seus conhecidos – os velhos e velhas da minha infância – tinha vindo das redondezas. A minha educação havia sido ao mesmo tempo vincadamente diversa da dos meus pares polacos e, no entanto, tingida por frequentes referências e fases marcantes comuns. Onde quer que a minha geração tenha atingido a maturidade, ela havia-se libertado dos vínculos do dogma marxista pela mesma altura, embora por razões diferentes e em circunstâncias diversas. É verdade que a história concedera aos do Leste um posto de observação privilegiado. Foi Leszek Kołakowski, importante para os meus amigos polacos e para mim, quem celebremente observou que reformar o socialismo era como fri-

213

tar bolas de neve. Na Europa Ocidental, a mensagem demorou um pouco mais a passar, talvez uma geração.

Basia Toruńczyk deu-se ao aturado trabalho de me transmitir a importância do mundo perdido da cultura, literatura e ideias polacas: perdido para o Ocidente, é claro, mas também perdido para os próprios polacos, graças ao efeito destruidor da hegemonia soviética. Para ela, isso tinha obviamente uma enorme importância, e as frustrações associadas ao uso de uma terceira língua (o francês, que falávamos um com o outro) deviam tornar a tarefa ainda mais difícil. Por outro lado, nunca se esperava que nós, ocidentais, penetrássemos realmente na mística. Certa vez, Timothy Garton Ash contou-me uma história. A sua mulher Danuta é polaca, e os seus filhos bilingues, portanto. Uma vez, eram eles pequenos, ele estava a explicar ao mais velho – Alec, na altura conhecido por Alik – que tinha de ir ao Michigan dar uma conferência. «De que é que vais falar, papá?», perguntou o rapaz. «Vou falar da Polónia», respondeu Tim. Seguiu-se um silêncio. Então, o pequeno Alik passou instintivamente do inglês para o polaco e disse: «Oni nic nie zrozumieją», eles não vão compreender nada.

Timothy Garton Ash era o inglês que *compreendia* a Europa de Leste. Embora vivêssemos os dois em Oxford, só o conheci graças a Basia. «Tens mesmo de conhecer Garton Ash», insistiu ela. «On rozumie... Il comprend... Ele *compreende*.» Tim era então muito novo, não tinha ainda trinta anos. Já havia publicado o seu belo livro sobre o Solidariedade e era visto por muitos como a única pessoa no mundo anglófono que podia apresentar a Polónia com empatia e até com compreensão, sem cair na justificação. Encontrámo-nos os três no meu apartamento para jantar. Senti uma afinidade imediata e natural com Tim (mesmo antes de saber, muitos anos depois, que tínhamos crescido a poucas ruas de distância um do outro no Sudoeste de Londres).

The Polish Revolution, o livro de Tim, é uma obra séria de análise política. Mas é também um livro profundamente empenhado, escrito por alguém que não simula uma distância nem uma fria objetividade. A Polónia foi a Espanha de Tim, e as suas passagens sobre Gdańsk são comparáveis à descrição que Orwell faz de Barcelona na Guerra Civil Espanhola. Anos mais tarde, após uma década de ensaios brilhantes sobre o Centro e Leste da Europa, Tim veria o seu tema desaparecer diante dos seus olhos da melhor forma possível. Ele tivera razão e iria ter um papel ativo no seu desmantelamento. Nesse primeiro jantar falámos sobre Thatcher, Oxford e a Europa de Leste, arreliámos Basia

A GERAÇÃO DA COMPREENSÃO: O LIBERAL LESTE-EUROPEU

com a história da «compreensão» e passámos uma noite muitíssimo agradável. Não creio ter percebido nessa altura, mas a «compreensão» estava a tornar-se para mim um objetivo cada vez mais central, mais difícil, profundo e duradouro do que meramente «ter razão».

Conhecer Tim contribuiu mais ainda para a constituição de um novo meio: expôs a minha ignorância sobre a história da outra metade da Europa, mas, ao mesmo tempo, aproximou-me de «casa». Curiosamente, muitos dos meus contemporâneos da Europa de Leste tinham origens mais elevadas do que as minhas: eram, na maioria dos casos, filhos e filhas da elite comunista. Basia descrevia-os como a «juventude banana» – um jogo de palavras com a ideia francesa e polaca de uma «juventude dourada», uma adolescência privilegiada, para os brilhantes e para os afortunados. Para mim, as bananas lembravam uma fantasia sionista socialista; para eles, as bananas eram um sinal de graça, pois na Polónia comunista era costume só serem encontradas em lojas especiais para a elite do partido.

Agora, eu fazia parte de uma comunidade de forasteiros, uma sensação nova e bastante agradável. Mas, ainda assim, mantive uma certa distância. A minha via particular até à Europa de Leste, apesar das minhas múltiplas amizades polacas, passava pela Checoslováquia. Tinha concluído isso em Oxford, mas completamente por acaso. Em 1981, E. P. Thompson, o destacado historiador e publicista inglês de esquerda, tinha escrito um ensaio particularmente tolo na *New Statesman* que criticava um intelectual checo anónimo por este sugerir que as coisas eram piores no seu país do que no Ocidente, e indicava que a propensão da esquerda da Europa Ocidental para condenar igualmente os dois lados (ou mesmo para culpar os seus próprios governos pelas tensões internacionais) era um equívoco. Escrevi uma carta à *New Statesman* a dizer como achava provinciana a reação de Thompson e como ela era tipicamente ignorante da realidade a leste da Cortina de Ferro.

Passado pouco tempo, durante uma conversa, Steven Lukes, o sociólogo de Oxford, perguntou-me se eu estaria interessado em conhecer alguns dos seus amigos e colegas checos. Foi então que dei por mim em Londres, no apartamento de Jan Kavan. Jan, um dos ativistas estudantis da Primavera de Praga de 1968, fugira para a Grã-Bretanha em 1969 (a sua mãe era inglesa). Estava então em baixo, deprimido, a tomar medicamentos, convencido de que nem ele nem a sua terra tinham muito futuro. Dera também uma longa entrevista, com alguma promoção pessoal à mistura, à London Weekend Television, acerca

215

da rede clandestina de contrabando de livros para a Checoslováquia. Agora, Jan estava cheio de medo porque, com o entusiasmo, tinha revelado informação confidencial que podia prejudicar os seus amigos.

Como o nosso encontro coincidiu com este dilema, Jan Kavan – sobrestimando grandemente a influência de um obscuro professor de Oxford – implorou-me que usasse o meu prestígio para convencer a estação a não transmitir o programa. E assim, numa ignorância quase completa do assunto, do programa e do contexto, apresentei-me na London Weekend Television e pressionei-os no caso de Kavan. Os jornalistas presentes, sentindo precisamente o escândalo que eu tentava impedir, ficaram ainda mais interessados em emitir o programa. Julgo que nada de terrível aconteceu em consequência disso, mas aquela ação aumentou sem dúvida a reputação de Kavan como personagem algo duvidosa: a seguir à libertação do seu país, ele veio a tornar-se ministro dos Negócios Estrangeiros, mas só depois de pôr termo a boatos de que tinha colaborado como informador com as autoridades comunistas.

Entretanto, regressei a Oxford, consciente da natureza algo ridícula da minha intervenção e da extensão embaraçosa da minha ignorância. No mesmo dia, fui à livraria Blackwell's e comprei *Teach Yourself Czech* [Aprenda Checo Sozinho]. Uns meses depois, matriculei-me num curso de língua checa na universidade. E resolvi que a seu tempo iria começar a ensinar política e história contemporânea da Europa de Leste na faculdade de Política de Oxford. Seguiu-se um ano de muitas leituras: histórias nacionais convencionais, jornais de ciência política, materiais primários centrados sobretudo na Checoslováquia, mas genericamente baseados em toda a região centro-europeia.

O primeiro livro que li em checo do princípio ao fim foram as conversas de Karel Čapek com Tomáš Masaryk, um conjunto de entrevistas maravilhosamente aberto e honesto entre o escritor checo e o presidente checoslovaco. Por outro lado, tudo o que li nesses anos parecia urgente, original e imediatamente relevante. O contraste com a história francesa, imersa como me parecia nos anos 1980 em teoria cultural e marginalidade histórica, parecia-me revigorante. Acho que não me tinha apercebido de quão verdadeiramente aborrecido com a França eu estava depois de duas décadas a estudá-la. A Europa de Leste ofereceu-me um novo início.

Os meus amigos polacos por vezes viam com ceticismo este novo interesse na Checoslováquia. A língua em particular parecia-lhes com-

A GERAÇÃO DA COMPREENSÃO: O LIBERAL LESTE-EUROPEU

pletamente indigna de atenção séria. Jan Gross deu-me o exemplo de uma cena em *Otelo* em que o herói trágico grita «Śmierć!», ou seja, «morte» em polaco. Em checo, a mesma palavra é uma fiada de consoantes comprimidas «Smrt!» Para o meu ouvido inglês, não soava muito diferente em polaco, mas, para Jan, a diferença era decisiva, separando uma região eslava pequena e provinciana de um país e de uma língua com uma história orgulhosa e memorável. Acho que senti que podia dominar a história e a língua checas muito mais depressa do que conseguiria fazer no caso da Polónia, talvez precisamente pela razão dada por Jan. Mas também havia algo que me atraía na natureza de auto-apoucamento, de auto-irrisão irónica, eternamente deprimida, da cultura literária e política checa.

Só começaria a escrever sobre a Europa de Leste quando me convidassem, e isso demorou algum tempo. Daniel Chirot, o especialista da Roménia na Universidade de Washington, com quem eu havia trocado ideias sobre a sociologia do atraso, pediu-me que participasse com uma comunicação num simpósio no Woodrow Wilson Center, em Washington. No ano seguinte, em 1988, esta veio a ser «The Dilemmas of Dissidence», publicada num jornal novo: *East European Politics and Societies*. Eu pesquisava os países da Europa comunista, procurando as pequenas aberturas que os opositores tinham encontrado para a política, observando as diferenças entre os vários casos. Gorbatchov estava no poder na União Soviética desde 1985, mas em 1987 ou 1988 havia poucos sinais de que os satélites estivessem prestes a obter a sua liberdade. Este não era, portanto, um artigo triunfante, mas uma modesta tentativa de sociologia empírica de grupos concretos sobre os quais, à época, pouco se sabia.

Talvez mais do que percebi na altura, eu estava interessado na ligação entre «viver na verdade» e a política real. O artigo começava com uma citação de *O Processo*, de Kafka, na qual K. diz que, se temos de aceitar que a lei só se fundamenta na necessidade, então a mentira torna-se um princípio universal. Esta foi a minha primeira contribuição substancial para os estudos da Europa de Leste, escrita logo antes das revoluções.

A Europa de Leste abrira para mim um novo tema e uma nova Europa, mas também coincidiu com uma mudança radical de perspetiva e, segundo me parece ao refletir nisso, de maturidade. Os meus anos de Oxford, 1980-1987, e a filosofia política que eu lera e ensinara parecem ter-me inspirado uma certa modéstia e reflexão. Tinha chegado ao fim do meu caminho particular. O meu artigo «A Clown in Regal Purple», um pouco como *Socialism in Provence*, embora num tom muito diferente, representava o aproveitamento da primeira formação que eu havia recebido, fosse ela qual fosse: como os meus outros textos dos anos 1970 e do início dos anos 1980, eles revelavam destreza intelectual, uma certa inteligência ágil que *a posteriori* associo aos meus anos em Cambridge e Paris, mas também uma certa fraqueza pelo exibicionismo dialético. Assim, ao procurar demonstrar que a história social era um beco sem saída, eu tinha provavelmente exemplificado sem querer os limites da minha própria abordagem naqueles anos.

Eu crescera (por assim dizer) versado no francês (e talvez em Marx). Conhecia intimamente o meu tema: tinha com a França uma familiaridade intensa – geográfica, histórica, política, cultural e linguística. O resultado foi um pouco como viver demasiado tempo com alguém: a própria familiaridade e intimidade que tornavam tudo tão fácil podem passar a ser causas de irritação e, em última análise, de desrespeito. O checo, por outro lado, era uma língua e um mundo que eu tinha começado a descobrir na casa dos trinta. Através da leitura, eu ia entrando, com uma lentidão frustrante, num campo que nunca poderia esperar dominar como dominara a esquerda francesa. O resultado foi uma consciência devidamente humilde das minhas limitações, que não me fez mal nenhum.

E, todavia, foi graças a Oxford e à Europa de Leste que eu voltaria à história francesa, renovado e inspirado até. A minha última obra relevante como intelectual francês, por assim dizer, seria *Past Imperfect*, um ajuste de contas voluntário com o filocomunismo da esquerda francesa do pós-guerra, inspirado pelos contatos e leituras dos meus anos em Oxford. Foi lá que terminei o meu terceiro livro, *Marxism and the French Left: Studies in Labor and Politics in France 1830--1982*. Essa coletânea de ensaios até então inéditos constituía, como vejo agora, o meu próprio «adeus a tudo isso»(*). Na altura, pensei nela de forma muito diferente, como uma crónica parcial do fim do socialismo, na sua forma francesa particular.

Tal como tanto da minha obra inicial, *Marxism and the French Left* teve mais repercussão em França do que na comunidade histórica anglófona. Neste caso, devo o seu eco a François Furet, o historiador e

---

(*) Referência a *Goodbye to All That*, autobiografia, publicada em 1929, do poeta, romancista e historiador inglês Robert Graves. *(N. T.)*

A GERAÇÃO DA COMPREENSÃO: O LIBERAL LESTE-EUROPEU

obituarista da Revolução Francesa que escreveu uma introdução generosa à tradução francesa surgida em 1986. O seu *Pensar a Revolução Francesa*, publicado em 1978, era um exercício espantoso e teve em mim enorme influência. Numa série de ensaios notavelmente concisa, Furet historicizara, com êxito e definitivamente, a tradição nacional do texto histórico sobre a Revolução Francesa, explicando brilhantemente como, desde o início, as interpretações haviam sido políticas, e a forma como um modelo de análise e tratamento com duzentos anos se esgotara.

Em 1986, eu devia tirar uma licença sabática de Oxford. Há muito que tinha decidido passar o ano em Stanford, onde a Hoover Institution oferecia um espólio inigualável na história da Europa de Leste e, mais genericamente, na história intelectual europeia. Eu andava há algum tempo a planear um novo começo, um livro sobre os intelectuais franceses e a miragem comunista, baseado nas minhas novas leituras sobre história da Europa de Leste em particular. Candidatei-me a uma bolsa no Stanford Humanities Center, que me foi concedida, e passei lá o ano letivo de 1986-1987. Uma vez que casara com Patricia Hilden na Califórnia, um regresso tinha também a vantagem adicional de facilitar o início e a conclusão rápida do processo de divórcio.

Na Califórnia, tornei-me muito amigo de Helen Solanum, a bibliotecária da Europa Ocidental na Hoover Institution. Helen era amiga de Jan e Irena Gross, que nos haviam apresentado. À semelhança deles, também Helen tinha comigo muitos interesses comuns e pontos de vista coincidentes. Ela nascera na Polónia a 31 de Agosto de 1939, o dia anterior à invasão alemã do seu país, que deu início à Segunda Guerra Mundial. A sua família fugiu para leste, para a região invadida e ocupada pela União Soviética a partir de 17 de Setembro. Tal como dezenas de milhares de outros judeus, Helen e a sua família foram então deportadas em 1940 para o Cazaquistão, em condições terríveis: a sua irmã morreu lá. Depois da guerra, a família de Helen começou por regressar à Polónia, a Wałbrzych na Silésia. Ali, os seus pais recomendaram-lhe que esquecesse o russo, assim como na União Soviética fora advertida de que esquecesse o iídiche da sua família. Tinha agora seis anos e vivia em território atribuído à Polónia após a derrota alemã, e de onde os alemães haviam sido expulsos.

E era uma judia que vivia num país do qual mais de 90 por cento dos judeus tinham sido eliminados. Tendo sobrevivido à guerra no Cazaquistão, a família de Helen enfrentava agora o preconceito, a perseguição e pior, por parte da população que os rodeava. Prudentemente, não ficaram ali. Da Silésia, onde o governo polaco inicialmente planeara realojar os judeus, foram para um campo alemão para pessoas deslocadas: à semelhança de muitos sobreviventes nesses meses, sentiam-se mais seguros na Alemanha vencida do que nas terras libertadas mais a leste. Após tentativas infrutíferas para emigrar para os Estados Unidos, a família instalou-se em França, onde Helen viveria dez anos, até lhes ser finalmente concedida a autorização de entrada nos Estados Unidos.

«Solanum» não era, evidentemente, o nome da família. Deriva de «batata» em Latim: as suas memórias do Cazaquistão eram dominadas pela morte e por batatas, e, por isso, Helen escolhera uma associação com ambas num gesto de homenagem retrospetiva. Era uma linguista formidável: a juntar ao polaco, iídiche e russo da sua juventude, ela tinha aprendido bem hebraico, um francês quase nativo e, claro, um inglês perfeito, juntamente com o espanhol e o português que estudou na universidade. A amizade com Helen permitiu-me um acesso privilegiado às coleções reservadas da torre da Hoover Institution, um tesouro sem par de obscuras publicações francesas e muito mais. A Hoover Institution tem séries pequenas e valiosas de revistas, publicações periódicas, jornais de província e outros materiais quase impossíveis de encontrar em França, e ainda mais no estrangeiro.

No seu conceito original, *Past Imperfect* era para ser uma história da vida intelectual da esquerda em Paris nos anos a seguir à Segunda Guerra Mundial, coincidentes com a transição para o comunismo na Europa Central e de Leste. No final dos anos 1980, como é óbvio, tornara-se convencional em França depreciar Sartre e os simpatizantes seus contemporâneos como talentosos e influentes, sem dúvida, mas ridiculamente brandos com o comunismo. Não me interessava, porém, um ajuste de contas retrospetivo. O que tinha em mente era mais ambicioso. Eu propusera-me escrever um estudo de caso de uma limitação nacional: a flagrante incoerência, quer política quer ética, que marcara as reações intelectuais francesas à ascensão do totalitarismo.

Além disso, sempre me pareceu que esta questão só era compreensível num contexto mais amplo que abarcasse a desilusão da Frente Popular, passasse pelos anos de colaboração e resistência e entrasse no clima político deprimente e dividido da década a seguir à guerra. Era uma história com a qual os próprios franceses ainda não se tinham confrontado. No final da década de 1980, os estudiosos franceses estavam

A GERAÇÃO DA COMPREENSÃO: O LIBERAL LESTE-EUROPEU

a pôr-se a par dos seus colegas americanos e britânicos na confrontação de Vichy, dos mitos da Resistência e da história conturbada da colaboração da França na Solução Final. O culto do autoquestionamento sobre a «síndrome de Vichy» estava a chegar ao apogeu. Mas pouquíssimos historiadores sérios escreviam sobre os dilemas da Guerra Fria e os compromissos que estes implicaram. Mais uma vez, o meu tema não estava – ou não estava ainda – na corrente académica em voga. Terminei o livro em 1991, quando a União Soviética desabou.

Relendo *Past Imperfect*, surpreende-me a sua perspetiva centro-europeia. O realce da sociedade civil, por exemplo, e a minha crítica da propensão dos intelectuais para pôr a História e o Estado num pedestal refletiam diretamente o meu envolvimento em debates surgidos na Europa Central no fim da década de 1970, datados particularmente da Carta 77.

Esse conceito da vida pública, enraizado na ideia de dissensão *de* uma pólis centrada no Estado, representava um desafio direto ao conceito francês de cidadania, com a sua tónica na iniciativa e centralidade do Estado republicano. Em resultado, muitos críticos franceses perceberam essa parte de *Past Imperfect* como um ataque tipicamente *inglês* à tradição política francesa. Essencialmente, pensaram que eu estava a perguntar: porque é que os franceses não são mais como os ingleses – mais liberais, mais descentralizados? Porque é que, em suma, Sartre não é John Stuart Mill?

Mas isso era tresler o meu propósito. O que eu defendia, ou tentava defender, era muito diferente. O livro era uma ilustração e a crítica de um modo distintamente francês de conceber o lugar do Estado – um conceito de forma alguma, é óbvio, confinado à França, embora as suas origens residam no século XVIII francês – que várias vezes causou grande prejuízo ao espaço cívico. Esta era uma crítica que emanava natural e organicamente da experiência, na metade oriental da Europa, da política centrada no Estado; mas, em 1992, ela era ainda substancialmente desconhecida para muitos leitores ocidentais, sem contar com críticos franceses susceptíveis.

Era uma crítica liberal, mas talvez o liberalismo não fosse tão reconhecível como eu gostaria. Não estava interessado na argumentação tradicional contra o planeamento económico, nem tinha remota simpatia pelo consenso emergente das críticas ao estado-providência. Apesar da minha grande atenção a um tempo e lugar histórico particulares, a minha argumentação era essencialmente concetual e até ética:

221

a indecência intelectual e imprudência política de atribuir a qualquer instituição, qualquer narrativa histórica monopolista, qualquer pessoa ou partido político único, a autoridade e os recursos para regular e determinar todas as normas e formas de uma vida pública bem ordenada. A boa sociedade, como a própria bondade, não pode ser reduzida a uma única origem; o pluralismo ético é a condição prévia necessária para uma democracia aberta.

Gostava de acompanhar essa ideia e de ver se não podemos usá-la para unificar os períodos anteriores e posteriores à Segunda Guerra Mundial. A ideia do bem único, uniforme, leva-nos de volta à nossa discussão das Frentes Populares, já que toda a premissa da política internacional anterior à guerra era a redutibilidade da ética a uma unidade, e a expressão dessa unidade num sistema único. À esquerda, a exemplificação política do antifascismo é a Frente Popular, que reduz a Europa a fascistas e antifascistas e que é concebida em última análise para proteger a pátria da revolução, a União Soviética. E, como observaste em relação à Espanha, a forma como os soviéticos instalaram governos na Europa de Leste foi precisamente o modelo da Frente Popular.

Sim, a Frente Popular tem de ser o ponto de partida se quisermos compreender a política do fim dos anos 1940. Na Europa de Leste, havia comunistas no governo, ou como parte de uma coligação governante, procurando maneira de dominar alguns ministérios fundamentais, embora muito menos preocupados, de início, com os altos cargos do Estado. O apelo à noção de uma Frente Popular, a um governo de unidade nacional, era uma máscara atrás da qual se podia, por exemplo, absorver o partido socialista local. Separavam-se os socialistas anticomunistas irreformados, que era impossível seduzir, dos mais moderados, que queriam uma unidade de esquerda ou eram vulneráveis à pressão comunista, ou tinham medo apenas.

Ficava-se com um grande partido de esquerda, que consistia em comunistas e em qualquer resquício do partido socialista que se tivesse conseguido juntar. Encorajava-se então o equivalente local dos radicais da Frente Popular, ou dos democratas-cristãos ocidentais do pós-guerra, a alinhar com a frente progressista – novamente separando-os dos seus membros mais previdentes ou recalcitrantes, geralmente uma

A GERAÇÃO DA COMPREENSÃO: O LIBERAL LESTE-EUROPEU

minoria. E assim arranjava-se um grande partido-tenda, ou frente, ou coligação unitária, que então ficava em posição de justificar medidas repressivas contra os partidos que não conseguia absorver. Possivelmente, isso é o que a Espanha foi em miniatura, particularmente Barcelona, em 1938. Em França, Léon Blum escreveu, em fevereiro de 1948, um editorial no jornal socialista *Le Populaire*, reconhecendo que se tinha enganado ao acreditar que era possível aos socialistas trabalhar com os comunistas.

De um modo mais profundo, havia naquele período, de meados dos anos 1930 até meados dos anos 1950, uma unidade que foi óbvia à época e que hoje está encoberta. É uma unidade de sensibilidade; é uma unidade de contexto social e cultural, em que tanta coisa mudou a partir de meados dos anos 1950. Na realidade, a Segunda Guerra Mundial não pode ser enquadrada em seis anos. Não faz qualquer sentido principiar o nosso conhecimento da Segunda Guerra Mundial no dia em que a Grã-Bretanha declara guerra à Alemanha, ou quando a Alemanha invade a Polónia, o que ainda é arbitrário. Para os europeus de Leste, não faz sentido terminar a história em maio de 1945. Limitar o relato a 1939-1945 só é válido para países muito pouco afetados pelas frentes populares, pela ocupação, pelo extermínio e pela reocupação ideológica ou política nos anos subsequentes. O que significa que é uma história que só faz sentido em Inglaterra.

A experiência leste-europeia começa com a ocupação, com os anos de extermínio, com o encontro germano-soviético. A história francesa não faz sentido se separarmos Vichy do que veio depois – porque muito do que veio depois foi em função de se lembrar ou lembrar mal Vichy. E Vichy não faz sentido se não percebermos a guerra civil *de facto* em que a França se encontrava desde a Frente Popular até ao ataque alemão. Toda essa história é ensombrada pela Guerra Civil Espanhola, que termina em Abril de 1939 mas que ocupa na realidade um lugar central na nossa compreensão não só dos propósitos soviéticos, mas das reações ocidentais. E essa história tem de começar, como a da Frente Popular francesa, com a vitória da esquerda nas eleições de 1936. E, num tom muito diferente, a fé no comunismo, as ilusões (obstinadas ou ingénuas) com o estalinismo, tanto no Ocidente como no Leste, não fazem sentido se começarmos em 1945 – ou continuarmos depois de 1956, quando as circunstâncias mudam muito acentuadamente. Faria portanto sentido tratar os anos 1936-1956 como um único período da história europeia.

*No caso muito especial de França, uma continuidade nes-
sas duas décadas é a consideração pelas realizações da União
Soviética. Furet defende que Sartre e os outros estão amarrados
pelo imaginário da Revolução Francesa, e, assim, inclinam-se
a ver a Revolução Bolchevique como um eco daquela. Querem também adotar essa revolução no interior de uma história
francesa, de certa forma, fazer do universal francês e do francês universal. E eu estava a pensar se isso não faz parte daquele dilema patético dos intelectuais franceses do pós-guerra, de
que ainda estavam a trabalhar para tornar a União Soviética
francesa.*

A projeção da Revolução no estrangeiro tem uma dupla importância. Primeiro, é a projeção emocional da França como o Reino do
Meio, o modelo francês na sua desejabilidade e na sua primazia natural. Sabes, nesse sentido é mais fácil perceber os franceses se nos
lembrarmos dos americanos, essa tendência para supor que o resto do
mundo está só à espera de ser como nós. Mas o reverso deste aspecto,
claro, é a noção marxista de que as revoluções têm uma estrutura, de
que nas revoluções há uma história, que faz parte de uma história sobre a História, e a Revolução que acontece na Rússia deve ser em certo
sentido a versão local – salvaguardando as diferenças no tempo e as
circunstâncias – da que aconteceu em França. Não é a sua revolução
republicana, mas pelo menos é a sua revolução antifeudal. E, *mutatis
mutandis*, mais violenta porque a Rússia é muito maior e menos civi-
lizada do que a França.

*Também me parece que autoriza uma espécie de falso rea-
lismo: sabemos que as revoluções são sangrentas porque passámos por uma, e portanto pensa-se que se está a ser duro e
até adequadamente cínico, quando afinal se é apenas ignorante
e ingénuo.*

Lembra-te de que, depois da Segunda Guerra Mundial, aumentou
significativamente o realismo másculo na escrita intelectual francesa:
particularmente entre as mulheres. Foi Simone de Beauvoir quem defendeu que o único colaborador bom é o colaborador morto. Sartre
falava de a ocupação ter sido sexual, com os alemães a «penetrar» os

A GERAÇÃO DA COMPREENSÃO: O LIBERAL LESTE-EUROPEU

franceses. É a posição de «duro» implícita do existencialismo: somos feitos das escolhas que fazemos, mas as escolhas que fazemos não estão em aberto, elas são as que a história nos apresenta.

Era desta maneira que os franceses explicavam Marx n'*O 18 do Brumário*: «Os homens fazem a sua história, mas não a fazem em circunstâncias escolhidas por eles, e sim em circunstâncias diretamente encontradas, dadas e transmitidas pelo passado.» Bom, diz o existencialista do pós-guerra, cá estamos nós, a ter de fazer a nossa história, mas não fomos nós que escolhemos as circunstâncias. E os russos também não. A nossa escolha é abandonar a Revolução ou aceitar as suas limitações.

Na tua obra Past Imperfect, *o colapso da república francesa em 1940 desempenha um papel importante, mas surge nas entrelinhas, como se nós, leitores, já tivéssemos uma ideia de como Vichy deve ter sido e de como a guerra deve ter sido para a França. Só que na verdade isso não está no livro.*

Vichy foi um choque cataclísmico de um modo que eu julgo não ter aferido plenamente nessa altura. Acho que nós, anglo-americanos, nem sequer conseguimos começar a perceber o que significou para aquela geração de franceses assistir não só à derrota, mas ao fim da República. O país desmoronou-se não só institucionalmente mas moralmente, de todas as formas. Já não havia uma República, só gente em fuga. Havia políticos republicanos experientes que estavam assustadíssimos não com a ideia de uma vitória alemã, mas com uma revolta comunista que julgavam ir resultar dela. Assim, precipitavam-se nos braços dos alemães, ou de Pétain ou de quem quer que os salvasse. Guerreiros – Pétain, Weygand, muitos outros da Primeira Guerra Mundial que eram ícones de França entre as duas guerras – faziam fila para dar aos alemães tudo o que quisessem. Tudo isto em seis semanas apenas.

O fim da guerra não foi muito melhor. Para a França, a Segunda Guerra Mundial são quatro anos de ocupação, seguidos por alguns meses de libertação, que consistem sobretudo em bombardeamentos americanos e numa conquista americana, assim parecia, do país. Não havia tempo para digerir o significado de tudo isto. A nação fora artificialmente reformulada entre as guerras como uma Grande Potência. A América tinha-se recolhido ao isolamento, a Inglaterra ao semi-isolamento, a Espanha desmoronara-se internamente, a Itália estava

225

sob o controlo de Mussolini, a Alemanha caíra no nazismo, a França era a única potência democrática significativa que restava na Europa.

Após 1945, essa história ruiu. Os franceses tinham de reconstruir a sua comunidade, perceber as suas divisões e reafirmar os seus valores comuns. Não só tinham de descobrir algo de que se pudessem orgulhar, como uma história que pudesse unir o país. Mas esse sentimento, estreitamente ligado à atmosfera de resistência e libertação, logo foi substituído pela consciência de que a recuperação da França dependia da restauração da Europa, algo que não era possível alcançar sem a proteção e ajuda americanas. Mas esse era o ponto de vista de uma elite administrativa pequena e bem informada.

Os intelectuais conservaram-se resolutamente anti-europeus – ou no máximo não-europeus. A maioria (Raymond Aron é a excepção mais conhecida) via os planos para a unificação ou integração europeia como uma trama capitalista, e não se tornou menos anti-americana: considerava a nova hegemonia dos EUA pouco mais do que uma conquista imperial – ou, pior, a vitória alemã por outros meios. Para eles, a França tivera a infelicidade suplementar de ser apanhada no lado errado da Guerra Fria.

Por isso, havia em França tanta insistência na neutralidade. Muito poucos acreditavam realmente que a França pudesse ser neutra numa guerra entre a União Soviética e os Estados Unidos ou a Inglaterra. Mas existia um sentimento muito difundido de que a França devia ser, na medida do possível, neutra em conflitos entre as Grandes Potências, simplesmente porque não tinha interesse neles. A desconfiança na Grã-Bretanha era generalizada devido à destruição da esquadra francesa pela Royal Navy durante a guerra e aos acordos secretos de Londres com Washington no fim da guerra – acordos que a França ia sempre descobrindo após o facto. Por isso, entre uma consciência rancorosa de que a França já não podia avançar sozinha e a desconfiança em relação aos novos «amigos» do país, muitos intelectuais à esquerda e à direita inventaram efetivamente um mundo pós-guerra à sua imagem: um mundo que se conformava com as suas ideias e ideais mas que tinha pouco que ver com a realidade internacional.

A seguir à guerra, a França é uma grande potência, embora só intelectualmente. De facto, parece que o carácter autossuficiente, discursivo, da política esquerdista em França importa mais à medida que a própria França importa menos.

A GERAÇÃO DA COMPREENSÃO: O LIBERAL LESTE-EUROPEU

Portanto, se os camponeses franceses adoptam no século
XIX *um programa que na realidade não é do seu interesse, mas*
graças a isso são eleitos socialistas, como na França do teu
segundo livro sobre a Provença, não tem tanta importância.
Se Léon Blum tem de se desenvencilhar com o seu marxismo
nos anos 1930 e se vê de mãos atadas, talvez seja um desastre
nacional; se Blum fica mais confuso do que devia quando final-
mente chega ao poder, é um desastre europeu. Mas, depois da
guerra, quando a França tem a menor das importâncias como
potência tradicional, então – pelo menos parece-me que é o
teu argumento se considerarmos os livros todos – o discurso
importa mais porque a França só tem importância na medida
em que as pessoas lhe dêem ou não dêem ouvidos.

Está muito bem dito e sumariado. Acho que havia muita coisa a
acontecer ao mesmo tempo nos anos do pós-guerra. O interesse latino-
-americano pelas coisas francesas teve o seu auge nos anos 1940 e
1950. A América, em particular Nova Iorque, ainda parecia provinciana, pelo menos em questões intelectuais: nada vinha da América que
fosse comparável ao panorama europeu. Nesses anos, a maioria dos
intelectuais americanos teria concordado: ainda estavam dominados
pela civilização europeia dos seus pais e avós. Lembra-te também de
que toda uma nova geração de intelectuais europeus tinha emigrado
recentemente para a América graças ao comunismo e ao nazismo. A
seu tempo reconstruiriam e revitalizariam a vida intelectual americana,
desalojando no processo a França e a maior parte da Europa. Mas,
por enquanto, a Europa conservava a sua centralidade intelectual – e a
França era o único país que contava na Europa. Além disso, o francês
ainda era a única língua estrangeira à qual a maioria dos forasteiros tinha fácil acesso, pelo que os textos e pensadores franceses eram acessíveis. Mais uma vez, e pela última, Paris tornou-se a capital do século.

Há portanto uma continuidade da ilusão. E a desilusão?
Se usarmos este argumento, agora numa escala europeia, entre
1936 e 1956, quais são os momentos fundamentais em que as
pessoas se desiludem com o comunismo?

O ano de 1936 assistira a uma renovada ilusão com o marxismo:
o renascimento da fé no marxismo como política popular em países

227

que não tinham visto ação política de massas desde o início dos anos 1920. A Frente Popular não significou apenas vitórias eleitorais em Espanha e França, mas também greves, ocupações, manifestações – o renascimento da política popular da esquerda. Para a maioria dos observadores da esquerda, a guerra civil em Espanha teve o mesmo efeito. Por cada Koestler ou Orwell, ou Georges Bernanos em França, havia dúzias e dúzias de jornalistas de esquerda que escreviam com entusiasmo sobre o papel positivo que os comunistas estavam a ter na defesa da República Espanhola durante a Guerra Civil.

Veio então o Pacto Molotov-Ribbentrop em Agosto de 1939 – a aliança entre Estaline e Hitler. Isso foi uma desilusão para os apoiantes moderados e para os comunistas mais velhos. Não parece ter causado dano na fé da geração mais dura, mais jovem, recrutada nos anos 1930. Mas aqueles que foram ter ao comunismo porque odiavam o fascismo, e não porque acreditavam na história e na Revolução, ficaram profundamente abalados com o pacto.

Em dois anos, porém, os próprios motivos para desesperar de Estaline eram agora razões para mais uma vez se juntarem a ele. Hitler atacou a União Soviética a 22 de Junho de 1941. Por essa altura, tornou-se plausível defender, retrospetivamente, que o Pacto Molotov--Ribbentrop tinha sido um estratagema brilhante. Estaline não tivera escolha: a Alemanha era poderosa e o Ocidente tinha manobrado cinicamente para deixar que ele e Hitler se destruíssem – porque é que Estaline não haveria de se proteger até estar em posição de defender a pátria da Revolução?

Quanto ao desfecho da Segunda Guerra Mundial, também ele parecia confirmar a sabedoria previdente dos brutais cálculos de Estaline. Os aliados ocidentais da União Soviética e muitos dos seus cidadãos estavam mais que dispostos a aceitar a versão soviética dos acontecimentos como paga do papel de Moscovo na derrota do nazismo. Não foi só a propaganda soviética que apresentou o fuzilamento em massa de prisioneiros polacos em Katyn, por exemplo, como um crime de guerra alemão e não soviético. A maioria dos ocidentais achava esta versão dos acontecimentos perfeitamente credível; e mesmo se tinham dúvidas, preferiam guardá-las para si.

A grande mudança deu-se com os golpes comunistas e a Guerra Fria, que obrigaram muitos intelectuais a fazer o que tinham conseguido evitar desde os anos 1930: distinguir entre os interesses das democracias ocidentais e os interesses da União Soviética. Na década

A GERAÇÃO DA COMPREENSÃO: O LIBERAL LESTE-EUROPEU

de 1950, era já muito difícil disfarçar a escolha: como se podia ser defensor da França republicana e democrática e, ao mesmo tempo, da União Soviética de Estaline, exceto a um nível de abstração histórica sem relação com a política real?

Depois de 1947, não se podia apoiar o Partido Comunista em França e Itália e ainda afirmar que se era defensor da democracia liberal. Porque a própria União Soviética não acreditava que isso fosse possível, os progressistas foram obrigados a escolher, por pouco que quisessem fazê-lo. Essa questão fundamental imbuía a escolha de todos, mesmo que o momento da decisão variasse consoante o país e a circunstância. Para alguns, o ponto de ruptura chegou com as eleições visivelmente viciadas na Polónia em janeiro de 1947; para outros, foi o golpe na Checoslováquia em fevereiro de 1948, o bloqueio de Berlim que principiou em junho desse ano e demorou quase um ano, ou a invasão norte-coreana da Coreia do Sul em junho de 1950.

Para muitos dos que eram ainda comunistas leais quando Estaline morreu em março de 1953, o momento revelador chegou com o «discurso secreto» de Khrutchov em fevereiro de 1956. Khrutchov tentou salvar o núcleo leninista abandonando a aura estalinista – um embaraço considerável para homens e mulheres que tinham passado uma vida inteira a justificar Estaline por referência a Lenine. Quanto à revolta húngara que se seguiu pouco depois, acho que teve mais importância para os amigos e apoiantes periféricos do comunismo. Ela demonstrou que, em vez de deixar um país erguer-se livremente sob a sua autoridade, até a União Soviética de Khrutchov enviava tanques e matava pessoas para alcançar os seus fins.

Entretanto, os eleitorados do Ocidente tornavam-se menos ideológicos e menos conflituosos: os seus interesses eram agora mais provincianos e, acima de tudo, económicos. O que isto significa é que o marxismo como linguagem de escalada do confronto político e social se tornou marginal à cultura política. Começou por recuar para a *intelligentsia*, e daí para a academia, onde se perdeu na década de 1970.

> *Parece-me que qualquer pessoa que em 1956 tenha ficado desiludida pelo uso da violência já não devia acreditar no comunismo. Porque uma imensa parte da atração do comunismo, pelo menos entre os intelectuais, tinha de facto que ver (como Koestler referiu sobre a sua juventude) com um certo gosto pela violência. E Merleau-Ponty também torna isso explícito.*

229

*E eu inclino-me a pensar que uma das coisas que também es-
tão a acontecer em 1956 é o facto de o veredito de Khrutchov
sobre Estaline, de que não se aprovariam mais violências do
género, tornar o marxismo e a URSS menos interessantes.*

A violência agorá está desligada das ideias, ou pelo menos de ideias grandiosas. O compromisso húngaro que se seguiu ao levantamento de Budapeste em 1956 é revelador, mas mais sobre a política do que sobre a ideologia, ou até a economia. János Kádár de certa maneira reforma a economia, enquanto nega que o esteja a fazer ou que o que está a fazer de algum modo comprometa o sistema. Os húngaros são autorizados a consumir e são mais ou menos deixados em paz, desde que não trabalhem ativamente contra o sistema. «Vocês fingem que trabalham, e nós fingimos que pagamos.» Aquele que não está contra nós está connosco. Do ponto de vista de Moscovo e dos seus satélites e do Ocidente, a lógica é similar: «Vocês fingem que acreditam, e nós fingimos que acreditamos em vocês.»

A invasão da Hungria enfraquece a fé intelectual na União Sovié-tica, segundo a narrativa que esta apresentara durante os trinta anos precedentes. Doze anos mais tarde, os tanques soviéticos estão em Pra-ga, derrubando o movimento de reformas que recordamos como a Primavera de Praga. E não é tudo. A intervenção na Checoslováquia destrói a fé na própria narrativa marxista não só na União Soviética, não meramente no leninismo, mas no marxismo e na sua descrição do mundo moderno.

Entre Budapeste em 1956 e Praga em 1968, dá-se a grande época do revisionismo na Europa de Leste e Ocidental. O revisionismo fez surgir no Leste a ilusão de que era possível e valia a pena obter uma certa margem para dissensão cuidadosamente negociada. Ele enceta no Ocidente a ilusão de que é coerente ser um comunista discordante, ao passo que a categoria «ex-comunista» era ainda vista com maus olhos. No Leste, uma última geração é atraída para o marxismo: a geração de Leszek Kołakowski, o revisionista mais interessante da dé-cada de 1960, antes de se tornar o mais profundo crítico do marxismo na década seguinte. A geração mais jovem na Europa Ocidental, se é atraída pela política radical, é atraída para uma versão do marxismo que nem sequer está interessada nos problemas da União Soviética ou da Europa de Leste.

A GERAÇÃO DA COMPREENSÃO: O LIBERAL LESTE-EUROPEU

Os reformadores checos de 1968 estiveram entre os últimos no Leste a incorporar esse tipo de atitude ingénua, revisionista, para com a própria política: nós, checos, podemos ser um modelo de marxismo, tanto que podíamos ensinar uma ou duas coisas ao Ocidente e também a Moscovo.

No Ocidente, os soviéticos passam do centro para a irrelevância. Khrutchov começa o processo, Brejnev termina-o. A sua justificação para a invasão da Checoslováquia pelo Pacto de Varsóvia, a Doutrina Brejnev de «assistência fraterna», é obviamente uma capa para a política de grande potência; e o que ele esmaga é obviamente um movimento de marxistas, de comunistas. É violência, mas já não é interessante: é tradicional, em vez de pessoal ou ideológica. A Doutrina Brejnev é um álibi, não uma teoria. E, entretanto, a URSS ganha rivais ao título de pátria da revolução.

Exato. Havia três maneiras de continuar a ser um crítico vociferante de todo o projeto soviético e de ainda se estar na extrema-esquerda. A primeira e menos importante era o que Perry Anderson chamava marxismo ocidental: os obscuros intelectuais da esquerda marxista alemã, italiana, francesa ou inglesa que tinham sido derrotados pelo comunismo oficial, mas que continuavam a proclamar-se porta-vozes de um certo género de marxismo radical, internamente consistente, entre os quais Karl Korsch, György Lukács, Lucien Goldmann e, com mais importância e de um modo um pouco diferente, Antonio Gramsci. Mas todos eles eram como Rosa Luxemburgo, cuja imagem também fora ressuscitada nesses anos, e o próprio Trotski: tinham a notável virtude de ser perdedores. O trunfo soviético esteve do lado vencedor da História entre 1917 e 1956: desde então, os perdedores começaram a ter bom ar. Pelo menos, tinham as mãos limpas. A redescoberta desses dissidentes individuais – quer declarados, quer clandestinos, sendo o mais marginal Karl Korsch, e Antonio Gramsci o mais relevante – tornou-se um modo de académicos e intelectuais se situarem numa posição de dissidência de um marxismo respeitável. Mas essa nova genealogia surgiu à custa de uma distanciação da história real do século xx.

A segunda maneira, ligeiramente mais importante, pela qual se tornava possível pensar-se que se ultrapassava o comunismo pela esquerda, foi a identificação com o jovem Marx. Isso significava partilhar a renovada apreciação e ênfase dada a Marx filósofo, hegeliano e teórico da alienação. Os textos de Marx até ao início de 1845, principalmente os *Manuscritos Económico-Filosóficos*, de 1844, passavam agora para o centro do cânone.

Ideólogos do partido como Louis Althusser a isso se opuseram com afã, insistindo até ao absurdo que havia uma ruptura epistemológica no marxismo e que nada do que Marx escrevera antes de 1845 era realmente «marxista». Mas a vantagem de redescobrir o jovem Marx era o facto de fornecer todo um novo vocabulário. O marxismo torna-se uma linguagem mais difusa, acessível a estudantes e útil para categorias revolucionárias novas, substitutas – mulheres, homossexuais, os próprios estudantes, etc. Estas podiam ser rapidamente inseridas na narrativa, apesar de não terem uma ligação orgânica com o proletariado operário.

O terceiro fator, e o mais importante, claro, foi a Revolução Chinesa e as revoluções rurais então em curso na América Latina, na América do Sul, na África Oriental e Ocidental e no Sudoeste Asiático. Parecia que o centro de gravidade da história se tinha deslocado do Ocidente, e mesmo da União Soviética, para sociedades inequivocamente camponesas. Essas revoluções coincidem com o florescimento de estudos sobre o campesinato e a revolução agrícola na Europa e nos Estados Unidos. O comunismo camponês de Mao tinha uma virtude distinta: podia dar-se-lhe o significado que se quisesse. Além disso, a Rússia era europeia, enquanto a China era «o terceiro mundo»: uma consideração cada vez mais importante para uma geração mais nova que achava a Europa e a América do Norte uma causa perdida para a esquerda.

> *Bem, é um aspecto em que a União Soviética falha tendo êxito. A ideia de Lenine, ou o desvio, dependendo do ponto de vista, era que se podia construir uma réplica da sociedade burguesa, industrial a seguir à Revolução...*

E depois derrubá-la...

> *... a partir de dentro e construir o socialismo. E o que em vez disso acontece é que, na altura em que se constrói a réplica do capitalismo, o original evoluiu para algo muito mais agradável. E ficamos com a réplica, que parece cada vez mais*

A GERAÇÃO DA COMPREENSÃO: O LIBERAL LESTE-EUROPEU

desinteressante e incapaz de competir quer com os confortos do Ocidente, quer com as excitações do Terceiro Mundo.

A União Soviética passa de horrível a aborrecida, aos olhos dos seus críticos, e de esperançosa a uma promessa por cumprir, aos olhos dos seus apoiantes.

Pensa no próprio Nikita Khrutchov. Por um lado, vai à América e envolve-se numa discussão com Nixon sobre quem faz melhores frigoríficos. Por outro lado, volta a Moscovo e permite-se um entusiasmo revolucionário com Cuba. Portanto, a União Soviética fica duplamente mal: é uma pobre cópia da América e está desesperada por se ver renovada em Cuba.

Ao passo que Mao e (depois dele) outros Maos menores noutras partes não têm essa ambição dupla. E a Revolução Cultural, que na verdade é uma espécie de réplica feroz de aspectos do estalinismo, foi entendida no fim dos anos 1960 pelos meus contemporâneos em Cambridge como uma refrescante explosão de energia e determinação juvenil para renovar permanentemente a Revolução, em contraste com os velhos serenos de Moscovo.

A China é outro aspecto em que o êxito de Lenine é o seu fracasso. Porque aquilo com que Lenine e Trotski contavam era que, caso tivessem uma revolução prematura num país atrasado, as revoluções maduras se sucederiam no Ocidente industrializado ou nos países em industrialização. E não é isso que acontece; o que acontece é que a revolta leninista se torna a coisa em si. Torna-se o modelo de revolução que se pode espalhar a outros países agrários, *ainda menos adequados à revolução de uma perspetiva marxista.*

A destruição estalinista da *intelligentsia* soviética foi gradual. E essencialmente a retalho. Mao assassinou por atacado; Pol Pot foi universal. O que é que se faz perante o risco de os intelectuais, os habitantes urbanos ou a burguesia (o que dela resta) poderem formar uma oposição descontente, crítica, ou até um potencial de oposição dissidente, ainda inexistente? Proíbe-se. Aniquila-se. Na altura em que a lógica do extermínio revolucionário chega ao Camboja, os propósitos ideológicos comunistas fundiram-se com as categorias coletivas nazis.

233

PENSAR O SÉCULO XX

Temos estado a falar como se a única história fossem as desilusões dos anos 1950 e 1960. Mas houve um grupo de críticos intelectuais do marxismo e da União Soviética que ou estavam desiludidos com o marxismo muito antes ou, em alguns casos, nunca quiseram ter grande coisa que ver com este: os liberais da Guerra Fria.

A verdadeira Guerra Fria ao nível intelectual e cultural, e em muitos países também ao nível político, não se travou entre a esquerda e a direita, mas *no interior* da esquerda. A verdadeira linha de fratura política deu-se entre comunistas e companheiros de viagem simpatizantes, de um lado, e sociais-democratas, do outro – com casos especiais como na Itália, onde os socialistas estiveram algum tempo ao lado dos comunistas. Culturalmente, a linha de fratura foi desenhada pela política cultural herdada dos anos 1930.

Uma vez isto entendido, podemos ver quem foram os liberais da Guerra Fria. Foram pessoas como Sidney Hook, um judeu marxista que se tornou não-marxista, mas especialista em Marx, que frequentou o City College em Nova Iorque. Ele nasceu em 1902, na comunidade judaica imigrante de esquerda, em Brooklyn, atraída pelo comunismo como ideologia. Hook sentiu repulsa pela ascensão de Estaline e durante algum tempo simpatizou com Trotski. Depois veio a considerar Trotski ou um iludido, ou uma variante do leninismo que em si não era significativamente superior a Estaline. Tornou-se um crítico agressivamente socialista do comunismo.

«Agressivamente socialista» é um aspecto decisivo. Nada há de reacionário em Sidney Hook. Ele nada tem de direita, embora tenha sido conservador em alguns dos seus gostos culturais, como muitos socialistas. Tal como Raymond Aron, esteve do lado oposto da barreira em relação aos estudantes dos anos 1960. Deixou a Universidade de Nova Iorque desgostado com a incapacidade da universidade de fazer face aos protestos e ocupações – era uma posição típica de liberal da Guerra Fria. Mas, internamente, a sua posição foi sempre de esquerda moderada e uma herança direta da tradição socialista do século XIX.

Raymond Aron, nascido três anos depois de Hook, tinha muito em comum com ele. A geração de liberais da Guerra Fria – em muitos casos nascida no primeiro decénio do século XX – era um pouco mais velha do que os progressistas comuns, cuja experiência definidora foi

A GERAÇÃO DA COMPREENSÃO: O LIBERAL LESTE-EUROPEU

a Segunda Guerra Mundial, e não a década de 1930. Aron era judeu, como Hook – embora isso tivesse menos importância na sua geração de intelectuais franceses –, e recebeu uma educação de elite na École Normale Supérieure, e não uma educação universitária pública. Mas, assim como Hook, tornou-se um importante especialista do marxismo – embora, ao contrário de Hook, nunca tenha sido marxista. A sua aversão ao poder autoritário foi moldada pela observação direta do nazismo durante uma estada prolongada na Alemanha.

Após a Segunda Guerra Mundial, Aron foi da opinião de que para os europeus a escolha entre a América e a União Soviética era em função não de qual dos dois era um bom lugar, mas de qual dos dois se achava menos mau. Aron costuma ser erradamente considerado uma espécie de conservador de direita: nunca o foi. De facto, por qualquer padrão convencional, ele era da esquerda moderada. O seu desprezo, porém, reservava-o não para as idiotices da direita – para as quais não tinha qualquer tempo –, mas para a tolice da esquerda simpatizante do comunismo, incluindo os ex-amigos Jean-Paul Sartre e Simone de Beauvoir.

Havia pessoas como Hook ou Aron na maioria dos países europeus: bem informadas sobre o marxismo e com poucas ilusões sobre os Estados Unidos. Não tinham problema em identificar o que estava mal na América – o racismo, uma história de escravatura, capitalismo na sua forma mais crua –, mas essa já não era a questão. A escolha que se enfrentava era entre dois grandes agrupamentos imperiais: só era possível, e de facto desejável, viver num deles.

É claro que havia variações. Alguns liberais da Guerra Fria ficavam descontentes e embaraçados quando confrontados com as formas mais extremas de anticomunismo de direita. Outros, como Hook e Arthur Koestler, não ficavam embaraçados de todo. É inevitável, como dizia Koestler, que as pessoas estejam certas por razões erradas. Os liberais da Guerra Fria nunca exprimiram outra coisa senão repugnância pelo macartismo na política americana, mas também insistiram que havia uma verdade central que McCarthy, Nixon e outros haviam identificado. O comunismo era *mesmo* o inimigo: era preciso fazer uma escolha, e não se podia fingir que existia uma terceira opção.

Foram os liberais da Guerra Fria que dominaram organizações como o Congresso para a Liberdade Cultural, que publicaram revistas como a *Encounter* ou a *Preuves*, e outras, e que organizaram contra-reuniões bem divulgadas contra a propaganda de paz comunista.

Hoje sabemos até que ponto os liberais da Guerra Fria não estavam só a organizar-se, mas a ser organizados.

As publicações e os congressos daqueles anos foram financiados pela CIA, principalmente através da Fundação Ford. Talvez eu esteja aqui a ser insensível a alguma coisa, mas a minha opinião sobre o assunto é mais ou menos esta: as guerras culturais dos anos 1950 eram em grande parte dirigidas, nos dois lados, por organizações de fachada. Nas circunstâncias da época, quem somos nós para dizer que os sociais-democratas e os liberais deviam ter recusado recursos financeiros para combater uma gigantesca máquina de propaganda soviética?

A CIA estava a financiar um Plano Marshall propagandista. Mas lembra-te do que era a CIA no início dos anos 1950. Não era o FBI e ainda não era a CIA pesadona, incompetente, servil, dos anos pós--Reagan. Ela ainda contava com muitos dos jovens inteligentes que haviam lá entrado através do OSS do tempo de guerra, e eles tiveram bastante discernimento na forma como escolheram trabalhar contra a subversão e propaganda soviéticas.

Raymond Aron refere-o muito bem nas suas memórias. Quero dizer, indica ele, devíamos ter pensado: de onde vem este dinheiro? Não pensámos. Mas se nos tivessem encostado à parede, provavelmente admitíamos que vinha de alguma fonte que preferíamos ignorar. Aron tem razão: não eram pessoas com grande experiência governativa. O próprio Aron só esteve seis meses em funções no ministério da Informação encabeçado por André Malraux em 1945, a sua única experiência de governo. Koestler nunca dirigiu nada. Hook era professor de filosofia.

Em termos intelectuais, existe um distinto liberalismo de Guerra Fria?

É melhor pensar nos liberais da Guerra Fria como herdeiros do progressismo americano e do *New Deal*. É a sua *formação*, no sentido francês da palavra, foi assim que foram moldados, foi o que os formou intelectualmente. Viram o estado-providência e a coesão social que podia gerar como uma maneira de evitar o extremismo político dos anos 1930. Era isso que alimentava e inspirava o seu anticomunismo. Este também era motivado por antecedentes que muitos partilharam

A GERAÇÃO DA COMPREENSÃO: O LIBERAL LESTE-EUROPEU

antes de 1939, no ativismo antifascista. As organizações antifascistas, as frentes, os movimentos, as publicações, as reuniões, os discursos dos anos 1930 têm a sua contrapartida no liberalismo anticomunista dos anos 1950.

Antes de 1939, os progressistas e os liberais estavam à defesa. A noção de um campo intermédio defensável era comprimida entre os argumentos e apelos do fascismo e do comunismo. Como escreve Mark Mazower em *Dark Continent*, se parássemos o tempo em 1941, seria difícil argumentar que a história estivesse obviamente do lado da democracia. Mas a década de 1950 foi diferente.

O optimismo dos liberais da Guerra Fria nasceu da vitória na Segunda Guerra Mundial e da resolução inesperadamente bem sucedida da imediata crise do pós-guerra. O comunismo não avançou mais na Europa depois de 1948 ou 1949, no máximo, com a Alemanha de Leste, e entretanto os americanos tinham-se mostrado capazes de apoiar instituições económicas e democráticas liberais no resto da Europa e estavam dispostos a isso. Os liberais da Guerra Fria acreditavam que a história estava do seu lado: o liberalismo não só era um modo de vida possível e defensável, mas iria triunfar sobre os seus adversários. Tinha de ser defendido não porque fosse inerentemente vulnerável, mas porque tinha perdido o hábito de afirmar agressivamente as suas virtudes.

Há pouco citaste Koestler acerca da inevitabilidade de as pessoas estarem certas por razões erradas. Essa citação tem uma segunda parte: fugir dessas pessoas revela falta de autoconfiança. Se houve um acontecimento que então minou a confiança de alguns liberais da Guerra Fria, e estou a pensar em Aron em particular, foram as revoltas estudantis europeias de 1968.

No caso de Aron, foi também a Guerra dos Seis Dias em 1967. Ele ficou profundamente perturbado pela aversão a Israel e aos judeus publicamente expressa por Charles De Gaulle e, como muitos judeus seculares da sua geração, começou a pensar se a sua identidade judaica e a sua relação com Israel não deviam ter um peso maior no seu sentido político e de finalidade coletiva do que lhes concedera até então.

O ano de 1968 é decisivo porque aparecia uma nova geração para a qual todas as velhas lições pareciam irrelevantes. Precisamente porque os liberais tinham vencido, os seus filhos nem sequer compreendiam o

237

que estivera em jogo. Aron em França, Hook na América, o teórico político Jürgen Habermas na Alemanha, todos eles tinham uma opinião muito semelhante: a vantagem decisiva do liberalismo ocidental não era o seu apelo intelectual, mas as suas estruturas institucionais.

O que em suma fazia do Ocidente um lugar melhor eram as suas formas de governo, justiça, decisão, regulamentação e educação. Em conjunto, com o tempo, elas formavam um pacto implícito entre a sociedade e o Estado. A primeira concedia ao Estado um certo nível de intervenção, restrito pela lei e pelos costumes; o Estado, por sua vez, permitiria à sociedade um amplo grau de autonomia, limitado pelo respeito pelas instituições do Estado.

A muitos pareceu em 1968 que esse contrato implícito estava a romper-se. Para Aron ou Habermas, o inimigo, tal como nos anos 1930, eram os que procuravam rompê-lo: revelar, no vernáculo contemporâneo, a verdade por baixo da falsidade e das ilusões do liberalismo. Havia, é preciso recordar, fundamento para algumas dessas asserções. Em França, graças ao monopólio de poder do gaulismo, a política parecia «bloqueada». Na Alemanha, o Partido Social-Democrata perdera uma geração para a esquerda chamada extraparlamentar, que defendia que o partido se desacreditara ao coabitar com um governo de coligação chefiado por um chanceler democrata-cristão que outrora pertencera ao Partido Nazi.

Nos anos 1970, os liberais da Guerra Fria estão a envelhecer, e o confronto americano-soviético perdeu alguma da sua intensidade.

Havia algo mais a mudar, menos visível, mas nos alicerces. Os liberais da Guerra Fria sofreram com o fim do monopólio intelectual e político que fora exercido pelos reformadores do *New Deal* e pelos seus congéneres europeus entre as décadas de 1930 e 1960. O mundo ocidental, de Roosevelt a Lyndon Johnson, e mesmo Richard Nixon, tinha sido dominado por políticas internas progressistas e por «grande governo». Na Europa Ocidental, eram banais os compromissos entre sociais-democratas e democratas-cristãos, os estados-providência e a desideologização da vida pública.

Mas esse consenso começou a fraturar-se. Em 1971, os EUA deixaram de apoiar os seus dólares com reservas de ouro, rompendo assim o sistema monetário internacional de Bretton Woods. Surgiram então

A GERAÇÃO DA COMPREENSÃO: O LIBERAL LESTE-EUROPEU

a inflação do preço do petróleo e as recessões económicas associadas dessa década deprimente. A maioria dos liberais da Guerra Fria nunca pensara realmente no keynesianismo: como base da política económica, era apenas um dado adquirido. Não pensaram certamente nos objetivos mais vastos da boa governação: também isso estava implícito. Portanto, quando estas e outras suposições foram postas em causa por uma nova geração de intelectuais políticos conservadores, os liberais pouco conseguiram oferecer como resposta.

Então de onde virá o liberalismo nos anos 1970?

Virá de outros lados. De gente para quem o liberalismo se manteve como um objetivo ainda inatingido. Gente para quem a lógica de um Estado liberal se manteve vivamente oposta à dos seus governantes. Intelectuais para quem o liberalismo nunca tinha sido uma situação normal, não questionada, da política, mas antes um objetivo radical a perseguir com considerável risco pessoal. Nos anos 1970, o pensamento liberal mais interessante encontrava-se na Europa de Leste.

Apesar das suas diferenças, Adam Michnik na Polónia, Václav Havel na Checoslováquia ou os liberais húngaros da sua geração tinham todos algo em comum: a experiência de uma vida inteira com o comunismo. Na Europa de Leste, pelo menos em Varsóvia e Praga, 1968 não foi por conseguinte uma revolta contra o liberalismo dos pais, e muito menos um protesto pela miragem da liberdade política. Foi antes uma revolta contra o estalinismo dos pais da geração dos anos 1960 – uma revolta em muitos casos conduzida sob a forma e em nome de um marxismo reformado ou restaurado.

Mas o sonho do «revisionismo» marxista iria tombar sob os bastões da polícia em Varsóvia e os tanques em Praga. Os liberais da Europa Centro-Oriental tinham por isso em comum um certo ponto de partida negativo: nada se ganha em negociar com regimes autoritários. A única coisa que se deseja verdadeiramente obter é, por definição, algo que o regime não pode conceder. Qualquer negociação levada a cabo em tais circunstâncias tem sempre de ser um exercício de má-fé dos dois lados, com o seu resultado predeterminado. Ou se segue um confronto em que os aspirantes a reformadores são vencidos, ou então os seus representantes mais maleáveis são absorvidos pelo regime e a sua energia dissipada.

PENSAR O SÉCULO XX

A partir destas observações francas, a nova geração de pensadores leste-europeus chegou a uma conclusão original sobre a metafísica da política autoritária. Nas circunstâncias de um regime que não pode ser derrubado – mas com o qual não se pode negociar efetivamente –, restava uma terceira opção: agir, mas agir «como se».

A política do «como se» podia adquirir duas formas. Em alguns lugares, era possível comportar-se como se o regime estivesse aberto à negociação, levando a sério a hipocrisia das suas leis e, quanto mais não fosse, revelando a nudez do rei. Noutros lugares, particularmente em estados como a Checoslováquia, onde até a ilusão do compromisso político fora destruída, a estratégia consistia em agir a um nível individual como se se fosse livre: viver, ou tentar viver, uma vida fundamentada em noções não políticas de ética e virtude.

Semelhante abordagem exigia, é evidente, aceitar a exclusão da política conforme o regime (e muitos leigos) a definiriam. Quer o descrevamos, nas palavras de Havel, como o «poder dos sem-poder», ou como «antipolítica» (György Konrád), era algo de que os liberais ocidentais não tinham experiência e para o qual lhes faltava uma linguagem. Com efeito, os dissidentes da Europa comunista estavam a defender a recriação e a re-imaginação da sociedade em termos puramente retóricos e individuais – fora do alcance de um Estado que se tinha proposto de forma absolutamente deliberada a esvaziar ou a incorporar a sociedade como a entendemos.

O que os dissidentes faziam era forjar uma nova *conversa*. Talvez seja este o meio mais fácil de compreender a sua finalidade, propositadamente surda ao regime e à resposta que este lhe dava. Uma pessoa comportava-se simplesmente como se estivesse a tratar a lei, a linguagem do comunismo, a separação de poderes constitucional e os acordos internacionais que eles tinham assinado como se funcionassem e merecessem confiança.

O mais importante desses acordos era o chamado «terceiro pacote» da Acta Final de Helsínquia de 1975, pela qual a União Soviética e todos os seus estados-satélites se comprometiam a observar direitos humanos básicos. É evidente que os regimes não esperavam ter de levar isso a sério e que esta é a única razão pela qual o assinaram. Mas, de Moscovo a Praga, os críticos aproveitaram a oportunidade para centrar a atenção do regime nas suas próprias obrigações legais.

Neste sentido, pelo menos, havia alguma correspondência com o que os radicais ocidentais pensavam andar a fazer em 1968: obrigar

240

A GERAÇÃO DA COMPREENSÃO: O LIBERAL LESTE-EUROPEU

as autoridades, pelo seu comportamento, a divulgar a verdade do seu sistema. E desse modo, com sorte, esclarecer os cidadãos e também os observadores estrangeiros sobre as contradições e mentiras do comunismo.

Isso faz parte de uma história mais vasta dos direitos humanos. O «terceiro pacote» de Helsínquia é aproveitado, como dizes, por checos, ucranianos, polacos, russos e, em geral, por toda a gente no bloco soviético – na verdade, um punhado aqui, uma centena ali. Mas ele também foi aproveitado por grupos no Ocidente – a Amnistia Internacional, o Observatório dos Direitos Humanos – que, de certa forma, estão a fazer a mesma coisa. Isto é, estão a encarar literalmente esses compromissos com os direitos humanos. Por outro lado, os «direitos humanos» como termo – mas também como política – ganharam destaque com Jimmy Carter e foram igualmente aplicados com Ronald Reagan. Podemos apontar-lhe inconsistências, mas é um exemplo, acho eu, de uma nova forma de liberalismo que surge em parte pela Europa de Leste.

Esta era realmente uma linguagem renascida do liberalismo – e não só do liberalismo como da esquerda. Pensamos instintivamente e com razão em organismos como o Observatório dos Direitos Humanos ou a Amnistia Internacional como organizações voltadas para a esquerda, e são mesmo. A esquerda já não podia falar do mesmo modo que no passado – presa institucionalmente ou emocionalmente à linguagem do marxismo. Ela precisava de uma linguagem completamente nova.

Mas não podemos entusiasmar-nos. Por muito que possamos admirar a Carta 77 na Checoslováquia e a coragem dos seus vários signatários, o facto é que só 243 pessoas a assinaram, e não mais do que umas mil no decurso da década seguinte. A verdade é que, na Checoslováquia em particular, o abandono da política – a privatização da opinião – tinha progredido muito desde o esmagamento da Primavera de Praga. A «normalização» – a purga de milhares de homens e mulheres de qualquer cargo ou emprego público ou visível – foi um êxito. Os checos e os eslovacos retiraram-se da vida pública, refugiando-se no consumo material e no conformismo político *pro forma*.

241

A Polónia, é claro, foi uma história diferente ou uma temporalidade diferente. Os intelectuais e os antigos estudantes radicais conseguiram durante os anos 1970 fazer contatos com um genuíno movimento laboral, especialmente nos centros de construção naval ao longo da costa do Báltico. Após várias falsas partidas, operários e intelectuais colaboraram realmente nas grandes greves de 1980: o Solidariedade tornou-se um movimento de massas com dez milhões de membros.

Mas também o Solidariedade foi vencido – pelo menos inicialmente – pela imposição da lei marcial em Dezembro de 1981. E, mesmo na Polónia, eu lembro-me de Adam Michnik estar muito pessimista quanto às perspetivas de que aquilo desse em alguma coisa. O Solidariedade passara à clandestinidade, e o regime estava prestes a começar mais um ciclo de empréstimos do estrangeiro para comprar bens de consumo. Até 1987, não parecia existir nada que interrompesse o prolongamento indefinido dessa rotina miserável.

É surpreendente que os intelectuais leste-europeus chegassem a estas questões através de experiências individuais e históricas que tinham pouquíssimo que ver com o entendimento clássico de uma vida burguesa ou de uma educação liberal.

Bastante. Havel, para falar do caso mais óbvio, não é um pensador político no sentido convencional do Ocidente. Na medida em que reflete uma qualquer tradição instituída, ele pertence à tradição continental de pensamento fenomenológico e neo-heideggeriano, uma corrente bastante desenvolvida na sua Checoslováquia natal. De certo modo, porém, a aparente falta de enraizamento intelectual jogou a seu favor. Se tivesse sido percebido como mais um pensador centro--europeu que adaptava a metafísica alemã à politica comunista, poderia ter sido muito menos atrativo e muito menos compreensível para os leitores ocidentais. Por outro lado, foi a sobreposição fenomenológica peculiar de «autenticidade» e «inautenticidade» que o dotou da sua imagem mais poderosa: a do merceeiro que põe na montra o letreiro «Proletários de Todos os Países, Uni-vos!»(*).

É a imagem do homem solitário. Mas a questão mais profunda é que sob o socialismo toda a gente está sozinha, mas os seus atos, por

---

(*) Em *Moc bezmocných* (O Poder dos Sem-Poder), ensaio escrito por Havel em 1978 e imediatamente proibido no seu país. *(N. T.)*

A GERAÇÃO DA COMPREENSÃO: O LIBERAL LESTE-EUROPEU

muito isolados, não são destituídos de sentido. Se um único merceeiro retirasse um só letreiro e agisse por sua iniciativa moral, faria diferença para si próprio e para todos os que fossem à sua loja. Este argumento não é apenas aplicável ao comunismo. Mas, para os leitores locais, podia ser lido assim, o que o tornava imediatamente acessível.

Desse modo, Havel era ao mesmo tempo compreensível para o seu público checo e para os públicos estrangeiros. Quase o mesmo se aplicava, por razões bastante diferentes, a outro célebre dissidente literário da Checoslováquia, o romancista Milan Kundera. Tenho amigos checos com um profundo ressentimento pela popularidade ocidental de Kundera. Porque é que, perguntam eles, outros autores checos (em geral preferidos pelos leitores do seu país) não são lidos além-fronteiras? Mas, estilisticamente, Kundera era muito familiar a um leitor francês, por exemplo. As suas experiências jocosas tinham um tom muito parisiense, e ele era facilmente adaptável à vida intelectual e literária francesa.

O génio da ideia de Europa Central de Kundera é enriquecer a Europa Ocidental com mulheres e sobremesas checas e com uma vastidão de referências históricas e boa escrita. Ele deu a Boémia ao Ocidente, nos dois sentidos da palavra.

O realce conferido à Europa Central nos anos 1970 era notavelmente limitado no alcance prático: era a imagem do mundo dos Habsburgos reduzida ao seu núcleo urbano. Vista assim, com toda a tónica posta na herança cosmopolita e intelectual da Europa de Viena, Budapeste e Praga, a Europa Central é convenientemente desembaraçada dos seus conflitos históricos e internos problemáticos. É também privada dos seus elementos mais estranhos: a religião, os camponeses, a natureza selvagem do Leste europeu.

Esta Europa Central mitológica das imaginações ocidentais também exclui, e decisivamente, a Polónia – ou a maior parte desta. O país há muito confronta os observadores ocidentais com dilemas incómodos, insistindo mesmo na sua centralidade para a cultura deles. Desde os anos 1960, sobretudo, no imaginário ocidental, a Europa Central foi fundida com a «Europa Judaica»: a *Mitteleuropa* do *fin-de-siècle* de Stefan Zweig, nostálgica e simpática. Mas a Polónia não se encaixa nesta história. No imaginário ocidental de hoje, a Polónia não é um lugar onde vivem judeus, é um lugar onde morrem judeus. Entretanto, as perdas dos próprios polacos parecem tornar-se insignificantes comparadas não só com o sofrimento judeu, mas com a trágica destruição do mundo sofisticado da Áustria dos Habsburgos: vítima, segundo a sua descrição e também a nossa, da contínua brutalidade tanto dos alemães como dos russos.

É interessante que essa Europa Central, como não chegas a dizer, seja judaica, embora, evidentemente, Kundera não seja. Acho que essa ideia de Europa Central dos anos 1970 é permitida pela evolução da narrativa do Holocausto. O Holocausto surge como conceito nos anos 1960, juntamente com o movimento dos Direitos Civis nos Estados Unidos. Ele tem que ver com uma certa ideia de reaver a cidade. O que é urbano e cosmopolita não é somente nostálgico, mas também progressista.

O que se perde na Europa Central de Kundera não são só os camponeses, os eslavos, os cristãos, a feia realidade, o mundo não habsburgiano, mas também correntes de pensamento muitíssimo importantes. As raízes de Havel encontram-se na fenomenologia. Isso é de uma inconveniência terrível, porque, se existe parte da filosofia cuja percepção tenha sido envenenada pelo Holocausto, é precisamente a fenomenologia. E Havel consegue apresentá-la discretamente. Isto é algo que vim a perceber através de Marci Shore, que estuda neste momento os fenomenologistas.

À medida que no Ocidente a consciência do Holocausto se ia tornando cada vez mais o motor central de relacionamento com o passado recente europeu, isso significou, por razões paralelas, a redução da Europa Central e, em particular, do pensamento de língua alemã àqueles aspectos da sua história relacionados, disfuncionalmente, com a possibilidade do Holocausto. De modo que o reconhecimento de outras vertentes da história e ideias da Europa Central – especialmente as de interesse duradouro ou com consequências locais positivas – se torna mais difícil.

Por falar em fenomenologistas, pensa em Karol Wojtyła. A dificuldade ocidental em captar o papa polaco em todas as suas dimensões é bastante flagrante. As suas qualidades católicas são reduzidas ao culto nacional da Virgem Maria. Os seus críticos centraram-se no universalismo inflexível da sua posição ética, tratando-o portanto como se

A GERAÇÃO DA COMPREENSÃO: O LIBERAL LESTE-EUROPEU

ele não passasse de um representante de uma tradição leste-europeia reacionária. Isso fez parecer desnecessário e de certa maneira demasiado generoso olhar seriamente para o seu legado intelectual, ou para o legado intelectual em que ele se baseou.

Julgo que o problema é o seguinte: a Europa Central tem uma história tão problemática no século xx que as suas correntes intelectuais, sociais e culturais são na prática invisíveis para alguém de fora. De qualquer forma, esta é, como Larry Wolff há muito sublinhou, uma parte do mundo continuamente reescrita nos espíritos ocidentais conforme um guião prévio.

> *Deixa-me mencionar outro polaco, alguém que deve ter tido mais influência na história mundial que qualquer outro polaco, exceto, talvez, o papa: Jerzy Giedroyc, o diretor da* Kultura, *a publicação mais importante para os polacos na era comunista.*
>
> *Giedroyc foi talvez o mais importante liberal da Guerra Fria, embora nunca tenha escrito muito e, fora da Polónia, quase ninguém tenha ouvido falar dele. Ele conseguiu criar uma vida intelectual polaca, e também leste-europeia, totalmente paralela, a partir de uma casa em Maisons-Laffitte, muito perto de Paris. Ele concebeu a política para o Leste ou, antes, a grande estratégia que ajudou a Polónia nos anos difíceis da década de 1990, após o colapso da União Soviética. Mas ele fez tudo isso sem que ninguém em França – onde vivia e trabalhava – reparasse realmente no seu trabalho entre 1950 e 1980.*
>
> *Há um momento muito engraçado nas conversas de Jerzy Giedroyc com Barbara Toruńczyk em 1981, em que ela lhe pergunta se o Ocidente o influenciou, e ele responde categoricamente que não. E, depois, se ele tentou influenciar a França. E ele diz algo como: «Minha querida, é escusado. O Ocidente não nos dá senão lágrimas e dinheiro.»*

É uma história ainda mais complicada. Czesław Miłosz fala de amor não correspondido, lágrimas que deviam ser vertidas em mais do que um rosto. A Europa de Leste não quer só lágrimas e apoio: quer ser *compreendida*. E quer ser compreendida por si só, e não pelos objetivos ocidentais aos quais pode ser aplicada. E a *minha* experiên-

245

cia de relacionamento com centro-europeus de todo o tipo, de todos os escalões políticos e geracionais, dos anos 1960 aos anos 1990, foi sempre definida pelo sentimento *deles*, pela noção de que eram incompreendidos.

Penso que nenhum observador ocidental razoavelmente sensível que encontrasse centro-europeus no século XX podia evitar essa experiência de amor não correspondido. Dizem-nos: «Somos diferentes, e as nossas distinções e o que nos distingue passam-vos ao lado. E empregamos o nosso tempo sucessivamente a tentar explicar-vos isso e a entrar em desespero por vocês não conseguirem perceber.»

> *Não sei se isso não pode ser visto como um profundo fracasso do comunismo. O comunismo devia encarnar, exemplificar e espalhar uma espécie de cultura universal, e portanto universalmente compreensível. Mas na Europa de Leste cria estes lugares ensimesmados e, para aquela cultura, bastante concentrados etnicamente. Por isso é que a imagem de Kundera de uma Europa Central cosmopolita é essencialmente anticomunista. Mais tarde, até os intelectuais conhecerão muito menos as principais línguas europeias do que no período supostamente bárbaro entre as duas guerras. Grande parte do problema banal de compreender até destacados escritores como Havel ou Miłosz é o facto de alguém ter de traduzir a sua obra.*

A ruptura entre gerações parece-me decisiva. A Europa Central de Nicholas Kaldor, um economista húngaro que conheci em Cambridge, ainda era uma Europa Central de língua alemã. Não havia traduções porque todos falavam alemão entre eles, e quem podia publicar publicava em alemão. Mas a geração seguinte escrevia em húngaro. A única língua estrangeira que aprendiam obrigatoriamente era o russo, que era duplamente inútil: porque não queriam usá-lo e porque, por conseguinte, nunca o aprenderam bem. E, por tudo isso, tinha de ser retraduzido para chegar ao Ocidente.

É algo que observamos em Adam Michnik, um raro europeu de verdadeira importância histórica que não consegue funcionar bem em inglês. A sua obra e as suas palavras têm de ser traduzidas do francês (uma estratégia invulgar hoje em dia), com a consequência de ele ser menos perceptível para os americanos do que poderia ter sido para, digamos, um público inglês ou francês de há trinta anos. Ainda iria mais

A GERAÇÃO DA COMPREENSÃO: O LIBERAL LESTE-EUROPEU

longe: os intelectuais da Europa de Leste que desabrocham nas culturas e línguas ocidentais são cada vez menos representativos. O tipo de búlgaro que estava em Paris na Guerra Fria – Tzvetan Todorov, por exemplo, ou Julia Kristeva – move-se com facilidade na vida intelectual francesa. Mas oferecem-nos uma imagem muito deformadora e deformada da cultura da qual emergiram.

Claro que, por outro lado, podemos inverter a ideia e lembrar-nos de que a tradução dessas línguas difíceis muitas vezes implicava escolhas pessoais arriscadas, às vezes muito difíceis, e dispêndios de dinheiro em sítios onde ele era escasso. Quando Miłosz decide abandonar a Polónia em 1951, ele basicamente esconde-se em Maisons-Laffitte, onde a Kultura tem a sua casa e a sua pequena oficina gráfica. Durante um ano vive ali. E Giedroyc toma a decisão de publicar The Captive Mind(*), *que depois poderá ser traduzido. Mas só pode ser traduzido porque Miłosz resolveu partir e Giedroyc resolveu tomar conta dele.*

Mas o que acho interessante nisso é a política, porque Giedroyc não acredita um só instante na discussão em The Captive Mind. *Ele não acha que Miłosz acerte ao usar aquelas metáforas literárias complicadas, Ketman e Murti-Bing, para explicar os encantos do comunismo no poder para os intelectuais necessitados. Ele pensa que, na Polónia, a questão é apenas e sempre o dinheiro e a covardia. Não obstante, percebe que publicar Miłosz seria bom politicamente: forneceria aos escritores polacos um álibi para os seus crimes intelectuais durante o estalinismo.*

É uma inverdade útil.

É exatamente assim que Giedroyc a descreve. Também proporciona uma espécie de álibi para os marxistas ocidentais, comunistas, gente que também convalescia do comunismo, porque é tão fácil perceber a sua própria atração pelo marxismo em termos de Ketman, render-se exteriormente enquanto

---

(*) Tradução inglesa do título original, *Zniewolony umysł* (Mente Cativa). *(N. T.)*

se acredita resistir interiormente, ou de Murti-Bing, desfrutar do fim da dúvida ao aceitar a verdade única.

Quando eu dava *The Captive Mind* nas aulas, a reação dos alunos era um entusiasmo enorme. Eles querem saber quem são os amigos A e D de Miłosz e tudo isso, mas também ficam empolgados com as discussões e com a prosa. Mas também dei o livro em seminários de pós-graduação. Aí tive reações algo diferentes: com certeza que isto é marginal e atípico? É uma revelação intelectual de outros intelectuais num mundo de escolhas morais elevadas e compromissos éticos que nada diz do conjunto de pressões e escolhas com que os polacos deparavam naqueles anos.

E é muito difícil dizer quais dos teus alunos têm razão. Quer dizer, surpreende-nos na Europa de Leste atual, na Polónia, por exemplo, que haja uma geração de jovens, de homens e mulheres de direita que não se lembram realmente do comunismo e que tão-pouco são compreensivos, não só com a ideia, mas com qualquer dos motivos que podiam atrair as pessoas para o Partido. E em geral são entusiastas da lustração, o exame obrigatório do passado das pessoas que agora têm posições influentes. Mas claro que me inclino a considerar isto uma deselegância de juventude. Precisamente porque são os mais ambiciosos e querem livrar-se das gerações mais velhas, eles teriam sido a mesma gente que colaboraria sob o comunismo.

Há dois tipos de conformismo. Um é o conformismo banal, que nasce do egoísmo ou da falta de visão: o conformismo do comunismo nos seus últimos anos. O outro tipo de conformismo é o dos dançarinos de Kundera, os crentes dos anos 1940 e 1950. O círculo de pessoas que só veem as caras umas das outras, virando as costas ao mundo enquanto julgam ver tudo.

Escritores inteligentes como Pavel Kohout ou o próprio Kundera são arrastados para a fé, a convicção e uma narrativa coletiva mais vasta, na qual a sua autonomia e a dos outros têm uma importância secundária. E esse é o conformismo mais perigoso, nem que seja por se ser muito menos capaz de perceber o tamanho potencial dos seus próprios crimes. Claro que o estranho é que, de um ponto de vista exterior – a perspetiva do observador de fora –, o conformismo subtil do intelectual do círculo que dança é muito mais atraente do que as escolhas egoístas do súbdito pusilânime.

É uma característica notável de Kundera a sua honestidade como romancista da questão da atração do estalinismo. Ele pinta um retrato sedutor do comportamento que hoje consideramos desagradável e que ele próprio revê com repulsa.

A revelação, em 2008, de que Kundera alegadamente espiara para a polícia na juventude (na Checoslováquia comunista, em 1951) parece-me uma completa incompreensão. Se ele era um comunista convicto – e era –, então tinha de facto o dever ético de relatar à polícia as suas suspeitas, e não há razão para que isso nos escandalize.

O que revelamos com a nossa surpresa é apenas a nossa própria incompreensão. Meio século depois, simplificámos o quadro ao ponto de qualquer opositor do comunismo dever ter sido um simpático liberal a vida inteira. Mas Kundera não era um simpático liberal. Era um estalinista convicto: é esse, afinal, o interesse dos seus romances. Temos de alargar a nossa empatia se quisermos entender aquele tempo e lugar e compreender como o comunismo atraía precisamente pessoas como Kundera.

É o mesmo argumento que Marci Shore apresenta num dos seus ensaios quando cita o louvor entusiástico de Kohout a Klement Gottwald, quando este permanece de cabeça descoberta na Praça da Cidade Velha, em 1948. Ele era o comunista que era presidente da Checoslováquia, o homem que nos iria conduzir ao maravilhoso mundo novo. E este é o mesmo Kohout que virá a ser um herói da dissidência literária e cultural dos anos 1960. O mesmo homem. Mas não se consegue deduzir o recente a partir do antigo.

Há algumas coincidências interessantes entre os liberais da Guerra Fria e os dissidentes da Europa de Leste. Para os primeiros, conforme hoje os lembramos, era algo problemático que nada tivessem a dizer sobre a economia. Para os segundos, ignorar o assunto era uma vantagem: aumentava a sua aceitação no Ocidente.

Os intelectuais da Europa de Leste tinham desistido da economia – se alguma vez se haviam realmente importado com ela. A economia tornara-se parecida com o pensamento político, e portanto tornara-se corrupta. A reforma económica só seria possível quando e onde estivesse totalmente desligada de qualquer justificação ideológica explícita. Alguns escritores, entre eles Havel, achavam a macroeconomia repressiva em si mesma e por si só.

Por isso evitam o assunto – no mesma altura em que Margaret Thatcher fazia a sua revolução na Grã-Bretanha e em que Friedrich Hayek voltava a cair nas boas graças do Ocidente, com a sua asserção de que a intervenção na economia é sempre e em toda a parte o começo do totalitarismo.

Esse é o fim da história do comunismo reformado. Se voltarmos atrás e lermos o economista checo Ota Šik, por exemplo, ou o economista húngaro János Kornai, vemos que ainda nos anos 1960 eles tentavam salvar a essência da economia socialista injetando aspectos do mercado numa economia dirigida por um partido único. Mas não me parece que as suas ilusões tenham começado a parecer ridículas por o Ocidente já não ser keynesiano. Acho que Šik, Kornai e outros começaram a perceber que o que estavam a propor era nitidamente impraticável.

O mais próximo de uma versão praticável de economia comunista reformada era a Jugoslávia ou a Hungria. Mas a Jugoslávia – a Jugoslávia do «controlo operário» e da «autogestão» – era um mito, e julgo que alguns dos melhores economistas já conseguiam ver isso. O mito residia na idealização da produção local e num eco distante da ideia de coletivos assentes em fábricas e de autonomia sindical local.

Quanto ao sistema húngaro, ele funcionava. Mas funcionava exatamente e somente devido à sua quinta roda: o setor privado. Este era autorizado a existir segundo bons princípios de Kádár (tu finges que és X, e nós fingimos que acreditamos). Desde que o setor privado da economia húngara não impusesse demasiado a sua existência às autoridades, era-lhe permitido desempenhar a função que lhe fora designada oficiosamente. Mas ninguém podia seriamente chamar a isto uma economia socialista.

Não creio que, mesmo quando a desilusão se consolidou, todos os comunistas reformadores se tenham transformado em ideólogos do mercado livre. Na verdade, quase nenhum o fez. Até os polacos,

A GERAÇÃO DA COMPREENSÃO: O LIBERAL LESTE-EUROPEU

que nos anos 1980, os anos do Solidariedade ilegalizado, transitaram velozmente para a noção de orçamentos, unidades monetárias, reformas e critérios macroeconómicos reais, não se metamorfosearam necessariamente em hayekianos. Em geral, foram economistas de uma geração mais nova, historicamente analfabetos, que deram esse passo. Um hayekiano de uma geração mais velha, o chocante Václav Klaus, é hoje presidente da República Checa.

> *Mas ocorre-me que nesse mundo antes de 1989, mesmo que os dissidentes de que estamos a falar não fossem economistas de mercado livre, e aqueles de quem temos estado a falar em geral não fossem economistas de todo, havia algo nas suas conclusões que podia tornar simpático o mercado livre. Quando se vive numa economia planificada, um pouco do mercado cintila aqui e ali, reaviva e recorda algo mais leve. Parece assemelhar-se à sociedade civil, algo que nem é o indivíduo nem é o Estado.*

O merceeiro do mercado livre tem muito mais coisas interessantes na sua montra do que o merceeiro de Havel.

> *Não é só isso. Lembra-te do diário de Leopold Tyrmand, na Polónia estalinista de 1954, e das pessoas que lhe limpam os sapatos ou lavam as gravatas. São figuras simpáticas: duplamente relíquias, já que devem ser judias, e é claro que o próprio Tyrmand é judeu e nunca o diz, mas também relíquias do capitalismo anterior à guerra, sobreviventes encantadores de um mundo desaparecido que exemplificam uma ética burguesa de limpeza e aprumo.*
> *E então Miłosz, no último capítulo de* The Captive Mind, *escreve sobre as pessoas que descobrem maneira de roubar um par de camisolas e de as vender – e é claro que isso não tem encanto no capitalismo real, pois claro. Tenta lá roubar hoje numa loja em Nova Iorque ou até em Varsóvia. Mas naquele contexto comunista parece individualismo. E mesmo Havel, em «O Poder dos Sem-Poder», com a ideia de que se somos cervejeiros, o que realmente devíamos fazer era boa cerveja. O que, se não é exatamente uma ética capitalista, é uma ética que parece poder harmonizar-se com o capitalismo.*

Esse ponto de vista transmite e ilustra uma ilusão outrora também difundida no Ocidente: a forma mais pura, a forma moralmente mais pura do capitalismo é basicamente a produção artesanal, isto é, a qualidade importante de um cervejeiro é fazer boa cerveja. Ao passo que no capitalismo, evidentemente, a qualidade importante de um cervejeiro é que ele venda muita cerveja.

As qualidades não encantadoras do capitalismo são a sua posição intermédia. No limite inferior, temos o tipo que tem a liberdade de fazer boa cerveja, de vender um par de camisolas ou de ignorar as diretivas de produtividade do Estado e bastar-se apenas a si próprio; e, no limite superior, é a pura teoria de Smith, ou, na sua forma mais lockeana, da liberdade como a aspiração mais elevada da diligência humana deliberada eticamente. A posição intermédia é bastante menos atraente: o capitalismo tem de ser para sobreviver. Nunca houve um mercado puramente «smithiano», e sabemos por abundante experiência que os artesãos bem intencionados normalmente não sobrevivem à concorrência. Se os padeiros especializados sobrevivem em França, é graças a subsídios. Para não alindar a coisa, o Estado recicla os lucros do capitalismo nas suas formas menos apelativas para suster os empreendedores marginais esteticamente mais atrativos.

Isso não me parece minimamente repreensível. Mas afasta-se bastante dos encantos do sistema ao nível da alta teoria. Na Europa de Leste, durante algum tempo, os encantos da firmeza moral e da recusa do compromisso passaram bastante deliberadamente dos dissidentes políticos para as leis económicas: não iria haver compromissos quanto ao capitalismo, que iria ser adoptado de fio a pavio. Suspeito de que esse nível de rigidez ideológica é menos habitual hoje, exceto nos círculos mais doutrinários de Václav Klaus, Leszek Balcerowicz e mais uns poucos crentes.

A justificação para a privatização, conforme estava a ser elaborada nas décadas de 1970 e 1980, e o argumento para a economia de trickle-down(*) nos Estados Unidos apropriam-se da retórica dos direitos humanos. O direito à livre iniciativa,

---

(*) Literalmente, economia de gotejamento. Teoria económica informal que justifica o favorecimento das camadas mais ricas da sociedade como a forma mais natural de beneficiar a sociedade toda através da riqueza que, ao transbordar, cairá sobre ela. *(N. T.)*

A GERAÇÃO DA COMPREENSÃO: O LIBERAL LESTE-EUROPEU

segundo o argumento, é mais um direito, que é tão importante e puro como esses outros direitos com que nos importamos. E parece que ocorreu aí uma espécie de enobrecimento mútuo, pelo qual o mercado era apresentado não só como um certo tipo de sistema económico, mas também como um exemplo de uma liberdade que os pobres dissidentes na União Soviética e na Europa de Leste representam.

O elo é Hayek. Lembra-te, o argumento de Hayek para o mercado irrestrito nunca foi primariamente acerca da economia. Era uma defesa política baseada na sua experiência de autoritarismo austríaco entre as duas guerras e na impossibilidade de distinguir entre liberdades diversas. De um ponto de vista hayekiano, não se pode preservar o direito A sacrificando ou comprometendo o direito B, por muito que se ganhe ao fazê-lo. Mais tarde ou mais cedo, perderemos quer um direito quer outro.

Esta visão das coisas foi comodamente alimentada na conjuntura da Europa Central comunista: uma séria advertência de que comprometer a liberdade económica acarreta sempre a rápida perda de direitos políticos. E isto por sua vez reforçou convenientemente a visão de Reagan e Thatcher: o direito a ganhar qualquer quantia sem o estorvo do Estado faz parte de uma continuidade ininterrupta com o direito à livre expressão.

Talvez valha a pena lembrarmo-nos de que Adam Smith não pensava da mesma forma. Nem era decerto essa a opinião da maioria dos economistas neoclássicos. Simplesmente nunca lhes teria ocorrido supor uma relação necessária e permanente entre as formas da vida económica e todos os outros aspectos da existência humana. Eles tratavam a economia como se beneficiasse de leis internas, bem como da lógica do interesse próprio humano; mas a ideia de que a economia sozinha pudesse proporcionar os objetivos da existência humana na terra ter-lhes-ia parecido uma conversa peculiarmente fiada.

A defesa do mercado livre no século XX teve em particular origens centro-europeias (austríacas), ligadas à crise entre as duas guerras e à interpretação particular que Hayek fez dela. Essa interpretação e as suas implicações têm sido retransmitidas à Europa Central de forma exagerada e destilada, via Chicago e Washington. A principal responsabilidade, embora indireta, desta trajetória bizarra deve ser atribuída, evidentemente, aos comunistas.

Para que essa metamorfose particular ocorra, o mercado tinha de se tornar mais do que um mero constrangimento para o Estado, tinha de se tornar uma fonte de direitos, ou mesmo uma fonte de ética. O mercado deixa de ser algo com os seus limites próprios, permitindo a vida privada graças à propriedade privada ao nível individual, ou defendendo a sociedade civil contra o Estado. No argumento hayekiano ou no seu doppelgänger leste-europeu implícito, o mercado expande as suas competências e abarca simultaneamente o público e o privado. Longe de preparar as condições para uma vida moral, ele é a vida moral, e nada mais é preciso.

Se a Europa de Leste tivesse sido deixada à deriva por um Gorbatchov em meados ou no fim da década de 1970, teria havido enormes debates sobre essas implicações. A esquerda teria de ter repensado completamente a grande narrativa do marxismo. Mas parece-me provável que nessa altura surgisse uma narrativa concorrente na qual se pudesse encaixar uma versão do mercado; uma revolução dentro das categorias da política radical, sim, mas ainda a distanciar-se visivelmente dos pontos de partida conservadores ou liberais clássicos.

Na última década do século XX, porém, a oposição vitoriosa na Europa de Leste foi em geral e plausivelmente apresentada não só como uma revolução na política mas também contra ela. Esta transformação deu aos neoliberais mais astutos a sua oportunidade: uma maneira de afastar os dissidentes, mas de lhes ficar com as roupas. Se a política do costume foi substituída pela «antipolítica», então vivemos num mundo pós-político. E, num mundo pós-político desprovido de sentido ético ou narrativa histórica, o que fica? Não a sociedade, certamente. Tudo o que fica, como insistia celebremente Margaret Thatcher, são «famílias e indivíduos». E o seu interesse próprio, definido economicamente.

VII

Unidades e Fragmentos: o Historiador Europeu

Deixei Oxford em 1987 e fui trabalhar para Nova Iorque. Volvidos dois anos, vi-me apanhado na agitação prodigiosa das revoluções de 1989. Estava num táxi vienense em Dezembro desse ano e tinha acabado de saber pela rádio da queda de Ceauşescu na Roménia, o último drama, e o mais violento, na sequência que conduziu à queda do comunismo na região. O que iria isto significar para a nossa imagem da Europa do pós-guerra, com a sua suposição intrínseca de que os regimes comunistas do Leste estavam para durar? E por sua vez, o que implicaria a transformação da metade oriental da Europa para a Europa Ocidental e a sua recente Comunidade Europeia?

Lembro-me de ter pensado muito explicitamente que alguém teria de escrever um novo livro sobre este assunto. A velha história desfazia-se velozmente, embora a forma que lhe daríamos no futuro ainda tardasse a aparecer. Tendo concluído sem demora que era um livro que eu talvez gostasse de escrever, sentei-me e comecei a fazer leituras – um processo que demorou uma inesperada década. Mas, na altura em que a União Soviética chegou ao fim, em dezembro de 1991, eu tinha a certeza absoluta de que tomara a decisão certa.

Em 1992, cinco anos depois de chegar à Universidade de Nova Iorque, tornei-me professor catedrático do departamento de História. Nessa qualidade, teria sido extremamente imprudente prestar-me a ser seduzido por estudantes de licenciatura do meu departamento, quanto mais seduzi-las eu próprio. Mas foi isso, felizmente, que aconteceu.

PENSAR O SÉCULO XX

Naquele início de década no departamento de História da NYU(*), eu era talvez o único homem elegível (solteiro, heterossexual, com menos de 70 anos). Jennifer Homans formara-se como bailarina na School of American Ballet de Nova Iorque e dançara profissionalmente em São Francisco e Seattle antes de se reformar devido a uma lesão e talvez por falta de motivação. A seguir, estudara francês na Universidade de Columbia e viria a ganhar uma bolsa de estudos na Universidade de Nova Iorque, onde começou a estudar história americana.

Cada vez menos satisfeita com o tema – que se reduzia a histórias identitárias hifenizadas que tinham substituído as monografias micropolíticas, não menos soporíficas mas pedagogicamente mais úteis da geração anterior –, Jennifer conheceu Jerrold Seigel, o destacado intelectual e historiador que há alguns anos viera de Princeton para a NYU e que se interessara profundamente pela história europeia. Entretanto, ela mantivera um envolvimento ativo no mundo da dança, trabalhando para o National Dance Institute, fundado por Jacques d'Amboise, e esse interesse levara-a a Praga onde entrevistou bailarinos e ficou fascinada com a Europa de Leste.

Jenny inquiriu junto dos seus colegas quem ensinava temas de história europeia na NYU, se é que alguém o fazia, e deram-lhe o meu nome. Ela veio ao meu escritório perguntar se eu iria dar aulas nesse outono. Não tencionava fazê-lo nem precisava, como chefe do departamento, mas resolvi impulsivamente que, mais do que tudo, eu aguardava a oportunidade de levar a cabo um estudo independente sobre a história da Europa de Leste. Além disso, o meu horário sobrecarregado exigia que nós – por sugestão minha – fôssemos ter uma longa sessão de estudo num restaurante da Quinta Avenida, durante a qual a minha ordem de trabalhos em rápida mutação já se tinha tornado clara para mim, embora não ainda para a minha «aluna». De qualquer forma, mantivemos durante três meses a ficção da distância académica, negando em público e em privado qualquer atração, até ao Dia de Ação de Graças de 1992.

Estava com a Jenny em França em Dezembro desse ano, quando pela primeira vez me tornei uma pessoa *pública*. No final do semestre tínhamos ido para Paris, onde conheci os pais dela, de que logo gostei. Alugámos um carro e viajámos pela Alsácia, Suíça e Áustria, chegando a Viena a tempo do Natal. Daí prosseguimos para Itália, demorando-

---

(*) New York University. *(N. T.)*

256

UNIDADES E FRAGMENTOS: O HISTORIADOR EUROPEU

-nos em Veneza o tempo suficiente para eu a pedir em casamento. Voltávamos, felizes, a Paris, quando algures na Borgonha telefonei a Nicole Dombrowski, uma estudante que estava a tomar conta da casa. E ela perguntou-me: «Não viu os jornais desta semana e as críticas a *Past Imperfect*?»

Eu, que tivera mais em que pensar, respondi que não fazia ideia do que ela estava a falar. Mas parecia que o meu livro estava a ser discutido com visibilidade na primeira página da *New York Times Book Review*, assim como no *Washington Post*, na *New York Review of Books* e na *New Yorker*, mais ou menos em simultâneo. Nenhuma dessas publicações alguma vez recenseara uma obra minha, e muito menos com aquele destaque. E assim me tornei, quase da noite para o dia, bastante conhecido. Passado um ano, escrevia para a *New York Review* e noutros fóruns públicos. Isto, por seu turno, acelerou a minha passagem para a escrita política e para o jornalismo sério – com uma velocidade desconcertante.

Uma consequência de escrever para um público maior foi a de cada vez mais me apetecer falar de pessoas e lugares que admirava, e não só do que tinha prazer em arrasar. Em suma, e em especial nos ensaios que mais tarde reuni em *O Século XX Esquecido*, estava a aprender a louvar, não só a condenar. Talvez fosse uma consequência natural da maturidade, também estimulada por uma estocada crítica de um colega francês, entre o surgimento de *Past Imperfect* e a escrita de *The Burden of Responsibility*. Irritado pelos meus comentários acerca dos seus compatriotas, perguntou-me se achava mesmo que todos os intelectuais franceses eram assim. E então os bons? Mas claro, repliquei: Camus, Aron, Mauriac à sua maneira, e outros ainda. Nesse caso, reagiu ele, porque é não escreve sobre *eles*?

A ideia ficou a germinar um pouco, encorajada por uma intervenção oportuna de Robert Silvers, que me pedira uma crítica a *O Primeiro Homem*, de Camus, para a *New York Review of Books*. Aqui estava uma oportunidade. Quem são as figuras do século XX que eu gostaria de lembrar e celebrar? O que é que na minha atração as unia? Comecei a escrever coisas (em geral) agradáveis sobre Hannah Arendt. Seguiu-se uma catadupa de ensaios extensos sobre pensadores destacados e obscuros do século XX: Koestler, Kołakowski, Primo Levi, Manès Sperber, Karol Wojtyła, etc. Não tenho dúvidas de que, consequentemente, o meu trabalho melhorou. Na verdade, é muito mais difícil falar bem de alguém que se admira: desdenhar Althusser,

PENSAR O SÉCULO XX

ridicularizar Martin Amis, depreciar Lucien Goldmann é canja. Mas, se é fácil afirmar que Camus foi um grande escritor, Kołakowski um brilhante filósofo, Primo Levi o nosso maior memorialista do Holocausto e por aí fora, se quisermos explicar com exatidão porque é que esses homens têm tanta importância e que influência exerceram, então é preciso pensar um pouco mais.

A outra estocada no mesmo sentido veio de François Furet, o historiador da Revolução Francesa que prefaciara a edição francesa de *Marxism and the French Left*. Como presidente do Committee on Social Thought na Universidade de Chicago, ele convidou-me em 1993 a proferir as Bradley Lectures(*). Dedicadas a três franceses – Léon Blum, Albert Camus e Raymond Aron –, essas conferências, devidamente ampliadas, deram origem a *The Burden of Responsibility*. Apesar de ser um livro pequeno, *Burden*, mais do que quaisquer outros textos meus, é o que deve estar mais perto de transmitir quem sou e o que faço, na forma de descrições profundas das pessoas que mais admiro. Só depois de o concluir pude concentrar-me plenamente em *Pós-Guerra*.

A meio da década já o tinha começado, enquanto vivia na Europa Central. Entre Dezembro de 1994 e Março de 1996, Jennifer e eu ficámos em Viena como convidados do Instituto de Ciências Humanas (IWM). Então, como sempre, achei Viena poeirenta e aborrecida no verão, gélida e aborrecida no inverno, e, por conseguinte, um lugar maravilhoso. Hoje, esta capital centro-europeia de tamanho mediano – berço intelectual e cultural da modernidade por um breve momento no início do século XX – é apenas mais uma capital de um pequeno estado membro da UE, excessivamente carregada de memórias do império. Pela minha experiência, podíamos planear qualquer tipo de vida que quiséssemos: a vida social era possível, mas também o esplêndido isolamento.

Exatamente por isto, muitos acham deprimente a capital austríaca. Mas eu gostava muito, em Viena, do sentimento desleixado e meio-vazio, de um passado perdido, da sensação de todo o interesse estar para trás. O instituto de Krzysztof Michalski estava perfeitamente adaptado às minhas necessidades. Ao contrário da maioria dessas instituições, tinha-se a liberdade de manter uma privacidade total,

---

(*) Ciclo de conferências organizado regularmente pelos departamentos de Ciência Política, Filosofia e Teologia do Boston College, entre 1986 e 2010. *(N. T.)*

sem contribuições trabalhosas para a «agenda intelectual» coletiva. Também me agradou a ausência de pessoas da minha área, o que significava que eu não tinha de falar de trabalho. Podia trabalhar horas a fio, podia ler imenso, podia caminhar sem destino. As noites eram silenciosas.

Acho que tinha uma óptima relação com Michalski, assente num certo gosto comum pela ironia melancólica. Também ele pode ter visto em mim uma alma gémea. Apesar de todo o seu êxito a angariar fundos, apoios e relações para a instituição que criou, Michalski foi e continua a ser uma espécie de forasteiro – tal como tinha sido na sua Polónia natal onde, apesar de pertencer à mesma geração, nunca foi realmente um «deles»: os filhos privilegiados da aristocracia comunista. O IWM não era um grande centro de produção intelectual – pela minha experiência, a maior parte das pessoas ali nunca escrevia muito ou, se escrevia, a sua melhor produção era a passada. Mas não acho que isso tenha importância. Aquilo em que Michalski se distinguia era na criação de um meio de *distribuição* intelectual. O seu instituto era um lugar ideal para conhecer pessoas inteligentes, uma qualidade que não se deve subestimar.

Em Viena, fiz um esboço para a última parte de *Pós-Guerra*, intitulada «Uma Grande Ilusão? – Ensaio Sobre a Europa». Baseava-se numa série de conferências bastante cépticas que eu havia dado em Bolonha em 1995; a tese central – a UE arriscava-se a ficar desestabilizada por uma mistura de ambição excessiva e miopia política – mantém-se credível. Pouco tempo depois, li *Europe: A History*. Publicada em 1996, era uma obra de Norman Davies, o historiador prolífico e apologista da Polónia. Meticulosamente preocupado com a preparação da minha história, fui sobremaneira sensível à forma como a versão de Davies era em grande medida o género de livro que eu *não* queria escrever. Em particular, a sua obra-prima sofria de uma certa característica de toque no ombro e piscadela de olho, com que o autor, imprudente, se intromete na narrativa histórica.

Por outro lado, se calhar também eu exagerei um pouco na crítica que a seguir escrevi para a *New Republic*. Achei *Europe*, de Davies, profundamente insensível no tema do Holocausto, um tanto embotado no seu revisionismo iconoclasta. Também afirmei vigorosamente que o que equivalia a uma polémica sobre a importância descurada da Europa de Leste não devia poder passar por história objetiva do continente em geral. E ainda havia os erros factuais... Davies reagiu com uma carta à *New Republic* onde deixava claro que o que mais o exasperara na crítica fora a minha depreciação dele como uma figura algo absurda, frustrada pela sua exclusão de Oxford, cujos académicos resguardados atacava infantilmente por ignorarem a sua amada Polónia. (Comparei a sua atitude aos famosos versos do Sr. Sapo de *O Vento nos Salgueiros*(*): «Os senhores inteligentes de Oxford sabem tudo o que há para saber/Mas nenhum sabe metade do que o Sr. Sapo sabe.»)

Passados alguns anos, Davies escreveu-me uma carta muito breve, um pouco mordaz, mas genuinamente amigável, enaltecendo as minhas críticas a Israel – em 2002, julgo. Secundou-a com uma nova mensagem de apoio no ano seguinte, por ocasião do furor desencadeado pelo meu artigo na *New York Review* sobre a solução de um só Estado. Respondi-lhe com a amabilidade que bastava, observando como é curioso o modo como às vezes concordamos com alguém pelas nossas próprias razões – também um bocadinho mordaz, sem dúvida, mas sem ofensa nem intenção de ofender. Então, para minha absoluta surpresa, Davies escreveu para o *Guardian* uma crítica generosa e perspicaz de *Pós-Guerra*; reconheci-o e escrevi-lhe a agradecer o seu gesto «cavalheiresco». Talvez a coisa mais simpática que Davies disse sobre *Pós-Guerra* – e decerto o maior cumprimento, do seu ponto de vista – foi algo como Judt é «especialmente bom na matéria sobre a Checoslováquia».

Em 1995, ofereceram-me a Cátedra Nef(**) de Pensamento Social em Chicago. Depois de me torturar um pouco, recusei. Olhando para trás, percebo agora que começava a ver-me a uma outra luz: não apenas como historiador, nem mesmo «intelectual público», mas como alguém que podia empregar os seus talentos e energias numa nova ocupação. Atraía-me a ideia de criar um fórum institucional para incentivar o género de trabalho que admirava e reunir o tipo de pessoas que achava interessantes e que queria apoiar. Isto, segundo então me parecia, era mais facilmente realizável em Manhattan do que em Chicago, e muito menos na atmosfera rarefeita de Hyde Park.

(*) *The Wind in the Willows*, clássico da literatura infantil, obra do escritor escocês Kenneth Graham (1859-1932) publicada em 1908. *(N. T.)*

(**) A cátedra tem o nome de John Ulric Nef (1899-1988), historiador económico e fundador, em 1941, do Committee on Social Thought (Comissão do Pensamento Social) da Universidade de Chicago. *(N. T.)*

UNIDADES E FRAGMENTOS: O HISTORIADOR EUROPEU

Nova Iorque, afinal, era especial. Até me ter mudado para lá, eu passara toda a minha vida adulta em Cambridge, Berkeley e Oxford: cada uma, a seu modo, uma torre de marfim isolada. Mas, em Nova Iorque, as universidades – NYU, Columbia, CUNY Graduate Center – não podiam fingir que se separavam da cidade. Até Columbia, esplêndidamente isolada na sua colinazinha no Upper West Side de Manhattan, dificilmente poderia negar que a razão por que atraía a maior parte dos professores e alunos (em detrimento da concorrência em Princeton, New Haven ou Cambridge, no Massachusetts) consistia precisamente na sua localização naquela que ainda era considerada, embora talvez com algum anacronismo, a cidade mais cosmopolita do mundo.

De um ponto de vista académico, Nova Iorque assemelha-se, não ao padrão anglo-americano, mas ao modelo europeu continental. As discussões mais importantes da cidade não são as dos académicos na universidade, mas o debate intelectual e cultural maior mantido na cidade por jornalistas, escritores independentes, artistas e visitantes, além do professorado local. Logo, pelo menos em princípio, as universidades estão cultural e intelectualmente integradas num diálogo mais amplo. Neste sentido pelo menos, ao permanecer em Nova Iorque podia também continuar a ser europeu.

Regressei de Chicago a Nova Iorque com uma proposta prática para a minha própria universidade. Eu ficaria de bom grado, se eles aceitassem ajudar-me a criar um instituto: uma casa para as ideias e para os projetos que eu planeara na década anterior. A NYU revelou grande recetividade a esta proposta, incluindo à minha insistência de que não houvesse interferência, nem então nem nunca, nos programas que déssemos ou nas pessoas que convidássemos. A universidade manteve a sua palavra e, graças à sua ajuda, pude formar o Remarque Institute.

Não creio que tivesse continuado aqui em Nova Iorque se não pudesse ter tido este instituto; não sentia decerto qualquer apreço particular pelo departamento de História, então como agora na sua trajetória absurda de politicamente correto e «relevância» histórica. Mas também não acredito que haja no mundo muitas outras instituições que se mostrassem tão cooperantes. A NYU, tal como o King's College, em Cambridge, proporcionou-me um passo decisivo na carreira, e estou verdadeiramente reconhecido.

Quando fundei o Remarque Institute tinha apenas 47 anos: ainda era o mais jovem em quase todas as reuniões profissionais em que participava. Em conferências de historiadores, em *think tanks* e institutos de investigação, e em direções académicas, estava rodeado de veteranos mais velhos com créditos firmados. No Council on Foreign Relations e outras augustas instituições, eu tomava parte em mesas-redondas com homens que durante três décadas vira na televisão. Mais do que tudo, desejava um fórum onde pudesse ouvir, conhecer, incentivar e promover talentos mais jovens.

Além do mais, tinha na ideia fazer uma coisa que ainda não se faz muito bem na maioria das universidades nos EUA ou no estrangeiro. Interessava-me identificar jovens cujo trabalho *não* se encaixava confortavelmente em «escolas» específicas, que *não* eram escolhas naturais em programas de pós-doutoramento instituídos, mas que fossem simplesmente inteligentes. Queria oferecer a essas pessoas meios, oportunidades e em última análise promoção, dando-lhes oportunidade de se conhecerem umas às outras, efetuarem o seu trabalho nas suas próprias condições, sem obrigações sociais ou pedagógicas, e principalmente trocarem opiniões através das fronteiras convencionais disciplinares, nacionais ou geracionais.

O que eu pretendia criar nem sequer tinha nome. Acima de tudo, eu propunha-me facilitar um *diálogo* internacional: proporcionar-lhe uma infraestrutura institucional e recursos práticos, mas em tudo o mais destacar os jovens a quem era oferecida a oportunidade, e não a estrutura formal na qual eles a aproveitariam.

Com o tempo, o Remarque Institute adquiriu uma reputação e nomeada que excedem em muito o nosso tamanho e âmbito. Organizou *workshops*, simpósios, conferências; temos um seminário anual em Kandersteg, na Suíça, para jovens historiadores promissores; o Fórum Remarque reúne alguns dos jovens mais interessantes da América do Norte e da Europa, abrindo-se à academia, ao jornalismo, às artes, ao mundo financeiro, à função pública e ao governo, a fim de promover um diálogo internacional verdadeiramente informal; fazemos seminários regulares em Nova Iorque, Paris e Florença, caraterizados pelo ambiente descontraído das apresentações, pelo carácter aberto das suas discussões e, sobretudo, pela presença numerosa de jovens participantes.

Pudemos ajudar jovens extraordinariamente promissores a decidir os seus percursos académicos ou profissionais: ao praticar um género diferente de intercâmbio académico e intelectual, espero que tenhamos encorajado estudiosos que davam os seus primeiros passos a renovarem e a susterem o seu entusiasmo por uma profissão que demasiadas vezes parece desleixada, antiquada e desapegada do mundo.

Tivemos com certeza bastante êxito ao reunir académicos jovens e veteranos e ao encetar o diálogo intergeracional. O carácter refrescante de muitos dos encontros no Instituto – que se distinguem pela informalidade e pela ausência de delicadeza convencional para com o medíocre e a moda – revelou-se duradouro e, espero eu, sedutor. Em todo o caso, parece que estamos a servir uma causa meritória.

Gostava que fôssemos um pouco mais explícitos quanto ao que significa tornar-se e ser um historiador que não é medíocre e não está ao serviço da moda. Criar uma instituição à volta de um historiador é geralmente fazer o contrário do que costuma ser feito. Tendemos a pensar que são as instituições que criam os historiadores, depois, tentamos descobrir como é que isso influenciou o trabalho deles e saber de que maneira, se é que existe uma, os historiadores podem realmente ser académicos. E muitos de nós, não tu em particular, mas muitos de nós passaram tempo a olhar para trás e a mostrar como os historiadores anteriores foram prisioneiros, de uma forma ou de outra, de um destes esquemas, quer o soubessem quer não. Agora que temos todos consciência disso, para que serve a história? Como é que ela pode ser feita respeitavelmente?

Evidentemente, existia a abordagem da grande narrativa, cuja forma ou era liberal ou era socialista. A forma liberal foi melhor captada – pejorativamente – pela ideia de Herbert Butterfield da «interpretação histórica *whig*»: a de que as coisas melhoram – a razão de ser da história pode não ser o aperfeiçoamento das coisas, mas de facto elas aperfeiçoam-se. Lembro-me de que num certo género de história económica francesa, para dar um exemplo restrito, a questão implícita era sempre a seguinte: por que raio a história económica francesa não conseguia acompanhar a sua congénere inglesa? Por outras palavras, porque se adiou a industrialização? Ou porque é que os mercados eram subdesenvolvidos? Porque é que os setores agrícolas sobreviveram tanto tempo? Tudo isto apenas para perguntar porque é que a história francesa não seguira o exemplo inglês mais de perto. Problemas como as peculiaridades da história alemã, a ideia de um *Sonderweg* ou caminho especial, implicam suposições e debates semelhantes. Portanto, havia esta perspetiva liberal, na sua essência anglo--americana, mas perfeitamente válida na periferia, quando aplicada a sociedades, por assim dizer, atrasadas.

A versão socialista foi adaptada da história liberal do progresso. Diferia no pressuposto de que a história do desenvolvimento humano seria bloqueada a dada altura – a fase madura do capitalismo –, a menos que avançasse com propósito e consciência para um objetivo predefinido: o socialismo.

Havia outra perspetiva, que nós na esquerda tendíamos a encarar como não provada ou então conscientemente reacionária: a de que a história é uma narrativa moral. Nesse caso, a história deixa de ser uma narrativa de transição e transformação. A sua finalidade moral e mensagem nunca se alteram: só os exemplos mudam com o tempo. Segundo esta explicação, a história pode ser um conto de terror eternamente reciclado por participantes ignorantes das consequências do seu comportamento. Ou então (e também) a história transforma-se em *conte moral*, ilustrando mensagens e finalidades éticas ou religiosas: «A história é a filosofia ensinada pelo exemplo», como diz a frase célebre. Uma fábula com notas de rodapé.

Hoje não nos sentimos realmente à vontade com nenhuma destas abordagens. É difícil falar da narrativa do progresso. Não quero dizer que não possamos ver progresso onde quer que procuremos, se resolvermos procurá-lo, mas também podemos ver tanto retrocesso que é difícil dizer que o progresso é a situação natural da narrativa humana. A única área em que houve um regresso ingénuo a esse raciocínio é nas versões mais grosseiras do pensamento económico dos últimos trinta anos: o crescimento económico e os mercados livres não só como a condição necessária para a melhoria humana, mas a melhor explicação para ela. Quanto à ética pública, apesar de Kant, continua a faltar--nos uma base consensual que não tenha origem religiosa.

A consequência da impossibilidade quer da abordagem *whig* quer da moralizante é que os historiadores já não sabem o que andam a fazer. Se isso é mau, é outra questão. Se perguntasses aos meus colegas qual é a finalidade da história, ou qual é a natureza da história, ou a história é sobre o quê, eles ficavam impassíveis. A diferença entre bons historiadores e maus historiadores é que os bons conseguem passar sem uma resposta a essas perguntas, e os maus não.

Mas, mesmo que tivessem respostas, ainda assim seriam maus historiadores – teriam apenas um enquadramento no qual poderiam operar. Em vez deste, têm pequenos padrões – raça, classe, etnia, género, etc. – ou então uma explicação neomarxista residual da exploração. Mas não vejo um enquadramento metodológico comum para a profissão.

E que dizes sobre a ética da história enquanto prática tua?

Isso é ética profissional – Durkheim mais Weber, em vez de Butterfield menos Marx –, por assim dizer.

Em primeiro lugar, não se pode inventar ou explorar o passado tendo em conta objetivos presentes. Isto é menos óbvio do que talvez pareça. Hoje, muitos historiadores encaram de facto a história como um exercício de controvérsia política aplicada. A ideia é revelar algo sobre o passado que as narrativas convencionais camuflaram: corrigir alguma interpretação defeituosa do passado, em geral para convocar como *parti pris* no presente. Quando isto é efetuado com grosseiro descaramento, acho deprimente. É uma traição muitíssimo óbvia ao propósito da história, que é compreender o passado.

Dito isto, tenho bastante consciência de que talvez eu próprio me tenha permitido esse exercício. *Past Imperfect* foi uma tentativa de corrigir não só uma interpretação significativamente defeituosa do passado recente, mas também – embora secundariamente – de identificar equívocos comparáveis no presente. Logo, estou mal posicionado para insistir na ideia de que os historiadores nunca deviam escrever sobre o passado preocupados com implicações contemporâneas.

O limite, parece-me, funciona assim: tem de haver uma plausibilidade na nossa narrativa. Um livro de história – assumindo que os seus factos são corretos – ergue-se ou cai pela convicção com que conta a sua narrativa. Se soar a verdadeiro, para um leitor inteligente e informado, então é um bom livro de história. Se soar a falso, então não é boa história, mesmo que seja escrito por um grande historiador e tenha por base uma sólida erudição.

O exemplo mais conhecido desta vertente foi *Origins of the Second World War*, de A. J. P. Taylor. É um ensaio escrito com beleza, a obra de um historiador diplomático consumado, um especialista em documentos relevantes, um linguista competente e uma inteligência superior. À primeira vista estavam presentes todos os constituintes de um bom livro de história. Então o que faltava? É difícil determinar ao certo a resposta. Talvez seja uma questão de *gosto*. Defender – como faz Taylor – que Hitler não foi responsável pela Segunda Guerra Mundial é absurdamente contra-intuitivo. Por muito subtilmente que se exprima, o argumento é tão implausível que é má história.

Mas então surge a questão: quem deve avaliar a plausibilidade? Neste caso, eu dar-me-ia por satisfeito com a minha própria reação, dada a minha competência. Mas não conseguiria sequer começar a ajuizar da plausibilidade de uma explicação, digamos, da ascensão das cidades medievais, assumindo-a como trabalho de um estudioso competente e qualificado. É por isso que a história é, por necessidade, um empreendimento erudito coletivo que assenta na confiança e respeito mútuos. Só o iniciado bem fundamentado pode ajuizar se um trabalho de história é bom.

Reconheço perfeitamente que o que acabei de descrever é um exercício instintivo. Depois de participar em inúmeras comissões, quando considerava candidatos para nomeações ou promoção, devo ter dito dúzias de vezes: «Este trabalho não é muito bom.» E devo também ter ouvido invariavelmente alguém replicar: «Como é que sabe?» Muitos colegas meus preferiam dar uma no cravo e outra na ferradura e defender um candidato fraco, afirmando que tinha um argumento «original» ou um trabalho «não convencional». Ao que eu respondia: «É verdade. Mas soa a falso. Não é uma explicação plausível da sua narrativa. Não parece um bom trabalho de história.» Os meus colegas mais novos acham esta proposição completamente mistificadora: para eles, é boa história se concordarem com ela.

Os próprios historiadores não são muito bons a historiar. Isto significa que eles tendem a interessar-se por argumentos que ou confirmam o que já sabem ou que de forma algo provocadora desconstroem o que muita gente pensa. Ambos são igualmente maus: a provocação é apenas mais um convencionalismo. Mas custa a historiadores de uma dada geração, de certo meio ou capelinha parar de pensar nos seus pressupostos e julgar algo segundo uma espécie de sentido da realidade, que é o que eu chamaria àquilo de que estás a falar.

Eu acho que hoje os historiadores, exceto os melhores entre eles, sofrem de uma espécie de dupla insegurança. Em primeiro lugar, não é muito claro onde a disciplina se situa no mundo das categorias académicas. É uma ciência humana? É uma ciência social? Nas uni-

UNIDADES E FRAGMENTOS: O HISTORIADOR EUROPEU

versidades americanas, o chefe do departamento de humanidades às vezes é responsável pela história, mas esta às vezes é da alçada do chefe do departamento de ciências sociais. Quando me tornei chefe do departamento de humanidades na NYU, insisti que a história fosse incluída nas minhas competências – ao que o responsável do departamento de ciências sociais (um antropólogo) respondeu: é toda sua.

Os historiadores costumavam gostar bastante da ideia de ser incluídos nas ciências sociais – e procuravam, evidentemente, acesso aos fundos que essa categorização trazia. Nas décadas de 1960 e 1970, as humanidades não tinham geralmente influência nas estruturas institucionais e nos processos decisores das universidades americanas. As ciências sociais – sociologia, antropologia, ciência política, economia em menor grau, linguística, psicologia – viam-se a si próprias (e eram muitas vezes vistas pelos outros) como se fossem científicas, no mesmo sentido que a física. Entretanto, as humanidades – a resvalar para a fossa da teoria – começavam a considerar a disciplina de história censurável pela sua falta de metacategorias autorreflexivas, e chocante pelo seu empirismo que passava por metodologia.

Este sentimento de inferioridade explica bastante o fascínio dos historiadores atuais pela teoria, pelos modelos, pelos «enquadramentos». Essas ferramentas, assim consideradas, oferecem a ilusão tranquilizadora da estrutura intelectual: uma disciplina com regras e procedimentos. Quando as pessoas lhes perguntam o que fazem, podem responder, confiantes, que trabalham em «estudos subalternos», na «nova história cultural», ou em seja o que for – tal como um químico pode dizer que se está a especializar em química inorgânica ou bioquímica.

Isto, porém, só nos faz recuar ao problema que identificaste: estes rótulos são completamente pensados em função do presente. E a abordagem «crítica» dos historiadores muitas vezes consiste em aplicar, ou recusar-se a aplicar, um certo rótulo aos colegas. O processo é embaraçosamente solipsista: rotular alguém é também rotular-se.

Mas, enquanto se pode menosprezar os outros pelos seus preconceitos conscientes ou inadvertidos, já o nosso trabalho está sempre escrupulosamente livre de contaminações – daí o grande esforço para demonstrar que a entrega do autor é consciente, autocrítica, etc. E assim apanhamos com essas monografias invertebradas, que começam e acabam com declarações extensas, teóricas, sobre a finalidade desconstrutiva da investigação. Só que os capítulos intermédios são na verdade bastante empíricos – como deve ser qualquer boa história –, com a ocasional cláusula desconstrutiva lançada para pôr em dúvida as próprias provas que o autor trouxe à luz. Livros assim dão pouca vontade de ler, e – algo relacionado – falta-lhes confiança.

Não se pode escrever história geral dessa maneira. Nos anos 1960, Quentin Skinner escreveu uma série de artigos brilhantes que remodelavam a metodologia da história das ideias. Ele mostrava como era incoerente escrever história intelectual se descurássemos a apresentação das ideias no seu contexto. As palavras e as ideias tinham significados distintos para, por exemplo, os leitores e autores do século XVII; não podemos retirá-las desse contexto se quisermos compreender o que significavam na altura.

Quando se lê os ensaios de Skinner, é tentador concluir que é simplesmente impossível uma história narrativa coerente das ideias. O próprio ato de tornar o material compreensível para os leitores atuais violenta o seu significado e debilita assim o projeto. E todavia, dez anos depois, Skinner publicou *The Foundations of Modern Political Thought*: uma história narrativa em dois volumes, magnificamente idealizada, do pensamento político europeu, desde a época tardo-medieval ao início da modernidade. Para ser bem sucedido – e é bem sucedido –, o livro deixa cuidadosamente de parte o historicismo metodológico meticuloso do seu autor. E provavelmente é assim que tem de ser.

> *Parece que o que a história tem do seu lado, e será uma das razões porque sobrevive, mesmo quando a crítica literária entra em crise e a ciência política se torna ininteligível, é exatamente o facto de os seus leitores concordarem que ela deve ser bem escrita.*

Um livro de história mal escrito é um mau livro de história. Infelizmente, até bons historiadores têm com frequência um estilo trapalhão, e os seus livros vão ficando por ler.

Sabes, quando eu fazia visitas aos amigos, muitas vezes encontrava nas suas estantes uma mistura familiar: ficção clássica, alguma ficção moderna, livros de viagens, a biografia ocasional – e pelo menos uma obra popular de história. Esta, normalmente com uma crítica favorável no *New York Times* ou na *New Yorker*, tornava-se o tema da conversa. Era geralmente o trabalho de um académico que tinha conseguido escrever um livro generalista. Mas esses autores eram e são ainda pouco comuns: o mercado para livros de história é enorme, mas a maioria dos profissionais de história é absolutamente incapaz de o satisfazer.

Tony, eu sinto que há nisso também uma questão ética. Não sei como explicá-la, exceto de uma maneira que vai parecer horrivelmente setecentista e metafísica, mas...

O que há de errado com o século XVIII? A melhor poesia, os melhores filósofos, os melhores edifícios...

... nós devemos algo à língua. Não só devemos escrever bem porque isso significa que as pessoas compram os nossos livros, e não só devemos escrever bem porque é isso que é a história, mas também porque já não há assim tantas profissões que tenham uma responsabilidade para com a língua. Seja qual for a prática profissional responsável que reste, estamos mesmo no meio dela.

O contraste óbvio seria o romancista. Desde a ascensão do «novo» romance em França, nos anos 1950 e 1960, os romances foram colonizados por formas de linguagem fora da norma. Isso não é novo: lembra-te do *Tristram Shandy*, para não falar no *Finnegans Wake*. Mas os historiadores não podem imitá-los. Um livro de história fora das normas – escrito sem preocupações de sequência ou sintaxe – seria absolutamente incompreensível. Somos forçados a ser conservadores.

Se pegássemos na literatura inglesa ou francesa do início do século XVIII e a comparássemos com a ficção atual, descobriríamos que o estilo, a sintaxe, a estrutura e até a ortografia mudaram drasticamente. Experimenta pôr uma criança a ler o *Robinson Crusoe* no original – a história é maravilhosa, mas a prosa é verdadeiramente árida. Inversamente, se compararmos um livro de história do século XVIII com um livro de história do século XXI, bem escrito, encontraríamos extraordinariamente poucas diferenças. O *Declínio e Queda do Império Romano*, de Gibbon, é perfeitamente acessível para um historiador atual – ou até para um miúdo da escola atual; a estrutura do argumento, a exposição das provas e a relação entre provas e argumento são imediatamente familiares. A única mudança é o facto de Gibbons adotar um tom despudoradamente moralista, já para não falar dos apartes argumentativos importunos – precisamente o género de coisa que os críticos me apontaram em *Past Imperfect*.

É verdade que a escrita da história se afastou para um pouco mais longe na primeira metade do século XIX: os exageros e os floreados românticos de um Macaulay, um Carlyle ou um Michelet são completamente estranhos ao nosso ouvido. Mas as modas inverteram-se, e os historiadores do fim desse século, embora um tanto prolixos, são hoje perfeitamente acessíveis. É também verdade, suponho, que os românticos têm herdeiros contemporâneos: o carácter pomposo e a incontinência sintática da sua escrita são hoje reproduzidos sem esforço e continuamente por Simon Schama. E porque não? É um estilo que não me interessa; mas muita gente adora, e tem uma genealogia clássica.

Por falar em Gibbon e na queda de impérios, queria que me falasses da relação entre conhecimento histórico e sentido da política contemporânea. Um argumento para se conhecer a história é a possibilidade de evitar certos erros.

Por acaso, não acho que negligenciar o passado seja o nosso maior risco; o erro característico do presente é citá-lo na ignorância. Condoleezza Rice, que tem um doutoramento em ciências políticas e foi diretora da Universidade de Stanford, evocou a ocupação americana da Alemanha no pós-guerra para justificar a Guerra do Iraque. Quanto analfabetismo histórico se pode identificar só nessa analogia? Visto que nos inclinamos a explorar o passado a fim de justificar o comportamento presente, o argumento em prol de um conhecimento aprofundado da história é irrefutável. É menos provável que cidadãos mais bem informados sejam intrujados com aproveitamentos abusivos do passado em nome de erros presentes.

É importantíssimo que uma sociedade aberta esteja familiarizada com o seu passado. Manipular o passado foi uma característica comum das sociedades fechadas do século XX, tanto da esquerda como da direita. Falsificar o passado é a mais velha forma de controlo do conhecimento: se tivermos poder sobre a interpretação do que veio antes (ou se simplesmente pudermos mentir sobre isso), o presente e o futuro estão à nossa disposição. É, portanto, mera prudência democrática garantir que os cidadãos estejam informados historicamente.

UNIDADES E FRAGMENTOS: O HISTORIADOR EUROPEU

Aqui, preocupa-me o ensino histórico «progressista». Na nossa infância, decerto na minha e imagino que na tua, a história era um monte de informação. Aprendia-se de uma maneira organizada e em capítulos – normalmente segundo uma linha cronológica. A finalidade desse exercício era proporcionar às crianças um mapa mental – que se estendia para trás no tempo – do mundo que habitavam. Os que insistiam que esta abordagem era acrítica não se enganavam. Mas revelou-se um grave erro substituir a história abundante de factos pela intuição de que o passado era um conjunto de mentiras e preconceitos que deviam ser corrigidos: preconceitos a favor da população branca e masculina, mentiras sobre o capitalismo ou o colonialismo ou o que quer que fosse.

Não se pode ensinar às crianças história americana dizendo-lhes: «Costuma dizer-se que a Guerra Civil foi travada em nome da abolição da escravatura, mas *ah!* Eu posso garantir-vos que foi por outra coisa completamente diferente.» Porque as pobres criaturinhas na primeira fila vão ficar a olhar umas para as outras e a perguntar: «Esperem lá, do que é que ele está a falar? O que é a Guerra Civil? Quando é que isso foi? Quem ganhou?»

Estas abordagens supostamente críticas, destinadas – sejamos generosos – a ajudar as crianças e os estudantes a formar os seus próprios juízos, são contraproducentes. Semeiam confusão e não perspicácia, e a confusão é a inimiga do conhecimento. Antes de qualquer pessoa – seja uma criança ou um estudante universitário – conseguir enfrentar o passado, tem de saber o que aconteceu, por que ordem e o seu desfecho. Em vez disso, educámos duas gerações de cidadãos completamente desprovidas de referências comuns. Em resultado, pouco podem contribuir para o governo da sua sociedade. A tarefa do historiador, se quiseres pensar dessa forma, é fornecer a dimensão de conhecimento e narrativa sem a qual não podemos ser um todo cívico. Se como historiadores temos uma responsabilidade cívica, é esta.

Parece que a solução é ser crítico e coerente ao mesmo tempo. De certa forma, as interpretações tradicionais são mais fáceis de tornar coerentes, e a crítica tende para a fragmentação.

A minha jovem assistente, que acabaste de conhecer (Casey Selwyn), fez um módulo na NYU que devia ser uma introdução à história da Rússia. Era ensinado expondo os alunos a debates sobre aspectos

271

decisivos da história russa. Quando olhou para os textos que tinha comprado, não havia uma única história narrativa. O módulo pressupunha que os estudantes da NYU – americanos de dezanove anos com pouco mais conhecimentos do que a história lecionada no ensino secundário – sabiam a linha narrativa da história russa, de Pedro, *o Grande*, a Gorbatchov. O professor, de forma preguiçosa e bastante presumida, achava que o seu papel era somente ajudá-los a interrogar a história. Segundo Casey, o módulo foi uma catástrofe: os estudantes não podem interrogar o que não conhecem.

Os historiadores têm a responsabilidade de explicar. Entre nós, os que escolheram estudar história contemporânea têm uma responsabilidade acrescida: temos uma obrigação para com os debates contemporâneos, de uma maneira que certamente não se aplica, por exemplo, a um historiador da antiguidade. E isso tem provavelmente algo que ver com as razões pelas quais ele é um historiador da antiguidade, e nós historiadores do século XX.

Uma vez, Jan Gross e eu estávamos sentados nas escadas da biblioteca da Universidade de Columbia. Ele estava a trabalhar em *Vizinhos*, o seu livro acerca do assassínio dos judeus de Jedwabne no verão de 1941 pelos seus vizinhos polacos. Virou-se para mim e disse com ar sonhador que numa outra vida teria decerto estudado história da arte renascentista – um tema muito mais agradável. Respondi-lhe que, embora isso fosse obviamente verdade, não me parecia de todo acidental que ele tivesse escolhido outra coisa. E tal como todos nós, ao ter feito a sua escolha, sentiria certamente a responsabilidade cívica de lançar os debates que o seu trabalho implica.

Acho que há uma questão ética aí inscrita que parece antiquada. Algo assim: será que a história é, como disse Aristóteles, o que Alcibíades fez e sofreu? Ou será que as fontes do passado só fornecem matéria-prima, que aproveitamos para fins políticos ou intelectuais?

Acho que muita história aparentemente crítica é na verdade autoritária. Isto é, se vamos dominar uma população, temos de dominar o seu passado. Mas, se a população já tiver sido educada – ou induzida – a acreditar que o passado não é senão um brinquedo político, então a questão de saber se o dono do brinquedo é o professor ou o presidente torna-se secundária. Se toda a gente é crítico, toda a gente parece livre;

*mas na verdade toda a gente está dominada por quem quer
que manipule melhor, sem possibilidade de recorrer à verdade
ou aos factos para se defender. Se todos são críticos, todos são
escravos.*

*A responsabilidade ética fundamental da história é lembrar
as pessoas que houve coisas que realmente aconteceram, ações
e sofrimentos que foram reais, que as pessoas viveram assim
e que as suas vidas terminaram deste modo e não de outro. E
quer essas pessoas estivessem no Alabama nos anos 1950 ou
na Polónia nos anos 1940, a realidade moral subjacente dessas
experiências é da mesma qualidade que as nossas experiências,
ou pelo menos é-nos inteligível, e portanto real de um certo
modo irredutível.*

Eu dividiria esse raciocínio em duas partes. A primeira é simplesmente esta: o trabalho do historiador é tornar claro que certo acontecimento teve lugar. Fazemos isso tão efetivamente como podemos,
com o propósito de transmitir o que terá acontecido a certas pessoas
em determinado momento, o local desse acontecimento e as suas consequências.

Esta descrição algo óbvia é na verdade fundamental. A corrente
política e cultural vai noutra direção: quer apagar acontecimentos do
passado ou explorá-los para fins não relacionados. É nosso dever
esclarecer isso: uma, duas, muitas vezes. É um trabalho de Sísifo: as
distorções mudam constantemente, e, por isso, a tónica na correção
está em fluxo constante. Mas muitos historiadores não veem as coisas
assim e não sentem responsabilidades deste género. Na minha opinião, não são verdadeiros historiadores. Um estudioso do passado
que não esteja primeiramente interessado em entender bem o que se
passou pode ter muitas qualidades virtuosas, mas ser historiador não
é uma delas.

Contudo, temos uma segunda responsabilidade. Não somos meramente historiadores, mas também e sempre cidadãos, com uma
responsabilidade de relacionar as nossas capacidades com o interesse
comum. Devemos obviamente escrever a história como a vemos, por
muito desagradável que ela seja ao gosto contemporâneo. E as nossas
revelações e interpretações estão tão sujeitas a ser maltratadas como o
nosso tema. Lembra-te de que *Vizinhos*, de Jan Gross, foi recebido na
Commentary e noutros lados como mais uma prova de que os polacos

são anti-semitas intemporais e de que «nós» tínhamos razão no que sempre pensámos dos filhos da mãe. Jan nada podia fazer quanto a essas apropriações abusivas do seu trabalho; mas é claro que ele tem uma responsabilidade – a responsabilidade de um historiador – de reagir. Nunca estamos livres disso.

Por isso, temos de operar em dois registos simultâneos. As únicas analogias mais ou menos comparáveis são com as disciplinas de biologia e filosofia moral, constantemente obrigadas a envolver-se e a reagir às interpretações erróneas das suas declarações e dos seus argumentos. Mas a história é mais acessível do que a primeira, e mais aberta ao insulto político do que a segunda. De facto, talvez sejamos a disciplina mais exposta nessas questões. Se calhar é por isso que a maioria dos nossos colegas escreve livros para os amigos e para as estantes das bibliotecas. É mais seguro assim.

Eu tenho tendência para pensar que os bons historiadores têm uma espécie de intuição negativa. Isto é, eles sabem quando é provável que as coisas não sejam verdadeiras. Podem não saber quando as coisas são verdadeiras e podem desconhecer factos – sabe Deus que muito poucos de nós conhecem assim tantos factos. Mas acho que eles costumam ter uma certa intuição sobre as coisas que ne passent pas ensemble, *que coisas não batem umas com as outras.*

É o que eu quero dizer com a plausibilidade. Um bom livro de história é um livro no qual sentimos a intuição do historiador a funcionar. E não importa se nós próprios não conhecemos o tema.

Deixa-me fazer uma pergunta relacionada – mas invertida. Uma das coisas que se disseram de várias formas, digamos, entre 1988 e 2003, é que a história acabou. Sabes que falo da cocktail party *inofensiva Fukuyama-hegelianismo à variante tóxica do Texas em voga depois do 11 de Setembro de 2001. Ou é um adeus a tudo isso e ainda bem, agora somos todos liberais burgueses a jogar o* croquet *do mercado livre; ou então nós, jogadores de* croquet, *nunca vimos nada assim, tudo é novidade, não há precedentes e, portanto, não há regras – e assim podemos escolher as cabeças em que damos com os nossos tacos de* croquet. *O Iraque nada teve que ver com o 11 de Setembro?*

Não faz mal; as velhas regras da causa e do efeito já não existem, podemos invadir à mesma.

Mas, se levássemos isso à letra, se educássemos os nossos filhos como se a história tivesse mesmo «acabado», a democracia seria possível? Seria possível uma sociedade civil?

Não, acredito profundamente que não. A condição necessária para uma sociedade verdadeiramente democrática ou civil – o que Popper apelidou «sociedade aberta» – é uma consciência coletiva sustentada das formas como tudo está em mudança contínua, sendo contudo a mudança total sempre ilusória. Quanto a Fukuyama, ele limitou-se a adaptar a narrativa comunista aos seus próprios fins. Em vez de ser o próprio comunismo a estabelecer o fim e o objetivo para os quais a história avança, atribuiu-se esse papel à queda do comunismo. O trabalho do historiador é pegar nesses refinados disparates e virá-los do avesso.

Assim, sempre que algum tolo declara que um Saddam Hussein é a reencarnação de Hitler, é nosso dever entrar na contenda e complexificar essas asneiras simplistas. Uma barafunda correta é muito mais honesta perante a vida do que mentiras elegantes. Mas, ao desacreditarmos deturpações políticas, temos a obrigação de preencher essa lacuna: uma linha narrativa, uma explicação coerente, uma história compreensível. Afinal, se não for claro no nosso espírito o que se passou ou não no passado, como podemos apresentar-nos ao mundo como uma fonte credível de autoridade desinteressada?

Há portanto um equilíbrio, e não direi que ele é fácil de atingir. Se quisermos apenas virar as coisas do avesso – se entendermos que a tarefa do historiador é esbater todas as linhas –, tornamo-nos irrelevantes. Se tornarmos a história caótica para os nossos estudantes e leitores, perdemos qualquer direito à discussão cívica.

Agora vou eu desarrumar a tua analogia do historiador como um homem que perturba e deixa tudo mais claro.

Não sei se não somos mais parecidos com o tipo que chega e nos muda a mobília. Isto é, a sala não está vazia; o passado não está vazio, há lá coisas dentro. E podemos negá-lo, mas depois estamos sempre a dar encontrões na mobília e a magoar-nos. Os móveis estão lá quer os aceitemos quer não. Podemos negar a realidade da escravatura nos EUA ou podemos negar o seu horror...

Mas esbarraremos sempre em negros zangados.

E não sei se o dever do historiador não será negar essa rei-vindicação de liberdade total de movimento, que na realidade nos magoa a nós e a outros e que abre o caminho à falta de liberdade política. Há algumas coisas – obstáculos – que todos devíamos saber. Como os móveis da sala.

Não estou de acordo. Não fomos aqueles que puseram os móveis na sala – somos só os tipos que lhes colam um rótulo. O nosso dever é dizer a alguém: isto é um sofá grande com uma armação de madeira, não é uma mesa de plástico. Se pensares que é uma mesa de plástico, não só estarás a cometer um erro de categorização, e não só te irás ma-goar sempre que fores de encontro a ele, como vais usá-lo de maneiras erradas. Vais viver mal nesta sala, quando isso é desnecessário.

Isto para dizer que eu acredito profundamente que o historiador não está aqui para reescrever o passado. Quando damos novos rótu-los ao passado, fazemo-lo não porque tenhamos uma nova ideia de como pensar na categoria «mobília», mas porque julgamos ter feito uma melhor avaliação da espécie de mobília com que estamos a lidar. Um móvel assinalado como «mesa grande de carvalho» pode não ter sido sempre rotulado assim. Deve ter havido tempos em que pareceu outra coisa às pessoas: o carvalho, por exemplo, pode ter feito tão ob-viamente parte da mesa, por tudo ser feito de carvalho, que ninguém falava dele. Mas hoje o carvalho conta mais porque, por exemplo, não é um material comum. Portanto, aquilo com que estamos a lidar é uma mesa grande *de carvalho*, e é nosso dever realçá-lo.

Acho que tens razão, é rotular mobília. Ou talvez seja mais como criar caminhos deixando pistas. Algo como a sinaliza-ção dos caminhos nos parques europeus. Alguém percorreu um caminho e deixou uma cruz vermelha ou um círculo verde a cada cinquenta árvores. Se formos pelo caminho dos círculos verdes, seguimos essas árvores, e assim por diante. As árvores estão ali, quer gostemos quer não, mas já há caminhos: pode haver outros – ou pode não haver nenhum. Mas, sem um ca-minho, não conseguimos ver a floresta. Alguém tem de estar lá para assinalar o caminho.

Gosto dessa ideia, desde que fique entendido que assinalamos o caminho, mas não podemos obrigar as pessoas a segui-lo.

Há imensos caminhos reais e potenciais, assinalados e não assinalados, nessa floresta. O passado está cheio de coisas. Mas se não tivermos um caminho através dele, ficamos a olhar para o solo, à procura de pegadas, não conseguimos apreciar as árvores.

Sou pedagogo ao ponto de te dizer que devemos pensar nisto assim. A primeira coisa é ensinar as árvores às pessoas. As pessoas não deviam vaguear pelas florestas, apesar de haver caminhos, se não sabem o que é uma árvore. Depois, ensinamos que muitas árvores juntas constituem uma floresta. E, depois, que uma forma de pensar na floresta – embora haja outras – é encará-la como um lugar capaz de conter caminhos.

A seguir, apontamos o que nós (os historiadores) pensamos ser o melhor caminho através da floresta, reconhecendo que existem outros caminhos, embora em nossa opinião menos satisfatórios. Só então estamos livres, por assim dizer, para «teorizar» sobre os caminhos: se são criações humanas, se distorcem a forma «natural» da floresta, etc. O meu medo é que cada vez mais colegas teus, jovens, aborrecidos com a minha mera descrição das árvores, sintam mais satisfação a ensinar a etiologia dos caminhos.

Então aqui vai uma ironia que pareces querer abordar. O século XX está cheio de acontecimentos trágicos que devemos lembrar, e a recordação é uma espécie de culto na Europa e, em menor medida, nos EUA. Mas, ao mesmo tempo, parecemos realmente incapazes de nos lembrar de grande coisa.

A natureza não liga a caminhos, mas tem horror ao vazio. E nós dedicámo-nos a lembrar acontecimentos num vazio. Em conformidade, invocamo-los isoladamente: «nunca mais», Munique, Hitler, Estaline, etc. Mas como é que alguém pode perceber tais invocações e rótulos? Hoje, não é invulgar que os alunos saiam das escolas secundárias americanas e europeias só com um módulo de História Mundial: geralmente, o Holocausto, a Segunda Guerra Mundial, o totalitarismo ou outro horror comparável da Europa de meados do século XX. Por muito bem ensinado que seja, por muito sensatas que sejam as fontes e a discussão, um módulo assim surge do nada e inevitavelmente leva a nada. Que propósito pedagógico pode isso servir?

Que valor tem a história do Holocausto para o desenvolvimento da consciência cívica dos americanos?

A grande maioria do público americano instruído, não especialista, aprendeu que os acontecimentos da Segunda Guerra Mundial em geral e o Holocausto em particular são únicos, *sui generis*. Foram incentivados a ver esse passado como um momento catastrófico singular, uma referência histórica e ética à qual a restante experiência humana é implicitamente comparada e deixa a desejar.

Isto é relevante porque o Holocausto se tornou a medida moral de todos os atos políticos que empreendemos: quer diga respeito à nossa política externa, às nossas atitudes perante o genocídio ou a limpeza étnica ou à nossa propensão para nos envolvermos no mundo ou nos retirarmos dele. Deves lembrar-te da imagem tragicómica de Clinton-Hamlet na Casa Branca, a torturar-se com a intervenção ou não nos Balcãs, Auschwitz suspenso à sua frente como a referência histórica. A política pública americana em áreas decisivas do interesse nacional está refém de um exemplo único, isolado, da história humana – muitas vezes de relevância marginal, sempre invocado seletivamente. Perguntaste-me qual a desvantagem desta insistência no Holocausto. Essa é a desvantagem.

Mas agora deixa-me fazer de advogado do diabo. Supõe que, em vez de terem apenas esta porção de conhecimento histórico, os americanos não a tinham de todo – nunca tinham estudado nem lido coisa alguma sobre o passado, muito menos o passado europeu recente. Estariam desprovidos de úteis referências morais a crimes passados e não teriam nomes ou momentos historicamente exploráveis aos quais pudessem aludir durante debates políticos, aos quais pudessem recorrer para persuadir a opinião pública.

Há uma certa vantagem em ser capaz de invocar Hitler, Auschwitz ou Munique. Pelo menos o presente visita desse modo o passado, em vez de o ignorar. Tal como estão as coisas, fazemos isso de uma maneira incompleta e cada vez mais contraproducente, mas pelo menos fazemo-lo. A ideia não é abandonar esses exercícios; a ideia

UNIDADES E FRAGMENTOS: O HISTORIADOR EUROPEU

é envolvermo-nos neles de maneiras mais informadas e sensíveis à história.

Um problema curioso relacionado é a americanização do Holocausto, a crença de que os americanos foram lutar para a Europa porque os alemães estavam a matar os judeus, quando de facto isso nada teve que ver.

Tens razão. Tanto Churchill como Roosevelt tinham motivos para manter em segredo a questão dos judeus. Dado o anti-semitismo da época nos dois países, qualquer sugestão de que «nós» estávamos a combater os alemães para salvar os judeus podia muito bem ser contraproducente.

Exato. Faz-nos ver tudo de maneira completamente diferente apercebermo-nos de que, não há muito tempo, os Estados Unidos eram um país onde teria sido difícil mobilizar as pessoas para lutar contra o Holocausto.

Sim, e isso não é algo que as pessoas gostem de pensar de si mesmas. Nem a Grã-Bretanha nem a América fizeram muito pelos judeus condenados da Europa: os EUA nem sequer entraram na guerra até dezembro de 1941, altura em que o processo de extermínio já estava em pleno andamento.

Tinham sido mortos perto de um milhão de judeus quando os japoneses bombardearam Pearl Harbor. Na altura do desembarque na Normandia, já eram cinco milhões. Os americanos e os britânicos sabiam do Holocausto. Não tiveram só relatórios secretos dos polacos, logo após a primeira utilização das câmaras de gás. Os britânicos tinham descodificado transmissões sobre as campanhas de fuzilamento no leste e telegramas com os números de judeus gaseados em Treblinka.

Devíamos recordar esses números, é um excelente exercício de educação cívica e de autoconhecimento nacional. Às vezes, esses números contam uma história, uma história que preferimos esquecer.

Há alguns anos, fiz a recensão crítica da história de Ernest May sobre a queda da França. Enumerei nesse artigo a escala das perdas

279

francesas no decurso das seis semanas de combates a seguir à invasão alemã de maio de 1940. Cerca de 112 mil soldados franceses (sem contar com civis) foram mortos: um número que excede as mortes americanas no Vietname e na Coreia juntos – e uma proporção de mortes muito maior do que algo que os EUA já tenham sofrido. Recebi uma pilha de correspondência de leitores em tudo o resto bem intencionados, a garantir-me que eu me devia ter enganado nos números. Com certeza que os franceses não podem ter lutado nem morrido em tão grande número! Lembra-te de que isto se passou em 2001, pouco antes das obscenidades patrióticas paroxísticas que se seguiram ao 11 de Setembro – «freedom fries»(*), etc. Os americanos não aceitam bem a ideia de que não são os guerreiros mais heróicos do mundo ou de que os seus soldados não lutaram mais arduamente nem morreram com mais bravura do que todos os outros.

Aconteceu uma coisa parecida quando publiquei, também na *New York Review*, um comentário no sentido de que a França tivera seis primeiros-ministros judeus, enquanto aqui nos EUA ainda estávamos à espera do nosso primeiro candidato à vice-presidência bem sucedido: tudo isto se passou quando o execrável Joseph Lieberman tinha acabado de ser nomeado para a candidatura presidencial de Al Gore e o país nadava em autocongratulação com a sua sensibilidade e abertura étnica. Nessa altura, eu recebi um verdadeiro dilúvio de correio – nem todo ele insultuoso – de leitores que me asseguravam que a França era e sempre seria profundamente anti-semítica, em contraste com a nossa herança de tolerância.

Nestas e noutras ocasiões, pensei muitas vezes que aquilo de que a América precisa, sobretudo, é de uma educação crítica na sua própria história. É bem sabido que a França tem um registo desprezível de anti-semitismo. O anti-semitismo francês era sobretudo cultural – e sob os auspícios do regime de Vichy, é claro, esse preconceito cultural misturou-se com a participação ativa no genocídio. Mas, *politicamente*, os judeus franceses têm há muito a liberdade de ascender bem alto ao serviço do Estado e, claro, já tinham acesso a um ensino mais elevado, enquanto Harvard, Columbia e outros lugares ainda impunham quotas rígidas a judeus e outras minorias.

(*) Designação alternativa para as batatas fritas (nos EUA, «French fries») adotada por alguns setores da sociedade norte-americana (e promulgada pela Câmara de Representantes nos seus refeitórios) durante o auge do sentimento antifrancês antes e durante os primeiros tempos da invasão do Iraque. *(N. T.)*

Acho que, toutes proportions gardées, *com Obama atingimos agora o nosso momento Léon Blum.*
Mas, regressando à história e às suas finalidades, a história e a memória têm parentesco? São aliadas? São inimigas?

São meias-irmãs, por isso odeiam-se e, ao mesmo tempo, têm o suficiente em comum para serem inseparáveis. Além disso, estão constrangidas a brigar por uma herança que não podem abandonar nem dividir.

A memória é mais nova e atraente, muito mais disposta a seduzir e a ser seduzida − e por isso faz muitos mais amigos. A história é a irmã mais velha: um tanto magricela, insípida e séria, mais disposta a retirar-se do que a intrometer-se em tagarelices ociosas. E, por conseguinte, politicamente, ela é um papel de parede, um livro deixado na prateleira.

Ora, houve muitos que − com a melhor das intenções − esbateram e confundiram estas duas irmãs. Estou a pensar, por exemplo, nos estudiosos judeus que evocam a antiga tónica judaica na memória: *zakhor*(*). Eles sublinham que o passado de um povo sem estado está sempre em perigo de ser registado por outros para os seus próprios fins, e que por isso compete aos judeus recordar. Parece-me acertado e estou bastante de acordo.

Mas, neste ponto, o dever de lembrar o passado confunde-se com o próprio passado: o passado judaico mistura-se com os seus resquícios úteis para a memória coletiva. E então, apesar do trabalho de primeira categoria de gerações de historiadores judeus, a memória seletiva do passado judaico (o sofrimento, o exílio, a vitimização) funde-se com a narrativa lembrada da comunidade e torna-se ela própria história. Ficarias espantado com a quantidade de judeus instruídos, meus conhecidos, que acreditam em mitos sobre a sua «história nacional» de maneiras que nunca tolerariam se lhes contassem mitos comparáveis acerca da América, Inglaterra ou França.

Esses mitos encerraram-se agora em registos oficiais como as justificações abertamente abraçadas para o Estado de Israel. Isso não é um defeito unicamente judeu: a pequena Arménia ou os modernos estados

---

(*) «Lembra-te», do quarto mandamento judaico (o terceiro no Catolicismo): *Lembra-te de santificar o dia de sábado. (N. T.)*

balcânicos da Grécia, da Sérvia e da Croácia, só para nomear quatro, nasceram com base em narrativas mitológicas equivalentes. As sensibilidades aqui envolvidas são tais que perceber a verdadeira história torna-se quase impossível.

Mas acredito profundamente na diferença entre história e memória. Permitir que a memória substitua a história é perigoso. Enquanto a história, por necessidade, toma a forma de um registo infindavelmente reescrito e reexaminado à luz de velhas e novas provas, a memória está ligada a propósitos públicos, não eruditos: um parque temático, um memorial, um museu, um edifício, um programa televisivo, um acontecimento, um dia, uma bandeira. Tais manifestações mnemónicas do passado são necessariamente parciais, breves, seletivas; aqueles que as organizam ficam constrangidos, mais tarde ou mais cedo, a dizer verdades parciais ou até rematadas mentiras – às vezes com as melhores intenções, às vezes não. Em qualquer dos casos, não podem substituir a história.

Assim, a exposição no Museu Memorial do Holocausto em Washington não regista nem serve a história. É a memória apropriada seletivamente, aplicada a uma finalidade pública digna de louvor. Podemos aprovar em abstrato, mas não devemos iludir-nos quanto ao resultado. Sem a história, a memória fica à mercê do abuso. Mas se a história vier primeiro, então a memória terá um modelo e um guia em comparação ao qual pode funcionar e ser avaliada. As pessoas que estudaram a história do século xx podem visitar o Museu do Holocausto, podem pensar no que lhes está a ser mostrado, apreciá-lo num contexto mais amplo e juntar-lhe uma inteligência crítica. Nesse aspecto, o museu serve um propósito útil, sobrepondo as memórias que regista à história que o seu público tem na mente. Mas os visitantes que só conhecem o que lhes é mostrado estariam (e a maior parte está) em desvantagem: separados do passado, é-lhes ministrada uma versão que não estão em condições de avaliar.

Um modo de marcar a diferença entre a história e a memória é reparar que não existe verbo para a história. Se alguém diz «estou a fazer história» quer dizer que está a fazer algo muito especial e geralmente caricato. Historiar é um termo técnico, restrito pela convenção a um uso académico. Pelo contrário, «eu lembro» e «eu recordo» são coisas perfeitamente convencionais e que se dizem.

UNIDADES E FRAGMENTOS: O HISTORIADOR EUROPEU

Isso indicia uma diferença real: a memória existe na primeira pessoa. Se não houver uma pessoa, não há uma memória. Ao passo que a história existe sobretudo na segunda e na terceira pessoa. Posso falar acerca da tua história, mas só posso falar da tua memória num sentido muito limitado e geralmente ofensivo ou absurdo. E posso falar da história deles, mas não posso realmente falar da memória deles, a menos que por qualquer razão os conheça extraordinariamente bem. Posso falar da história dos aristocratas polacos do século XVIII, mas seria absurdo da minha parte falar da sua memória.

Porque a memória é na primeira pessoa, pode ser constantemente revista e, com o tempo, torna-se mais pessoal. Já a história, pelo menos em princípio, toma a outra direção: à medida que é revista, torna-se cada vez mais aberta à perspetiva de terceiros e, portanto, potencialmente universal. Um historiador pode começar com interesses que são imediatos e pessoais – talvez tenham de ser – e depois, pelo trabalho, distanciar-se deles. Ao sublimar a sua perspetiva inicial, ele regressa com algo completamente diferente.

Discordaria parcialmente num ponto. A memória pública é uma primeira pessoa do plural, encarnada, coletiva: «Nós lembramo-nos...» O resultado são resumos calcificados da memória coletiva; e, uma vez desaparecidas as pessoas que se lembram, esses resumos substituem a memória e tornam-se história.

Pensa na diferença entre o Mémorial em Caen, que hoje é o museu oficial das guerras francesas do século XX com a Alemanha, e o Historial em Péronne, que foi criado por uma comissão internacional de historiadores profissionais que incluiu o teu colega de Yale, Jay Winter. Ambos são monumentos nacionais franceses, mas a diferença entre eles é reveladora.

O Historial é pedagógico. Ele oferece uma apresentação narrativa linear e convencional do seu assunto – e assim, no ambiente progressista atual, uma abordagem bastante radical e na minha opinião eficaz ao ensino da história pública. O Mémorial, por outro lado, é só sentimento. Quase não há pedagogia, excepto a mensagem de memória total que se espera que o visitante leve consigo. O Mémorial entrega-se a truques, estratagemas e tecnologia para ajudar o visitante a recordar o que ele julga que já sabe sobre a Segunda Guerra Mundial. Se não tivéssemos já uma memória que apoiasse a nossa experiência, o Mémorial não faria sentido. Ele proporciona a atmosfera, mas o visitante é responsável pela história. Esse contraste entre o Historial e o Mémorial parece-me precisamente o contraste que temos de preservar e acentuar. Se realmente temos de ter memoriais, então as pessoas deviam pelo menos ser encorajadas a visitar os historiais primeiro.

Vês na prática uma via para um tipo de história que seja construtiva na criação de comunidades cívicas? Para nós é fácil não gostar dos grandes historiadores nacionais que tiveram essa missão: Michelet, Ranke e Khruchevski. Eles eram whigs modificados; a história avançava numa certa direção: a grandeza, unificação ou libertação nacional. Podemos pôr de parte essa teleologia e é o que fazemos. E é-nos igualmente fácil escarnecer da história politizada, com as suas limitações narcisistas e metodológicas, e depreciar a memória como uma substituta disfuncional e perigosa da história. Mas como é que devemos institucionalizar a história de tal forma que ela crie um sentido de comunidade, sem sermos vítimas dessas falácias?

A minha primeira mulher era professora primária. Certa vez, há muitas décadas, convidou-me para ensinar a Revolução Francesa a uma turma de miúdos de nove anos. Depois de pensar um bocadinho no assunto – eu não tinha experiência comparável de escola primária –, levei uma pequena guilhotina para a sala e começámos a aula a cortar a cabeça da Maria Antonieta. A partir daí, achei que a história narrativa da Revolução Francesa foi muito bem aprendida, com alguma ajuda visual.

Assim, do ensino da terceira classe para o ensino de estudantes de licenciatura em Berkeley, na NYU, Oxford e noutros lados, aprendi isto com a experiência: é uma verdade universal que os jovens que ainda não sabem a história preferem que ela lhes seja ensinada da maneira mais convencional e sem rodeios. De que outro modo poderão compreendê-la? Se a ensinarmos de trás para a frente, começando pelos seus significados mais profundos e pelas questiúnculas interpretativas, eles nunca irão perceber. Eu não digo que se deva ensinar de uma maneira aborrecida, mas apenas convencional.

Dito isto, reconheço que existe uma preocupação paralela. Para que se ensine história de maneira convencional, é preciso um conjunto de referências razoavelmente consensual sobre o que é realmente a história convencional que se vai ensinar. Muitas sociedades, não só a nossa, tornaram-se muito menos confiantes nos últimos trinta anos quanto à interpretação do seu passado. Não são só os americanos que já não sabem contar uma história nacional coerente sem se sentirem embaraçados ou ressentidos. Passa-se o mesmo na Holanda, na França, em Espanha.

Hoje, quase todos os países europeus estão confusos quanto à maneira de ensinar o seu passado e que partido tirar disso. Nos casos piores – ocorre-nos a Grã-Bretanha –, abandonou-se completamente as descrições nacionais convencionais e ensina-se às crianças uma série confusa de narrativas parciais concorrentes, cada qual amarrada a uma perspetiva moral ou étnica.

Há mais ou menos uma década, estive em Yale para uma conferência de Marc Trachtenberg. Um grupo de estudantes de licenciatura que estava na assistência convidou-me para jantar a seguir. Estavam numa ansiedade impressionante, até paranóica, com as suas fracas perspetivas de trabalho. Porque o departamento de História de Yale era considerado (então como agora) bastante conservador, os historiadores diplomáticos formados em Yale vinham sendo rejeitados, ao passo que os historiadores culturais pós-tudo de instituições menos prestigiadas arranjavam emprego facilmente.

Lembro-me de lhes dito: pelo amor de Deus, mantenham-se firmes. É óptimo que tenhamos pelo menos uma instituição de primeira categoria a ensinar a jovens historiadores verdadeiras técnicas académicas: como interpretar arquivos diplomáticos e outras fontes, aprender línguas exóticas e não achar motivos para desculpar-se pelo tema tradicional de alta política em que se está a trabalhar. Mais cedo ou mais tarde, garanti aos meus interlocutores, a maré vai mudar, e então terão vocês a vantagem de se terem preparado meticulosamente nos rigores tradicionais de uma subdisciplina tradicional.

Ainda acredito nisso. A história como disciplina narrativa confiante há-de voltar: na verdade, do ponto de vista do público leitor, ela nunca se foi embora. É extraordinariamente difícil imaginar qualquer sociedade que passe sem uma narrativa coerente e consensual do seu passado. Portanto, é nossa responsabilidade produzir essa narrativa, justificá-la e depois ensiná-la.

Todas essas histórias nacionais terão defeitos inevitáveis. Haverá fraquezas. Qualquer narrativa suficientemente geral para ser verdadeira para todos tenderá a descompensar uma minoria, talvez muitas minorias. Sempre assim foi. Sabes, a história inglesa que eu aprendi na escola não referia os judeus; bem podíamos ser invisíveis.

Só mais tarde aprendi, para meu espanto, que «nós», judeus, tínhamos sido expulsos de Inglaterra por Eduardo I e que, na altura de Cromwell, houve uma história judaica complicada com implicações que se estenderam à nossa época. Não é que eu julgasse ativamente que não havia judeus, mas simplesmente ninguém o mencionou e eu não pensei no assunto. Hoje, evidentemente, esse «silêncio» seria considerado condenável, a raiar o preconceito e talvez algo pior. Alguém – presumindo falar em nome de todos os judeus – insistiria na inserção de um «quociente» judeu ou, talvez, de uma «contranarrativa» obrigatória para compensar a narrativa dos acontecimentos ingleses. Se calhar já se fez isso! Mas não pode ser esse o caminho.

Quando estavas a escrever Pós-Guerra, *como pensavas nestas coisas? Pensaste que o teu livro se podia tornar um relato convencional da história europeia do pós-guerra? Achaste que o livro estava a desmontar as histórias nacionais nas suas várias componentes? Pensaste em unidades e fragmentos?*

Pensei de facto muito e longamente na conceção do livro.

Por outro lado, não acho que tenha pensado muito tempo nas tuas questões enquanto o escrevia, e não tenho a certeza de que tê-lo feito me fosse muito proveitoso. Aquilo por que eu me *estava* a esforçar era uma forma de romper as categorias convencionais de Leste e Ocidente de reafirmar, mas sem exagero, outras linhas de fratura, de abordar pequenos países sem parecer que estivesse deliberadamente a compensar, de usar exemplos propositadamente não convencionais para deixar clara uma questão, mas sem parecer que me estava a armar.

Posso dizer com toda a sinceridade, Tim, que só depois de terminar o livro é que olhei bem para ele e vi que não era mau e que de facto ia ao encontro de alguns problemas que levantaste. Só então é que pensei: bom, talvez esta passe mesmo a ser a maneira de pensar na Europa do pós-guerra, pelo menos durante uns tempos. Quando estava a escrever, não tinha esses pensamentos. Teriam sido impróprios.

Parece-me que, se eu tinha um objetivo, era fazer duas coisas. Em primeiro lugar, eu queria deslocar um bocadinho o ponto de vista. Tentei levar o leitor a imaginar outra coisa além da «ascensão da UE»,

UNIDADES E FRAGMENTOS: O HISTORIADOR EUROPEU

quando pensasse nessas décadas. Queria que os meus leitores não pensassem nos «anos 1960», mas num «momento social-democrata». Tinha esperança de encorajar os leitores a pensar na Europa de Leste não como um distante subúrbio comunista da Rússia, mas como parte de uma única narrativa europeia – embora uma narrativa com intrigas secundárias muito diferentes e complicadas.

A minha segunda ambição, menor, era escrever uma história que incorporasse com êxito a cultura e as artes, em vez de as expulsar para uma nota de rodapé ou um anexo. Filmes sobretudo, mas também romances, peças e canções pairam dentro e fora da narrativa como ilustrações ou exemplos. Isso é invulgar numa história geral, o que muito me orgulha. Mas, mais uma vez, só no fim é que pensei nessas ambições como se de certo modo constituíssem uma história diferente e distinta.

Talvez eu não seja assim tão ambicioso nem comercialmente perspicaz para traçar de início esses objetivos. Mas, na verdade, creio que os grandes objetivos abrangentes, tanto metodológicos como interpretativos, são muitas vezes o inimigo da boa escrita. Eu devia estar demasiado assustado com a escala do que empreendera para incluir esses objetivos desde o início no projeto. E, se o tivesse feito, provavelmente não tinha resultado.

VIII

A Idade da Responsabilidade: o Moralista Americano

Nos anos 1990, alarguei continuamente o âmbito da minha escrita pública, passando da história francesa para a filosofia política, a teoria social, a política e história do leste europeu, e daí para problemas da política estrangeira, americanos e europeus. Eu jamais teria tido a confiança intelectual ou social para propor eu próprio esses assuntos. Foi Robert Silvers, o diretor da *New York Review of Books*, que me mostrou, malgrado a minha vontade, que eu realmente conseguia fazer este tipo de textos, pensar sobre assuntos bastante afastados dos meus interesses académicos formais e comentá-los. Silvers proporcionou-me a ocasião de escrever sobre coisas que eu teria julgado para lá das minhas capacidades. Estou-lhe eternamente grato por essa oportunidade.

Eu funcionava em dois registos diferentes e andava a trabalhar demasiado. Enquanto escrevia para a *New York Review* e para outras publicações com regularidade e até assiduamente, também estava a escrever *Pós-Guerra* e outros livros, o que se somava à família que constituíra e a um horário administrativo e letivo preenchido. Exigia um esforço intelectual, planeamento e tempo consideráveis manter todas estas coisas separadas. Mas, pelo menos, evitava as rotinas mundanas características do historiador firmado: conferências, associações profissionais, publicações profissionais. Assim, pelo menos, eu tinha a vantagem de – como sempre insistira o velho Richard Cobb – não ser bem um historiador e, portanto, de não estar de forma alguma disposto a perder tempo a construir uma carreira só entre historiadores.

Muito do que eu escrevia era uma espécie de história intelectual avaliativa, os ensaios que seriam reunidos em O *Século XX Esquecido*. O século XX é o século dos intelectuais, com todas as traições respetivas, conformismos e compromissos. O problema é que hoje vivemos numa era em que as ilusões, as desilusões e os ódios ganham todo o destaque. Por isso, é preciso um esforço consciente para identificar e salvar o que de essencialmente bom existiu na vida intelectual do século XX.

Daqui a vinte anos será difícil seja a quem for lembrar-se exatamente em que consistia tudo isso. Acima de tudo, talvez estivesse a questão da verdade – ou antes, dos dois tipos de verdade. Pode alguém que aceitou uma verdade política maior, ou uma narrativa maior, redimir-se como intelectual ou como ser humano ao ficar próximo de verdades menores ou da própria veracidade? Essa foi uma pergunta que fiz ao século XX, e talvez também a mim mesmo. Eu tentava responder a essa pergunta na mesma altura em que comecei a escrever como intelectual político.

Eu defendia o que para a maioria dos historiadores americanos são duas proposições metodológicas contraditórias. Em primeiro lugar, que o historiador deve escrever sobre as coisas no seu contexto. Contextualizar faz parte da explicação, e por isso separarmo-nos do tema a fim de o contextualizar é o que distingue a história de formas alternativas, igualmente legítimas, de explicar o comportamento humano: a antropologia, as ciências políticas, seja o que for. Contextualizar neste caso exige tempo por ser a variável relevante. Mas a minha segunda posição é esta: nenhum académico, historiador ou qualquer outro está – meramente por ser erudito – eticamente dispensado das suas próprias circunstâncias. Somos também participantes no nosso tempo e lugar e não podemos eximir-nos a eles. E esses dois contextos devem ser metodologicamente distintos, mas, ao mesmo tempo, estão inextricavelmente ligados.

A *New York Review* permitiu-me passar a escrever publicamente sobre intelectuais públicos, mas foi Nova Iorque que me tornou um intelectual público. Embora eu não tivesse planos de mudar-me, nem quisesse arranjar emprego noutro lado, não creio que fizesse tenção de ficar em Nova Iorque para sempre. Mas, graças ao 11 de Setembro de 2001, fui-me envolvendo cada vez mais, e mais polemicamente, nos assuntos públicos americanos.

Parece-me justo dizer que achava cada vez mais urgente mergulhar num debate americano: exigir que discutíssemos questões desconfortáveis abertamente e sem constrangimentos numa época de auto-censura e conformismo. Os intelectuais com acesso aos meios de comunicação e com emprego seguro numa universidade têm uma responsabilidade particular em tempos politicamente conturbados. Nesses anos, eu estava em posição de falar com pouquíssimo risco para a minha situação profissional. Isso quase me parecia a definição da responsabilidade cívica, pelo menos no meu caso local; algo sentencioso, talvez, mas era o que sentia. E assim, curiosamente, encontrei um modo de me tornar americano.

Que tipo de americano queria eu ser? Os franceses dão um nome aos seus maiores escritores, de Montaigne a Camus: chamam-lhes *moralistes*, um termo mais abrangente do que o seu equivalente inglês e sem o travo pejorativo implícito. Os *moralistes* franceses, quer se dediquem ativamente à escrita de ficção quer pratiquem a filosofia ou a história, têm muito mais tendência que os seus pares americanos para infundir nas suas obras um envolvimento ético explícito (neste caso particular, pelo menos, Isaiah Berlin era também um *moraliste*).

Sem pretender elevar-me indevidamente, penso que também estava envolvido em algo nessa linha: os meus estudos históricos, tanto como as minhas publicações jornalísticas, eram motivados por um conjunto explícito de preocupações contemporâneas e compromissos cívicos. Também eu era um *moraliste*, mas americano.

> *Comecemos pelo caso Dreyfus, com a entrada do intelectual na política moderna, numa questão a que chamas verdade menor: se um homem traiu ou não o seu país. Um oficial do exército francês, de origem judaica, foi falsamente acusado de traição e defendido por uma coligação de intelectuais franceses. Esse momento, em janeiro de 1898 em Paris, no qual o romancista Émile Zola publica o seu famoso panfleto J'accuse é visto como o início da história do intelectual político. Mas parece-me que esse momento não pode ser visto só em termos históricos e que, desde o início, há um elemento ético incorporado na nossa noção de intelectual.*

Bernard Williams propõe uma distinção entre a verdade e a veracidade. Os apoiantes de Dreyfus estavam a tentar dizer a verdade, que é a veracidade, em vez de reconhecerem verdades mais elevadas, como os seus adversários lhes exigiam. As «verdades mais elevadas», como

PENSAR O SÉCULO XX

estes as entendiam, eram que a França estava primeiro, que o exército não pode ser insultado ou que a finalidade coletiva prevalece sobre os interesses individuais. A distinção é o que está por trás da carta de Zola: a questão é simplesmente contar a verdade tal como ela é, e não descobrir a verdade maior e aderir a ela. Contamos o que sabemos da forma como sabemos.

Ora, não é isso o que os intelectuais fazem no século xx; muitas vezes acabam por fazer exatamente o contrário. De certa forma, o modelo para o intelectual do século xx foi tanto o anti-Dreyfus como o pró-Dreyfus. Alguém como o romancista Maurice Barrès não estava interessado nos factos do caso Dreyfus. Ele estava interessado no *sentido* do caso Dreyfus. E não sei se compreendemos sempre plenamente a natureza das origens do diálogo intelectual do século xx. Foi uma cisão da personalidade que nos acompanhou pelo século fora.

Mais ou menos pela mesma altura, na Europa Central imperial, Tomáš Masaryk denuncia como falsificações poemas épicos checos aparentemente medievais e defende os judeus do libelo de sangue. Apesar das diferenças óbvias, também aqui temos um intelectual que defende as pequenas verdades contra o que parecem ser as exigências da grande história nacional.

Sem dúvida. Fez-me muita impressão que na minha educação, exceto como parte da história diplomática do século xx, eu nunca tivesse ouvido falar de Masaryk neste contexto antes de entrar na casa do quarenta. E, no entanto, foi um momento europeu tão obviamente similar. Alguém totalmente devotado ao que considera os verdadeiros interesses do seu futuro país descobre-se em total desacordo com aqueles para quem esclarecer a narrativa nacional é a prioridade absoluta. E é claro que isso é o que une Masaryk e Zola. E é o que dá aos liberais da Europa Ocidental e de Leste o seu ponto de partida comum no século xx – uma referência partilhada que só viriam a redescobrir nos anos 1970.

Se de facto lermos o panfleto de Zola, J'accuse, ele está mal concebido, é demasiado extenso e contém muitas referências que não podemos minimamente entender. Além do título em destaque, o texto nada tem de empolgante. E pergunto-me se isso não tem nada que ver com os problemas que teremos no

292

A IDADE DA RESPONSABILIDADE: O MORALISTA AMERICANO

século XX – a saber, que a veracidade é feia e complicada, enquanto a verdade maior parece pura e bonita.

Nesses anos, as pessoas que se dispõem a participar em debates públicos sobre noções abstratas como o bem e o mal, a verdade e a falsidade, ainda são jornalistas, dramaturgos, professores populares com uma audiência pública, etc. Nas décadas seguintes, serão filósofos, mais tarde ainda os sociólogos, etc. Em cada meio profissional, haverá um estilo de raciocínio que exclui ou encoraja certas formas de verdade e falsidade.

Nas primeiras décadas do século, a maioria dos intelectuais era de um género literário ou outro. Os seus hábitos retóricos conservavam muitos traços do discurso do século XIX, que, para os ouvidos do século XXI, podem soar redundantes e pomposos. Esses homens e mulheres ocupavam uma função pública entre o adivinho e o jornalista de investigação. Vinte anos depois, tudo mudou. Os intelectuais que Julien Benda ataca nos anos 1920, na sua *Trahison des clercs* [A Traição dos Clérigos], pela abstração e raciocínio excessivamente teórico, não viam qualquer traição na sua posição – para eles a abstração *era* a verdade.

Ao passo que isso teria parecido mero disparate a um jornalista como Émile Zola. A verdade eram os factos. Masaryk, apesar da sua formação filosófica, via as coisas da mesma forma. Em 1898, poucos defenderiam que a autenticidade e a razão abstrata pudessem alguma vez prevalecer sobre o compromisso direto com a verdade e a falsidade. O compromisso intelectual tinha que ver com revelar que algo era falso. Após uma geração, o compromisso intelectual consistia em proclamar verdades abstratas.

> *Isso é um assunto que já discutimos: a imanência de valores morais na história, localizados no futuro e a ditar o presente, através do leninismo ou do estalinismo, ou localizados na vontade de um chefe, através do fascismo ou do nacional-socialismo.*
>
> *A reação de muitos intelectuais a este tipo de política era rejeitar a ética enquanto tal ou, no caso dos existencialistas, considerá-la algo que deve ser afirmado num vazio necessário.*
>
> *Há então esse momento, no fim dos anos 1940, em que Camus diz muito honestamente: e se estivéssemos todos sim-*

plesmente errados? E se Nietzsche e Hegel nos enganaram e realmente houver valores morais? E se durante este tempo todo devíamos ter estado a falar deles?

Tens de imaginar Maurice Merleau-Ponty, Simone de Beauvoir e Jean-Paul Sartre – que estavam presentes quando ele disse isso – a revirarem os olhos perante a inocência filosófica de Camus. Arthur Koestler também esteve presente, embora não possamos saber como reagiu.

Mas imaginemos que Camus tem razão. Então quais são esses valores morais? Isto é, se a vocação de um intelectual é mais do que procurar a veracidade enquanto contrário da falsidade e algo distinto da verdade maior, que mais é que ele ou ela devia fazer? Se os intelectuais já não defendem uma verdade maior ou devem evitar o tipo de postura que dê a entender que o fazem, então o que defendem exatamente? Para citar Thomas Nagel: «Que tal é a vista a partir de nenhures?»

Acho que, de uma forma ou de outra, é esse o desafio que qualquer intelectual sério enfrenta hoje: como ser um universalista coerente. Não se trata simplesmente de dizer: acredito em direitos, liberdades ou nestas normas. Porque, se acreditamos no direito das pessoas à escolha, mas também acreditamos saber melhor do que os outros o que lhes convém, então enfrentamos uma possível contradição. Como pode alguém, enquanto universalista coerente, impor a outrem uma cultura ou uma série de preferências – mas como recusar fazê-lo se se leva a sério os próprios valores? E, ainda que admitamos que este problema pode ser resolvido, como podemos ter a certeza de ter evitado outras contradições num mundo político necessariamente complexo? Universalistas éticos como Václav Havel, André Glucksmann ou Michael Ignatieff, que foram todos favoráveis, segundo princípios gerais, à Guerra do Iraque de 2003, depararam com consequências práticas contraditórias para as quais os seus absolutos abstratos ordenados não os haviam preparado.

A ideia de guerra preventiva chumba no primeiro teste kantiano, que é agir como se o que fazemos criasse uma regra. Não sei se haverá alguma maneira de chegar ao universal, pelo menos para intelectuais seculares, que não comece com outra premissa kantiana: o ético reside no ser humano individual. Uma coisa que a Guerra do Iraque teve em comum com várias

outras aventuras é ter sido retratada de modo um tanto estili-
zado e abstrato, usando conceitos gerais como a libertação, o
que nos permitiu deixar passar coisas que realmente devíamos
saber: a guerra é medonha, mata gente e haverá indivíduos a
matar e a morrer.

A atração da ideia de que o ético reside no indivíduo é o facto
de reduzir as coisas a um processo de decisão ou a um conjunto de
cálculos de interesse, ou a algo, que não pode ser coletivizado e por
conseguinte imposto.

Mas ela pode levar a um outro problema: a ampliação das categorias éticas dos indivíduos para os coletivos. Pensamos perceber muito
claramente o que queremos dizer quando afirmamos que a liberdade
é um valor humano universal e que a liberdade de expressão, a liberdade de movimento e a liberdade de escolha são direitos inerentes às
pessoas individuais. Mas acho que desde o século XIX temos passado
demasiado facilmente da liberdade de um homem para as liberdades
coletivas, como se estas fossem coisas equivalentes.

Porém, mal começamos a falar em libertar um povo ou em trazer
liberdade, como uma abstração, começam a acontecer coisas muito diferentes. Um dos problemas do pensamento político ocidental desde o
Iluminismo tem sido este movimento de vaivém entre avaliações éticas
kantianas e categorias políticas abstratas.

Há claramente um problema na analogia entre indivíduos
e coletivos que surge com mais estrépito no caso da nação. A
ideia liberal da nação era muito a ideia liberal do indivíduo –
as nações existiam, tinham uma espécie de destino, tinham o
direito à liberdade, e, por isso, a autodeterminação nacional
não parece nada problemática para liberais razoáveis.
Mas não se pode dizer simplesmente que se trata de um
erro de categoria?

Poderíamos defender a ideia de nação como indivíduo coletivo dizendo que o indivíduo também é uma entidade construída: passa a
existir com o tempo, adquire memória, preconceitos, etc. Afinal, o que
numa nação tem importância não é a verdade ou falsidade das suas
alegações sobre o passado, mas o desejo e a opção coletivos de acreditar nessas proposições – e as consequências que se seguem.

Ora, por acaso não acredito que devamos aceitar esses resultados: é melhor contrariar os mitos nacionais mesmo pagando o preço da desilusão e da perda de fé. Ainda assim, as histórias e os mitos nacionais são o subproduto necessário e inevitável das nações. Temos portanto de ser cuidadosos ao distinguir entre o óbvio – as nações existem – e o construído – as convicções que as nações tendem a ter sobre si próprias.

De facto, as nações chegam muito facilmente à ideia de que têm direitos *qua* nações, por analogia com os direitos que os indivíduos reclamam para si próprios. Mas isso não pode ser tão simples. Para que uma nação tenha direitos e obrigações, essas mesmas reclamações e direitos têm de valer para os indivíduos tanto como para os coletivos. Se uma nação tem o direito de «ser livre», também o devem ter todos os seus cidadãos e sujeitos individuais – ou então estaremos a usar o termo «livre» num sentido muito particular e diferente.

Deixa-me dar-te um exemplo de uma aplicação problemática da linguagem dos direitos e exigências individuais quando transposta para o coletivo. Eis-me a viver neste país: sou um cidadão dos Estados Unidos. Será que penso que o país deve algo à sua população negra? Uma dívida contraída devido à escravatura perante os homens e as mulheres obrigados contra a sua vontade a vir para cá e a contribuir para a prosperidade do país? Sim, penso. Será que penso que a ação afirmativa foi uma estratégia legítima para esse fim? Sim, penso. E assim por diante.

Mas será que, como branco, me sinto culpado por tudo isso? Não, com toda a certeza que não. Na altura do tráfico de escravos, e mesmo até à abolição, os meus antepassados viviam na pobreza em algum remoto *shtetl* da Bielorrússia oriental. Não existe qualquer razão aceitável pela qual eles possam ser responsabilizados pela América na qual agora me encontro.

E, portanto, tenho uma responsabilidade cívica, como cidadão; mas não sinto responsabilidade moral pelas circunstâncias que procuro mitigar. Não faço parte de qualquer agência coletiva chamada «Crimes da América Branca Contra os Negros». Podem parecer distinções subtis, mas na ética pública e na política pública é provável que se mostrem decisivas, e não só aqui nos EUA.

Acho que as nações têm direitos positivos, mas não direitos negativos. Isto é, a nação não tem direito à liberdade, que é um direito negativo, pois isso não é coerente. Só um indivíduo

A IDADE DA RESPONSABILIDADE: O MORALISTA AMERICANO

*pode ter direitos negativos, que são essencialmente o direito de
ser deixado em paz: ser livre, não ser morto.*

*Mas, na medida em que uma nação existe, tem o direito
positivo ao bem-estar, o que significa que os indivíduos devem
tentar melhorar a nação. Isto é, tentar que ela exista fazendo
coisas como construir estradas, caminhos-de-ferro, escolas,
etc. E qualquer indivíduo que reclame pertencer a uma nação
tem deveres para com essa nação: a conservação e a satisfação
dos direitos positivos dessa nação.*

*Logo, do que é que os intelectuais deviam estar a falar
quando se dedicam à criação de nações ou agem como defensores de políticas sociais? Será que hoje a nação é a medida
adequada de ajuizamento e ação?*

Isso é interessante.

Os intelectuais que menos se arriscam a ser engajados pelas partes
ou vontades interessadas são os que começam por ter ligações fracas
ou inexistentes com a nação onde por acaso estão. Estou a pensar em
Edward Saïd, que vive em Nova Iorque mas intervém intelectualmente
no Médio Oriente. E também em Breyten Breytenbach, envolvido em
assuntos africanos de interesse geral, mas que fala e escreve frequentemente para públicos não africanos.

A questão inicial para qualquer intelectual tem de ser esta: não o
que eu penso como um intelectual americano, um intelectual judeu
ou qualquer participante classificado num debate fechado. A questão
é: o que é que eu penso acerca do problema A ou da decisão B ou do
dilema C? Por acaso, posso estar em Nova Iorque ou seja onde for,
mas isso não devia influenciar os termos em que eu respondo a essas
preocupações.

Nunca percebi porque é que se julga tão desonroso para alguém
criticar agressivamente o seu próprio país ou interferir nos assuntos de
outro. Em ambos os casos, por certo tudo o que se exige é que ele saiba do que está a falar e tenha um contributo a dar. Mas para mim não
é óbvio porque é que seria errado, por exemplo, um intelectual francês
ou inglês escrever um artigo arrasador acerca da política interna russa
num jornal russo.

*Sim, Tony, mas essa distância da nação também não te im-
pediria de te importares?*

Se não nos interessamos pelo que se passa à nossa volta, deve ser por causa de outro defeito qualquer, não pela nossa incapacidade de nos identificarmos com o país. Quero dizer, tenho uma profunda falta de identificação com a América e os Estados Unidos, mas interessa-me profundamente o que se passa nela, e importo-me muito.

Como é que isso funciona, Tony? Porque eu identifico-me profundamente com a América. E a razão porque sou crítico de certas coisas é, parece-me, por amar uma coisa, por querer que ela esteja no seu melhor.

O que me surpreende é a facilidade com que tu e eu concordamos ou, em todo o caso, nos compreendemos num leque de problemas que incluem muitas coisas relacionadas com o que a América tem de errado, apesar de o teu ponto de partida ser o sentimento de um americano cujo país precisa de redescobrir a sua melhor parte, se te posso parafrasear, e o meu ponto de partida ser... não sei qual é. Mas não é esse.

Bem, sejamos programáticos. Como é que chegas a esse ponto de vista a partir de nenhures, assumindo que tens razão quanto a isso e que esse lugar existe?

John Rawls tem esta ideia, em Uma Teoria da Justiça, *de que o modo de pensar na moralidade é imaginar que estamos por trás de um véu de ignorância e que nada sabemos de nós próprios, das nossas capacidades e dos nossos compromissos. E começar a partir daí, tentando decidir o que é que, em qualquer jogo coletivo, exigiríamos. Assim começa a mais respeitada revisão do liberalismo do século xx.*

Rawls busca um ponto de Arquimedes liberal, mas o problema é que, para alcançar os seus objetivos, ele é constrangido a supor verdadeiras algumas das próprias questões que devia demonstrar. O tipo de pessoa que desconhece certos aspectos decisivos dos seus interesses e capacidades – e que deve ter essa ignorância para servir os propósitos de Rawls – parecer-me-ia incapaz de saber o suficiente sobre si mesmo para fazer escolhas moralmente consistentes e intelectualmente coerentes. Esperar-se-ia dele que compreendesse a diferença entre o certo e o errado e soubesse que tipo de mundo alguém como ele procuraria. Mas, nesse caso, por certo que ele chega ao desafio com uma herança cultural: uma maneira de pensar em si e nos outros e de avaliar a adequação das suas ações e objetivos. Não são perspetivas isentas de valores, portanto o problema da origem desses valores continua por resolver.

No paradigma de Rawls, essa pessoa é provavelmente do Noroeste da Europa, ou um norte-americano, com uma certa forma de perguntar e de responder a perguntas deste género, mesmo privado de um conhecimento sobre si próprio de tipo mais circunstancial. O liberalismo que previsivelmente resulta de tal experiência mental foi sempre vulnerável à acusação de que lhe falta fundamento em desafios do mundo real: não deriva de circunstâncias presentes nem se baseia em experiências passadas.

Talvez isso não importasse se a abordagem rawlsiana à fundamentação do pensamento liberal fosse essencialmente dirigida a pessoas com predisposição liberal. Mas isso seria inútil. O teste decisivo de semelhante teorema é a sua eficácia a convencer pessoas que *não* estejam ainda tão predispostas a aceitá-lo. E, mesmo então, continua de pé a questão de como devem esses liberais agir em relação a pessoas ou sociedades que não correspondam às suas preferências. Rawls não se remete ao silêncio sobre o assunto, mas é obrigado a introduzir considerações exteriores que não podem ser retiradas do próprio modelo.

Na verdade, prefiro os éticos céticos da geração de Rawls e alguns cépticos mais tardios, aqueles para quem o próprio projeto de identificar e fundamentar uma ética universal acabou por parecer na melhor das hipóteses sem solução e, em todo o caso, inútil. É melhor dizer que existem normas de comportamento humano consideradas atraentes e universalizáveis e, em circunstâncias razoáveis, passíveis de fazer cumprir. Isso não é o mesmo que o neo-relativismo da geração recente de pragmáticos: a ética que podemos aplicar é real e é melhor, assim como mais aceitável, do que a ética que não desejaríamos aplicar. Mas é atraente em parte porque as pessoas a acham aceitável, e, de qualquer modo, é provavelmente a melhor que podemos desejar se tivermos de praticar a ética, e não teorizar a moral.

Parece que estás a sugerir que um verdadeiro intelectual teria de sentir-se pelo menos suficientemente à vontade com a história do país para poder interferir nela. Na realidade, os debates importantes decorrem no plano nacional.

Vejo isso como um paradoxo necessário. Nenhum intelectual com qualquer interesse duradouro pode confinar-se apenas a temas provincianos. Por outro lado, o mundo é na verdade um aglomerado de espaços locais, e seja quem for que se proponha pairar longe desses espaços pouco terá a dizer sobre a realidade quotidiana da maioria. Um intelectual francês que nada tivesse a dizer sobre a França mais tarde ou mais cedo deixaria de ser ouvido em França – e mesmo na América o seu apelo acabaria por desaparecer.

Mas, se ganhou credibilidade num determinado contexto, um intelectual tem de demonstrar que a forma como contribui para a discussão local interessa em princípio às pessoas, além da discussão em si. Caso contrário, qualquer marrão da política ou cronista de jornal podia reivindicar com credibilidade o estatuto de intelectual.

Na prática, o que significa isto? Eu não hesitaria em envolver-me nas discussões americanas se me sentisse competente para tal. A razão por que me imiscuo nos problemas do Médio Oriente não é pensar que posso influenciar o que se passa em Jerusalém; há outros em situação muito melhor para o fazer. Eu encaro como minha responsabilidade tentar influenciar o que se passa aqui nos EUA, já que é em Washington, e não em Jerusalém, que o problema será resolvido. É a *nossa* incapacidade americana de tratar deste assunto que me preocupa. E é a *nossa* discussão que merece atenção.

Mas há outras discussões americanas em que eu não sentiria que tivesse algo útil a dizer. Não me sentiria qualificado para me envolver em discussões intracristãs sobre as responsabilidades dos crentes num estado secular. É claro que tenho opiniões sobre o assunto, mas reconheço que estou muito afastado e que não seria ouvido pelos participantes.

Da mesma forma, se tu, Tim, desembarcasses hoje na Inglaterra, podias muito bem sentir-te disposto e qualificado a tomar parte numa conversa sobre as atitudes britânicas perante a Europa ou sobre a política externa britânica no Médio Oriente. Mas era muito provável que te sentisses à deriva e perdido em discussões enérgicas mas esotéricas sobre as relações entre a Inglaterra e a Escócia. Há certos tipos de conversa em que um forasteiro se sente em casa e pode deixar a sua marca, e outras em que o melhor é estar calado.

A IDADE DA RESPONSABILIDADE: O MORALISTA AMERICANO

Portanto, o que é um intelectual cosmopolita? Alguém que vive e escreve em Paris, mas que não se relaciona apenas com preocupações parisienses: ele é francês e mais que francês. O mesmo se aplica aos intelectuais de Nova Iorque, que podem ser marcadamente provincianos, não obstante o cosmopolitismo implícito da sua cidade. Parece-me que muita gente que eu leio, particularmente nas páginas de jornais como o *Dissent*, está profundamente circunscrita pelas suas raízes estreitas.

Como é que se passa de um intelectual francês para algo diferente, algo maior, seja o que isso for? Porque, como dizes, o que costuma acontecer é que coisas que têm ressonância num certo plano são sinistramente provincianas se vistas a certa distância. E contudo, ao mesmo tempo, decerto que no século XXI os intelectuais terão de operar para lá de um cenário nacional.

Mas parece-me haver nisso um problema. E é um problema revelado pelo século XX: o problema de pensar por procuração ou de pensar – como às vezes dizes – em blocos. Se começarmos a pensar em termos de classe trabalhadora internacional, por exemplo, podemos mesmo ter problemas. Ou, se começarmos a pensar em termos de libertação dos pobres ou dos colonizados do mundo, podemos mesmo ter problemas. Essas tentativas de pensar além das categorias provincianas podem ser louváveis, mas poucas tiveram resultados duradouros.

Quanto maior o nosso quadro de referência, mais ténue é a nossa compreensão do pormenor e conhecimento local. É por isso que, em geral, as melhores pessoas a quem perguntar o que realmente se passa não são os intelectuais, mas os jornalistas. Não se pode ser o género de pessoa com uma «perspetiva global» e esperar ainda manter um conhecimento normal do terreno. Mas é difícil manter o respeito pelo tipo de intelectuais que não têm esse conhecimento: mais cedo ou mais tarde eles irão afastar-se rapidamente do seu próprio tema, nem que seja à procura de uma perspetiva que o transcenda. Em suma, pessoas que falam acerca de tudo arriscam-se a perder a capacidade de falar sobre seja o que for.

No fim de contas, o intelectual tem uma válvula de entrada e de saída. A válvula de entrada é ler, ver, saber, aprender. Mas a válvula de saída é o seu público, à falta do qual ele se limita a soprar para o ar. O problema é que não existe um público «global». Se escrevermos um ensaio para a *New York Review*, talvez ele seja lido pelo mundo fora. Mas o nosso verdadeiro público é a comunidade de leitores envolvida ativamente no debate particular em que participamos. Só no contexto desse debate é que o autor tem uma repercussão e um significado duradouro.

Por isso, apesar dos rótulos em contrário, não há um «intelectual global». Slavoj Žižek na verdade não existe. Pela mesma razão, sempre fui céptico quanto a «teorias de sistemas mundiais» e afins. Um sociólogo como Immanuel Wallerstein pode de quando em vez acertar numa revelação subtil. Mas os termos em que enquadram as suas enormes proposições gerais garantem na prática que na maioria das vezes estarão a reciclar banalidades.

É claro que haverá sempre gente disposta a pensar nesses termos, tal como sempre haverá aqueles que fazem trabalho empírico próximo. Por definição, um intelectual é alguém com um temperamento inclinado a erguer-se periodicamente ao nível das proposições gerais. Não podemos ser todos especialistas, e os especialistas sozinhos jamais bastariam para decifrar um mundo complicado. Mas é o plano intermédio que importa – o espaço entre pormenor local e teorema global –, e mesmo hoje isso tende a ser determinado nacionalmente. Seja quem for que se preocupe seriamente com mudar o mundo deve estar, paradoxalmente, a operar nesse registo do meio.

> *Os futuros intelectuais relevantes, mesmo que falem sobretudo a um nível nacional, vão ter de abordar problemas que não eram internacionais na altura do Caso Dreyfus. Por exemplo, a mudança climática e a distribuição desigual de recursos energéticos são problemas inerentemente internacionais com que as comunidades e os indivíduos nacionais terão, não obstante, de lidar.*

Mas algumas pessoas, principalmente no fim do século XIX, começaram a falar sobre assuntos comparáveis. Com o advento da metralhadora, era preciso ter em atenção as leis da guerra. Os transportes exigiam uma regulamentação mais pormenorizada dado o aumento da velocidade das comunicações. Não se podia fazer comércio com outro país se este tivesse um conjunto completamente diferente de critérios

A IDADE DA RESPONSABILIDADE: O MORALISTA AMERICANO

para tudo: medidas, qualidade, valor. Portanto, eram necessários acordos. Estes aspetos deram início ou aceleraram o processo de pensar globalmente, ou internacionalmente como então se dizia, quando se abordavam preocupações nacionais.

Não nos ocorre o facto de hoje a bitola dos caminhos-de-ferro ser quase mundial – não totalmente, pois há excepções por razões históricas. Mas, sabes, se assim não fosse, o custo de um artigo enviado do Canadá para o México seria duas ou três vezes mais elevado devido ao trabalho envolvido na mudança de bitolas, o tempo que levava, etc. Há, portanto, muitos exemplos em que simplesmente aceitámos, desde então, que não podemos pensar em interesses nacionais sem pensar internacionalmente. E não podemos falar de objetivos políticos nacionais sem pensar para lá das fronteiras. Mas a discussão continua, mesmo hoje, a ter lugar dentro delas.

Pensa na Europa de hoje. Kant falou do mercado único e da noção de livre trânsito de bens, de dinheiro, de pessoas. Mas o que acabou por acontecer, e que era perfeitamente previsível, claro, é que os bens circulam livremente, o dinheiro praticamente circula à velocidade da luz – mas os seres humanos não, ou pelo menos a maioria. Uma elite educada é livre de o fazer, mas a maior parte das pessoas não. A maior parte das pessoas irá pensar muito antes de desistir do seu mundo, por exemplo o Norte de França, para se mudar para o Luxemburgo, só porque há lá um emprego melhor. Mesmo que hoje a moeda seja a mesma, que a distância seja curta devido aos comboios rápidos e que a maior parte das leis que nos interessa seja semelhante. Os seres humanos vivem enquadrados nacionalmente, até na Europa.

> *Que tentativas mais ou menos interessantes, com êxito ou menos êxito, consideras nessa passagem de uma discussão nacional para outro tipo de discussão? Porque parecemos estar numa espécie de momento fatídico em que o que importa é conseguir mudar as opiniões das pessoas no interior de uma discussão nacional conduzida dentro de certas convenções nacionais – mas é improvável que sejamos eficazes a menos que nos baseemos noutra fonte de saber ou perspetiva.*

Para ser um pouco provinciano, a mudança recente mais importante foi a criação de uma identidade europeia entre os políticos e a elite educada de muitos países que até há pouco pensavam em si próprios como intervenientes sobretudo ou exclusivamente em discussões nacionais. A Europa é uma criação intelectual, mesmo que a maioria dos intelectuais nada tenha tido que ver com ela.

O meu teste à existência de uma identidade nacional europeia é a existência de uma equipa de futebol europeia ou uma representação europeia única nos Jogos Olímpicos. Coisas que não espero ver durante a minha vida.

Mas repara que o conceito tem sido privatizado com muita eficiência. Em épocas recentes, a equipa de futebol do Arsenal, de Londres, não parava de ganhar competições britânicas e europeias e jogava um futebol absolutamente esplêndido: era uma equipa completamente europeia. A dada altura não havia um único jogador inglês. E, fora os inevitáveis brasileiros, recorria aos melhores talentos europeus a todos os níveis. Podíamos funcionar assim a um certo nível nacional, mas não poderíamos fazê-lo a um nível supranacional.

Podes reunir brasileiros, italianos e ucranianos e formar a equipa de futebol de um clube inglês. Mas não podias reunir um grupo de ingleses e criar uma representação europeia.

Existe uma confusão interessante no espírito nacional inglês. Compram-se e vendem-se jogadores de uma forma muito pior até do que num clube de basebol típico americano, e, ao mesmo tempo, há uma nostalgia romantizada da época em que na equipa havia onze fulanos chamados Smith.

Nesta altura, os clubes de futebol ingleses são um pouco como os castelos remotos de há cento e cinquenta anos. Se fizéssemos imenso dinheiro na Rússia, comprávamos um porque nos sentíamos melhor connosco.

Mas cá está a diferença entre a América e a Europa. Ao nível das equipas das cidades, somos iguais. Podemos estalar os dedos e criar uma equipa de basebol, e os americanos ficam entusiasmadíssimos, mesmo que os jogadores sejam da República Dominicana, do Equador e da Venezuela. Mas na América podemos realmente ter uma representação nacional

A IDADE DA RESPONSABILIDADE: O MORALISTA AMERICANO

*em qualquer competição internacional, e ninguém diria que
o Texas ou o Idaho devia enviar as suas próprias equipas às
Olimpíadas.*

Entre todos os países que ainda se veem como nações, a América
é o mais inventado de todos. Isto é, ela foi literalmente criada por opção, por um grupo de intelectuais que a descreveu, definiu, adjudicou.
Mas o carácter inventado da América, paradoxalmente, torna-a muito
mais real para as pessoas que se identificam com ela. Ao passo que a
pura facticidade de um lugar como a França ou a Espanha torna possível, de facto, que muitos espanhóis ou franceses se dissociem bastante
ativamente e radicalmente de identificações ainda mais abstratas com
a nação ou o estado – sem que percam qualquer noção da sua identidade. Eles só são franceses ou espanhóis. Não precisam da bandeira.
Nem sequer precisam da língua nacional. Ficam muito contentes por
falar inglês com outras pessoas se isso for útil.

É uma experiência bastante esquisita para um inglês, e acho que
ainda mais para um europeu continental, ir à América e descobrir a
identificação nacional profundamente sentida até pelos seus cidadãos
mais liberais e cosmopolitas – algo que de maneira geral não sucede na
Europa. Outrora acontecia que certas formas de identificação com o
estado-e-nação faziam parte da vida cívica necessária. Levantávamo-
-nos, como a minha mãe costumava fazer, quando a Rainha aparecia
na televisão. Levantávamo-nos no cinema quando tocava o hino nacional, e assim por diante. Portanto, faziam-se essas coisas dantes –
mas não porque estivessem profundamente incorporadas no que significava ser de certa nacionalidade, mas apenas porque faziam parte da
tradição, como os tecidos axadrezados na Escócia. Se quiseres, eram
uma tradição inventada mas entendida como real. As tradições americanas estão hoje tão profundamente incorporadas que é muito difícil
distingui-las do que significa ser americano. É por isso que cidadãos
americanos perfeitamente razoáveis podem enfurecer-se genuinamente
quando alguém não saúda a bandeira ou canta o hino. São sentimentos desconhecidos na Europa contemporânea.

*Ainda ando às voltas com uma maneira de passar esta bar-
reira do nacional para o internacional. Pelo que disseste no
início sobre o esforço pelo universalismo, deduzo que deves
achar isso desejável, mesmo que nem sempre seja adequado*

305

ou possível. Por isso, queria perguntar-te se existem, se não valores, pelo menos práticas que os europeus e os americanos deviam discutir e exportar.

Ora, uma coisa óbvia é a democracia. A guerra do Iraque – o momento que citaste e que retomámos várias vezes – é bastante interessante a esse respeito. Porque a Guerra do Iraque foi travada por um governo americano que não estava legitimado democraticamente – uma questão que ninguém levanta, mas que, em termos da teoria da guerra ou da teoria kantiana da guerra, tem alguma importância. Afinal, era previsível: é precisamente um governo assim que mais provavelmente irá travar guerras estúpidas. Mas, entretanto, esse mesmo país, os EUA, estava a promover a democracia na Ucrânia fazendo com seriedade sondagens à boca das urnas em Kiev – algo que, é claro, não fizemos em Miami, e, em suma, é por essa razão que os americanos estão onde estão hoje.

A atividade intelectual é um pouco como a sedução. Se vamos direitos ao objetivo, falhamos quase de certeza. Se quisermos ser alguém que contribui para os debates históricos mundiais, falhamos certamente se logo de início contribuirmos para esse tipo de debates. O mais importante a fazer é falar sobre coisas com ressonância histórica mundial, mas a um nível em que podemos ter influência. Se o nosso contributo para o diálogo for então recolhido, tornando-se parte de um diálogo mais vasto ou parte de diálogos que também decorrem noutras partes, então que assim seja, e tanto melhor.

Por isso, não me parece que os intelectuais procedam muito bem ao dizerem que o mundo precisa de ser democrático ou que os direitos humanos devem ser respeitados em todo o mundo. Não é que a afirmação não seja desejável, mas contribui pouquíssimo quer para atingir o seu objetivo, quer para elevar o rigor do diálogo. Ao passo que um intelectual, ao mostrar realmente com exatidão os defeitos na democracia e nas democracias, estabelece uma base muito melhor para o argumento de que a nossa democracia é uma democracia que outros deviam ser encorajados a imitar. Dizer meramente que a nossa democracia é uma democracia, ou dizer que não nos interessa a nossa democracia mas queremos ajudar-vos a construir a vossa, encoraja a resposta: então vão-se embora e consertem a vossa e depois talvez se-

A IDADE DA RESPONSABILIDADE: O MORALISTA AMERICANO

jam ouvidos no estrangeiro, etc. Portanto, para sermos internacionais, temos de ser nacionais primeiro.

Que preocupações devíamos ter hoje? Estamos no fim de um ciclo muito longo de melhorias. Um ciclo que começou no final do século XVIII e que, apesar de tudo o que aconteceu desde então, continuou essencialmente até à década de 1990: a expansão continuada do círculo de países cujos governantes foram obrigados a aceitar algo como o estado de direito. Julgo que isso ficou encoberto a partir dos anos 1960 por duas expansões diferentes mas aparentadas: a liberdade económica e individual. Estes dois últimos desenvolvimentos, que parecem relacionados com o primeiro, são na verdade potencialmente perigosos para ele.

Vejo o presente século como portador de uma insegurança cada vez maior, causada por excessiva liberdade económica, usando a palavra liberdade num sentido muito específico, e uma insegurança cada vez maior também causada pelas alterações climáticas e por estados imprevisíveis. É provável que, como intelectuais ou filósofos políticos, nos venhamos a encontrar numa situação em que a nossa tarefa principal não é imaginar mundos melhores mas pensar em formas de impedir mundos piores. E essa é uma situação ligeiramente diferente, na qual o género de intelectual que produz grandes imagens de situações idealizadas e improváveis talvez não seja a pessoa que mais valha a pena ouvir.

É possível que venhamos a perguntar-nos como podemos defender direitos legais, constitucionais ou humanos instituídos, normas, liberdades, instituições, etc. Não perguntaremos se a Guerra do Iraque foi ou não uma boa maneira de levar a democracia, a liberdade individual e coletiva e o mercado, entre outros aspetos, ao Médio Oriente; mas antes, se foi uma iniciativa prudente, mesmo que tenha alcançado os seus objetivos. Lembremos os custos da oportunidade: o potencial que se perdeu de, com recursos limitados, alcançar outras coisas.

Tudo isto é difícil para os intelectuais, cuja maioria se imagina a defender e a promover abstrações grandiosas. Mas creio que a maneira de defender e promover abstrações grandiosas nas gerações seguintes é defender e proteger as instituições, as leis, as regras e as práticas que representam o nosso melhor esboço dessas abstrações grandiosas. E intelectuais que se preocupem com elas serão as pessoas com mais importância.

Quando anteriormente mencionei a democracia, o que tinha em mente não era tanto a ideia de que se devia falar abstratamente sobre a democracia ou que se devia espalhá-la, mas antes que ela é precisamente uma coisa muito delicada, feita de muitos mecanismos e práticas pequenos e frágeis. Um dos quais é certificarmo-nos de que todos os votos são contados.

Lembro-me de estar a falar com um amigo ucraniano acerca das eleições presidenciais americanas de 2000. Os russos iam enviar observadores eleitorais à Califórnia e à Florida com o fundamento de que eram partes do país que só recentemente tinham sido anexadas e que aí seriam mais prováveis violações. O que eu achei risível. Conforme se viu, a posição altiva que tomei no que diz respeito às nossas práticas locais e à sua defesa assumida com toda a naturalidade pelas pessoas relevantes, do cimo à base, estava completamente errada. Essas eleições foram, acho eu, um óptimo exemplo de uma instituição atraente e até glamorosa, a democracia, a ser esvaziada a partir do interior enquanto ignorávamos os pormenores.

Se olhares para a história de nações que maximizaram as virtudes que associamos à democracia, reparas que o que veio primeiro foram a constitucionalidade, o estado de direito e a separação de poderes. A democracia veio quase sempre por último. Se por democracia entendermos o direito de todos os adultos tomarem parte na escolha do governo que os irá governar, isso chegou muito tarde durante a minha vida, em países que agora consideramos grandes democracias, como a Suíça, e decerto durante a vida do meu pai, noutros países europeus como a França. Portanto, não devíamos convencer-nos de que a democracia é o ponto de partida.

A democracia tem a mesma relação com uma sociedade liberal bem ordenada que um mercado excessivamente livre com um capitalismo bem sucedido, bem regulado. A democracia de massas numa era de meios de comunicação de massas significa que, por um lado, podemos revelar com grande rapidez que Bush ganhou fraudulentamente as eleições, mas que, por outro lado, muita da população não se importa. Ele teria sido menos capaz de fazer tal coisa nas eleições numa sociedade liberal do século XIX, antiquada, baseada num sufrágio mais restrito: o eleitorado envolvido, relativamente pequeno,

A IDADE DA RESPONSABILIDADE: O MORALISTA AMERICANO

ter-se-ia importado muito mais. Pagamos, portanto, um preço pela massificação do nosso liberalismo e devíamos perceber isso. Isto não é um argumento para recuarmos ao sufrágio restrito, a duas classes de eleitores ou seja a que for – os informados ou os não-informados. Mas é um argumento para a compreensão de que a democracia não é a solução para o problema das sociedades que não são livres.

Mas a democracia não seria uma boa candidata num século mais pessimista? Porque acho que ela é mais bem defendida como algo que impede o aparecimento de sistemas piores e mais bem comunicada em termos de política de massas como a maneira de garantir que as pessoas não sejam sempre enganadas da mesma forma.

A máxima de Churchill de que a democracia é o pior sistema possível à excepção de todos os outros tem alguma verdade, embora limitada. A democracia tem sido a melhor defesa a curto prazo contra alternativas não democráticas, mas não é uma defesa contra os seus próprios defeitos genéticos. Os gregos sabiam que era improvável que a democracia cedesse aos encantos do totalitarismo, do autoritarismo e da oligarquia. Era muito mais provável que cedesse a uma versão corrompida de si própria.

As democracias desgastam-se muito depressa. Desgastam-se linguisticamente, ou retoricamente, se preferires – é a observação orwelliana quanto à linguagem. Elas desgastam-se porque a maioria das pessoas não se importa muito com elas. Repara que a União Europeia, cujas primeiras eleições parlamentares se realizaram em 1979 e tiveram uma participação média de 62 por cento, espera agora uma afluência eleitoral de menos de 30 por cento, apesar de o Parlamento Europeu ter hoje mais importância e mais poder. A dificuldade de manter o interesse voluntário na escolha das pessoas que nos vão governar está bem atestada. E a razão por que precisamos de intelectuais, assim como de todos os bons jornalistas que pudermos encontrar, é preencher o espaço que vai crescendo entre as duas partes da democracia: os governados e os governantes.

Há também a máxima de Goebbels: em qualquer sistema político basta reclamar que se é uma vítima e começar uma guerra para obter o apoio da maioria do povo. O que é muito

309

mais verdade do que gostaríamos que fosse. E leva à conclusão, que me parece bastante óbvia, de que se o que queremos é defender a democracia, temos de reconhecer que as guerras no estrangeiro são um dos grandes fatores de distorção. Este tem sido um problema desde o início, e desde Louis Bonaparte...

Não foi por acaso que Marx destacou Louis Bonaparte como um exemplo das possibilidades demagógicas de transformar eleições livres em sociedades não livres. Marx tirou partido da questão defendendo que essa era uma consequência de se ter um género particular de eleitorado, pré-industrial. Mas, lamentavelmente, percebemos que os eleitorados pós-industriais são igualmente vulneráveis. Ainda há poucos anos, pessoas como Michael Mandelbaum escreviam livros sobre as ideias de que as democracias nunca entravam em guerras e de que um mundo cheio de democracias seria um mundo seguro!

A Guerra do Iraque exemplifica exatamente o contrário: uma democracia, em particular uma democracia armada, é muito facilmente levada à guerra – desde que se lhe contem histórias compatíveis com a imagem que tem de si própria. Não lhe podem dizer: vamos fazer uma guerra de conquista. Isso vai contra a sua capacidade de se assegurar de que o que faz está certo. Mas dizem-lhe que ela vai lá para fora fazer por outros o que outrora teve a felicidade de fazer por si própria, que está a proteger-se de sociedades autoritárias prestes a destruir os próprios valores que a tornam democrática, e, então, ela mobiliza-se prontamente para objetivos não democráticos, incluindo a guerra ilegal de agressão. Se uma democracia pode fazer isso, então pouco a distingue – voltando a Goebbels – de uma ditadura: somente a sua narrativa autojustificatória da liberdade. Esta conserva o seu valor, mas isso é fraca defesa. Cumpre mais ou menos o critério de Churchill, mas não passa daí.

Eu estou mais otimista. Não acho que o governo que conduziu os Estados Unidos àquela guerra tenha sido democraticamente eleito. E isso tem todas as consequências que se esperariam. Nomeadamente, por semelhante governo não ter chegado ao poder de forma democrática, pensa-se em formas de repetir o processo. E a guerra foi, de facto, um pretexto para a reeleição. Bush não seria um candidato competitivo à

A IDADE DA RESPONSABILIDADE: O MORALISTA AMERICANO

reeleição sem a guerra. Foi este realmente o único tema republicano em 2004.

Primeiro vigariza-se, depois luta-se, depois diz-se que a guerra implica que o outro lado seja ilegítimo. Por isso, acho que existe uma ligação entre a democracia e a guerra, e acho que, como primeiro teste decisivo do que se passa no nosso país, podemos perguntar-nos: estamos a travar uma guerra ilegal de agressão? E, se a resposta for sim, então há uma boa possibilidade de que haja algum problema com as nossas instituições democráticas.

A democracia não é uma condição necessária nem suficiente para uma sociedade boa e aberta. Não quero passar por excessivamente céptico quanto à democracia nem por alguém que prefere as sociedades aristocráticas, liberais do século XIX. Mas quero realçar uma questão (Isaiah)berliniana. Temos realmente de reconhecer que algumas sociedades anteriores não democráticas eram em certos aspectos melhores do que democracias posteriores.

Concordo que o constitucionalismo e a ideia do estado de direito são anteriores quer historicamente quer, julgo, eticamente à democracia. Mas num mundo em que, como um génio, a política de massas já saiu da lâmpada, é preciso uma maneira de a gerir.

Isso eu aceito. Mas diria que era bom sermos capazes de criar elites políticas que não estivessem tão totalmente presas ao génio desarrolhado a ponto de não aguentarem afastar-se um pouco dele para incorporarem os valores da sociedade que os democratas de massas herdaram.

A tendência das democracias de massas para produzir políticos medíocres é o que me preocupa. A grande maioria dos políticos das sociedades livres é de qualidade inferior. Quer se parta da Grã-Bretanha e se siga para Israel, ou de França até qualquer lugar da Europa de Leste, ou da América até mesmo à Austrália, a política não é um lugar onde gente com autonomia de espírito e largueza de vistas costume ir parar. E acho que isso é verdade até no caso de alguém como o nosso atual presidente, Barack Obama, que se está a revelar muito competente no que alguns de nós temíamos que fosse a sua característica relevante

PENSAR O SÉCULO XX

– o desejo de que o considerem razoável. Não necessariamente fazer compromissos, mas o desejo de parecer que se faz compromissos. O que torna liderar algo muito difícil.

Então poderá aparecer alguém com algo mais inspirador, Tony? Ou o fardo moral dos intelectuais será precisamente o de não serem inspirados?

Bem, sabes, Cassandra tem bastante reputação. Não é tão mau tombar numa batalha se formos a última pessoa a dizer uma verdade desagradável.

Lembramo-nos de Cassandra, mas ninguém se lembra da sua verdade desagradável.

Concordo. A verdade desagradável é normalmente, na maioria dos lugares, o facto de nos estarem a mentir. E o papel do intelectual é revelar a verdade. Revelar a verdade e explicar porque é que ela é mesmo a verdade. O papel do jornalista de investigação é revelar a verdade; o papel do intelectual é explicar o que correu mal quando a verdade não foi revelada. Penso que o perigo de pensar nos intelectuais como inspiradores é irmos novamente pedir-lhes narrativas grandiosas ou grandes truísmos morais. E quanto maior o truísmo e mais grandiosa a narrativa, mais eles se parecerão com o tipo de intelectual inspirador que julgamos querer. E acho que não queremos isso.

Porque é que a Guerra do Iraque não foi uma espécie de Caso Dreyfus global? Ou pelo menos americano?

Dreyfus era muito simples: uma questão de verdade e mentiras. Isso não é bem verdade na Guerra do Iraque. Para construirmos uma acusação contra ela, temos de invocar um certo número de algo a que poderíamos chamar considerações contingentes: a prudência do antecedente, a insensatez de se violar a lei se não queremos que outros a violem, a improbabilidade previsível de que qualquer alegado bom resultado se produzisse verdadeiramente. São todos bons argumentos, mas extravasam a simples ética ou os factos singulares.

A questão ética que eu penso que era absolutamente inequívoca resultava não de considerações com base em Dreyfus, mas em Nu-

312

remberga. É de facto muito, mas mesmo muito insensato, na ética prática das relações internacionais, que as democracias façam guerras não provocadas – segundo fundamentos preventivos – quando têm à disposição estratégias alternativas. Porque isso é algo que corrói não só a exemplaridade das democracias – sem a qual elas não podem repreender as ditaduras –, como, interiormente, aquilo que as democracias deviam representar.

> *Eu teria pensado que a questão decisiva, na analogia com o Caso Dreyfus, seria que o Estado americano fez circular várias mentiras na escalada para a guerra. Por exemplo, a mentira de que as autoridades iraquianas tinham algo que ver com os ataques do 11 de setembro e a mentira de que o Iraque estava à beira de produzir uma arma nuclear. Foram mentiras usadas muito conscientemente para levar um povo a preparar-se para fazer uma guerra.*

Quando uma democracia entra em guerra, tem primeiro de criar uma psicose de guerra, e criar uma psicose de guerra é arriscar-se a corroer os valores da democracia. É preciso mentir, exagerar, distorcer, etc.

No século xx, a América fez guerras quase sem custos internos, se comparados com os custos alheios. Na Batalha de Estalinegrado, o Exército Vermelho perdeu mais soldados do que a América – soldados e civis somados – em todas as guerras americanas do século xx. Para os americanos, é difícil perceber o que a guerra significa e, por conseguinte, é extraordinariamente fácil para um político americano induzir este povo a levar uma democracia para a guerra.

> *Lembro-me de que, em Abril de 2003, estava a percorrer os canais de televisão já noite dentro e dei contigo no ecrã. Com uma postura muito calma, ias dizendo coisas que faziam todo o sentido, nomeadamente que a justificação que tínhamos usado para entrar no Iraque podia ter sido usada para justificar qualquer tipo de guerra. E tive esta sensação esquisita de que a tua aparição era excecional porque, tanto no temperamento como no conteúdo, era diferente de tudo o que ocupava as pessoas naquela altura. Depois, apareceu o David Brooks a discordar, defendendo que havia uma coisa chamada*

«realidade», a que os políticos reagiam, e que eles não ficavam à procura de uma consistência lógica. É claro que na altura a «realidade» em questão, a suposta ameaça do Iraque, era inteiramente construída, e Brooks estava a ajudar a construí-la. Ora, esta descrição da tua calma sensatez pode dar a ideia de um elogio...

Vou considerá-la assim.

... mas quero é perguntar-te porque é que as coisas correram tão mal naquele momento. Porque, se houve um momento em que os intelectuais deviam ter escrito J'accuse, em que se deviam ter esforçado por chegar a mais pessoas, simplificando as suas ideias se fosse preciso, escolhendo os seus meios de comunicação conforme fosse necessário, foi em Abril de 2003, quando os Estados Unidos estavam a meter-se na alhada que até agora define este século e que, na realidade, provavelmente privou a América do que devia ter sido o seu século. Estiveste um pouco envolvido nisso. Tudo podia ter corrido de outra maneira?

Gostava de recordar alguns encontros.

Um ocorreu durante a preparação para a guerra, quando alguns de nós ainda levantavam a questão de a guerra preventiva ser ou não necessária e sensata. O meu interlocutor num programa de televisão não parava de perguntar: «Mas por certo que confia em Donald Rumsfeld? Ele tem tanta experiência, não me vai dizer que a sua opinião sobre a segurança nacional é melhor do que a de Donald Rumsfeld?» Lembro-me de pensar que este tipo de raciocínio é terrivelmente perigoso. É o argumento da autoridade imputada. O secretário da Defesa deve saber mais porque é o responsável. Quando a razão principal do envolvimento intelectual crítico é dizer o contrário: se alguém é responsável, isso imputa-nos a responsabilidade especial de o interrogar exaustivamente, em vez de nos afastarmos e dizermos que «o paizinho é que sabe».

Este ambiente em que se pensava «eles devem saber isso melhor porque são os peritos, são os chefes, são os grandalhões, são os duros, são os realistas, têm a informação no terreno; o que é que nós, moralistas delicados, sabemos?» era perturbador. É o ambiente do autoritarismo.

A menção de David Brooks evoca uma questão diferente, noutra discussão com ele, no programa do Charlie Rose. O tema era o que a ONU podia fazer para resolver a crise do Iraque, em vez de deixar que a América avançasse sozinha. Brooks defendia muito educadamente que a ONU era inútil e que não se podia contar com ela para fazer nada de enérgico. Ele disse: olhem como ela foi inútil nos Balcãs. Nessa altura, falei com algum pormenor sobre a resolução da crise do Kosovo e, em particular, sobre o papel das agências internacionais ali. Em situações catastróficas, defendi, ainda era possível para as agências internacionais fazerem coisas positivas, exatamente por serem agências internacionais. E fiquei à espera que Brooks retorquisse: então e isto, isto e isto. Mas ele só disse: bem, eu realmente não sei nada disso. E mudou de assunto.

E eu lembro-me de pensar: vieste à televisão, fizeste *ex cathedra* declarações contra toda a ideia de ação internacional para resolver crises políticas em locais perigosos, defendendo que a América avançasse porque mais ninguém pode; e, depois, quando te pressionam sobre o assunto, dizes: bem, eu realmente não sei do que estou a falar. Lá estava o intelectual público que hoje não só ocupa um espaço destacado na televisão como também páginas de opinião nos jornais mais influentes do mundo anglófono. E ele não sabe nada.

É célebre a crítica de Raymond Aron aos intelectuais sartrianos que nada sabiam das coisas de que falavam; mas pelo menos, em última análise, eles sabiam outras coisas. Homens como Brooks sabem, literalmente, nada. De modo que encontrei, naqueles meses conturbados, uma combinação de catastrófica aquiescência perante a autoridade e uma pura ignorância, burra, à antiga, disfarçada de comentário. Foram essas as circunstâncias que permitiram que um ato político criminoso atravessasse o espaço público com pouquíssima oposição.

Outra coisa a lembrar, no entanto, é que quem *sabia* alguma coisa cedeu sem luta. Refiro-me a Michael Ignatieff, David Remnick, Leon Wieseltier ou Michael Walzer. Em vez de fazerem perguntas, portaram-se todos como se a única função do intelectual fosse fornecer justificação às ações dos não-intelectuais. E lembro-me só de ter ficado profundamente chocado e também de me ter sentido bastante sozinho. Não que estivesse à vontade com os isolacionistas; eu havia sido muito favorável à intervenção nos Balcãs e ainda acredito que ali se fez o que estava certo.

Outros opositores da guerra foram os neo-kissingerianos, por assim dizer, que eram contra fazer coisas estúpidas porque não são do nosso interesse. Isso está mais próximo de uma posição legítima, embora seja ainda absolutamente insuficiente. Não basta dizer que não devíamos fazer figura de idiotas no Vietname ou no Iraque, se a razão que se dá é meramente que algo não é do nosso interesse. A partir dessa premissa, é igualmente provável que se diga que *devíamos* fazer figura de idiotas em sítios como o Chile, porque é do nosso interesse. Portanto, não me lembro de ler muitos artigos ou ensaios que na altura partilhassem a minha opinião, e decerto nenhum escrito por americanos.

Parece-me que os dois primeiros pontos podem ligar-se um ao outro. A defesa pelos jornalistas da epistemologia autoritária, de se presumir que aqueles que estão no poder têm razão, pode também ser uma defesa dos próprios jornalistas e dos seus métodos de trabalho. Pois o que têm muitos desses jornalistas além da sua própria autoridade? E em que é que ela se baseia, além do contacto com o poder?

Acho que essa é uma questão muito acertada. A maioria dos jornalistas, e isso é algo que tem que ver com a natureza do poder e da comunicação hoje, tem tanto pavor de perder as relações que lhes dão estatuto como de estar enganada. Mas a ideia de que o intelectual deve pensar em si mesmo como uma correia de transmissão é evidentemente perigosa, porque foi esse exatamente o seu papel na União Soviética. A metáfora da correia de transmissão é de Lenine. Mas essa gente tinha medo – acho que tens razão – de que a sua posição pudesse ficar debilitada.

Brooks é um caso interessante porque tudo é feito com espelhos, não há conhecimento. O conhecimento aparente é a capacidade de falar com desembaraço todas as semanas sobre qualquer acontecimento público de uma maneira que os leitores se habituaram a pensar que é a de um comentário esclarecido. Thomas Friedman, outro destacado «especialista» contemporâneo, vende uma noção ligeiramente diferente de conhecimento. Repara que quase todas as crónicas de Friedman incluem uma referência a alguém famoso com quem ele falou. Portanto, ele torna explícita a ideia de que o especialista é uma função dos seus contactos. «Como me disse o rei Abdallah, como murmurou a ex-mulher do vice-secretário de Estado num jantar onde estive no

A IDADE DA RESPONSABILIDADE: O MORALISTA AMERICANO

ministério da Informação da Coreia do Sul», e assim por diante. Na verdade, não importa de quem se trata. O que importa é a ideia de acesso a algo especial.

No caso de Friedman, o acesso à informação é cuidadosamente recalibrado como o plano médio aceitável em qualquer questão política. E a posição de Friedman sobre a Guerra do Iraque foi desprezível. Não só alinhou com todos os outros, como na verdade não soube certamente prever o futuro e embarcou cedo na onda antifrancesa e anti-europeia. Foi Friedman quem escreveu uma crónica a dizer que a França devia ser expulsa do Conselho de Segurança da ONU por ter tido o descaramento de se opor aos EUA num assunto tão importante.

Jornalistas de investigação como Mark Danner e Seymour Hersh na *New Yorker* tinham uma tradição diferente. O seu trabalho é simplesmente descobrir as mentiras sujas escondidas pela superfície lisa das decisões e declarações políticas. Daí não ser por acaso que na primeira década deste século todo o verdadeiro trabalho de mostrar o que realmente se passava então não tenha sido feito por intelectuais nem por jornalistas convencionais, nem de forma alguma por comentadores, mas pelos tipos que desenterram mentiras sujas, quer no caso das armas de destruição maciça, quer no caso das mentiras acerca do material nuclear físsil no Iraque, quer no da tortura.

> *O caso extremo no sentido oposto é provavelmente Judith Miller, cujo feito foi legitimar a alegação de que existiam armas de destruição maciça, e cuja fonte, Ahmed Chalabi, era alguém que não só tinha um óbvio interesse pessoal direto na mudança de regime no Iraque, como depois se veio a descobrir ser um agente dos serviços secretos iranianos.*

A última vez que vi Judy Miller foi numa espécie de jantar de debate nos Hamptons, julgo que em meados de 2002, a que compareceram George Soros, destacados jornalistas e outras figuras públicas. Falei sobre o Iraque, naquela fase inicial da preparação para a guerra. Judy Miller deitou-me abaixo da maneira mais arrogante e categórica. Ela era a especialista, e eu era o académico tagarela. Uma vez que George Soros dissera mais ou menos o mesmo que eu, era bastante surpreendente que fosse eu o alvo do ataque. Mas nunca se ataca o George Soros nos Hamptons. Nunca se sabe quando pode ser preciso dinheiro! Então, as coisas tornaram-se muito pessoais. Tentei responder e várias

317

pessoas levantaram-se e, em suma, disseram-me: «Como pode discordar de Judith Miller?» Ela tem a autoridade, tem o conhecimento, tem as fontes no terreno. A experiência toda reproduziu o diálogo que descrevi no programa de Charlie Rose, embora muito menos educado, porque não havia microfones ligados.

A única pessoa que veio ter comigo depois do jantar nos Hamptons, a dizer-me que eu tinha razão e que ela estava perigosamente enganada, foi Jean-Marie Guéhenno, o chefe da missão de paz da ONU: posso dizer-lhe que tudo o que você disse é verdade, e tudo o que ela disse é simplesmente a posição de Washington filtrada através de um veículo jornalístico conveniente. O que era realmente preocupante é que aquilo era um encontro de gente poderosa: diretores e administradores do *New York Times*, produtores da televisão pública e outros ainda. Nem um só teve a coragem de me apoiar. Naquela altura Miller era intocável. E depois tudo se desmorona, e já ninguém quer falar com ela.

Acho que, neste caso, um dos problemas é não se poder extrair a verdade da autoridade quando não se acredita realmente na verdade. Ocorreu-me que uma das razões por que dificilmente o Iraque seria uma espécie de Caso Dreyfus global foi a falta de preocupação americana pela verdade enquanto tal.

Esse é um dos preços infelizes que pagamos pela década de 1960: a perda da crença na verdade como um oposto cabal da mentira. Não basta dizer: ela não está a dizer a verdade. Temos de dizer: ela está a mentir porque está ligada a uma empresa de armamento. Ou ela está a mentir porque está politicamente ligada ao *lobby* sionista, ou ela está a mentir porque tem um plano maior que não quer revelar. O que está errado, em suma, não é que ela minta: toda a gente mente. O problema dela é ter maus motivos.

Hoje é preciso um grau muito considerável de autoconfiança ética para dizer, como era costume ainda aquando do Watergate, que certa pessoa é um mau político porque mente. Não porque minta como porta--voz do *lobby* do armamento, do *lobby* de Israel ou do *lobby* das armas pessoais ou em nome seja do que for – mas apenas porque mente. E, se hoje fizermos essa defesa da honestidade, é provável que nos olhem espantados. O raciocínio é que todos nós mentimos, e todos eles mentem. A questão é: ele é um mentiroso dos teus ou um mentiroso dos meus?

318

A IDADE DA RESPONSABILIDADE: O MORALISTA AMERICANO

Os antecedentes históricos desta alarmante perda de confiança moral parecem-me em grande medida o desabamento da velha esquerda, com todas as suas culpas, e a correspondente ascensão da esquerda cultural suave. Assim, os liberais americanos sentem-se vagamente inseguros do fundamento exato em que se baseiam quando dizem que desaprovam algo. Estamos mais à vontade com o problema do bem e do mal se ele se situar inequivocamente noutra época (ou lugar); sentimo-nos mais confortáveis a dizer que não gostamos do afogamento de bruxas ou que não gostamos da Gestapo. Mas nem sempre temos a certeza de como declarar a nossa oposição, por exemplo, às excisões femininas na África Oriental – com medo de ofender culturalmente. E isso oferece uma enorme quantidade de reféns àqueles que (normalmente, mas nem sempre, à direita), de uma maneira muito mais crua, julgam saber exatamente o que está certo e errado, o que é falso e verdadeiro, etc. E que se dispõem a dizê-lo de uma maneira peremptória e confiante. O problema da insegurança ética tolheu duas gerações de liberais.

É uma questão que atormentava Isaiah Berlin, mas havia uma resposta clara. A saber, Berlin era um realista moral, mas não um reducionista moral. Ele achava reais todas essas preocupações morais. A tragédia da vida moral é que elas não são proporcionais ou redutíveis a nenhum bem moral subjacente. Mas ele achava que todas elas existiam, contavam e eram valores humanos, por mais que, em última análise, incompatíveis.

Mas julgo haver aqui outra questão berliniana relevante que não tem que ver com pluralismo moral, mas com conhecimento. Berlin escreveu um ensaio sobre o juízo político no qual delimitava e depois tentava definir exatamente o que isso era e o que não era. Nesses anos (as décadas de 1950 e 1960), semelhantes considerações tinham caído em desuso. Para Berlin, o juízo político implicava um sentido da realidade: a capacidade de farejar a verdade num mundo de obscurecimento intencional.

Faz parte de uma história mais longa em que o próprio Berlin estava ativamente envolvido: o problema de pensar politicamente. Pensamos que sabemos o que são a teoria política, o pensamento político ou

319

a filosofia política, mas na verdade elas são um território intermédio muito subtil entre a ética ou filosofia, por um lado, e a política e mesmo a orientação política, por outro.

Portanto, na erudição académica americana, a política é simplesmente o que acontece quando as pessoas se envolvem em assuntos públicos. E o que se faz é estudá-la, mas não nos envolvemos nela. Se tivermos de nos envolver nela, aplicamos-lhe com desdém o termo pejorativo de raciocínio político «normativo», que sugere que estamos a introduzir sub-repticiamente as nossas próprias opiniões no objeto do estudo. A atividade que acabaste de descrever como «juízo» é na verdade bastante subtil: ela requer a criação de um conjunto particular de regras respeitante às possíveis aplicações de conceitos que empregamos para perceber os assuntos públicos.

De modo que é fácil mostrar que os políticos são inconsistentes e carecem de ideais elevados. Mas isso não resolve a questão do que deviam as pessoas fazer politicamente para sem ajustarem a um conjunto de normas desejáveis, seja de consistência moral, veracidade, ética prática ou do que for. É esse o terreno do pensamento político. E, tal como diz John Dunn numa famosa observação, não é fácil.

Qualquer compromisso com uma decisão política tem de ser equacionado através de três perguntas diferentes. Uma é a pergunta consequencialista. Temos a certeza de que as consequências de determinada escolha não são perigosas quer diretamente, quer como exemplos e precedentes? Mesmo que a Guerra do Iraque tivesse compensado lindamente em termos bushianos, ela ainda podia – de uma perspetiva consequencialista – ter sido uma péssima ideia, ao encorajar outros a agir de formas que podiam não ter êxito e acarretar consequências terríveis. Logo, o mero facto de ter tido êxito por si só não seria uma justificação.

Em segundo lugar, há a pergunta realista: o que é que ganhamos com isso? É um aspecto a considerar em qualquer decisão política, porque a política, no fim de contas, tem que ver com a governação e com a criação de resultados que sejam presumivelmente do interesse dos que empreenderam a ação. Mas a fina margem que separa o realismo político do cinismo moral é fácil de atravessar, e o preço a pagar por isso, com o tempo, é um espaço público corrompido.

E depois, a terceira pergunta terá de ser: será bom, certo e justo fazer isto, independentemente das minhas duas considerações prévias? É a nossa incapacidade contemporânea de ter presente (mas separa-

A IDADE DA RESPONSABILIDADE: O MORALISTA AMERICANO

dos) os três conjuntos de considerações que reflete o maior fracasso do raciocínio político.

Para nos atermos ainda ao exemplo da Guerra do Iraque, receio que possa haver um problema subjacente que torne difícil às pessoas subscrever qualquer dessas três considerações, quanto mais todas: um certo desrespeito pelo pensamento político ou, talvez, só pela lógica.

Deixa-me explicar: se vamos fazer do Iraque uma democracia, será que pensamos mesmo que os iraquianos vão votar na nossa ocupação indefinida do seu país? E será que pensamos realmente que eles irão votar para que fiquemos com os seus recursos petrolíferos? Se o Iraque é um estado secular, devíamos estar a derrubá-lo como parte de uma campanha contra o terrorismo religioso? Essas considerações básicas, que requerem pouquíssimo conhecimento local, parecem ter primado pela ausência na discussão pública.

Na minha opinião, a incapacidade de pensar logicamente está ligada à ideologia. Pensa nos intelectuais e reformadores comunistas dos anos 1960. A sua incapacidade de compreender a escala da catástrofe comunista era em grande medida motivada ideologicamente. Cegos perante as contradições do que consideravam ser uma economia de «reforma», não eram estúpidos nem agiam de má-fé. Mas o seu raciocínio estava subordinado a princípios fundamentais dogmáticos.

Mutatis mutandis, para pensar que impor a democracia em Bagdade era a condição necessária e suficiente para resolver a disputa entre israelitas e palestinianos – um argumento que se ouvia repetidamente –, é preciso acreditar em imensas coisas impossíveis antes do pequeno--almoço, como dizia Lewis Carroll. Entre elas a de que o mundo se parece de facto em todos os aspectos com a nossa idealização abstrata dele.

Na verdade, essa idealização consistia numa série de mundos de plástico como o Lego, encaixados segundo os vários gostos. O primeiro descrevia as terras árabes e muçulmanas como um todo bidimensional: se o pressionarmos num dado ponto, ele move-se previsivelmente para outro. Vinha depois a curiosa presunção (reveladora de uma extraordinária ignorância da história do século XX) de que toda a gente, mesmo a muitas centenas de quilómetros dali, ia ficar tão impressionada pelo choque e espanto de uma destruidora campanha de bombardeamento em Bagdade que entrava logo na linha. E, evidentemente, havia a presunção ainda menos plausível de que o conflito israelo-palestiniano era apenas mais um problema similar aos da Guerra Fria, sem fatores autónomos ou locais, refletindo apenas e subordinando-se a forças globais que a América podia manipular a seu bel-prazer.

Dialética. Mas qual é a ideologia que se impõe pela lógica na América do século XXI? Tenho um candidato: o nacionalismo americano.

Não me parece que o nacionalismo americano tenha alguma vez desaparecido. Julgamos viver num mundo globalizado, mas apenas porque pensamos economicamente, e não politicamente. Por isso, não sabemos bem o que fazer com atos tão obviamente não moldados pela globalização ou mesmo pela economia. Há aqui um paradoxo interessante. Os Estados Unidos são o país desenvolvido menos globalizado. É o país menos exposto à imediata repercussão das comunicações internacionais, às migrações internacionais de povos e até às consequências de alterações internacionais nas moedas ou no comércio. Embora elas afetem bastante a economia americana, a maioria dos americanos na verdade não sente que a sua vida seja internacional, nem faz imediatamente uma ligação entre as suas circunstâncias pessoais ou locais e os desenvolvimentos transnacionais.

Assim, os americanos raramente deparam com uma moeda estrangeira ou se consideram afetados pela relação do dólar com outras moedas. Essa perspetiva provinciana tem consequências políticas inevitáveis – o que é verdade para os eleitores é verdade para os seus representantes. Os Estados Unidos, portanto, permanecem atolados numa série de considerações míopes, ainda que continuem a ser a única potência mundial e exerçam uma tremenda influência militar no globo. Há uma disjunção entre a política doméstica e as capacidades internacionais dos Estados Unidos que simplesmente nunca se verificou em qualquer grande potência do passado.

Suponho que muitos russos e chineses partilham com os americanos essa ignorância que descreveste. A diferença é que

A IDADE DA RESPONSABILIDADE: O MORALISTA AMERICANO

atualmente nem a Rússia nem a China têm os níveis de influência americanos nos assuntos internacionais. Mas estes dois países, tanto quanto se pode dizer à distância, são bastante nacionalistas.

Mas, na prática, como funciona exatamente o nacionalismo americano, e o que é que ele teve que ver com erros como a Guerra do Iraque? Uma coisa que me parece caracteristicamente nacionalista é a confusão entre os momentos de cinismo e de ingenuidade. Assim, somos extraordinariamente cínicos em relação a tudo o que seja dito em Paris, ao ponto de se considerar inconveniente alguém que acredite em qualquer coisa dita pelo presidente Chirac – apesar de o homem em geral ter sido prudente e cauteloso e ter dito muitas coisas que se revelaram corretas. Simultaneamente, aceitamos de Washington proposições e políticas visivelmente inanes, emanadas de fontes e de indivíduos que sabemos não ser inteligentes nem razoáveis.

O nacionalismo americano está estreitamente associado à política do medo: lembra-te das Leis sobre os Estrangeiros e a Sedição(*) da década de 1790, dos Know-Nothings(**) do século XIX, do medo dos estranhos que caracterizou os anos a seguir à Primeira Guerra Mundial, do macartismo e dos próprios anos Bush-Cheney. Todos foram exemplos desses momentos em que a discussão pública americana combina uma sensibilidade ultranacionalista e a influência e afronta estrangeiras com uma disponibilidade para escarnecer da Constituição, tanto no espírito como na letra.

Quando Bush dizia que estamos a combater os terroristas «lá» para que não tenhamos de os combater «cá», estava a fazer uma jogada política inconfundivelmente americana. Não é decerto uma figura retórica que faça qualquer sentido na Europa, por exemplo. Porque «lá», o local onde se situam o Líbano, Gaza, Bagdade ou Bassorá,

(*) *Alien and Sedition Acts*, leis aprovadas pelos federalistas em 1798, que reduziam os direitos dos estrangeiros residentes nos EUA. Foram medidas contra a agitação interna, cuja inspiração os federalistas atribuíam a agentes franceses, e um reflexo da guerra não declarada de 1798-1800 entre os EUA e a França Revolucionária. *(N. T.)*

(**) Movimento nativista protestante e anticatólico, ativo nas décadas de 1840-50, assim conhecido pela resposta habitual dos seus membros quando confrontados pelas autoridades: *I know nothing* (não sei nada). *(N. T.)*

está na verdade a uma curta viagem de avião das fronteiras da UE, e o que lá se fizer, a «eles», tem consequências imediatas para os outros muçulmanos ou árabes nos subúrbios de Hamburgo ou de Paris, em Leicester ou Milão. Por outras palavras, se começarmos uma guerra entre os valores ocidentais e o fundamentalismo islâmico, à maneira tão familiar e elementar para os comentadores americanos, ela não se ficará convenientemente por Bagdade. Também irá reproduzir-se a trinta quilómetros da Torre Eiffel. Logo, as noções «nós» e «eles», «lá» e «cá», decisivas para o nacionalismo americano no seu isolamento geográfico de longa data, estão completamente ausentes das sensibilidades de outros países ocidentais – que têm os seus próprios nacionalismos, evidentemente, mas que já não podem assumir essa forma hermética.

> *Acho que se há uma metáfora global, ou pelo menos no mundo ocidental uma metáfora geral, é a metáfora da vitimização. As pessoas anseiam por essa vitimização de uma forma que ainda há vinte anos teria parecido muito estranha.*
>
> *Nos EUA, muitas pessoas de direita que votam no Partido Republicano sentem-se vítimas e por razões mais ou menos compreensíveis. Talvez não se revejam na economia global, como dizes, mas a globalização castigou-as realmente e destruiu um certo modo de vida rural. A Walmart estragou a América rural e semirrural. As pessoas no campo vivem hoje pior do que há trinta anos. A incapacidade americana de ter o mesmo nível de vida dos pais é muito mais acentuada no campo do que nas cidades. Portanto, essas pessoas sentem-se vítimas, e com razão, e o Partido Republicano exprime essa vitimização por elas. Em parte consolando-as, dizendo-lhes que ainda virão a enriquecer um dia, e em parte explicando-lhes porque é que ainda não são ricas em termos do Estado interventivo, caro e ineficiente que os democratas, supostamente, criam sempre.*
>
> *E, assim, o fosso entre a sensação de vitimização de alguém no Kansas e a capacidade americana de projetar o seu poder no resto do mundo é absolutamente monstruoso. E acho que é um fosso que não pode ser replicado em mais sítio algum.*

A suspeição de que a elite não percebe este sentimento está profundamente integrada no ressentimento populista americano. Ela remonta pelo menos a William Jennings Bryan(*) e à eleição de 1896. Essa distância também é importante. Na Holanda, encontramos referências ao facto de quem está em Amesterdão não perceber o que se passa. Mas a elite de Amsterdão está no máximo a 120 quilómetros dos seus concidadãos. Ao passo que quem vive em Washington, Nova Iorque ou Princeton, ou já agora em Berkeley, pode estar a três mil quilómetros de distância e, culturalmente, a uns três mil anos-luz do que não entende.

Há portanto dois sentidos em que o nacionalismo provinciano americano se sente remoto e incompreendido. Eles combinam-se com bastante elegância no temor e aversão pelas Nações Unidas: uma organização estrangeira, não familiar e de certo modo muito distante (mais precisamente, em Nova Iorque).

Mas, dito isto, o mistério prodigioso é que tudo isso nunca se traduziu eficazmente numa política realmente demagógica, tal como aconteceu na maioria dos países europeus numa altura ou noutra. Em parte poderíamos dizer que é uma consequência do sistema eleitoral, mas também reflete simples realidades geográficas. Assim, como sucedeu em Inglaterra, a xenofobia e o nacionalismo foram abafados graças à sua sublimação em momentos decisivos num partido conservador. Mas, na América, a simples extensão do território desempenha um papel: todos estão tão longe uns dos outros que a coerência e a energia organizativa necessárias à política demagógica tendem a dissipar-se. Mesmo assim, às vezes rebentou através do que Marx teria chamado o tegumento externo, na forma de Newt Gingrich ou Dick Cheney, Glenn Beck ou os Know-Nothings, o macartismo, entre outros, provocando danos suficientes para ameaçar a qualidade da república, mas sem estragos bastantes para ser visto como o que realmente é: um fascismo americano nativo.

Isso sugere uma certa missão para os intelectuais patriotas americanos, que seria a defesa das instituições e a defesa

---

(*) William Jennings Bryan (1860-1925), candidato do Partido Democrático, derrotado nas eleições de 1896 por pequena margem pelo republicano William McKinley, após uma campanha eleitoral de tom anticapitalista e populista que dividiu o seu partido. *(N. T.)*

PENSAR O SÉCULO XX

da Constituição. E também um certo exame àqueles que se reclamam patriotas: nomeadamente, se estão a defender as instituições ou a cerrar fileiras em torno de uma pessoa que costuma brandir argumentos excecionalistas (ou argumentos totalmente bizarros e ignorantes no caso de Sarah Palin) sobre o que devia suceder a essas instituições.

Os comentadores americanos são bastante bons a detetar essas ameaças – depois do facto consumado. Mas a solução é identificá-las na altura e a tempo. O que hoje dificulta essa identificação é uma cultura de medo disseminada.

Os EUA são mais vulneráveis à exploração do medo para fins políticos do que qualquer outra democracia que conheço (com a possível exceção de Israel). Tocqueville percebeu-o, portanto nem sequer descobri nada original. Nós ocupamos um espaço público conformista. As tradições de discordância de Nova Iorque são-lhe periféricas e mal o afetam. Quanto a Washington, não é um sítio onde a dissensão, ou mesmo a atividade intelectual de qualquer género, seja incentivada. Existem de facto autoproclamados intelectuais em D.C., mas a maioria está tão hipnotizada pelo desejo de influência que há muito perdeu toda a autonomia moral.

O medo atua de muitas maneiras diversas. Não é nada tão simples como a velha ansiedade de sermos apanhados pelo rei, pelo comissário ou pelo chefe da polícia. Tem que ver com a relutância em transgredir a própria comunidade: o medo que me foi confessado por judeus liberais que não ousam arriscar-se a ser considerados anti-semitas ou contra Israel. O medo de ser considerado não-americano. O medo de romper com a opinião académica *bien-pensante* em qualquer aspecto, do politicamente correto às opiniões radicais convencionais. O medo de ser impopular num país onde a popularidade é uma virtude que começa a ser calibrada na escola secundária. O medo de enfrentar a maioria num país onde a noção de maioria parece estar profundamente entronizada na ideia de legitimidade.

Talvez pudéssemos então terminar com a questão do me-dium, de chegar às pessoas numa sociedade conformista. De certa forma, tiveste sorte ao assistir ao que pode vir a ser o último suspiro do género de medium ensaístico clássico.

326

A IDADE DA RESPONSABILIDADE: O MORALISTA AMERICANO

Deixa-me reiterar a coincidência que liga a ascensão da alfabetização universal e o advento dos meios de comunicação escrita de massas ao surgimento do intelectual público. O típico intelectual entre, digamos, as décadas de 1890 e 1940 tinha como ocupação diária a literatura. Quer olhemos para Bernard Shaw ou Émile Zola, André Gide, Jean-Paul Sartre ou Stefan Zweig, foram pessoas que conseguiram traduzir o seu talento literário em influência de massas. Então, entre a década de 1940 e a década de 1970, os intelectuais com acesso e alcance comparáveis tenderam a ser cientistas sociais de uma espécie ou de outra: historiadores ou antropólogos, sociólogos, às vezes filósofos. Isto correspondeu à expansão do ensino superior e ao surgimento do professor universitário como intelectual. Nessas décadas, os intelectuais eram pessoas cujo emprego diurno seria provavelmente o ensino universitário, e não tanto a escrita de romances.

A ascensão dos professores universitários com programas na rádio, na Inglaterra dos anos 1950, foi outra mudança notável. Correspondia ao medo crescente de que a cultura e a alfabetização de massas tivessem de algum modo descarrilado. A maioria das sociedades avançadas eram agora completamente alfabetizadas, mas o público para o debate inteligente estava a diminuir – graças, como parecia a muitos, à televisão, ao cinema e à prosperidade material. *As Utilizações da Cultura*, de Richard Hoggart, e alguns dos primeiros textos de Raymond Williams tratam dessa questão. O medo de que agora houvesse uma espécie de espaço público saturado para a comunicação, mas cada vez menos capacidade por parte do leigo educado para reagir a ela, tornou-se generalizado.

Isso leva-nos ao terceiro e último estádio, a televisão. O intelectual típico da era televisiva tem de ser capaz de simplificar. Assim, a partir dos anos 1980, o intelectual é alguém que quer e é capaz de abreviar, simplificar e destinar as suas observações: como resultado, acabámos por identificar os intelectuais com os comentadores de assuntos contemporâneos. Esta é uma função e um estilo muito diferente dos do intelectual no tempo de Zola, ou até do tempo de Sartre e de Camus. A Internet apenas acentuou esse aspecto.

Um intelectual hoje enfrenta uma escolha. Podemos comunicar no tipo de jornal que nasceu nos finais do século XIX: o semanário literário, o mensário político, o periódico académico. Mas então só chegamos a um público com afinidades, que internamente tem encolhido – embora, para ser justo, também se tenha expandido inter-

327

nacionalmente, graças à Internet. A alternativa é ser um «intelectual dos *media*». Isso significa adaptar os nossos interesses e observações à margem de atenção cada vez menor nos debates televisivos, blogues, *tweets* e afins. E – excetuando aquelas raras ocasiões em que aparece um problema moral importante ou em que há uma crise – o intelectual tem de escolher. Ele pode retirar-se para o mundo do ensaio profundo e influenciar uma minoria selecionada, ou pode falar para o que espera que seja uma audiência de massas, mas através de formas atenuadas e reduzidas. Contudo, não é nada óbvio para mim que se possa fazer ambas as coisas sem sacrificar a qualidade do contributo.

> *Não queria terminar sem discutir uma figura extraordina-*
> *riamente importante e que foi certamente um intelectual, mas*
> *que não assenta facilmente nas categorias que temos estado a*
> *usar: o jornalista vienense Karl Kraus, diretor do* Die Fackel *e*
> *flagelo de várias classes políticas durante décadas.*

Kraus é interessante pela sua ênfase na língua, pelo negativismo puro, fulgurante da sua crítica que recorre a palavras para derrubar véus de ilusão e telas de automistificação. Kraus, a despeito da sua localização inequívoca na Viena do início do século XX, continua a ser um guia na nossa conjuntura. Como já referi, na América contemporânea, os únicos críticos verdadeiramente eficazes do poder são os jornalistas – em particular os jornalistas de investigação. E Kraus foi, primeiro e sempre, um jornalista.

Se perguntares quem exerceu a função do intelectual – dizer a verdade ao poder – na América de George Bush, não foram certamente os Michael Ignatieffs, nem mesmo – por muito que me lisonjeasse – os Tony Judts ou outros intelectuais diversos que procuravam expor as idiotices da política pública. Foram Seymour Hersh, Mark Danner e outros: à sua modesta maneira, os Krauses do nosso tempo.

Kraus previu isto há um século. Quanto mais democrática a sociedade, mais limitada a influência dos intelectuais genuínos. A crítica inteligente, literária ou impressa, aos detentores da autoridade funciona melhor quando a influência e o poder estão distribuídos num círculo restrito. Tal como Voltaire podia abordar Frederico da Prússia, Zola era sem dúvida lido por todo o político francês do seu tempo. Mas hoje os intelectuais só são bem sucedidos se conseguirem – por escolha inteligente ou pura sorte – tocar um nervo particularmente sensível de

A IDADE DA RESPONSABILIDADE: O MORALISTA AMERICANO

um decisor ou da opinião pública. Além desse oportunismo, a única maneira de mover o público contra os que têm poder sobre ele é revelar escândalos, destruir reputações ou criar um polo de informação alternativo. Em suma, agir como um moderno Kraus.

Se os intelectuais forem apoiar a verdade contra a verdade maior, ou, para usar um termo dos anos de Bush, contra a veridade(*), têm de soar de certa forma. Têm de cuidar da língua de alguma maneira. Se os intelectuais devem sobreviver e ter importância, a sua linguagem deve ser transparente, como dizia Orwell.

Eu acho que a tarefa do intelectual é captar – algo que é claramente um talento que nem toda a gente tem – o espírito da brevidade. Dizer algo importante, de preferência algo que vá contra a tendência das convicções das pessoas, dizê-lo bem, para que a audiência compreenda que a clareza da exposição está ligada à verdade do conteúdo, mas explicar a questão de modo acessível. A obscuridade intelectual é contraproducente. Há muitas vantagens em respeitar a capacidade das pessoas de compreenderem um argumento complicado expondo-o com clareza. E depois? Temos de esperar que ainda haja espaço no espaço público para esse contributo: pode não haver – os fóruns para essas comunicações podem morrer, podem já estar a morrer. É um facto que muita gente que hoje passa por intelectual não sabe escrever nem comunicar com qualquer efeito consistente, incluindo pessoas muito inteligentes.

A questão maior é se estamos numa economia política onde os meios de comunicação se centralizaram – mesmo parecendo descentralizar-se, eles centralizam-se – e se essa é uma das razões por que é difícil transmitir um argumento discordante.

Bem, podíamos perguntar isso mesmo em relação ao que estamos a fazer agora. Temos vindo a dedicar-nos a uma conversa longa e séria durante meses. O que faremos depois com ela? Vamos transpô-la para

---

(*) Uma tradução possível para *truthiness*, termo satírico (apresentado ecomo tal pelo ator norte-americano Stephen Colbert no seu programa de televisão) que designa uma verdade não baseada na lógica, em conceitos ou em factos, mas na intuição e no desejo de que esta seja verdadeira. *(N. T.)*

um livro. Se tivermos sorte, o nosso livro será criticado em todos os bons jornais intelectuais, assim como no *New York Times* – e então, se essas críticas forem positivas, e a Penguin for tão boa como parece a vender livros, vamos vender (e isso era um feito dos diabos), digamos, oitenta mil livros neste país. E, com algum otimismo, acrescentemos quarenta mil (isto é muito otimista) no resto do mercado anglófono. E depois talvez nos saiamos bem no Brasil, na Europa continental, e assim por diante. Resumindo, se fizermos furor, podemos atingir vendas brutas de duzentos e cinquenta mil livros no mundo inteiro. Isso seria considerado um feito extraordinário para um semelhante livro.

Mas também poderíamos menosprezar essa vendas como uma *bagatelle*. Duzentas e cinquenta mil pessoas, a maioria das quais já concorda connosco. E muitas das quais já conhecerão um de nós, ou ambos, e – direta ou indiretamente – ficarão satisfeitas por ver as suas opiniões refletidas novamente nelas. Nunca se sabe, há uma hipótese decente de que um de nós – tu, esperemos – seja convidado por Charlie Rose a discutir o livro e as suas ideias. Mas sabes que, aconteça o que acontecer, não vamos chegar a um milhão ou mesmo meio milhão de exemplares vendidos. E não devíamos ter vergonha disso porque, se chegássemos, estávamos na categoria do Stephen King e teríamos traído a nossa vocação.

E por isso, à sua maneira, o que andamos a fazer é esquisito. Estamos a dedicar-nos a um exercício intelectual que não irá abalar o mundo e fazemo-lo apesar disso. Obviamente, essa é a situação da maior parte das pessoas que escrevem: deitar uma carta ao oceano na esperança desesperançada de que ela seja encontrada. Mas, para os intelectuais, escrever e falar com pleno conhecimento da sua limitada influência é, pelo menos à primeira vista, uma iniciativa curiosamente sem sentido. E, no entanto, é o melhor que podemos esperar.

Afinal, qual é a alternativa? Escrever uma baboseira lamecha acerca dos intelectuais para a *New York Times Magazine*? Qualquer coisa que tenhamos a dizer sobre o relativismo, o nacionalismo ou a responsabilidade intelectual ou até sobre o juízo político seria decerto lida por milhões de pessoas. Mas seria editada, destilada e reduzida a generalidades convencionais aceitáveis. Seria seguida por uma troca de cartas centradas exclusivamente em algum aspecto superficial e marginal das nossas conversas – algo que eu disse sobre Israel ou algo que tu disseste sobre o nacionalismo americano –, que nos condenariam como americanos que se odeiam ou judeus anti-semitas. E ficava por aí.

A IDADE DA RESPONSABILIDADE: O MORALISTA AMERICANO

De modo que não sei como responder à tua pergunta. Como podemos realmente influenciar o vasto mundo? Sou muito cético quanto ao que os intelectuais podem fazer. Os nossos melhores momentos acontecem, mas são raros: como certa vez disse Aron, não há um Caso Dreyfus para todos. Mas, se me orgulho de algum dos meus contributos não académicos, é sobretudo deste: durante as discussões que levaram à Guerra do Iraque eu disse «não». Disse-o num fórum razoavelmente importante numa altura em que quase toda a gente – incluindo muitos amigos meus e colegas – dizia «sim». Muita gente se sentia como eu, tinha as mesmas ideias e poderia tê-las exprimido igualmente bem, mas não estava em posição de o fazer. Não eram convidados para o Charlie Rose, para escrever crónicas de opinião no *New York Times* ou ensaios para a *New York Review*. Eu era privilegiado e estou orgulhoso de ter usado esse privilégio como devia.

> *No teu livro* The Burden of Responsibility, *afirmas que Camus, apesar de tudo, é um típico intelectual francês, que Aron, apesar do que todos pensavam, era um típico intelectual francês e que Blum, embora fosse um político, era também um típico intelectual francês. E, em cada ponto, o argumento sempre me pareceu um pouco forçado. Não sei se o que realmente querias defender era não tanto que eles eram tipicamente* franceses, *mas que eram* intelectuais *porque assumiam responsabilidades.*

O que eu queria transmitir sobre Camus, Blum e Aron era o facto de terem sido homens que defenderam a França precisamente na altura em que eram considerados marginais ao debate francês – e tinham opiniões contrárias aos interesses franceses. Eu ia consolidando a ideia de que estes três homens eram pensadores genuinamente independentes numa época e lugar onde ser independente implicava um perigo verdadeiro, assim como ser relegado para as margens da comunidade e ser desdenhado por outros intelectuais.

Talvez eu pensasse que valia a pena contar esta história porque existe um conto subterrâneo do século XX ainda por contar, de intelectuais que foram obrigados pelas circunstâncias a ficar de fora e até a oporem-se à sua comunidade natural de origem ou interesses.

IX

A Banalidade do Bem: o Social-Democrata

A meio da primeira década do século XXI, eu era professor na Universidade de Nova Iorque, tinha uma reputação internacional estabelecida e estava prestes a publicar um livro extenso sobre a história da Europa do pós-guerra. Enquanto o terminava, apercebi-me – como tantas vezes nos apercebemos depois – de que *Pós-Guerra* se tornara o género de livro que eu queria que os meus filhos lessem. O que agora estou a pensar escrever é outro livro que eles podiam ler se tivessem vontade: *Locomotion*, uma história dos comboios.

Chegou a altura de escrever sobre mais coisas do que aquelas que se compreendem. É igualmente importante, senão mais, escrever sobre as coisas de que gostamos. Já tinha escrito algumas coisas semelhantes, mas só relativamente a pessoas ou ideias: assuntos que era pago, por assim dizer, para compreender. Tardei um pouco a convencer-me de que qualquer um podia interessar-se pelo que eu tinha a dizer sobre os caminhos-de-ferro.

Eu queria escrever um estudo sobre o advento da vida moderna por meio da história do comboio ferroviário. E não só sobre a vida moderna, mas sobre o destino da sociabilidade e da vida coletiva moderna nas nossas sociedades excessivamente privadas. Os caminhos-de-ferro, no fim de contas, foram geradores de sociabilidade. O seu advento facilitou o surgimento do que viemos a entender por vida pública: transportes públicos, lugares públicos, acesso público, edifícios públicos, etc. A ideia de que pessoas que não eram obrigadas a viajar na companhia de outras podiam optar por fazê-lo – havendo condições de conforto físico e respeito pelo estatuto – era por si só revolucionária. As implicações para o surgimento da classe social (e das distinções de classe), assim como para o nosso sentido de comunidade através da distância e do tempo, foram enormes. Pareceu-me que um relato da ascensão e queda (e na Europa, da ressurreição) dos caminhos-de-ferro podia ser uma maneira instrutiva de pensar no que correu mal em países como a América e a Grã-Bretanha.

Da política pública à estética da vida pública vai um passo natural: o planeamento urbano, o desenho dos edifícios, a utilização dos espaços públicos. Afinal, porquê é que a Gare de l'Est em Paris – um ponto central de comunicações construído em 1856 – é hoje perfeitamente funcional, assim como muito agradável de contemplar, enquanto quase todos os aeroportos (ou bombas de gasolina) feitos cem anos depois são já completamente disfuncionais, assim como grotescos na aparência? Porque é que as estações construídas no auge da autoconfiança modernista (St. Pancras em Londres, Centrale em Milão, Hlavní Nádraži em Praga) ainda são atraentes tanto na forma como na função, ao passo que a Gare Montparnasse, a Penn Station ou a Central de Bruxelas – todas elas produtos da «atualização» destrutiva da década de 1960 – falham em ambas as vertentes? Há algo na durabilidade dos caminhos-de-ferro, na sua infraestrutura, na sua aura e nos seus usos, que representa e encarna a confiança da modernidade e muito do que ela tinha de melhor.

Disseste que os comboios formaram uma parte importante dos teus primeiros anos, de uma forma que os liga ao Estado- -providência que foi tão formativo para ti. Mas com certeza que a ligação que fazes entre serviços públicos e vantagens privadas não é elementar. O Estado não tem de proporcionar esses recursos para ser um estado funcional. Pode, pelo contrário, ser administrado por pessoas que teimem que a solidão é um recurso inesgotável para o crescimento económico e que a atomização de cada um é para o bem de todos. Era contra isso que estavam os primeiros reformadores britânicos no século XIX, e é contra isso que estamos agora, nos Estados Unidos. A isso era costume chamar a questão social. É a maneira correta de falarmos dela?

A BANALIDADE DO BEM: O SOCIAL-DEMOCRATA

Falar da questão social recorda-nos de que não estamos livres dela. Para Thomas Carlyle, para os reformadores do final do século XIX, para os fabianos ingleses ou para os progressistas americanos, a questão social era esta: como é que se gere as consequências humanas do capitalismo? Como é que se fala, não sobre as leis da economia, mas sobre as consequências da economia? Os que faziam essas perguntas podiam pensar de uma de duas formas, embora muitos pensassem em ambas: de um modo prudente e de um modo ético.

A consideração prudente é salvar o capitalismo de si mesmo ou dos inimigos que ele gera. Como é que se impede o capitalismo de criar uma classe baixa revoltada, empobrecida e ressentida que se torna uma causa de divisão ou declínio? A consideração moral dizia respeito ao que outrora se chamou a situação da classe trabalhadora. Como seria possível auxiliar os trabalhadores e as suas famílias para que todos vivessem decentemente sem danificar a indústria que lhes dava os seus meios de subsistência?

A resposta básica à questão social era o planeamento. Não sei se podíamos começar com o problema ético que pode estar na origem, nomeadamente, a proposição de que o Estado se devia envolver nestes assuntos.

Se perguntasses qual é o pano de fundo intelectual para as preferências, após a Segunda Guerra Mundial, pelas economias planificadas, tinhas de começar por dois pontos de partida completamente diferentes. Um seria a era reformista liberal e progressista entre as décadas de 1890 e 1910, nos Estados Unidos, em Inglaterra, na Alemanha, na França especialmente, na Bélgica e em países mais pequenos. Isso principiou com liberais tardo-vitorianos, como William Beveridge, que concluíram que o único modo de salvar a sociedade vitoriana do seu próprio êxito era intervir a partir do topo por meio de sistemas reguladores. O outro é a reação à Grande Depressão na década de 1930, em particular por parte de economistas mais jovens – principalmente nos EUA e em França, e depois alguns também na Europa de Leste –, que foi dizer que só o Estado podia intervir ativamente contra as consequências do colapso económico.

Pondo as coisas de outro modo, o planeamento é uma proposta do século XIX realizada no século XX. Grande parte do século XX, no fim de contas, é a concretização e a vivência de reações do século XIX

335

à revolução industrial e à crise da sociedade de massas. Em grande parte do Ocidente e do Norte da Europa, as cidades haviam crescido exponencialmente entre, digamos, 1830 e 1880. Assim, no final do século XIX, existiam por toda a Europa cidades de um tamanho que alguém com cinquenta anos não podia ter imaginado na infância. A escala do aumento urbano tinha ultrapassado em muito a escala da ação do Estado. E, portanto, a ideia de que era benéfica a intervenção do Estado na produção e no emprego expandiu-se muito rapidamente no último terço do século XIX.

Em Inglaterra, de início, a questão colocou-se em termos quase exclusivamente éticos. O que fazer com um número tão elevado de gente local debilitada, desfavorecida e permanentemente pobre que se tinha mudado para as cidades industriais e sem cujo trabalho o capitalismo florescente da época teria sido inconcebível? Muitas vezes, punha-se a questão como um problema religioso: como devia a Igreja Anglicana (e outras) reagir ao desafio da imensa procura de caridade e auxílio nas cidades industriais? É interessante ver que muitos daqueles que mais tarde, no início do século XX, se destacaram como planificadores, especialistas de política social e até ministros do governo trabalhista ou liberal fizeram o seu começo em obras sociais neo-cristãs e organizações de caridade concebidas para mitigar a pobreza.

Na Alemanha, o outro grande país industrial do fim do século XIX, a questão punha-se em termos de prudência. Como é que um estado conservador impede o desespero social de degenerar em protesto político? Na Alemanha guilhermina, a reação prudente foi a segurança social, quer pelo subsídio de desemprego, pela proteção industrial nas fábricas, quer pelas restrições às horas de trabalho.

> *Se falarmos da Prússia ou da Alemanha, parece que então não conseguimos evitar a questão do marxismo e da social--democracia – pois tal como o estado prussiano está a atuar a fim de impedir algum tipo de política revolucionária, os que andavam a praticar política revolucionária chegam então à conclusão de que talvez seja melhor encorajar o Estado a intervir nas relações económicas.*

O grande debate na social-democracia alemã, desde a morte de Marx em 1883 à eclosão da Primeira Guerra Mundial em 1914, é o debate sobre o papel que o estado capitalista podia e devia ter na suavização, no controlo e na reformulação das relações entre patrões e empregados. Os debates sobre os programas Gotha e Erfurt do Partido Social Democrático, ou entre Karl Kautsky e Eduard Bernstein, podem ser entendidos dentro das tradições marxistas, como já discutimos, mas também podem ser vistos como as reações incoerentes e desavindas dos socialistas aos mesmos problemas que na Alemanha preocupavam Bismarck e o Partido do Centro Católico.

Na Alemanha, os socialistas chegam a ter dúvidas quanto à sua versão do progresso, a de que o capitalismo irá criar um certo tipo de classe trabalhadora necessariamente grande e revoltosa. Ao mesmo tempo, parece, os liberais na Grã-Bretanha e noutros lados iam chegando à conclusão de que a sua versão do progresso tinha as suas próprias limitações.

Em Inglaterra o debate é realmente político. Ali, excecionalmente, a ameaça de uma classe operária insurreta essencialmente desaparecera na década de 1840. O movimento cartista daquela década não é o início do radicalismo trabalhista britânico; é o fim dessa história. Mais para o fim do século XIX, o Reino Unido podia gabar--se de um proletariado de massas, mas já organizado e domado em sindicatos e, por fim, num partido político baseado nos sindicatos: o Partido Trabalhista. A ideia de que este grande movimento trabalhista pudesse albergar quaisquer aspirações revolucionárias estava há muito moribunda. Por isso, o centro de gravidade das conversas sobre o Estado e a classe trabalhadora em Inglaterra é sempre, por assim dizer, reformista.

E já então, na primeira década do século XX, William Beveridge está a pensar no que se devia fazer ou no que o Estado devia fazer por essa classe trabalhadora. Na década de 1940, Beveridge será visto como um dos fundadores do planeamento social moderno. Foi ele quem celebremente distinguiu entre o estado-providência e o estado de conflito(*). Mas as suas preocupações iniciais eram com a pobreza como erro moral.

(*) Distinção acentuada pela sonoridade próxima: *welfare state* (estado--providência) e *warfare state* (estado de conflito). *(N. T.)*

Beveridge, nascido em 1879, é um produto das aspirações reformistas vitorianas. Como vários contemporâneos seus, foi para Oxford e tomou parte em debates sobre os problemas da prostituição, do trabalho infantil, do desemprego, da falta de habitação, etc. Ao deixar Oxford, dedicou-se a trabalho de caridade com o fito de vencer essas patologias da sociedade industrial. Em muitos casos, a palavra «cristão» figura nas organizações a que ele e os seus amigos dedicavam as suas energias. O mesmo se passava com Clement Attlee, quase seu contemporâneo, o futuro primeiro-ministro trabalhista que iria pôr em prática as ideias de Beveridge.

Para vermos de onde estas vinham, devemos ter uma ideia da história do que agora chamamos política social em Inglaterra. A Lei dos Pobres(*) do reinado de Isabel I e o sistema Speenhamland(**) da última década do século XVIII tinham fornecido teoricamente um apoio caritativo irrestrito aos indigentes e indefesos, pagável através de taxas locais, desde que os beneficiários se encontrassem no distrito que era obrigado a sustentá-los. Os pobres, portanto, não podiam ser forçados a entrar num albergue, nem forçados a trabalhar; tinham de receber os meios para o seu sustento.

A Nova Lei dos Pobres de 1834 tornava obrigatório o *trabalho*. Para obter auxílio, era necessário ir ao albergue local e trabalhar por um salário inferior ao praticado no mercado livre de trabalho. A intenção era evitar que as pessoas se aproveitassem do auxílio à pobreza e, também, tornar muito claro que havia algo de indigno em estar reduzido a essa situação. A Nova Lei dos Pobres distinguia assim entre os pobres ditos dignos e indignos, criando portanto categorias morais que não correspondiam à realidade económica. E forçava mesmo as pessoas à pobreza, pois estas tinham primeiro de esgotar os seus recursos antes de se tornarem elegíveis para assistência pública ou local. A lei agravava o problema que aparentemente se destinava a tratar. A Nova Lei dos Pobres foi desde cedo encarada como uma mancha no rosto da sociedade inglesa. Ela estigmatizava

---

(*) Sistema de auxílio à população pobre de Inglaterra e do País de Gales, formalizado legalmente entre 1597 e 1601 e exercido através das igrejas paroquiais. Vigorou, com várias alterações e inúmeras diferenças locais de interpretação e prática, até 1834. *(N. T.)*

(**) Medidas de auxílio aos trabalhadores rurais mais necessitados, na forma de ajustamentos salariais conforme os preços do pão. O sistema vigorou entre 1795 e 1834. *(N. T.)*

A BANALIDADE DO BEM: O SOCIAL-DEMOCRATA

aqueles que, sem culpa disso, haviam sido temporariamente postos de lado pelo capitalismo.

O que une Beveridge e Attlee e que, por fim, os liga a reformadores de proveniências muito diferentes é a obsessão pela reforma da Lei dos Pobres.

> *Então, se o que importa é o período vitoriano e a* longue *durée da história do trabalhismo inglês, será que a Primeira Guerra Mundial, em que o Estado se mobiliza, e a Grande Depressão, onde realmente começam os debates sobre macro-economia, são menos importantes do que julgamos?*

A maior parte das justificações intelectuais para alguma forma básica de estado-providência já existia antes da Primeira Guerra Mundial. Muitas das pessoas que seriam decisivas na sua introdução após a Segunda Guerra Mundial já eram adultas e ativas neste campo ou em áreas relacionadas antes de 1914. Esse é não só o caso em Inglaterra, como na Itália (Luigi Einaudi) e em França (Raoul Dautry).

Houve também realizações institucionais significativas antes da Primeira Guerra Mundial na Alemanha e em Inglaterra. Os governos de Lloyd George-Asquith, entre 1908 e 1916, introduziram todo um conjunto de reformas, essencialmente pensões e seguros de desemprego. Mas essas reformas dependiam da tributação: de que outra maneira se pagariam subsídios? Além disso, em muitos países, só a própria guerra, com custos sem precedentes, pôde provocar o equivalente a um imposto graduado sobre os rendimentos em todos os grandes estados europeus, pois a tributação e a inflação de guerra geravam os recursos que tornavam um estado-providência menos caro relativamente à despesa total do governo.

A Primeira Guerra Mundial aumentou muito a despesa dos governos, e também o modelo de controlo governamental da economia, a direção governamental do trabalho e das matérias-primas, o controlo dos produtos importados e exportados, etc. Além disso, os franceses tentaram estabilizar a sua moeda em queda acelerada e reduzir a despesa pública. Os britânicos voltaram ao padrão-ouro a meio da década de 1920 e tentaram deflacionar para superar a crise económica do pós-guerra. Noutros lados, até os países que tinham ido bastante longe na via de um estado-providência social se viram constrangidos a manter os subsídios e pagamentos sob um controlo apertado. Os níveis atingidos pouco depois do armistício não seriam ultrapassados, com poucas excepções, nas duas décadas seguintes.

Se Beveridge é metade desta história, o economista John Maynard Keynes é a outra metade. Podemos defender que Beveridge representa uma sensibilidade cristã vitoriana que encontra a sua oportunidade em 1942. Mas não podemos ter o mesmo raciocínio no caso de Keynes.

Keynes e Beveridge, «planeamento» e «nova economia», tendem a ser emparelhados. Existe neles uma simetria geracional e uma complementaridade nas duas políticas: pleno emprego, baseado na política fiscal e monetária keynesiana, combinado com o planeamento beveridgiano. Mas temos de ser cautelosos, pois Keynes veio de uma tradição muito diferente. E não só por ter frequentado Cambridge, enquanto Beveridge frequentou Oxford.

Balliol.

Bem, foram o King's College, de Cambridge, e o Balliol College, de Oxford, que na verdade são os únicos colégios universitários que importam nesta história.

Antes da Primeira Guerra Mundial, Keynes foi um jovem professor de Cambridge. As suas relações pessoais eram em geral homossexuais e ele foi associado intimamente ao grupo de Bloomsbury em Londres. Iconoclastas assumidas, as irmãs Stephen – Vanessa Bell e Virginia Woolf – admiravam-no sem reservas. E claro que os homens do Bloomsbury o adoravam: ele não só era brilhante, espirituoso e atraente, como era uma figura pública em rápida ascensão. Durante e após a Primeira Guerra Mundial, ele desempenhou funções importantes no Tesouro – onde desenvolveu opiniões cada vez mais críticas sobre as finanças públicas britânicas –, tendo sido enviado a seguir ao Tratado de Versalhes, para trabalhar nas negociações do tratado do pós-guerra. Pouco depois de regressar, escreveu o seu célebre panfleto crítico acerca do tratado e das suas prováveis consequências e tornou-se uma figura de renome internacional. Por conseguinte, em 1921, ainda na casa dos trinta e antes da sua inovadora *Teoria Geral*, Keynes já era famoso.

E, contudo, tal como Beveridge, Keynes era inconfundivelmente um homem formado pelo século anterior. Em primeiro lugar, e como

A BANALIDADE DO BEM: O SOCIAL-DEMOCRATA

tantos dos melhores economistas das gerações precedentes, de Adam Smith a John Stuart Mill, Keynes era sobretudo um filósofo que por acaso lidava com dados económicos. Podia perfeitamente ter sido apenas um filósofo, se as circunstâncias o tivessem encaminhado diversamente. Nos seus tempos em Cambridge, ele chegou mesmo a escrever alguns artigos filosóficos respeitáveis, embora de pendor matemático.

Como economista, Keynes teve sempre de reagir à tradição de raciocínio económico do século XIX. Alfred Marshall e os economistas que seguiam J. S. Mill haviam assumido que a condição natural dos mercados, e por conseguinte da economia capitalista em geral, era a estabilidade. Portanto, as instabilidades – a depressão económica, os mercados distorcidos ou a interferência estatal – deviam esperar-se como parte da ordem natural da vida económica e política, mas não careciam de teorização como parte da necessária natureza da própria atividade económica.

Mesmo antes da Primeira Guerra Mundial, Keynes começara a escrever contra este pressuposto; depois da guerra, foi sobretudo o que fez. Com o tempo, chegou à conclusão de que a condição natural de uma economia capitalista não podia ser percebida sem a instabilidade e as incapacidades que inevitavelmente a acompanham. A suposição económica clássica – o equilíbrio e os desfechos racionais eram a regra, e a instabilidade e imprevisibilidade a excepção – era agora invertida.

Além do mais, na teoria nascente de Keynes, o que quer que causasse a instabilidade não podia ser abordado com uma teoria incapaz de levar em conta essa mesma instabilidade. Aqui a inovação básica é comparável ao paradoxo de Gödel: tal como hoje poderíamos afirmar, não se pode esperar que os sistemas se resolvam sem intervenção. Assim, não só os mercados não se autorregulam segundo uma mão hipoteticamente invisível, como na realidade vão acumulando com o tempo distorções autodestruidoras.

O argumento de Keynes é uma conclusão elegantemente simétrica da afirmação de Adam Smith na *Teoria dos Sentimentos Morais*. Smith defendeu que o capitalismo não gera por si os valores que tornam o seu êxito possível; ele herda-os de um mundo pré-capitalista ou não capitalista, ou retira-os (por assim dizer) da linguagem da religião ou da ética. Valores como a confiança, a fé, a crença na validade dos contratos, a premissa de que o futuro irá honrar os compromissos passados, e assim por diante, nada têm que ver com a lógica dos mercados *per se*, mas são necessários ao seu funcionamento. Keynes acrescentou

341

ainda que o capitalismo não gera as condições sociais necessárias à sua própria sustentação.

Keynes e Beveridge são portanto homens da mesma época, com antecedentes comparáveis mas diversos, que abordavam problemas relacionados mas diferentes. Beveridge partia da sociedade, e não da economia: existem certos serviços sociais que só o Estado pode prover e impor pela legislação, regulação e coordenação aplicada. Keynes parte de preocupações muito diferentes, mas as duas abordagens coincidem: enquanto Beveridge dedicou a sua carreira a mitigar as consequências sociais da distorção económica, Keynes passou a maior parte da sua vida adulta a teorizar as circunstâncias económicas necessárias nas quais as políticas de Beveridge podiam ser aplicadas da melhor forma possível.

Falemos ainda de Keynes. A Primeira Guerra Mundial e especialmente a sua experiência nas negociações do Tratado em Versalhes e o livrinho sobre a paz fazem dele o que é. Mas depois há o livro de 1936, a Teoria Geral, *um dos textos mais importantes da economia política do século* XX. *Manténs a tese de que esse é outro desenvolvimento das ideias anteriores de Keynes, ou temos de discutir o* crash *de 1929 e a Grande Depressão que se seguiu?*

Não subestimes o efeito da década de 1920. Nessa altura, Keynes era um escritor prolífico, e alguns dos seus textos que seriam reformulados na *Teoria Geral* já vinham aparecendo antes do início da Grande Depressão. Bem antes de 1929 ele já tinha repensado, por exemplo, a relação entre a política monetária e a economia. E é claro que Keynes fazia críticas devastadoras ao padrão-ouro muito antes de os países começarem a abandoná-lo na Conferência de Otava. Ele percebia que, por se prenderem a um padrão-ouro, os estados ficavam impossibilitados de desvalorizar as suas moedas conforme precisassem.

Além do mais, muito antes de 1929, Keynes compreendeu, sozinho e com clareza, que a economia neoclássica não tinha resposta para o problema do desemprego. Os economistas neoclássicos, em termos gerais, pensam que o número de pequenas decisões que os consumidores e produtores tomam na busca dos seus próprios fins produz uma racionalidade maior ao nível da própria economia. Logo, a procura e a oferta encontram um certo equilíbrio, e os mercados em última análise

A BANALIDADE DO BEM: O SOCIAL-DEMOCRATA

estabilizam. Males aparentemente sociais como o desemprego são na realidade formas passageiras de informação económica que permitem o funcionamento sem sobressaltos da economia como um todo.

A convicção que Keynes tinha de que esta era uma descrição incompleta da realidade surgiu primeiramente pelas suas observações das crises de desemprego britânicas e alemãs do início dos anos 1920. O consenso neoclássico era a favor da passividade do governo perante os problemas económicos. Já então Keynes percebia o que outros iriam observar durante a Grande Depressão: a resposta convencional – deflação, orçamentos apertados e espera – já não era tolerável. Ela desperdiçava demasiados recursos sociais e económicos e, provavelmente, seria a causa de profundas convulsões políticas no novo mundo pós-guerra. Se o desemprego não fosse o preço necessário de mercados de capital eficientes, mas apenas uma patologia endémica do capitalismo de mercado, então porquê aceitá-lo? Essa pergunta, Keynes fê-la nos seus textos muito antes de 1929.

A *Teoria Geral* de 1936 remete o poder estatal, fiscal e monetário para o centro do pensamento económico, em vez de os tomar por excrescências desagradáveis no corpo da teoria económica clássica. Essa revisão de dois séculos de textos sobre economia resumia a obra do próprio Keynes desde os anos 1920, com o acrescento decisivo de contribuições dos seus alunos, especialmente Richard Kahn, de Cambridge, que inventou o «multiplicador». Foi graças a Kahn e a outros que Keynes se convenceu de que os governos podiam de facto intervir contraciclicamente e com efeitos duradouros. Nenhuma lei obrigava à aceitação da rutura económica.

Assim, a obra-prima de Keynes remodelou completamente o pensamento económico sobre a política dos governos. E foi essa remodelação o mais importante, mais do que a própria teoria. Uma nova geração de decisores políticos estava agora equipada com uma linguagem e uma lógica com que podia fundamentar a defesa da intervenção estatal na esfera económica. A obra de Keynes foi assim tão ambiciosa e influente como grande narrativa do funcionamento do capitalismo como qualquer das grandes obras do século XIX que contrariou.

Pouquíssimo da tua explicação dos desafios à economia liberal clássica exige sequer que olhemos para lá da Grã-Bretanha – e contudo, por volta de 1936, há decerto tendências comparáveis noutros lados, sejam elas o corporativismo

PENSAR O SÉCULO XX

no modelo português ou italiano, seja o planeamento numa
economia essencialmente capitalista, como na Polónia, onde
esse planeamento principia em 1936...

Sim, se nos confinarmos a práticas e programas, em vez de à alta
teoria, muito do que se assemelha a práticas neo-keynesianas nos anos
1930 parece antecipar-se à sua descrição por Keynes.

Nos anos entre as duas guerras, a maioria dos jovens com alguma
seriedade procurava vias alternativas para responder à ineficiência económica, em vez de simplesmente desistir, como fizeram a esquerda e a
direita do século XIX, e de dizer que é um mal do capitalismo e que nada
se pode fazer ou que é o preço a pagar pea virtude do capitalismo e que
nada se pode fazer também. Em 1932, essas foram as duas posições
essenciais e habituais nas reações económicas e políticas à depressão.
Mas, na Polónia, na Bélgica, em França e noutras regiões, jovens frustrados com as respostas da esquerda começaram a formar partidos ou
fações dissidentes, favoráveis à despesa e intervenção do governo.

Com efeito, era tão generalizada a defesa do planeamento e da
intervenção a partir de cima que os argumentos contrários já estavam
na calha. Friedrich Hayek trabalhava na causa que melhor exprimi-
ria no seu livro de 1945, *O Caminho para a Servidão*. Nele, Hayek
defende que quaisquer tentativas de intervir no processo natural do
mercado se arriscam a ter – e até, numa versão da sua explicação, garantem – resultados políticos autoritários. E a sua referência é sempre
a Europa Central de língua alemã. Hayek defende que o defeito do
estado-providência do Partido Trabalhista, ou das implicações políticas da economia keynesiana, é redundar no totalitarismo. Não é que o
planeamento não fosse exequível economicamente, mas politicamente
pagar-se-ia um preço demasiado elevado.

Podemos parar aí um momento? Isto já veio à baila mais
do que uma vez, e todo o argumento hayekiano parece um
mal-entendido histórico, quase no centro de um debate abso-
lutamente decisivo para o século, e mesmo de debates impor-
tantes que prosseguem nos nossos dias.

Eu acho as origens históricas de Hayek terrivelmente con-
fusas. Ele estava na Áustria, onde um estado católico autori-
tário e conservador se declarou a favor de algo chamado cor-
porativismo. Era uma espécie de fachada que se apresentava

344

como economia política, mas desprovida dela. O corporativismo era o nome da ideologia do Estado, mas, na Áustria, o corporativismo era uma parceria entre o governo e várias partes da sociedade. Havia muito pouca política intervencionista fiscal ou monetária.

Pelo contrário, os austríacos, tal como os hayekianos recomendariam, eram incrivelmente convencionais e estritos na política fiscal e monetária, e por isso é que o país foi tão duramente atingido pela Depressão e os seus governos ficaram tão impotentes. Foi também assim que eles acumularam as suas reservas em moeda estrangeira e ouro, de que Hitler se apoderou depois, em 1938.

Por isso nunca percebi realmente a que é que Hayek reagia. A Áustria era um estado politicamente autoritário, mas não tinha qualquer planeamento num sentido keynesiano. Na verdade, a experiência austríaca parece infirmar a tese de Hayek. Algum planeamento talvez até tivesse ajudado a economia austríaca e tornado o autoritarismo local e Hitler – e tudo o que dele derivou – menos prováveis.

Concordo. Se leres O *Caminho para a Servidão*, não te esclarecerá muito quanto a essa lógica. Mas, quando comparas os textos de Hayek aos textos de Karl Popper no mesmo período, começa a surgir um padrão. O que vemos é uma mistura de duas animosidades: a antipatia pelo planeamento urbano otimista dos sociais-democratas na Viena do início dos anos 1920 e a aversão pelos modelos corporativistas sociais-cristãos que os substituíram a nível nacional após o golpe reacionário de 1934.

Na Áustria, os sociais-democratas e os sociais-cristãos, nesta altura reunidos no governo, na Frente da Pátria, representavam eleitorados e objetivos muito diferentes. De modo que quaisquer aparentes pontos em comum na retórica ou no programa são mais teóricos do que históricos. Mas, do ponto de vista de Hayek – e nisso ele concorda com Popper e muitos outros austríacos seus contemporâneos –, ambos são, de maneiras diferentes, responsáveis pelo colapso da Áustria às mãos do autoritarismo nazi em 1938.

Hayek é bastante explícito quanto a isso: se dermos início a qualquer tipo de políticas de segurança social – direcionando os indivíduos, tributando para fins sociais, arquitetando os resultados das relações de mercado –, no final teremos Hitler. Não meramente projetos de alojamento sociais-democratas ou subsídios de direita para vinicultores «honestos», mas Hitler. De modo que, em vez de correrem esse risco, as democracias deviam evitar todas as formas de intervenção que deformem os mecanismos convenientemente apolíticos de uma economia de mercado.

O problema dessa argumentação, feita cinquenta ou mesmo setenta anos depois, com a referência a Hitler e afins, é ignorar tantos aspetos da política de Viena ou da Áustria em 1934, quando a sua democracia foi de facto liquidada. Esses grupos supostamente semelhantes pela tendência comum para a intervenção governamental travam uma guerra civil um contra o outro. E a grande realização, a Viena Vermelha, é literalmente destruída...

À bomba...

... prédio a prédio, por fogo de artilharia disparado das colinas em redor de Viena.

Esse é o autismo político de Hayek, manifesto na sua incapacidade de distinguir umas das outras várias políticas de que não gostava. Essa confusão inicial, impingida às décadas de 1980 e 1990, é de algum modo responsável pelas políticas económicas que temos vivido nos últimos vinte e cinco anos. Hayek volta a cair nas boas graças, foi «confirmado pela história», quando na verdade a sua justificação histórica para a economia de mercado apolítica era inteiramente errada.

Uma das coisas que entretanto aconteceram, e que dá menos nas vistas do que o duelo de décadas entre Keynes e Hayek, é a substituição do pleno emprego – que, para Keynes e Beveridge, era uma categoria importantíssima – pela categoria, agora dominante, do crescimento económico.

Sempre se considerou relativamente lenta a taxa de crescimento das economias amadurecidas. Os economistas clássicos e neoclássicos entendiam que o rápido crescimento económico é o que ocorre em sociedades atrasadas quando sofrem transformações aceleradas. De

A BANALIDADE DO BEM: O SOCIAL-DEMOCRATA

modo que esperaríamos, razoavelmente, um crescimento económico rápido na Inglaterra de finais do século XVIII, quando se passa de uma base agrária para uma base industrial – e esperaríamos a mesma coisa na Roménia dos anos 1950, quando se passa, reconhecidamente a um ritmo mais forçado, mas não tanto, de uma sociedade atrasada e rural para, pelo menos no início, uma sociedade industrial primitiva altamente produtiva.

As taxas de crescimento nas sociedades industrializadas eram assim normalmente de sete ou até nove por cento – muito à semelhança da China hoje. O que esse número indica é que em geral as taxas elevadas de crescimento económico não sugerem prosperidade, estabilidade ou modernidade. Cedo foram consideradas características de transição. A taxa de crescimento habitual entre o final do século XIX e o começo do século XX na Europa Ocidental tinha descido para um ritmo bastante estável, tal como as taxas de juro razoavelmente baixas assim se conservaram. A razão por que as taxas de crescimento económico foram tão altas na década de 1950, e por que os economistas ficaram tão fascinados por elas como medidas de êxito e estabilidade, foi a catástrofe económica anterior.

Dito isto, devemos lembrar que a *Teoria Geral* de Keynes era uma teoria «do emprego, do juro e da moeda». A preocupação dos britânicos, americanos e, na Europa Continental, belgas era o desemprego. Mas o emprego não era na verdade o ponto de partida teórico para os textos franceses ou alemães, que estavam muito mais preocupados com a inflação. Keynes importa aos decisores políticos europeus não tanto pelo emprego *per se*, mas pela teorização do papel do governo na estabilização das economias com medidas contracíclicas, como o défice orçamental durante as recessões. Isso não só implicava medidas para conservar os empregos, como medidas para manter estável a moeda e garantir que as taxas de juro não flutuassem descontroladamente, destruindo as poupanças. Portanto, o emprego, fundamental para o pensamento americano e britânico, não é uma obsessão universal no continente. A estabilidade sim.

Os economistas alemães preocupam-se principalmente com os vestígios da hiperinflação e, quando pensam politicamente, pensam na década de 1920, mas na prática Hitler preocupava- -se muito com o emprego. Talvez nesta altura pudéssemos olhar diretamente em termos históricos para a diferença entre,

347

digamos, Keynes por volta de 1936 e o Plano Quadrienal Ale-
mão desse mesmo ano.

Os fascistas e os nazis assumiam que se podia misturar o capitalismo com base na propriedade e a intervenção do governo. Os industriais, os proprietários, os latifundiários, os fabricantes individuais, os lojistas podiam ser perfeitamente autónomos, mas o governo podia intervir nas suas relações com os trabalhadores, planear os bens que produziam e determinar os preços a que eles os produziam. Um governo podia envolver-se, intervir e agir, sem pôr em dúvida a natureza fundamentalmente capitalista do sistema económico. Ideologicamente, era difícil perceber essa mistura. Daí que a política nazi ou a política fascista pudessem parecer pró-capitalistas, anticapitalistas ou neokeynesianas. Tratava-se primeiramente de superdespesa governamental maciça – «super» no sentido de acima dos recursos – para apaziguar crises políticas e sociais à custa da estabilidade futura, ou à custa da receita futura, a menos que esta fosse obtida noutro lado. E Keynes cedo se apercebeu disso.

Dentro das premissas keynesianas, aquilo que procuramos
é o restabelecimento do equilíbrio no interior de um sistema.
Ao passo que nas premissas hitlerianas, só podemos estabele-
cer equilíbrio num futuro muito distante, quando já tivermos
roubado todos os judeus e criado a nossa utopia pastoral rá-
cica no Leste.

O equilíbrio para Keynes era um objetivo e realmente uma virtude. Em parte segundo bases teóricas, mas eu diria em parte segundo bases psicológicas. A perda de equilíbrio que Keynes e a sua geração experimentaram com a Primeira Guerra Mundial e o desabamento das certezas e da segurança eduardianas, e por conseguinte vitorianas, é o sentimento inspirador mais importante dos seus textos teóricos. Assim como o foi no seu apoio ao estado-providência do pós-guerra, que ele favorecia não segundo bases económicas, e muito menos ideológicas, mas porque compreendia e previa a indispensável necessidade de segurança que as pessoas sentiriam depois do término da Segunda Guerra Mundial.

O equilíbrio era uma virtude para Keynes. A intervenção do Estado era em primeiro lugar uma maneira de reequilibrar a economia.

Nenhuma preocupação dessa ordem inspira remotamente o pensamento nazi, no qual o equilíbrio é exatamente o que se destrói de uma vez por todas. Não se está interessado em equilibrar as contas, por assim dizer, de uma sociedade complexa; está-se simplesmente a atingir certos objetivos – se necessário, à custa de certas partes dessa sociedade, para que as restantes reconheçam esses esforços.

Outra diferença fundamental é algo em que Hannah Arendt repara: numa sociedade estável do tipo que Keynes concebe, as pessoas conseguem ter uma vida privada. Isto é transmitido logo nas primeiras páginas de O Mundo de Ontem, *de Zweig, que foi onde começámos. Faz parte do conceito de estabilidade poder ter vida privada – uma esfera onde não nos preocupemos com nada senão a nossa vida, de que em certa medida podemos cuidar previsivelmente. Enquanto Hitler procurava, muito conscientemente, assegurar que as pessoas nunca mais pudessem pensar assim.*

É verdade. Quero dizer, a ideia de querer tornar impossível uma vida decente está precisamente ausente de tudo o que Keynes podia imaginar. O que Keynes queria era salvar a Inglaterra liberal das consequências da sua própria ideologia económica. E Hitler não tinha de salvar a Alemanha liberal de coisa nenhuma.

A outra comparação que podemos explorar é entre o planeamento liberal e o Plano Quinquenal de Estaline.

Temos de suprimir da conversa qualquer suposição de que o planeamento, nas suas formas pós-Segunda Guerra Mundial de estados-providência, devia algo à experiência soviética. Quando muito, poderíamos dizer que alguns indivíduos – como intelectuais, não como decisores políticos – que eram a favor do planeamento, eram-no, de certa forma, por acharem bom o que tinham visto na União Soviética, e por acharem que era bom porque Estaline o tinha planeado.

A história do planeamento é a de diferentes sociedades europeias que retiram conclusões diferentes sobre o modo e o âmbito em que é desejável usar o Estado para realizar esses propósitos éticos e pragmáticos. Essa mesma pluralidade mostra o quão pouco importante foi na verdade a experiência soviética: só houve um modelo soviético, os soviéticos negaram o valor do pluralismo, e nenhum decisor político europeu seguia o planeamento ao estilo soviético a menos que a isso fosse obrigado. Essa foi a história da Europa de Leste no pós-guerra, uma outra história.

O estado-providência britânico enquanto tal nunca planeava. Há o relatório Beveridge de 1942, e houve debates sobre o planeamento. Mas o que realmente surgiu foi uma série de instituições, essencialmente nacionalizações, que na altura se julgava condições necessárias e suficientes para um melhor conjunto de relações entre o Estado e a sociedade. Ninguém, por assim dizer, planeava o planeamento. E também ninguém planeava os pormenores. Ninguém na Grã-Bretanha planeava quanto é que os caminhos-de-ferro deviam investir, onde os automóveis deviam ser feitos, até que ponto a força laboral devia ser desencorajada de trabalhar nesta área e encorajada, ou reeducada, a trabalhar noutra área.

Esse género de planeamento é mais europeu continental. O planeamento económico escandinavo era muito mais orientador e muito menos regulador do que o inglês, muito mais preocupado em tentar incentivar o investimento privado em certas direções. O planeamento francês era centralizado e orientador, estava preocupado em gerar certo tipo de produção sem a impor diretamente. As políticas socioeconómicas da Alemanha Ocidental nos anos do pós-guerra eram muito mais localizadas, ou o incentivo provinha de iniciativas localizadas. A nacionalização importava muito menos na Alemanha Ocidental do que na Grã-Bretanha. Os italianos canalizavam dinheiro público através de enormes conglomerados, o IRI, o ENI, etc., ou a Cassa del Mezzogiorno, para objetivos regionais particulares. Logo, o «planeamento» significava muitas coisas diferentes. Mas nunca equivaleu a deixarmo-nos guiar-nos pelo modelo soviético de resultados em larga escala anunciados e exigidos.

Para perceber a diferença mais básica entre o caso soviético e outros casos, é preciso ver como as políticas eram engendradas, assim como a sua natureza. Todos os planos europeus ocidentais eram compromissos entre a necessidade técnica reconhecida de investir na infraestrutura e o desejo político imediato de apaziguar o descontentamento do consumidor. Na Europa de Leste, onde o comunismo fora imposto, em geral não era preciso apaziguar o descontentamento do consumidor. O poder podia concentrar-se na construção fosse do que fosse que a sua teoria dissesse que era preciso ter em abundância – e o facto de isso vir a causar enorme descontentamento entre os consumidores era uma questão indiferente num sistema político fechado.

Os compromissos da Europa Ocidental tornaram-se politicamente aceitáveis pela assistência americana no pós-guerra, conhecida como Plano Marshall. Sem o Plano Marshall, alguns países europeus, incluindo a Grã-Bretanha, teriam tido sérias dificuldades em alcançar alguns objetivos da política pública sem desencadear formidáveis protestos políticos. As greves francesas de 1947 são um bom indicador disso.

O Plano Marshall não foi um exemplo americano brilhante de planeamento económico e político internacional? E não devia ser visto (enquanto planeamento no âmbito de uma única economia europeia, que ele favoreceu e tornou possível) não como algo que emanou de modelos políticos extremos, mas como algo concebido para prevenir a popularidade destes?

George Marshall tinha sido chefe do estado-maior do exército americano durante a guerra e, em 1947, era o secretário de Estado. Quando ele vai a Moscovo em março desse ano, faz pelo caminho paragens em capitais europeias. Ele sabia que o Partido Trabalhista britânico estava a perder o fôlego após dois anos de legislação frenética. Em França, cada governo era mais fraco do que o anterior, culminando no colapso da coligação de esquerda nessa primavera. Em Itália, os comunistas podiam ter ganhado eleições livres (as de 1948 foram profundamente tendenciosas a favor dos democratas-cristãos, com o apoio papal e americano). Na Checoslováquia, já o tinham feito. Os comunistas estavam a avançar bastante em lugares como a Bélgica e até, durante algum tempo, na Noruega.

Não havia garantia alguma de que a Europa Ocidental fosse emergir ao «sol das terras altas», para usar a frase de Churchill, das décadas de 1950 e 1960. O pequeno crescimento económico do imediato pós-guerra fora efémero, e as economias sofriam da falta de produtos e de moeda estrangeira. Não tinham meios para comprar aquilo de que necessitavam se o não produzissem elas próprias – e a maioria não produzia. Não podiam pedir empréstimos em dólares, e o dólar era cada vez mais a divisa internacional. Até economias como a Alemanha Ocidental e a Bélgica, que começavam de facto a recuperar, estavam a ser estranguladas pela falta de reservas monetárias.

Alan Milward defende que a Europa sofria as consequências do seu êxito: a descolagem económica incipiente do pós-guerra – em particular a recuperação industrial na Alemanha Ocidental e nos Países Baixos – criava congestionamentos que por sua vez reintroduziam o desemprego. Era, evidentemente, uma consequência do empobrecimento europeu. A Europa já não era capaz de alimentar a sua própria recuperação económica, mesmo a níveis tão baixos, e dependia completamente de moeda estrangeira e matérias-primas importadas.

Portanto, sob certa perspetiva, o Plano Marshall limitou-se a abrir uma válvula bloqueada. Mas, mesmo assim, a sua importância não diminui. Ele foi – e nós esquecemo-nos disso – essencialmente uma reação política, e não económica. A opinião em Washington era de que a Europa tinha tanta falta de autoconfiança política que não seria capaz de recuperar economicamente e seria vítima ou da perturbação comunista ou de um retorno ao fascismo. Sublinho este último: especialmente no caso alemão, os observadores temiam seriamente uma recaída nostálgica na simpatia pelo nazismo.

A ideia de que urgia salvar economicamente a Europa para que ela não se desmoronasse politicamente não era exatamente uma revelação sensacional. O que era novo era a ideia de que o modo de salvar a Europa Ocidental e Central era torná-las responsáveis pela sua própria recuperação, mas com recursos que se lhes disponibilizava. É outra discussão saber se isto foi, da parte da América, um claro interesse próprio. Pode perfeitamente ter sido, tanto a curto prazo – porque muito do dinheiro do Plano Marshall voltou aos EUA sob a forma de despesa, aquisições, etc. – como a longo prazo, porque estabilizou a Europa e criou um importante aliado ocidental.

Mas talvez isso não interesse. Mesmo que o Plano Marshall tenha sido por interesse próprio, claro ou não, foi decerto decisivamente importante. Ele dotou Bidault de espinha dorsal, como resumiu um conselheiro americano, referindo-se ao primeiro-ministro francês que parecia cambalear indefeso perante as greves comunistas.

Com a recuperação, no mesmo momento, no mesmo fôlego ou na falta dele, chega o estado-providência.

A legislação a que nos referimos quando falamos da chegada dos estados-providência principia na maior parte dos países em 1944 ou 1945, portanto Marshall não é relevante aqui (mas repara que a administração Truman favorecia em geral reformas na segurança social europeia como estabilizadores democráticos). O ideal vem da Resistência, dos partidos de esquerda do pós-guerra ou, mesmo, da democracia cristã. O estado-providência não é, exceto na Escandinávia, obra de sociais-democratas.

Mas eu poria novamente a tónica na questão que afirmei quanto ao planeamento: havia uma tendência comum a partir de muitas variantes. A abordagem variava de país para país, assim como o método de financiamento. Quando entrou em vigor, o Plano Marshall ajudou incontestavelmente a cobrir os custos iniciais desses estados-providência; mas devemos lembrar que ele só durou quatro anos e não foi gasto, na maior parte, em serviços sociais.

Então talvez um candidato melhor para uma reação europeia comum ao Plano Marshall fosse a cooperação económica.

O Plano Marshall envolvia um sistema de pagamentos internacionais concebido para garantir que os países beneficiários não agarrassem simplesmente no seu quinhão e empobrecessem os vizinhos. Havia um fundo puramente teórico, em que se podia pedir emprestado a um banco de pagamentos inexistente, e pagar depois com os ganhos do comércio com outro país. Era um sistema muito simples, mas exigia cooperação no comércio e desencorajava subsídios e protecionismo.

É difícil demonstrar a ligação – não podemos reconstituir a história do pós-guerra sem essa ligação para ver o que teria acontecido –, mas creio ser claro que a simples cooperação neste género de nível técnico, embora imposta por Washington, demonstrou que um continente que ainda pouco antes se empenhava na destruição mútua conseguia cooperar. E não só cooperar, mas competir e colaborar segundo regras e normas acordadas. Isso teria sido impensável ainda nos anos 1930.

Será correto pensar nisso essencialmente como uma espécie de efeito secundário intencional do Plano Marshall, ou não haveria de facto alguns europeus... franceses, alemães, belgas...

Que tivessem pensado nestas...

... refletido bem nessas coisas, antes do tempo.

PENSAR O SÉCULO XX

O lado positivo é que houve. O lado negativo é que muitos deles tinham conspurcado a herança de colaboração económica porque tinham aceitado com a melhor das boas vontades os termos que os teóricos nazis e fascistas da união «europeia» lhes impuseram.

Assim, alguns dos homens que governaram a França de Vichy apareceram depois da guerra como os principais planificadores da França gaulista, ou França Republicana. Alguns dos jovens economistas brilhantes que se envolveram ativamente na administração da economia oeste-alemã nos anos do pós-guerra tinham sido decisores políticos económicos de nível médio na Alemanha nazi. Muitos dos jovens em redor de Pierre Mendès-France, Paul-Henri Spaak, na Bélgica, ou Luigi Einaudi, em Itália, haviam sido durante a guerra conselheiros económicos apolíticos no comércio, no investimento, na indústria, na agricultura de governos fascistas ou sob ocupação.

O que unira estes inovadores reformistas fora o culto do planeamento europeu que atraíra tantos burocratas mais jovens nos anos entre as duas guerras. A própria palavra «Europa» – Europa unida, o plano europeu, a unidade económica europeia, etc. – foi, nos primeiros dez anos a seguir à guerra, um tanto suspeita, devido à sua associação com a retórica nazi de uma Europa mais racional que substituísse a Europa democrática de entre as duas guerras, e cuja ineficiência era apontada. Esta retórica atingiu o auge com a apresentação da «Nova Europa» de Hitler, em 1942, como a base oficial para a colaboração em todos os países ocupados.

Era também por essa razão que os escandinavos, e especialmente os ingleses, ficavam compreensivelmente desconfiados com o palavreado de unidade europeia no rescaldo imediato da derrota de Hitler. A outra causa de ceticismo era a associação que a «Europa unida», a «unidade europeia» e quejandos tinha com a Europa católica em particular. Os seis ministros dos Negócios Estrangeiros que assinaram a Comunidade Europeia do Carvão e do Aço, a fundação da cooperação económica europeia institucionalizada, eram todos eles católicos: eram os ministros da Itália, da França, da Alemanha Ocidental, largamente católica, e dos países do Benelux. Isto podia ser – e era muitas vezes – apresentado como um estratagema europeu católico para reconstruir esses países segundo um modelo de colaboração económica neocorporativista.

Eu gostava de abordar os motivos pelos quais esta história se repete agora como farsa, mas falemos primeiro um pouco

354

sobre a sua repetição como tragédia: nos anos 1970, digamos, quando o planeamento é desacreditado a um nível intelectual. Como é que isso aconteceu?

O planeamento nunca foi totalmente desacreditado em França. E não teve de ser desacreditado na Alemanha porque ali nunca houve «planeamento» no sentido que damos à palavra. O modelo económico do Reno e o modelo de planeamento orientador francês eram considerados um êxito nestes países por um leque alargado da opinião pública. E eu diria que ainda hoje são considerados assim – nem que seja à luz da experiência anglo-saxónica ou anglo-americana dos últimos trinta anos. Pela maior parte dos critérios internacionais, o nível de vida em França e na Alemanha (para não mencionar outros países de estrutura económica semelhante, como a Holanda e a Dinamarca) supera flagrantemente o da América ou da Grã-Bretanha. Os modelos do pós-guerra não estão desacreditados por toda a parte e, mesmo quando estão parcialmente desacreditados, continuam presentes nas diferentes reações à crise financeira que hoje presenciamos.

É bom lembrarmo-nos de que foi apenas uma nova geração de teóricos económicos e políticos de inclinação anglo-americana que alegou o fracasso do planeamento como tal. O planeamento – que como vimos podia significar tudo, nada e imensas coisas pelo meio – perdeu o seu monopólio de sedução na Inglaterra, nos EUA e (por razões muito diferentes) na Itália e na Europa pós-comunista. Fora daí, a discussão está no mínimo por resolver.

A desilusão inglesa com o planeamento foi uma consequência (em geral injustificada) da desilusão com a nacionalização e o controlo estatal da economia. E isso, por sua vez, prolongando um argumento que eu acho legítimo, foi o resultado de as realizações do *boom* do pós-guerra se terem esgotado em fins dos anos 1960. Nos anos 1970, as pessoas já nem sequer se lembravam porque é que existia planeamento ou estados-providência.

A passagem do tempo foi importante de outro modo. A lógica de estados-providência transgeracionais era difícil de prever. Uma coisa é dizer que iremos garantir um emprego para todos. E outra coisa bem diferente é dizer que iremos garantir uma pensão para todos. Essa diferença torna-se clara precisamente nos anos 1970. Nessa década, menos pessoas tiveram emprego, e a arrecadação de impostos declinou, portanto, os custos crescentes dos serviços sociais tornaram-se um problema maior: cada vez mais gente tinha direito, pela idade, aos subsídios por que esperava há muito. De modo que os estados-providência do pós-guerra colidiram com o final da prosperidade do pós-guerra que tinham ajudado a criar – e o resultado foram os descontentes dos anos 1970.

Igualmente importante foi o problema da inflação. A maioria dos keynesianos do pós-guerra interessava-se pouco pela inflação ou pelo risco relacionado da dívida estatal acumulada. Tinham aceitado que o pleno emprego era o objetivo e a despesa pública o meio – sem compreenderem bem que a política contracíclica funciona nos dois sentidos: em tempos de abundância deve ser reduzida. Mas é muito difícil diminuir a despesa estatal. E por isso tivemos o aumento da inflação.

É claro que não foi assim tão simples. As causas da inflação dos anos 1970 continuam a ser discutidas: algumas foram certamente externas – como o aumento dos preços do petróleo durante a década. Mas a combinação de recessão e inflação foi desanimadora e amplamente imprevista. A consequência foi o crescente gasto dos governos para alcançarem cada vez menos objetivos.

De forma mais geral, o fracasso do planeamento soviético desacreditou as diligências da Europa Ocidental aos olhos de uma nova geração de críticos. Assim foi, apesar da inexistência de qualquer relação histórica ou lógica entre estes dois aspetos e apesar de as formas de planeamento ocidentais estarem destinadas a ser, como foram, o antídoto para a política comunista. O mito do êxito do planeamento soviético foi substituído, no decurso das décadas de 1970 e 1980, por uma descrição universalmente aceite do planeamento socialista como fracasso total. As implicações dessa inversão foram significativas: o falhanço e o desmoronamento da União Soviética minaram não apenas o comunismo, mas toda uma narrativa progressista de avanço e coletivização, na qual se integravam presumivelmente o planeamento soviético e o planeamento ocidental, pelo menos aos olhos dos seus admiradores.

Quando essa narrativa perdeu a âncora, muito mais coisas ficaram à deriva.

Na tua descrição de Beveridge e Keynes, sugeres uma relação entre a economia, a ética e a política. E parece que o que encontramos no último quartel do século XX é uma crença renovada – que às vezes tresanda a doutrina, e até a dogma – de que podemos obter *a ética ou a política da economia.*

É verdade. Ou mesmo que não possamos, não tem importância, porque a condição fundamental de uma coletividade próspera é a produção económica, a estabilidade económica e o crescimento económico – e as consequências disso, sejam elas necessárias ou contingentes, não dependem de nós.

Ao falar das origens do planeamento, sublinhaste as considerações de prudência e as éticas. Julgo que uma condição para a influência intelectual nessas questões era um sentido estético. O livro de Engels, A Situação da Classe Trabalhadora na Inglaterra, *é muito descritivo. Mas há, é claro, todo um género de romance vitoriano – pensa-se em Dickens, mas também em Elizabeth Gaskell – que aborda diretamente a industrialização. Essa literatura serve a função de criar uma imagem do sofrimento da classe trabalhadora, fazendo a sociedade parecer diferente do que fora.*

O século XX teve um eco dessa literatura na escrita de Upton Sinclair (*The Jungle*), Studs Terkel (*Hard Times*), John Steinbeck (*As Vinhas da Ira*) e outros. Repara nas semelhanças de abordagem e tema, que, no caso de Terkel, chegam ao ponto da adoção de um título de Dickens.

Hoje, embora ainda sintamos uma repulsa estética pela pobreza, injustiça ou doença, as nossas sensibilidades estão muito confinadas ao que costumávamos chamar Terceiro Mundo. Temos consciência da pobreza e da injustiça económica – do puro *erro* da distribuição desigual – em lugares como a Índia, os bairros de lata de São Paulo ou África. Mas somos muito menos sensíveis a desigualdades comparáveis na distribuição de recursos e possibilidades de vida nos bairros degradados de Chicago, Miami, Detroit, Los Angeles ou, mesmo, Nova Orleães.

Na América, subir na vida significa afastar-se fisicamente de sinais de penúria. E assim o declínio da cidade passa a ser fonte de declínio geral em vez de estímulo para a renovação.

Quando Dickens escrevia os capítulos sobre os caminhos-de--ferro em *A Pequena Dorrit*, por exemplo, ou quando Elizabeth

Gaskell escreveu *North and South*, ambos chamavam muito intencionalmente a atenção dos seus leitores para uma catástrofe social em curso diante dos seus olhos, mas da qual tantos conseguiam com êxito distraí-los.

Precisamos de uma renovação semelhante da atenção para o que se passa diante dos nossos narizes. Hoje muitos de nós vivem em comunidades muradas, enclaves físicos que mantêm do lado de fora um tipo de realidade social, preservando também da intrusão outro tipo de realidade social. Essas microssociedades fechadas convencem os seus utentes de que, uma vez que estão a pagar pelos seus serviços, não são responsáveis pelas despesas e procuras da sociedade fora dos muros. Isso fá-los hesitar em pagar serviços e benefícios dos quais não vislumbrem uma imediata vantagem privada.

O que nisso se perde, o que se corrói na antipatia pela tributação comum, é a própria ideia da sociedade como terreno de partilha de responsabilidades. Obviamente, é uma total falácia porque, quando deixamos a comunidade murada, apanhamos a autoestrada interestadual, é um serviço fornecido pelo Estado que só poderia ser pago pela tributação geral, e assim por diante. E a polícia que, em última análise, garante que essas bolsas de riqueza sejam possíveis, é paga com impostos locais.

O declínio da cidade é aqui decisivo. Tens razão nisso. A ascensão da cidade moderna – ao contrário da vila medieval – foi precisamente contemporânea da ascensão da questão social. O geógrafo francês Louis Chevalier deixou isso claro há uns cinquenta anos. Ao escrever sobre a Paris do início do século XIX, no seu *Classes laborieuses et classes dangereuses* (Classes Trabalhadoras e Classes Perigosas), ele demonstrou brilhantemente o que sucede quando uma cidade administrativa medieval se transforma numa metrópole moderna da classe trabalhadora.

Onde anteriormente toda a comunidade urbana era interdependente, o novo centro industrial divide as classes que o constituem. A burguesia comercial que domina a vida pública da cidade vive num terror crescente da própria população trabalhadora da qual depende – mas com a qual já não interage numa base humana diária. A população trabalhadora torna-se ao mesmo tempo a origem da riqueza e um desafio permanente a ela. A cidade divide-se, unida pela necessidade comum, mas também pelo medo mútuo e por uma separação territorial cada vez maior.

Hoje, ainda temos o medo e a separação, mas o sentido da necessidade comum e da partilha de interesses está a deteriorar-se rapidamente. Há excepções; Nova Iorque é um pouco uma excepção. Mas a cidade clássica com uma classe alta, uma classe média, uma classe trabalhadora e um conjunto de relações geográficas que se sobrepõem ao conjunto de relações sociais quase desapareceu neste país.

> *A cidade é o lugar onde é logisticamente mais fácil ao Estado distribuir recursos. E quanto mais nos afastamos da cidade, mais difícil e cara é a atuação do Estado, o que significa que as pessoas que julgam estar a receber o mínimo estão na realidade a receber o máximo. Geograficamente, os lugares onde as pessoas menos se inclinam a pagar impostos são os que estão a viver graças ao governo federal.*

Nenhum dos estados ocidentais onde falta água, nos EUA, poderia sobreviver um ano sem o equivalente americano do que os europeus consideram subsídios regionais. E é claro que os europeus não são diferentes. Tal como o Arizona e o Wyoming se julgam livres da intrusão governamental mas dependem totalmente dela, também temos o paradoxo da Irlanda e da Eslováquia. As duas estiveram e estão entre os maiores beneficiários dos subsídios regionais de Bruxelas (financiados pelas economias planeadas ou dirigidas de França, Alemanha e Holanda), enquanto a nível local proclamam as seduções do mercado livre e da regulação mínima.

> *Se disséssemos às pessoas no Dakota do Sul ou no Nevada que elas beneficiam do equivalente ao Fundo de Desenvolvimento Regional da União Europeia, tenho a certeza de que ficariam bastante perturbadas. Mas é assim essencialmente que os Estados Unidos funcionam.*

Na verdade, já funcionam assim há muito tempo. Imagina o caso do agricultor de cereais do Nebraska: é evidente que ele beneficia abundantemente de imensos subsídios que tudo distorcem e que cobrem tudo, do milho à soja e à produção, assim como a água e a gasolina baratas e as autoestradas financiadas com dinheiros públicos. Mas, se ele não beneficiasse dessa generosidade pública, a agricultura (sobretudo a agricultura familiar) morreria; e a agricultura familiar é uma parte decisiva da identidade nacional americana (isso também corresponde mais ou menos à prática e mitologia do subsídio francês, mas ao menos os franceses reconhecem-no).

A aparência de autoconfiança individual faz parte do mito da fronteira americana. Se destruirmos isso ou, antes, se permitirmos que isso seja destruído, destruímos parte das nossas raízes. É um argumento político defensável e até razoável – não há em princípio razão para que os americanos não devam pagar o que mantém na sua herança seja o que for que considerem mais americano. Mas como argumento nada tem que ver com capitalismo, individualismo ou mercado livre. Pelo contrário, é um argumento a favor de um certo tipo de estado-providência – nem que seja pela sua premissa não questionada de que certo tipo de individualismo sustentável exige uma boa dose de auxílio do Estado.

> *Mencionaste as origens éticas e de prudência da social--democracia, e eu fiz-te uma pergunta sobre a estética. Também me parece que há uma questão de veracidade que é importante. Quando pensamos em Gaskell, Engels, Dickens ou Upton Sinclair, pensamos em certos termos que eles introduziram e que permaneceram em nós: «tempos difíceis», por exemplo. E não sei se algo que falta hoje não é a mesma vontade ou capacidade dos intelectuais para formular o que de facto se está a passar na economia e na sociedade.*

Essa capacidade perdeu-se em duas fases. A primeira fase, que eu situaria a partir do fim dos anos 1950, foi o autodistanciamento dos intelectuais de uma preocupação com as injustiças claras e observáveis da vida económica. Parecia que essas injustiças observáveis estavam de facto a ser superadas, pelo menos nos lugares onde viviam intelectuais. A atenção aos que estavam «na penúria em Londres e Paris»(*), por assim dizer, quase parecia maçadora – do género «pois, pois, mas é mais complicado do que isso, as verdadeiras injustiças são...» outra coisa qualquer. Ou a verdadeira opressão está na cabeça, e não na distribuição desigual de riqueza, ou seja no que for. Assim, os intelectuais de esquerda tornaram-se mais sofisticados a descobrir injustiças, e menos interessados no que se parecia mais com o estilo dos anos 1930

(*) Referência ao livro *Down and Out in Paris and London* (*Na Penúria em Paris e em Londres*, publicado em 1933), de George Orwell, baseado nas suas experiências de vida nos meios pobres entre 1928 e 1931. *(N. T.)*

A BANALIDADE DO BEM: O SOCIAL-DEMOCRATA

ou, se tivessem mais consciência histórica, da década de 1890, do horror moral perante o simples sofrimento e injustiça económicos.

Mais recentemente, acho que somos mesmo vítimas de uma mudança discursiva, desde o fim dos anos 1970, em relação à economia. Os intelectuais não perguntam se algo está bem ou mal, mas se uma política é eficaz ou ineficaz. Não perguntam se uma medida é boa ou má, mas se aumenta ou não a produtividade. A razão por que o fazem não é necessariamente por estarem desinteressados da sociedade, mas porque acabaram por assumir, de forma pouco crítica, que a política económica serve para gerar recursos. Até termos gerado recursos, segundo dizem, não vale a pena conversar sobre a sua distribuição.

Parece-me que isso é uma chantagem suave: não és tão irrealista, lunático ou idealista que ponhas os fins à frente dos meios, pois não? Por isso, esclarecem-nos que tudo começa na economia. Mas isso reduz os intelectuais – não menos do que os trabalhadores sobre os quais eles discutem – a ratos numa roda giratória. Quando falamos de crescimento da produtividade ou dos recursos, como é que sabemos quando parar? Em que altura já temos os recursos suficientes para prestarmos atenção à distribuição dos bens? Como é que alguma vez sabemos quando é tempo de falar de recompensas e necessidades em vez de produções e eficiências?

O efeito do domínio da linguagem económica numa cultura intelectual que sempre foi vulnerável à autoridade dos «especialistas» funcionou como um travão a um debate social de inspiração mais moral.

Acontece outra coisa estranha quando os intelectuais elegem a economia como ponto de partida: só os produtos são de certa forma reais. E os próprios substantivos que usamos mudaram, o significado mudou. Se eu pedir água no café ao fundo da rua, o empregado quer saber que marca de água engarrafada eu pretendo. Todos temos de beber água. Ela é muito importante. Tomamos banho com ela, queremos que seja limpa. Mas não há razão alguma para que a enfiemos em garrafas. É até bastante prejudicial. Os dentes das crianças estragam-se por falta de flúor. É preciso usar petróleo para fazer as garrafas, e há fugas de petróleo para o oceano quando se importa água de outros continentes. E tudo isto desvaloriza um bem público, a água da torneira, que já tínhamos alcançado.

Esse é um defeito de todas as economias de mercado. Marx observou a fetichização da mercadoria no século XIX, e não foi o primeiro; Carlyle também.

Mas considero-o uma consequência particular do nosso culto contemporâneo pela privatização: a sensação de que o que é privado, o que é pago, é de certo modo melhor por isso mesmo. É a inversão de um pressuposto comum nos dois primeiros terços do século, e decerto em metade dele, entre as décadas de 1930 e 1980: o de que certos serviços só podiam ser adequadamente fornecidos numa base coletiva ou pública, e eram tanto melhores por isso.

A transformação das nossas sensibilidades nesse aspecto teve toda a espécie de efeitos secundários. Quando as pessoas dizem que prefeririam comprar o produto privado e não pagar impostos pelo público, torna-se mais difícil tributar com vista a um bem público. É uma perda para todos, até para os muito ricos, porque o Estado pode efetivamente fazer certas coisas melhor e mais barato do que qualquer outra entidade. A família na comunidade murada pode beber água engarrafada, mas cozinha, lava e toma banho com água canalizada pública, que nenhuma empresa privada alguma vez acharia lucrativo fornecer sem garantias e isenções públicas.

Isto leva-nos a uma questão que, no início do século XX, ocupou os economistas políticos e os teóricos sociais. Quando é legítimo que um governo diga que determinado produto ou serviço é melhor se for fornecido publicamente? Quando está certo criar um monopólio público natural? Mas, desde 1980, mais ou menos, a pergunta tem sido feita de outra maneira: porque hão-de existir monopólios públicos? Porque é que não está tudo aberto ao lucro? É com essa desconfiança visceral de que qualquer tipo de monopólio público, seja de que produto for, pode em princípio tornar-se privado que vivemos, ou que temos vivido, nos últimos vinte e cinco anos. E, a propósito, não penso que vá mudar devido à empolada crise do capitalismo por que estamos a passar atualmente. Penso que vamos assistir mais à aceitabilidade do Estado como regulador – mas o Estado como monopolizador de certo tipo de bens e serviços, isso não teremos.

A água é um exemplo que me impressiona particularmente
porque mostra até que ponto pode degenerar a civilização e
ainda pensar-se que se está a progredir ao privatizar tudo. A

*ética de que, se aparecermos algures e pedirmos um copo de
água, este deve ser-nos dado é ancestral. E a sua versão moderna, que prevaleceu na maior parte da minha vida neste país,
é que nos lugares públicos há bebedouros que agora estão a
desaparecer lentamente.*

O mesmo argumento é válido para outros ganhos civilizacionais
mais recentes, mas que antes deste último quarto de século também
julgávamos adquiridos. Os americanos já não se recordam de ter bons
transportes públicos, embora em muitos lugares tenham tido. Na Grã-
-Bretanha, podemos ver como a privatização dos transportes muda a
sociedade. Os autocarros da Linha Verde fizeram de mim um londrino, um rapaz inglês, talvez tanto como a escola.

Hoje não existe nada semelhante para um rapaz em Londres.
Quando eu era rapaz usava a Linha Verde para ir para a escola. Os
autocarros eram bem cuidados e agradáveis e definiam a cidade com
os seus percursos. Os autocarros da Linha Verde são hoje propriedade
da Arriva, a pior das empresas privadas que agora são responsáveis
pelo fornecimento de serviços de comboio e autocarros aos passagei-
ros britânicos. O seu objetivo principal parece ser o de ligar habitantes
isolados dos subúrbios aos gigantescos centros comerciais, geralmente
sem referência à lógica da geografia urbana. Não há quaisquer percursos que atravessem Londres.

*Gostava de retomar esse ponto num nível mais abstrato.
Parece-me que, juntamente com vários bens que poderíamos
referir – os transportes, a água, a comida também, já agora,
ou o ar –, há um problema básico na manutenção de algumas
categorias de discurso económico.*

*Isto talvez seja um papel para intelectuais com a missão
orwelliana de tentar precisar bem os termos ou de apoiar a
ideia de Aron de preservar os conceitos. Há uma categoria que
nos ocorre desde a crise financeira: a riqueza. Se possuímos
uma casa e essa casa perde valor, teremos perdido riqueza, ou
alguém perdeu riqueza. Ao passo que, se alguma organização
de capitais financeiros faz uma aposta e perde, também perdeu
riqueza, conforme a aceção atual do termo «riqueza». Mesmo que na realidade isso nada implique, porque metade das
pessoas que fazem apostas, seja qual for a percentagem, têm*

*de perder essas apostas. E os resgates fizeram-se como se não
houvesse diferença entre esses tipos de riqueza, de uma maneira geral.*

*Ou em vez de tentar resgatar uma palavra como riqueza,
podíamos tentar usar uma palavra como planeamento. Parece-
-me que o capitalismo financeiro se sai com muita impunidade
na sua oposição ao planeamento do Estado. No fim de contas,
o capitalismo financeiro é uma espécie de planeamento. Não
é planeamento feito por uma pessoa e, de certa forma, é orgânico, mas é a maneira como aplicamos o capital. E não é de
graça. O setor financeiro da economia americana arrecadou
mais de um terço dos lucros empresariais em 2008. Arrecadou
sete por cento dos pagamentos e dos salários fixos.*

Eu chamaria a atenção, a propósito, que se a isso acrescentásse-
mos a percentagem bastante maior arrecadada pela chamada indústria
da saúde, a maior parte da qual, evidentemente, se dedica a administrar a indústria e não a tratar das pessoas, e subtraíssemos ambas
ao desempenho económico americano no último quarto de século,
ver-se-ia que os EUA ficaram muito aquém do mundo desenvolvido.
Logo, grande parte da imagem que temos de nós próprios como uma
sociedade avançada e saudável assenta exatamente na distorção que
descreveste.

Isso levanta um debate acerca do risco. Uma sociedade paga um
prémio sob a forma de recompensas injustas a pessoas que nada fazem
para tal, exceto gerar riqueza de papel. O argumento a favor disso é
que essa riqueza de papel é o «lubrificador» formal debaixo das rodas da economia real. E, é o que nos dizem, a única razão por que as
pessoas estão dispostas a correr os riscos que implica gerar (e perder)
somas enormes de riqueza de papel é as recompensas serem tão subs-
tanciais. Há versões mais complexas deste argumento, mas esta é a sua
forma básica.

Agora vamos traduzir esse argumento para a lógica do casino,
aquilo a que, no fim de contas, o capitalismo equivale ao nível financeiro. Alguém aposta num certo resultado. Aposta porque tem bons
motivos para acreditar nele, porque deseja acreditar nele ou porque
viu outros em quem confia a apostarem nele. Está a correr um risco
substancial. Mas, em teoria, quanto maior o risco que se corre, maior
é a recompensa que se pode arrecadar.

A BANALIDADE DO BEM: O SOCIAL-DEMOCRATA

Imagina que alguém entrava e dizia ao jogador: «Você é demasiado grande para falhar.» Ou: «Garantimos-lhe que absorvemos uma certa percentagem do seu prejuízo, porque nós, o casino, precisamos que continue a jogar. Por isso, continue a jogar, por favor, com a garantia de que a sua desvantagem é reduzida.» O argumento do risco desaparecia e, consequentemente, o casino acabava por fechar.

Regressemos então aos mercados de capitais: com os acordos atuais, as perdas dos maiores jogadores são suficientemente cobertas para assegurar que as pessoas continuem, de facto, a correr riscos mas sem desvantagens. O que significa que os riscos que correm serão cada vez menos justificados. Se não tivermos de nos preocupar por tomar uma decisão errada, então é maior a possibilidade de tomarmos a decisão errada.

Pelo menos nesse sentido, estou inteiramente de acordo com os ultrapartidários do mercado: existe uma verdadeira ameaça à integridade do capitalismo se este for demasiado protegido pelas garantias do Estado. A experiência ensinou-nos que a propriedade estatal da produção industrial pode ser ineficaz porque ninguém se preocupa muito com os prejuízos. A proposição é no mínimo igualmente válida no setor financeiro.

A comparação com o jogo é interessante não só no topo, ao nível dos capitalistas financeiros e do Estado, mas também na base, em termos da sociedade, dos negócios, das famílias. Ou seja, acho que outra coisa que está a acontecer é uma ligeira mudança da ideia do risco na sociedade americana.

Talvez eu esteja a ser romântico, mas o risco costumava significar algo, por exemplo, corria-se um risco porque se deixava o emprego para começar um negócio. Ou corria-se um risco porque se fazia uma segunda hipoteca sobre a casa para poder investir num pequeno negócio. Não significava a mesma coisa que apenas o jogo. O mercado imobiliário nos últimos anos assemelha-se a um jogo de azar. As pessoas passaram a poder adquirir coisas com tanta facilidade que basicamente estavam só a apostar: portavam-se muito como os próprios mercados, comprando coisas de que não precisavam e para as quais não tinham dinheiro, na esperança especulativa de que alguém os iria desobrigar desses bens num futuro próximo.

365

Isso coincide com a legitimação do jogo de azar enquanto tal (que, aliás, me parece um dos termos que precisamos de preservar, porque aqueles que estão por trás do jogo de azar gostariam de chamar-lhe «jogo» e fazer dele algo inofensivo e normal). Mas o que aconteceu também parece ter exigido aos americanos que não percebessem de matemática. Parece ter exigido uma certa proporção de raciocínio fantasioso com os números. O que, num certo sentido, se estão em jogo centenas de milhões de dólares mas eles não são nossos, é perigoso. Mas se estão em jogo dezenas de milhares de dólares e a nossa vida, isso é de certa forma mais perigoso.

Gostava de poder concordar contigo quanto à correlação entre a incompetência americana na matemática da escola secundária e as ilusões económicas. Mas acho que o que realmente fica demonstrado é o seguinte: hoje, a grande maioria dos seres humanos não tem de todo competência para proteger os seus próprios interesses. Curiosamente, este não era de forma alguma o caso no século XIX. O tipo de erros que as pessoas podiam cometer em seu próprio prejuízo era mais fácil de compreender e por isso mais prontamente evitado. Supondo que se era suficientemente prudente para manter afastados os vendedores de banha da cobra e o vigarista assumido, as regras para os empréstimos eram tão draconianas (até por questões religiosas) que muitos dos prazeres de hoje nem sequer estavam à disposição do homem comum.

Isso leva-nos aos jogos de azar. Tal como as dívidas, eram malvistos e em geral proibidos. Assumia-se generalizada e corretamente que o jogo conduzia à criminalidade e era, portanto, uma patologia social a evitar. Mas é claro que também era considerado, numa tradição cristã de longa data, errado por si só: o dinheiro não devia gerar dinheiro.

Podia ser-nos útil revisitar essa perspetiva. Quer pensemos ou não que jogar é um pecado, é difícil negarmos que é um retrocesso na política social: o jogo de azar é uma tributação retrógrada, seletiva, indireta. Basicamente, encoraja-se os pobres a gastarem dinheiro na esperança de enriquecerem, enquanto os ricos, mesmo que resolvessem gastar o mesmo, não sentiriam o prejuízo.

Na sua pior modalidade, o jogo de azar é atualmente incentivado por alguns países (Grã-Bretanha, Espanha), assim como muitos estados americanos, sob o disfarce de lotarias públicas. Em vez de reconhecer a necessidade de certos serviços públicos – as artes, o desporto,

A BANALIDADE DO BEM: O SOCIAL-DEMOCRATA

os transportes –, agora evitamos a impopularidade dos impostos cobrindo essas despesas com lotarias. Quem joga nelas e, portanto, as sustenta são desproporcionadamente os segmentos menos informados e mais pobres da sociedade.

Trabalhadores britânicos que talvez nunca nas suas vidas tenham estado num teatro, numa ópera ou num bailado, subsidiam hoje, pela sua propensão para o jogo, as atividades culturais de uma minúscula elite cujo fardo tributário foi aliviado em conformidade. E, contudo, ainda nos lembramos dos tempos em que sucedia o contrário: nos tempos sociais-democratas dos anos 1940 e 1950, eram os ricos e a classe média que pagavam impostos a fim de garantir a disponibilidade para todos de bibliotecas e museus.

Isto é uma regressão em todos os sentidos, incentivada pela tibieza de governos com pavor de aumentar impostos, relutantes em cortar serviços, e que exploram, não as melhores capacidades, mas os instintos mais baixos de quem vota neles. Tenho perfeita consciência de que é imprudente e ineficaz banir inteiramente os jogos de azar: sabemos pela experiência passada com o álcool e as drogas que tais proibições gerais podem ter efeitos perversos. Mas uma coisa é reconhecer a imperfeição humana, outra muito diferente é explorá-la impiedosamente para substituir a política social.

A vida moderna é assim tão complicada? O que a maioria dos americanos faz é colecionar dívidas de cartões de crédito. O que, percebendo o que são os juros acumulados, isto é, se se aprendeu a álgebra mais elementar ou até se se sabe a tabuada de multiplicar, talvez se conseguisse evitar. Em geral, a melhor defesa da classe trabalhadora é a aritmética. E, por conseguinte, uma política social, vendo as coisas por este prisma, tem de incluir a certeza de que as pessoas sabem fazer contas.

Bom, com certeza que acredito nisso. Também acredito que, num quadro mais amplo, a política social devia consistir em criar o eleitorado mais educado possível, precisamente porque hoje a cidadania está mais exposta ao abuso e tem mais «autoridade» do que nunca para abusar de si mesma.

Mas mesmo uma cidadania bem educada não basta para nos proteger de uma economia política abusiva. É preciso um terceiro ator aqui, além do cidadão e da economia, que é o Estado. E o Estado tem de ser legítimo, no sentido de corresponder à compreensão das pessoas dos fundamentos com que escolhem os seus governantes e no sentido de as suas ações corresponderem às suas palavras.

Existindo esse Estado legítimo, parece então não somente apropriado como realmente possível que ele diga às pessoas: se fizessem as contas, veriam que vos estão a vender uma lista de produtos. Mas, mesmo que não saibam fazer as contas, vamos dizer-vos que é esse o caso. E vamos proibir-vos certo tipo de transações financeiras, tal como vos proibimos de conduzir na direção norte na Quinta Avenida de Nova Iorque, no vosso interesse e para o bem de todos.

Aqui entram os argumentos contra a possibilidade da social--democracia, que são de dois tipos. Um, se quiseres, estrutural; o outro contingente. O argumento estrutural é o de que este sentido de legitimidade é difícil, ou mesmo impossível, de encontrar num país grande e diverso como os Estados Unidos. A confiança coletiva através de gerações, ocupações, aptidões e recursos não é fácil numa sociedade enorme e complexa. Não é portanto por acaso que a maioria das sociais-democracias de êxito são a Noruega, a Suécia, a Dinamarca, a Áustria, a Holanda até certo ponto, a Nova Zelândia, entre outras: sociedades pequenas e homogéneas.

O argumento de contingência contra a possibilidade da social--democracia afirma que ela foi historicamente possível, mas só em circunstâncias que não podemos reproduzir. A combinação da memória da Grande Depressão, a experiência do fascismo, o medo do comunismo e o crescimento no pós-guerra tornaram possível a social--democracia até em sociedades bastante grandes como a França, a Alemanha Ocidental, a Grã-Bretanha ou o Canadá, que é uma sociedade grande fisicamente, se não socialmente. Não aceito no geral este contra-argumento – a história foi mais complicada e as motivações mais duradouras –, mas respeito-o.

No entanto, fico impressionado com a esquisitice dos americanos quando aceitam ou não argumentos históricos. Assim, o argumento histórico que defende que não devíamos ter social-democracia é levado muito a sério, embora o argumento histórico de que a social-democracia produziu coisas ótimas não seja levado a sério.

E também me impressiona a forma como a esfera intelectual americana nos últimos anos se tem subordinado a preo-

A BANALIDADE DO BEM: O SOCIAL-DEMOCRATA

cupações europeias, mesmo quando destacados comentadores americanos insistem que deixámos a Europa para trás. Com isto quero dizer que quase todos os comentários sobre política social neste país a apresentam num contexto comparativo: como é que estamos em relação à Europa? A implicação é inevitável: em certos aspectos, pelo menos, receamos ter ficado na sombra da Europa.

Parece que quase ninguém diz algo deste género: somos os Estados Unidos da América, portanto, devíamos ser, para nos apropriarmos de um termo, uma Grande Sociedade. Devia haver um New Deal, *não porque a social-democracia na Europa seja boa ou má, mas porque nós, americanos, podíamos fazer sozinhos coisas ótimas.*

Entre os anos 1930 e os anos 1960, o equilíbrio da discussão social e política americana funcionava em sentido contrário. O pressuposto natural era o de que se a América podia permitir-se fazer de si própria uma boa sociedade, devia querê-lo. Até os adversários e críticos dos níveis de investimento social de Lyndon Johnson estavam na sua maioria contra eles por, digamos, razões circunscritas de interesse próprio. Se fosse bom de mais para os negros, não era desejado no Sul. Se fosse muito radicalmente redistributivo, não era desejado pelas instituições que seriam obrigadas a repensar os seus padrões de recrutamento, etc.

Mas a inovação social radical não costumava ser contrariada a partir de razões apriorísticas hayekianas, como hoje pode suceder. E os que o fizeram tão incoerentemente, como Barry Goldwater, pagaram um pesado preço político. Demorou vinte anos até que a nova abordagem conservadora pudesse ser integrada no «reaganismo» e passasse por dominante. Aqui, como tantas vezes, deparamos com um esquecimento americano até do seu próprio passado muito recente.

Culpo a esquerda tanto como a direita. A retórica johnsoniana de propósito social coletivo, enraizada numa versão do reformismo liberal eduardiano e vitoriano, combinava mal com a Nova Esquerda. Esta era muito mais atraída por interesses auto-afirmados de segmentos discretos da sociedade. Eu secundaria a crítica contemporânea ao Partido Democrático da época de McGovern, não por ter supostamente procurado fazer progredir os interesses de todas as categorias hifenizadas de que nos pudéssemos lembrar (muitas das quais tinham

369

urgente necessidade de progredir), mas porque ao fazê-lo minou a sua própria herança retórica e esqueceu-se de como falar sobre a sociedade coletiva.

As reformas clintonianas da segurança social nos anos 1990 foram radicalmente contra todas as tradições reformadoras (tradições de consenso, tanto anglo-americano como europeu, entre a esquerda e os liberais) centradas no Estado, entre as décadas de 1890 e 1970. Reintroduziram as primeiras noções industriais de uma cidadania dividida: os cidadãos que trabalham e os cidadãos inferiores que não trabalham. De modo que o emprego regressa à política social como a medida da participação plena nos assuntos públicos: se não se tem um emprego, não se é um cidadão pleno. E isto foi algo que três gerações de reformadores sociais e económicos, entre as décadas de 1910 e 1960, se esforçaram com denodo para ultrapassar. Clinton reintroduziu exatamente isso.

Julgo que a política da hifenização acentua as divisões de classe. O feminismo, como o praticámos neste país, é útil às advogadas que fazem imenso dinheiro, é útil às professoras, talvez seja útil às estudantes universitárias a algum nível psicológico – mas por o feminismo nos Estados Unidos não começar com a licença de maternidade e os cuidados infantis, que é o único ponto onde penso que podia realmente começar sensatamente para a maioria das mulheres, ele deixa de fora as pessoas que estão a criar os filhos e, especialmente, as mães solteiras. De igual modo, a política da raça, e eu sou a favor dela, conduz a burguesia negra e hispânica às instituições de ensino e depois ao governo, e por aí fora. E tenho a certeza de que isso é bom. Mas também separa a questão da raça da questão da classe, o que é péssimo para muitos afro-americanos.

Em geral, o pensamento social americano evita o problema das divisões sociais economicamente determinadas, porque os americanos acham mais confortável e politicamente não contencioso centrarem-se em divisões utilizáveis de outro género.

Mas o teu exemplo dos cuidados infantis é bom – vamos debruçar-nos sobre ele um instante. É muito difícil que os cuidados infantis, e mais geralmente os serviços sociais concebidos para proporcionar às mães igualdade de oportunidades, sejam fornecidos *ad hoc*, por todos os setores. Qualquer empregador, ao proporcionar esse recurso às suas trabalhadoras, receia estar em desvantagem económica em relação a quem não o proporciona. Aquele que não o proporciona pode ganhar mais dinheiro por não ter o encargo de providenciar esse serviço – ou pode pagar mais às suas trabalhadoras por ter mais fundos para dispensar, permitindo-lhes encontrar pessoalmente, se puderem, os necessários cuidados infantis, mas entretanto afastando-as do seu competidor que paga menos embora proporcione serviços sociais.

Ora, na maior parte da Europa, a provisão estatal de cuidados infantis universais pagos pelos impostos contorna este problema. Cria um fardo adicional a toda a gente através da tributação, mas providencia a uma certa classe de beneficiários um serviço específico sem custo económico.

Como bem sabemos, haverá sempre quem se indigne profundamente com a própria noção de cobrar impostos a todos para beneficiar alguns. Mas é precisamente essa ideia que está no cerne do Estado moderno. Tributamos todos para providenciar educação a alguns. Tributamos todos para termos polícias e bombeiros dos quais, a qualquer momento, só algumas pessoas irão beneficiar. Tributamos para construir estradas que nem todos usarão ao mesmo tempo. Temos (ou tivemos) serviço ferroviário para alguma localidade remota que parece beneficiar apenas as pessoas dessa localidade remota, mas que no conjunto traz todas as localidades remotas para a sociedade, tornando-a assim um lugar melhor para todos.

Ora, a noção de tributar todos para beneficiar alguns – ou mesmo tributar alguns para beneficiar todos – está ausente dos cálculos fundamentais dos decisores da política social americana. As consequências são claras no raciocínio confuso até dos reformadores mais bem intencionados. Repara por exemplo na posição feminista em relação aos cuidados pediátricos e a outros serviços de que as mulheres podiam beneficiar. Em vez de pensar que a razão mais importante do exercício é rever a tributação e os serviços sociais de tal maneira que beneficiem todos, a posição feminista dominante é procurar legislação concebida exclusivamente para favorecer as mulheres.

Nos anos 1970, era falacioso para os radicais hifenizados a suposição de que pudessem realizar os seus interesses sem afetar o interesse de toda a coletividade. Mas assim reproduziram, irónica e inconscientemente, as mesmas exigências dos seus adversários políticos. Ajudaram a privatizar a política e o interesse próprio.

Sou suficientemente antiquado para achar que muita da esquerda americana é objetivamente reacionária.

Se quiseres marcar uma posição antiquada, podias dizer isto: o facto de tantas feministas serem oriundas da classe média-alta – onde a *única* desvantagem que sofreram foi precisamente a de ser mulheres, geralmente nada mais que uma limitação marginal – explica a sua incapacidade para verem que existia uma classe mais vasta de pessoas para quem ser mulher não era de forma alguma a maior das suas dificuldades.

O feminismo foi bem sucedido no facto de haver muitas advogadas e empresárias, e de se terem quebrado vários tetos de vidro(*). A esse nível foi um êxito espantoso. Todavia, também temos muitas, muitas mais mulheres na base, com famílias e sem maridos, ou com maridos económica e socialmente inúteis. Elas tombaram por esse telhado de vidro e repousam entre os cacos e o sangue. As suas vidas, com o horário laboral extenso, os cuidados infantis e a segurança social escassos ou inexistentes, incorporam o sentido americano de que tudo é possível, mas também revelam muito claramente a tragédia deste tipo de privatização. E começo a recear que o nosso otimismo americano na realidade só sirva como uma espécie de racionalização para não ajudar as pessoas que precisam de ajuda.

A referência da privatização é decisiva. O que quer dizer «privatização»? Ela retira ao Estado a capacidade e a responsabilidade de compensar as insuficiências nas vidas das pessoas; remove também esse mesmo conjunto de responsabilidades da consciência dos concidadãos, que já não sentem um destino partilhado nos dilemas comuns. Tudo o que resta é o impulso caridoso extraído de um sentimento de culpa individual perante outros indivíduos que sofrem.

Temos boas razões para supor que esse impulso caridoso é uma reação cada vez menos adequada aos defeitos da distribuição desigual de recursos nas sociedades ricas. Portanto, mesmo que a privatização

---

(*) Expressão norte-americana que designa os limites invisíveis à ascensão profissional feminina que muitas mulheres sentem nos seus locais de trabalho. *(N. T.)*

A BANALIDADE DO BEM: O SOCIAL-DEMOCRATA

fosse o êxito económico que se reclama (e muito decididamente não é), continuaria a ser uma catástrofe moral em curso.

Gostava de evocar neste contexto a distinção de Beveridge entre o estado de conflito e o estado-providência, porque parece que foi o conflito que durante, digamos, os últimos quarenta anos dificultou nos EUA a criação de um estado-providência ou de uma social-democracia. O exemplo de Johnson é óbvio: era difícil construir uma Grande Sociedade e pagar a Guerra do Vietname. Mas, mais recentemente, depois do Vietname, com o desenvolvimento do exército em regime de voluntariado, aconteceu algo muito interessante.

As próprias forças armadas passaram a ser uma organização eficiente de segurança social. Ou seja, elas proporcionam educação e mobilidade ascendente para muita gente que de outra forma não as teria. Também proporcionam hospitais dirigidos pelo Estado que funcionam bastante bem – ou pelo menos funcionavam bastante bem antes de a administração Bush ter cortado os seus fundos a meio de uma guerra para que as pessoas não pudessem defender o que estou agora a defender.

E assim, em tempo de paz, as forças armadas são um belo exemplo de política estatal que permite uma mobilidade ascendente. Mas são um exemplo muito menos belo quando estamos realmente a travar uma guerra e a enviar essas pessoas que estão na margem, e que às vezes nem cidadãos são, para morrer e matar. Nessa altura, a guerra passa a ser uma guerra de empresas. A Guerra do Iraque redistribuiu imenso dinheiro dos impostos a um número muito pequeno de empresas beneficiárias.

Neste, como noutros aspectos, os Estados Unidos situam-se marginalmente em relação à experiência do Ocidente como um todo. Noutras partes do Ocidente desenvolvido, os estados de conflito das eras pré-moderna e moderna transformaram-se em permanentes estados-providência. Os tipos de despesa estatal que teriam sido impensáveis em tempo de paz tornaram-se inevitáveis durante a guerra – a partir da Primeira Guerra Mundial, e depois definitivamente após 1939. Os governos foram então obrigados a reproduzir para fins pacíficos as coisas que aprenderam que podiam fazer em guerra. Surpreendente-

373

mente, descobriram nisso uma maneira notavelmente eficaz de atingir os seus desígnios, apesar da oposição ideológica.

A América parece muito diferente, como dizes. No decurso do que equivale a uma série de «pequenas guerras» que remontam aos anos 1950, o governo dos EUA contraiu empréstimos para lutar em conflitos que prefere não reconhecer muito abertamente. O custo dessas guerras tem sido suportado pelas gerações seguintes, na forma de inflação ou na pressão e nas limitações sobre toda a restante despesa pública, principalmente a segurança social e os serviços sociais.

Se o estado de conflito é para os conservadores americanos um modo aceitável de restringir o aparecimento de uma política de estado-providência, é porque neste país a guerra ainda não é sentida como catástrofe. É verdade que o Vietname teve custos sociais: a própria classe política estava dividida, surgiram clivagens intergeracionais permanentes e a política externa caiu num impasse temporário devido a essas considerações internas. Mas, que eu saiba, ninguém defendeu que isso devia ter incentivado uma reavaliação das premissas do governo e do seu papel na sociedade, da maneira como por exemplo a Segunda Guerra Mundial causou uma revolução política na Grã-Bretanha.

É difícil perceber como isso poderia mudar. Até no auge do absurdo do Iraque, a maioria dos americanos era a favor de gigantescos gastos do Estado em objetivos militares inconfessos ou claramente desonestos, ao mesmo tempo que afirmava acreditar na descida dos impostos a todos os níveis, incluindo presumivelmente a tributação que se destina a pagar a despesa militar. Os americanos não se mostraram interessados em expandir o papel do governo nas suas vidas, sem perceberem que tinham acabado, entusiasticamente, de o incentivar a fazer isso mesmo nos casos mais importantes em que um governo pode intervir na vida dos seus cidadãos, por exemplo, ao travar uma guerra. Isso revela uma dissonância cognitiva coletiva americana que é muito difícil de superar politicamente. Se existe alguma razão cultural pela qual os Estados Unidos não consigam seguir os exemplos melhores de outras sociedades ocidentais, será essa.

Tens estado a falar com neutralidade das opiniões expressas por membros da sociedade americana, o que é mais seguro, mas as suas opiniões sobre a legitimidade da ação do governo têm origem no nacionalismo americano.

Há dois tipos de nacionalismo. Há o tipo de nacionalismo que diz: tu e eu conhecemos o serviço postal e também conhecemos o nosso plano de reforma, e é o género de coisas de que podemos falar no metro a caminho do escritório, onde nenhum de nós ficará a trabalhar depois das sete horas, porque é a lei.

E há também o tipo de nacionalismo que diz: eu pago pouquíssimos impostos embora seja muito rico, e tu pagas impostos embora sejas da classe trabalhadora, e a mim levam-me de carro para o trabalho, e tu apanhas o autocarro, e temos muito pouco sobre que falar – e de qualquer modo nunca nos encontramos. Mas, quando acontece alguma coisa muito má, eu encontro uma boa razão patriótica para que tenhas de proteger os meus interesses e para que os teus filhos, não os meus, tenham de matar e morrer.

Bem, examinemos essas duas formas de identificação nacional. O que me parece na segunda é que a razão por que funciona ou não é cultural e não política. Existem aspectos dos pressupostos culturais americanos sobre o que significa ser americano e sobre as expectativas que se pode legitimamente ter como americano, e por aí fora, que são de facto muito diferentes do que significa ser holandês. E isso é verdade mesmo que, como realmente sucede, os dois países sejam notavelmente semelhantes em termos de leis, instituições, vida económica, etc.

A diferença cultural entre a Europa e a América, e a fantasia nacionalista que une os americanos ricos e pobres, é o sonho americano. Em geral, os europeus continentais conseguem dizer com precisão onde se situam pessoalmente, se comparados a outros em termos de rendimento, e são modestos nas suas expectativas de reforma. Nos EUA, muitíssimas mais pessoas acreditam estar no topo do que as que realmente estão, e outro grande grupo acredita que estará no topo quando se reformar. Logo, os americanos são muito menos propensos a olhar para alguém muito rico ou muito privilegiado e a ver injustiça: eles apenas se veem a si próprios numa otimista encarnação futura.

Os americanos pensam: vamos deixar o sistema mais ou menos como está, porque eu não ia querer pagar impostos altos se enriquecesse. É um quadro de referência cultural que explica alguns aspectos nas atitudes para com a despesa pública: eu não me importo que me tributem para pagar uma rede de caminhos-de-ferro que só uso de vez em quando, se sentir que estou a ser tributado equitativamente por um benefício que em princípio todos partilhamos. Podia achar pior se tivesse a expetativa de um dia ser o género de pessoa que nunca usa esse serviço público.

O que foi brilhante na construção dos estados-providência, porém, foi o facto de a principal beneficiária ser a classe *média* (no sentido europeu, que inclui a elite profissional e especializada). Foi o rendimento da classe média que se libertou de repente, porque esta tinha acesso a educação e saúde gratuitas. Foi a classe média que ganhou verdadeira segurança privada através do fornecimento público de seguros, pensões e afins. Nesse sentido, é o estado-providência que cria a classe média, e a classe média defende-o depois. Até Margaret Thatcher sentiu isso quando começou a falar em privatizar o serviço de saúde e descobriu que os seus eleitores de classe média eram os que mais se opunham.

O aspecto crítico parece ser em primeiro lugar a criação de uma classe média. Sem ela, temos pessoas que não querem pagar impostos porque querem ser ricas, e pessoas que não veem razão para pagar impostos porque são ricas. Vejo a classe média como um grupo que, sem ter imenso dinheiro, não se preocupa com as pensões, a educação e a saúde. Segundo esse padrão, que na verdade é bastante modesto, não existe classe média americana.

Receio que a tua ideia de que a guerra faz o governo intrometer-se nas nossas vidas tem uma formulação mais forte. Visto que o governo americano é intervencionista no estrangeiro, e não no país, a guerra cria uma certa perversidade. Insistir em travar guerras recusando aumentar os impostos para pagá-las foi apenas uma maneira indireta de convidar o governo chinês a entrar nas nossas vidas. Se não estamos dispostos a pagar as nossas próprias guerras, significa que nos endividamos com a China, com todo o risco para o nosso futuro poder e liberdade que isso encerra. Espantou-me que quase ninguém o tenha dito quando a Guerra do Iraque começou.

Pode haver uma verdade ainda mais profunda nisso. Existe o risco de estarmos a acolher uma espécie de capitalismo chinês na vida americana. A forma mais simples como isso se verifica tem sido am-

A BANALIDADE DO BEM: O SOCIAL-DEMOCRATA

plamente observada: a China empresta dinheiro ao governo, mantém a economia à tona e põe dólares nos bolsos dos americanos para que eles possam comprar produtos chineses.

Mas há uma outra dimensão. Hoje, o governo chinês está a retirar--se da esfera económica, exceto em domínios estratégicos, segundo o princípio de que um máximo de atividade económica de certo tipo é a curto prazo claramente vantajoso para o país, e que regulá-la, exceto com o propósito de afastar a concorrência, não seria do interesse de ninguém. Ao mesmo tempo, trata-se de um estado autoritário severo e repressivo. É uma sociedade capitalista sem liberdade. Os Estados Unidos não são uma sociedade capitalista sem liberdade, mas o modo como os americanos entendem aquilo que permitiriam e aquilo que não permitiriam aponta para uma direção bastante semelhante.

Os americanos permitiriam ao Estado uma quantidade notável de intromissões a fim de se protegerem do «terrorismo» ou de manterem afastadas as ameaças. Nos últimos anos (e não só – repara nos anos 1950, nos anos 1920 ou nas Leis sobre os Estrangeiros e a Sedição da década de 1790), os cidadãos americanos mostraram um desinteresse aterrador perante o abuso governamental da constituição ou a repressão de direitos, desde que não fossem diretamente afetados.

Mas, ao mesmo tempo, esses mesmos americanos opõem-se visceralmente a que o governo tenha um papel na economia ou nas suas vidas. Ainda que, evidentemente e como já discutimos, o Estado já intervenha na economia de uma dúzia de maneiras diferentes que os beneficiam, ou beneficiam alguém. Por outras palavras, num certo sentido os americanos estão muito mais propensos, pelo menos segundo a lógica dos seus atos, a apreciar a ideia de um capitalismo do tipo chinês do que a apreciar a ideia de uma social-democracia de mercado ao estilo europeu. Ou isso é ir muito longe?

> *Bem, é consistente com um certo cenário de pesadelo que parece mais provável pelo uso de terminologia económica do que política. Um dos termos que ninguém contesta, e também o mencionaste, é a ideia de «forças do mercado global», sendo estas cada vez mais uma aproximação ao que os chineses fazem. Ou, pior ainda, ao que eles gostariam que fizéssemos.*

Isso faz-nos retomar, passando os anos sociais-democratas de meados do século, o acordo do século XIX entre a esquerda e a direita

377

quanto ao mercado. A noção era a de que, em última análise, o mercado tem de ser confiado aos seus próprios mecanismos porque a longo prazo eles funcionam melhor ou porque se deve deixá-lo estatelar-se se queremos substituí-lo por algo melhor. Mas essa dicotomia é hoje tão falsa como já era quando dominava os debates do «comunismo contra o capitalismo» de há décadas.

O defeito da visão de tudo-ou-nada das forças do mercado global é impossibilitar os estados individuais de operarem políticas sociais da sua escolha: é claro que para certa gente este é um desfecho desejável e mesmo deliberado. Nesta altura, já nos acostumámos tanto a esse pressuposto que o primeiro argumento contra a social-democracia – ou até contra a simples regulação económica – é a ideia de que a competição global e de que a luta pelos mercados a torna impossível.

Seguindo essa lógica, se a Bélgica, por exemplo, resolvesse dispor as suas regras económicas e sociais para poder cuidar melhor dos seus trabalhadores do que a Roménia ou o Sri Lanka, estaria simplesmente a perder postos de trabalho para a Roménia ou para o Sri Lanka. Portanto, quer se goste quer não, o socialismo europeu, conforme o insigne Tom Friedman formulou certa vez, seria vencido pelo capitalismo asiático. Uma perspetiva com que Friedman, verdadeiro determinista, se deliciou, mas que, se se concretizasse, revelar-se-ia extraordinariamente desagradável para todas as partes. Contudo, para mim não é evidente que a proposição seja de facto verdadeira. Ela não corrobora certamente a experiência recente.

Pensa no que aconteceu depois de 1989. Nessa altura, o argumento habitual era o de que a social-democracia da Europa Ocidental seria varrida pelo capitalismo de mercado livre da Europa de Leste. Os trabalhadores especializados da República Checa, da Hungria ou da Polónia, em qualquer área, iriam minar os salários elevados e outras regalias dos trabalhadores ocidentais, e os empregos seriam sugados pelo Leste.

Na prática, esse processo demorou dez anos se tanto. Por essa altura, esses mesmos empregos na Hungria ou na República Checa estavam ameaçados pela concorrência barata da Ucrânia, da Moldávia, etc. A razão devia ter sido óbvia para os próprios defensores do mercado: numa economia internacional aberta, com negociações coletivas livres e liberdade de movimento, até os produtores mais baratos acabariam por ter despesas comparáveis às dos seus concorrentes ocidentais mais dispendiosos.

A BANALIDADE DO BEM: O SOCIAL-DEMOCRATA

A escolha – que a maioria desses países agora enfrenta – é a regulação consensual dos salários, das horas, das condições e de tudo o mais, ou então a aceitação do protecionismo *de facto*. A alternativa seriam políticas de competição selvagem e desvalorização contra os vizinhos.

Se a Bélgica começasse a soçobrar por o Sri Lanka ir ficando com os seus postos de trabalho, nenhum governo belga poderia simplesmente dizer que não tinha outro remédio senão reduzir os níveis salariais aos do Sri Lanka ou cancelar todos os ótimos subsídios que temos porque eles nos tornam pouco competitivos face ao Sri Lanka. Porquê? Porque a política prevalece sobre a economia. Qualquer governo tão complacente com as «necessidades» da globalização seria rejeitado nas eleições seguintes, em favor de um partido empenhado em ignorá-las. Logo, nos países desenvolvidos, a política do interesse próprio funcionará sempre contra a suposta lógica económica do mercado global.

E, o que é igualmente notável, repara que a política pode encontrar a sua via na economia. O nível de vida na maior parte da Europa Ocidental, à excepção da Grã-Bretanha, só melhorou desde 1989, e muito. E é claro que o nível de vida na Europa de Leste melhorou também.

Há outro género de resposta para o argumento das «forças do mercado global»: algumas das coisas que parecem concessões políticas à classe trabalhadora ou aos pobres são de facto justificáveis em termos puramente orçamentais ou económicos. Uma delas é a saúde pública. Um Estado responsável pelos cuidados de saúde é melhor (como sabemos) do que o setor privado na manutenção em baixa dos custos. E, por o Estado pensar em orçamentos a longo prazo e não em lucros trimestrais, a melhor maneira de manter os custos baixos é conservar as pessoas saudáveis. Logo, onde existe saúde pública existe uma grande atenção à prevenção.

Avner Offer, o economista de Oxford, escreveu recentemente um livro muito interessante que mostra que isso também é verdade em muitas outras áreas e que, de facto, o interesse próprio de um capitalismo bem regulado e estável reside precisamente na limitação das consequências do seu êxito. Apenas por existir saúde universal é que as empresas podem operar eficientemente. Podem também, se lhes serve de alguma coisa, despedir pessoas sem privá-las de um nível decente de cobertura médica – o equivalente ao desemprego sem acesso a cuidados de saúde é algo que uma sociedade nunca devia aceitar.

Também já foi demonstrado e exemplificado repetidamente que as sociedades com formas extremas de distribuição disfuncional de rendimentos ou recursos passam a ser sociedades nas quais a economia é ameaçada pelo desequilíbrio social. Não é portanto só favorável para a economia ou para os trabalhadores, mas também para certa abstração chamada capitalismo, não levar longe de mais a lógica do seu mau funcionamento. Durante muito tempo isso foi aceite na América. A distância que neste país separava os ricos dos pobres nos anos 1970 não era radicalmente diferente do habitual nos países mais ricos da Europa Ocidental.

Hoje é. Os Estados Unidos exibem um fosso crescente entre os poucos que são ricos e os muitos que estão empobrecidos ou na precariedade, entre a oportunidade e a ausência dela, entre a vantagem e a destituição, e assim por diante, algo que desde que há registos caraterizou as sociedades atrasadas e pobres. O que acabei de dizer dos EUA seria uma descrição precisa do Brasil de hoje, por exemplo, ou da Nigéria (ou, com mais pertinência, da China). Mas não seria uma descrição precisa de qualquer sociedade europeia a oeste de Budapeste.

> *O que é estranho no discurso moral da América contemporânea é o facto de o seu ponto de partida ser errado. Devíamos perguntar o que queremos como nação, o que é um bem social, e então perceber se é o Estado ou o mercado o melhor a produzi-lo ou a gerá-lo. Em vez disso, se o Estado faz bem alguma coisa, defende-se sempre com veemência que essa coisa está contaminada pela sua associação ao Estado. Mas e se começássemos honestamente pela coisa em si? A saúde, por exemplo. Quem é que não gosta da saúde?*

O dinheiro torna as coisas mensuráveis. Ele turva qualquer discussão sobre a sua importância numa conversa ética ou normativa sobre propósitos sociais. Acho que seria útil «matar todos os economistas» (para parafrasear Shakespeare)(*): pouquíssimos adiantam alguma

---

(*) «The first thing we do, let's kill all the lawyers.» (A primeira coisa a fazer é matar todos os advogados.) *Henrique VI*, 2.ª parte, 4.º ato, cena 2. *(N. T.)*

coisa ao conjunto do conhecimento social ou científico, mas uma maioria substancial da profissão contribui ativamente para confundir os seus concidadãos no que toca ao pensamento social. As exceções são conhecidas, portanto talvez pudéssemos desculpá-las.

Mas o que disseste sobre os bens sociais é interessante. Há dois tipos de questões. A primeira, claro, é simplesmente o problema de determinar o que os bens sociais constituem. Mas, uma vez decidido o que é um bem social, há uma questão diferente: quem o providencia melhor? Em princípio é perfeitamente coerente concluir que a saúde é algo a que todos têm direito, mas que é mais bem providenciada privadamente, num mercado baseado no lucro. Não acredito minimamente nisso, mas não é incoerente em termos lógicos, e é passível de análise.

Mas qual é a maneira mais exemplar de proporcionar uma coisa, a maneira que torna claro que se trata de um bem social? A seguir à privatização, os comboios britânicos, que costumavam ter uma cor uniforme, tornaram-se um caleidoscópio de logótipos e anúncios. Isso deixava muito claro que os transportes ferroviários não eram um serviço público. Ora, quer todos os comboios cumpram ou não os horários e sejam igualmente eficientes e seguros sendo privados ou públicos, não invalida o facto de que o que perdemos foi um sentido do serviço coletivo que possuímos conjuntamente e de cujas vantagens partilhamos. É uma das coisas a ter em conta quando perguntamos como se deve proporcionar algo.

Acho que um dos problemas na prática é a demonstração de que o Estado pode de facto prestar certos serviços. E penso que muita política americana se baseia nisso. Os republicanos argumentam que o Estado é incapaz de cumprir. E provam-no não fornecendo esses serviços ou confiando-os a outros quando existem, como os hospitais de veteranos durante a Guerra do Iraque. A Amtrak(*) é outro exemplo: uma espécie de rede ferroviária semimorta que se mantém aos solavancos para demonstrar que os transportes públicos são e serão sempre disfuncionais.

(*) Abreviatura de *American Track*, empresa federal de caminhos-de-ferro dos EUA. *(N. T.)*

PENSAR O SÉCULO XX

Julgo que para convencer as pessoas da necessidade de o Estado fornecer alguma coisa, é preciso uma crise: uma crise causada pela falta desse fornecimento. As pessoas em geral nunca têm em consideração que um serviço de que só precisam de vez em quando devia estar permanentemente disponível. Só quando está inconvenientemente indisponível é que se pode defender o fornecimento universal.

As sociais-democracias contam-se entre as sociedades mais ricas do mundo atual, e nenhuma evoluiu remotamente na direção de algo semelhante a um regresso ao autoritarismo de estilo alemão que Hayek via como o preço a pagar por ceder a iniciativa ao Estado. Sabemos portanto que os dois argumentos mais importantes contra um Estado dedicado à construção de uma boa sociedade – ser economicamente inviável e conduzir inevitavelmente a uma ditadura – são absolutamente errados.

Para prosseguir esta discussão, eu reconheceria que as sociedades que se subjugaram ao autoritarismo em geral dependiam muito da iniciativa do Estado. Não podemos por isso limitar-nos a ignorar a opinião de Hayek. E da mesma forma devemos reconhecer a realidade dos constrangimentos económicos. As sociais-democracias não podem gastar utopicamente mais do que qualquer outro sistema político. Mas isto não é razão para as pôr de parte. Apenas confirma que devem ser incluídas em qualquer discussão racional sobre o futuro das economias de mercado.

A vida, a liberdade e a busca da felicidade(*). Nos estados--providência da Europa Ocidental, as pessoas apresentam níveis de felicidade mais elevados do que nós e, nesta altura, são com certeza mais saudáveis e vivem mais. É difícil acreditar que uma sociedade queira realmente que os seus membros regressem a uma época antes de Hobbes: ter vidas solitárias, pobres, más, brutais e breves(**).

Na América, o argumento contra a social-democracia, e é um verdadeiro argumento, gira invariavelmente em torno da liberdade. Mas, mesmo neste tema, há aspetos em que a sociedade americana não é livre devido à falta de certos bens públicos. E alguns deles podem ser providenciados sem polémica. Como os parques nas cidades. Se não pudermos ir para algum

---

(*) Os «direitos inalienáveis» mencionados na Declaração de Independência dos Estados Unidos da América, de 1776. *(N. T.)*

(**) Thomas Hobbes, *Leviatã*, 1.ª parte, cap. 13. *(N. T.)*

A BANALIDADE DO BEM: O SOCIAL-DEMOCRATA

lado seguro e sentar-nos quando estamos cansados, somos me-
nos livres do que alguém que possa fazê-lo.

O que os europeus têm e que há muito falta aos americanos é a
segurança: segurança económica, física e cultural. No mundo atual,
cada vez mais aberto, onde nem governos nem indivíduos podem dar
a si próprios garantias contra a concorrência ou a ameaça, a segurança está a tornar-se rapidamente um bem por direito próprio. Como é
que a proporcionamos, e com que custo para a nossa liberdade, será
uma questão central do novo século. A resposta europeia é centrar-se
no que temos vindo a chamar segurança «social»; a resposta anglo-
-americana preferiu limitar-se à busca e captura. Resta perceber qual
será a mais eficaz a longo prazo.

Em termos semânticos, é interessante como no inglês ame-
ricano «segurança social» e «segurança nacional» são coisas
completamente diferentes. Enquanto, na prática política, tenho
a certeza de que as pessoas que se sentem seguras em vários as-
pectos das suas vidas ficam menos ameaçadas por choques ex-
teriores, acho que os americanos são vulneráveis à política do
terror precisamente porque ela faz desaparecer o único sentido
no qual eles se julgam seguros, a saber...

Fisicamente, acho que isso está absolutamente certo. Voltámos a
entrar numa época de medo. Foi-se a noção de que as aptidões com
que se entrava numa profissão ou emprego seriam as aptidões relevantes para a nossa vida laboral. Foi-se a certeza de que se podia esperar
uma reforma confortável a seguir a uma carreira bem sucedida. Todas
essas inferências demográfica, económica e estatisticamente legítimas,
do presente para o futuro – que caracterizaram a vida europeia e americana nas décadas do pós-guerra –, foram varridas para longe.

A época de medo em que agora vivemos é medo de um futuro
desconhecido, assim como medo de desconhecidos de fora que possam vir e largar bombas. É o medo de que o nosso governo já não
consiga controlar as circunstâncias das nossas vidas. Não pode fazer
de nós uma comunidade murada contra o mundo. Perdeu o controlo.
Essa paralisia do medo, que acho que os americanos sentem muito
profundamente, foi reforçada pela compreensão de que já não têm
a segurança que pensavam ter. Foi por isso que tantos americanos

se dispuseram a alinhar com Bush durante oito anos, apoiando um governo cuja atração assentava exclusivamente na mobilização e na exploração demagógica do medo.

Parece-me que esse ressurgimento do medo e as consequências políticas que evoca fornecem os mais fortes argumentos possíveis a favor da social-democracia: quer como proteção dos indivíduos contra ameaças reais ou imaginárias à sua segurança, quer como proteção da sociedade contra ameaças muito prováveis à sua coesão, por um lado, e à democracia, por outro.

Lembra-te de que na Europa, sobretudo, aqueles que têm tido mais êxito a mobilizar esses medos – medo dos estranhos, dos imigrantes, da incerteza económica ou da violência – são essencialmente os políticos habituais, com a sua demagogia calejada, nacionalistas e xenófobos. A estrutura da vida pública americana torna mais difícil a gente assim chegar ao poder, um dos modos como os EUA têm sido singularmente bafejados pela sorte. Mas, nos últimos tempos, o Partido Republicano atual começou a mobilizar precisamente esses medos e talvez volte ao poder à garupa deles.

O século XX não foi necessariamente como nos ensinaram a vê-lo. Não foi, ou não foi somente, a grande batalha entre a democracia e o fascismo, ou do comunismo contra o fascismo, ou da liberdade contra o totalitarismo. A minha ideia é que na maior parte do século estivemos envolvidos em debates implícitos ou explícitos sobre a ascensão do Estado. Que espécie de Estado queriam as pessoas livres? Que preço estavam dispostas a pagar por ele e que propósitos queriam que ele servisse?

Nesta perspetiva, os grandes vencedores do século XX foram os liberais do século XIX cujos sucessores criaram o estado-providência em todas as suas formas versáteis. Conseguiram algo que, ainda nos anos 1930, parecia quase inconcebível: forjaram estados democráticos e constitucionais fortes, com tributação substancial e ativamente intervencionistas, que podiam abarcar sociedades complexas de massas sem recorrer à violência ou à repressão. Seríamos tolos se abandonássemos negligentemente esse legado.

A escolha que enfrentamos na próxima geração não é entre o capitalismo e o comunismo, ou entre o fim da história e o regresso da história, mas entre a política de coesão social baseada em propósitos coletivos e a erosão da sociedade pela política do medo.

A BANALIDADE DO BEM: O SOCIAL-DEMOCRATA

Podemos defender isso? Se é essa a questão, interessa o que os intelectuais pensam dela? Vale a pena discutir? As nossas duas preocupações ao longo da conversa têm sido a história e os indivíduos, o passado e as formas como as pessoas tornaram o passado aberto, moralmente ou intelectualmente. Existirá aqui uma oportunidade? A social-democracia parece realmente um caso bicudo nos EUA. Ou talvez em geral.

Quero dizer, mesmo que olhemos para a Europa, o único sítio onde ela aconteceu em grande escala, podemos dizer que os sociais-democratas fizeram um compromisso com os liberais após a Primeira Guerra Mundial, ou pela altura da Primeira Guerra Mundial, e depois os democratas-cristãos fizeram um compromisso com os sociais-democratas ou apoderaram-se mesmo das prioridades deles, a seguir à Segunda Guerra Mundial, enquanto os americanos faziam um compromisso com alguns europeus sob a forma do Plano Marshall. O que dá a entender que não se pode fazer tudo...

Sem duas guerras.

Sem um par de guerras mundiais e uma certa legitimação divina do estrangeiro no fim delas. Mas ninguém nos vencerá numa guerra travada no nosso continente e ninguém nos irá oferecer um Plano Marshall. O que fizermos, seja criar serviços de saúde universais, seja vender o país à China, faremos a nós mesmos.

Isso não é um argumento para não tentarmos defendê-la. Mas é um argumento para fazermos a sua defesa historicamente.

Toda a história dos Estados Unidos é a de um otimismo compreensível embora despropositado. Mas grande parte da razão para esse otimismo – para a singular sorte da América que levou Goethe à sua famosa observação a respeito dela – já pertence ao passado.

Os países, os impérios, até o império americano, têm histórias, e essas histórias têm uma certa forma. Parte do que as pessoas há muito julgam ser verdades profundas sobre os Estados Unidos revelam-se um acaso histórico: combinações de espaço, tempo, oportunidade demográfica e acontecimentos mundiais. Os anos de grande expansão da sociedade industrial americana não duraram mais do que um par de décadas,

385

e também se verifica quase o mesmo no que diz respeito à sociedade de consumo americana no pós-guerra. Se olharmos para a história dos dois últimos decénios, vemos algo muito diferente: uma história americana de estagnação sociológica e económica camuflada pelas extraordinárias circunstâncias favoráveis de uma ínfima minoria, as quais por conseguinte se destacam como uma aparência de progresso contínuo.

Os Estados Unidos mudaram, e é importante que encaremos essa mudança como se abrisse possibilidades para a discussão e para a melhoria em lugar de as encerrar. Onde dantes o antigo otimismo e o excesso de confiança eram para nós uma vantagem, são agora um inconveniente. Estamos em declínio, mas sob o fardo retórico da possibilidade sem fim: uma combinação perigosa, por encorajar a inércia.

Como já observei, os EUA não têm tido a sorte de viver crises verdadeiramente catárticas. Nem a Guerra do Iraque de 2003 nem a implosão financeira de 2008 desempenharam essa função. Os americanos estão confusos e revoltados por tanta coisa parecer mal, mas ainda não suficientemente assustados para reagir – ou criar um líder político capaz de os mover nessa direção. Curiosamente, é por sermos um país tão antigo – a nossa constituição e as nossas disposições institucionais estão entre as mais antiquadas das sociedades avançadas – que não conseguimos superar esses obstáculos.

Nenhum intelectual que se envolva na discussão pública americana irá muito longe limitando-se a exemplos europeus ou questões europeias. Por isso, se eu pedisse a americanos para refletirem sobre os encantos, *para eles*, da social-democracia, começaria por considerações propriamente americanas: *cui bono*? Quem é beneficiado? As questões do risco, da lealdade e da justiça que são geralmente evocadas na América em favor da política social retrógrada devem ser evocadas a favor da política social progressista.

Não vale a pena dizer que é errado a América ter uma má política de transportes, ou que devíamos investir muito mais nos serviços de saúde universais: nada é bom em si mesmo ou por si só neste país, nem mesmo a saúde e os transportes. Tem de haver uma história, e tem de ser uma história americana. Temos de ser capazes de convencer os nossos concidadãos das virtudes do trânsito de massas ou dos cuidados de saúde universais ou mesmo da tributação mais equitativa (ou seja, elevada). Temos de reinventar a discussão sobre a natureza do bem público.

Vai ser um longo caminho. Mas seria irresponsável fingir que existe alguma alternativa séria.

Posfácio

Quando Tim Snyder me abordou pela primeira vez, em dezembro de 2008, para propor uma série de conversas, reagi com ceticismo. Três meses depois de me ter sido sido diagnosticada ELA, eu não tinha a certeza dos meus planos futuros. Eu fizera tenção de começar a trabalhar noutro livro: uma história cultural e intelectual do pensamento social do século XX, que já vinha considerando há anos. Mas a investigação que envolvia – para não mencionar o próprio ato da escrita – era já algo que podia revelar-se além do meu alcance. O livro em si já existia na minha cabeça e em grande medida nos meus apontamentos. Mas se eu conseguiria terminá-lo era algo incerto.

Além do mais, o próprio conceito de semelhante intercâmbio prolongado não me era familiar. Eu já dera entrevistas aos meios de comunicação, mas quase sempre a propósito de um livro que tivesse publicado ou de uma questão pública. A proposta do Professor Snyder era muito diferente. O que ele me sugeria era uma longa série de conversas, gravadas e por fim transcritas, que abarcaria vários temas que têm dominado o meu trabalho ao longo dos anos – incluindo o tema do livro que eu projetara.

Levámos algum tempo a discutir intensamente a ideia – e fiquei convencido. Em primeiro lugar, a minha doença neurológica era incurável, e, se eu quisesse continuar a trabalhar como historiador, teria de aprender a «falar» os meus pensamentos: a esclerose lateral amiotrófica não afeta a mente e quase não causa dor, pelo que nos permite pensar. Mas paralisa os membros. A escrita passa a ser no máximo uma atividade secundária. Ditamos. Resulta perfeitamente, mas requer alguma adaptação. Como fase intermédia, a conversa gravada começou a parecer uma solução bastante prática e até imaginativa.

Mas tive outras razões para concordar com o projeto. As entrevistas são uma coisa, as conversas outra. Podemos fazer alguma coisa inteligente mesmo com a pergunta mais estúpida de um jornalista; mas não podemos ter uma conversa que valha a pena gravar com alguém que não saiba do que está a falar ou não esteja familiarizado com as coisas que tentamos transmitir.

Mas o Professor Snyder, como eu já sabia, era um caso invulgar. Somos de gerações diferentes – conhecemo-nos quando ele era ainda um estudante na Brown University e eu estava de visita para dar uma conferência. Também partimos de lugares muito diversos: eu nasci em Inglaterra e vim para este país na meia-idade; Tim vem do Ohio mais profundo. E, contudo, partilhamos uma extensão notável de interesses e preocupações comuns.

Tim Snyder é um exemplo de algo que venho procurando desde 1989: uma geração americana de estudiosos da metade oriental da Europa. Durante quarenta anos, do fim da Segunda Guerra Mundial até à queda do comunismo, o estudo da Europa de Leste e da União Soviética no mundo anglófono tem sido principalmente tarefa de refugiados da região. Isso por si só não foi obstáculo para uma investigação de primeira categoria: graças a Hitler e a Estaline, alguns dos melhores espíritos da nossa época foram pessoas expulsas ou imigradas da Alemanha, da Rússia e de terras adjacentes. Transformaram não apenas o estudo dos seus países, mas as disciplinas de economia, filosofia política e muitas outras. Quem quer que estudasse a história ou a política da vasta fatia de territórios europeus entre Viena e os Urais, entre Tallinn e Belgrado, tinha quase inevitavelmente a sorte de trabalhar sob a orientação de alguns desses homens e mulheres.

Mas eles eram um recurso que ia desaparecendo: a maior parte reformou-se em meados dos anos 1980 e parecia insubstituível. A falta de ensino das suas línguas nos EUA (e em menor medida na Europa Ocidental), a dificuldade de viajar a partir dos países comunistas, a impossibilidade de aí fazer investigação séria e, talvez, sobretudo a pouca relevância dada a esses lugares nas universidades ocidentais (que se traduzia em poucos empregos) haviam contribuído para desencorajar o interesse dos historiadores americanos.

Apesar de não ter ligações familiares nem laços emocionais com o Leste da Europa, Tim foi para Oxford e tirou um doutoramento em

POSFÁCIO

história polaca, orientado por Timothy Garton Ash e Jerzy Jedlicki, e com o apoio de Leszek Kołakowski. Ao longo dos anos tornou--se notavelmente versado nas línguas da Europa Central e Oriental e adquiriu uma familiaridade sem par na sua geração com os países e a história da região. Publicou vários livros excecionais – entre os quais, o mais recente, *Terra Sangrenta: A Europa entre Hitler e Estaline*, apareceu já este ano. Além disso, graças ao seu primeiro livro, *Nationalism, Marxism and Modern Central Europe: a Biography of Kazimierz Kelles-Krauz (1872-1905)* [1998], ele conhece bem não só a história social e política da região, como também a história do pensamento político na Europa Central: uma matéria maior e ainda mais obscura para a maioria dos leitores ocidentais.

Se eu ia «falar» sobre o século XX, precisaria evidentemente de alguém não só capaz de me interrogar sobre a minha especialidade, como de trazer à conversa um conhecimento comparável das áreas com que estou familiarizado apenas indiretamente. Tenho escrito com algum pormenor sobre a Europa Central e de Leste. Mas, à excepção do checo (e do alemão), não posso reivindicar qualquer conhecimento das línguas da região, nem efetuei aí investigação primária, apesar das minhas viagens frequentes. A minha própria investigação esteve de início confinada à França, antes de se alargar a grande parte da Europa Ocidental e à história das ideias políticas. O Professor Snyder e eu complementávamo-nos portanto de modo ideal.

Não partilhamos só interesses históricos, mas preocupações políticas. Apesar das diferenças geracionais, vivemos os «anos desperdiçados» a seguir a 1989 com uma inquietação semelhante: primeiro, o otimismo e a esperança da Revolução de Veludo, depois, a presunção desanimadora dos anos Clinton e, finalmente, as políticas e práticas catastróficas da era Bush-Blair. Na política estrangeira como na doméstica, as décadas desde a Queda do Muro pareceram-nos ter sido dissipadas: em 2009, mesmo com o otimismo que a eleição de Barack Obama provocou, ambos estávamos apreensivos com o futuro.

O que fora feito das lições, das memórias e das realizações do século XX? O que restara, e o que se podia fazer para recuperá-las? Por toda a parte era assumido – tanto pelos contemporâneos como pelos estudantes – que o século XX agora ficara para trás: um registo sórdido, que era melhor esquecer, de ditadura, violência, abuso autoritário do poder e direitos individuais suprimidos. O século XXI, afirmava-se, se mais não fosse, porque se fundamentaria num Estado mínimo, num

389

«mundo plano» de vantagens globais para todos e de liberdades irrestritas para o mercado.

À medida que decorriam as nossas conversas, dois temas emergiram. O primeiro era mais estreitamente «profissional»: um registo de dois historiadores que discutiam a história recente, tentando retrospetivamente compreendê-la melhor. Mas um segundo conjunto de preocupações interferia constantemente: o que perdemos ao deixar para trás o século XX? Que parte do passado é melhor deixar, e que parte podemos esperar resgatar e usar na construção de um futuro melhor? São discussões mais calorosas, em cuja análise académica se intromete-tem preocupações atuais e preferências pessoais. Nesse sentido são menos profissionais, mas não menos importantes. O resultado foi uma série de diálogos de uma vivacidade notável: eu não podia ter desejado melhor.

Este livro dá voz ao século XX. Mas porquê um século? Seria tentador pôr de parte o conceito como simples lugar-comum de conveniência e refazer as nossas cronologias segundo outras considerações: inovação económica, mudança política ou viragens culturais. Mas isso seria um tanto falacioso. Exatamente por ser uma invenção humana, a arrumação do tempo por décadas ou séculos tem importância nos assuntos humanos. As pessoas levam a sério os pontos de viragem, que, consequentemente, adquirem uma certa significância.

Às vezes, é uma questão de acasos: os ingleses do século XVII tive-ram plena consciência da transição do século XVI para o XVII porque ela coincidiu com a morte de Isabel I e com a subida ao trono de Jaime I, um momento genuinamente significativo nos assuntos políticos ingleses. Sucedeu quase o mesmo em 1900. Para os ingleses, sobretudo, foi o ano imediatamente anterior à morte da rainha Vitória, que governara durante 64 anos e a cuja época dera o seu nome, mas também para os franceses, extremamente conscientes das mudanças culturais que formaram coletivamente uma época por direito próprio: o *fin-de--siècle*.

Mas, mesmo que nada de especial aconteça, esses marcos seculares constituem quase sempre, *a posteriori*, um ponto de referência. Quando falamos do século XIX, sabemos do que estamos a falar precisamente porque a época assumiu um conjunto particular de qualidades – que já tinha muito antes do seu termo. Ninguém supõe que «em 1800 ou por volta de 1800» o mundo tenha mudado de qualquer forma men-

POSFÁCIO

surável. Mas, por volta de 1860, era perfeitamente evidente para os contemporâneos o que distinguia a sua era do século XVIII dos avós – e essas distinções eram relevantes para a compreensão que os povos tinham do seu tempo. Devemos levá-las a sério.

Então e o século XX? O que podemos dizer dele – ou será que, como Zhou Enlai terá observado espirituosamente sobre a Revolução Francesa, ainda é muito cedo para dizer? Não temos a escolha de adiar uma resposta, principalmente porque o século XX foi rotulado, interpretado, invocado e arrasado mais do que qualquer outro. A descrição recente mais conhecida dele – da autoria de Eric Hobsbawm – define o «breve século XX» (da Revolução Russa de 1917 ao colapso do comunismo em 1989) como uma «era de extremos». Esta versão bastante carregada – ou, em todo o caso, desencantada – dos acontecimentos ecoa na obra de um conjunto de jovens historiadores: veja-se o caso representativo de Mark Mazower, que deu ao seu relato do século XX europeu o título *Dark Continent* [Continente Sombrio].

O problema desses resumos, em tudo o resto credíveis, de um passado deprimente, é precisamente terem aderido demasiado à forma como as pessoas sentiram os acontecimentos na altura. A era principiou com uma guerra mundial catastrófica e terminou com o desabamento da maioria das suas crenças: dificilmente poderia, *a posteriori*, esperar um tratamento simpático. Dos massacres arménios à Bósnia, da ascensão de Estaline à queda de Hitler, da frente ocidental à Coreia, o século XX é uma história incessante de infortúnio humano e sofrimento coletivo da qual saímos mais tristes mas mais sábios.

E se não começássemos com uma narrativa de horror? Retrospetivamente, mas não só, o século XX conheceu melhorias assinaláveis na condição geral da humanidade. Em resultado direto de descobertas médicas, de mudanças políticas e de inovações institucionais, a maioria da população mundial viveu mais e com mais saúde do que alguém poderia prever em 1900. Também teve, por mais estranho que pareça à luz do que venho escrevendo, mais segurança – pelo menos na maior parte do tempo.

Talvez se deva pensar nesse aspecto como uma qualidade paradoxal da era: em muitos estados consolidados, a vida melhorou de forma impressionante. Mas, devido a um aumento inédito dos conflitos entre Estados, os perigos associados à guerra e à ocupação intensificaram-se sobremaneira. De modo que, sob um certo prisma, o século XX prolongou simplesmente as melhorias e os progressos de que o século XIX se podia congratular. Mas, de outra perspectiva, foi um regresso desanimador à anarquia e à violência internacionais do século XVII – antes de a Paz de Vestefália (1660) ter estabilizado o sistema internacional durante dois séculos e meio.

O significado dos acontecimentos enquanto se desenrolavam pareceu aos contemporâneos muito diferente do modo como agora os vemos. Pode parecer óbvio, mas não é. A Revolução Russa e a subsequente expansão do comunismo a leste e oeste forjaram uma narrativa convincente segundo a qual o capitalismo estava necessariamente condenado à derrota – no futuro próximo ou em algum momento vindouro não especificado. Mesmo para aqueles que a viam como uma possibilidade desesperante, ela não parecia de forma alguma improvável, e as suas implicações moldaram uma época.

Compreendemos rapidamente tudo isto – 1989 não está tão distante que nos tenhamos esquecido de quão razoável a possibilidade do comunismo parecia a tantos (pelo menos até a experimentarem). O que em geral esquecemos é que a alternativa mais credível ao comunismo nos anos entre as guerras não foi o Ocidente capitalista liberal, mas o *fascismo* – em particular na sua forma italiana, que acentuava a relação entre a governação autoritária e a modernidade, enquanto renunciava (até 1938) ao racismo da versão nazi. Aquando do início da Segunda Guerra Mundial, havia muito mais gente do que hoje nos agrada pensar para quem a escolha entre o fascismo e o comunismo era a única que importava – e a vantagem cabia ao primeiro.

Visto que hoje as duas formas de totalitarismo estão defuntas (institucionalmente, senão intelectualmente), é-nos difícil recordar uma época em que elas foram muito mais credíveis do que as democracias institucionais que conjuntamente desprezavam. Em lado algum estava escrito que estas venceriam a batalha pelos corações e espíritos, e muito menos que venceriam as guerras. Em suma, porquanto tenhamos razão em supor que o século XX foi dominado pela ameaça da violência e do extremismo ideológico, não poderemos percebê-lo se não compreendermos que estes atraíam muito mais pessoas do que achamos possível. Que o liberalismo tenha acabado por triunfar – embora em grande parte graças à sua reconstrução em bases institucionais muito diferentes – foi um dos acontecimentos verdadeiramente inesperados da época. O liberalismo, tal como o capitalismo, revelou-se surpreendentemente flexível: a razão para tal é um dos temas principais do nosso livro.

POSFÁCIO

Para os não historiadores, pareceria vantajoso ter vivido durante os acontecimentos que se está a narrar. A passagem do tempo cria dificuldades: as provas materiais podem ser escassas, a mundividência dos nossos protagonistas pode ser-nos estranha, as categorias habituais (Idade Média, Idade das Trevas, Iluminismo) talvez enganem mais do que explicam. É possível que a distância seja uma desvantagem: o desconhecimento das línguas e das culturas pode desnortear até os mais dedicados. Os Persas de Montesquieu podem compreender mais profundamente uma cultura do que os próprios nativos desta, mas não são infalíveis.

A familiaridade, porém, levanta dilemas próprios. O historiador pode permitir revelações biográficas para avivar a frieza analítica. Aprendemos que os estudiosos devem manter-se fora dos seus textos, e no geral o conselho é sensato – vejam-se as consequências de o historiador se tornar (pelo menos na sua opinião) mais importante do que a história. Mas todos somos produtos da história e transportamos connosco os preconceitos e as memórias das nossas próprias existências, e há ocasiões em que podemos empregá-los de modo útil.

No meu caso, tendo nascido em 1948, sou na prática contemporâneo da história sobre a qual escrevi nos últimos anos. Observei em primeira mão pelo menos alguns dos acontecimentos mais interessantes do último meio século. Isso não garante uma perspetiva objetiva ou sequer informação mais fiável; contudo, facilita uma certa frescura na abordagem. Estar presente encoraja um grau de envolvimento que falta ao estudioso desprendido: acho que é isso que as pessoas querem dizer quando descrevem a minha escrita como «convicta».

E porque não? Um historiador (ou qualquer outra pessoa) sem opiniões não é muito interessante, e seria de facto estranho que faltassem ao autor de um livro sobre a sua própria época pontos de vista incómodos sobre as pessoas e ideias que a dominaram. A diferença entre um livro convicto e um livro distorcido pelos preconceitos do seu autor parece-me a seguinte: o primeiro reconhece a causa e a natureza dos seus pontos de vista e não tem pretensões à objetividade consumada. No meu caso pessoal, tanto em *Pós-Guerra* como em escritos autobiográficos mais recentes, cuidei de escorar a minha perspetiva na minha época e lugar – a minha educação, família, classe e geração. Nada disso deve ser analisado como uma explicação e muito menos como uma desculpa para interpretações particulares; está presente para fornecer ao leitor um meio de as apreciar e contextualizar.

393

É evidente que ninguém é apenas produto do seu tempo. A minha própria carreira às vezes segue tendências intelectuais e académicas e, às vezes, decorre marginalmente a estas. Por ter crescido numa família marxista fiquei essencialmente imune aos entusiasmos excessivos dos meus contemporâneos da Nova Esquerda. Por ter passado o equivalente a dois anos em Israel, ligado ao sionismo, só indiretamente fui afetado por alguns dos entusiasmos mais descontrolados dos anos 1960. Estou grato ao Tim por ter trazido à luz essas variações: elas eram bastante obscuras para mim e confesso que até agora só lhes havia prestado uma atenção relativamente pequena.

Por ter estudado história francesa em Cambridge – um viveiro de novos estudos em história das ideias e na historiografia inglesa, mas essencialmente moribunda no que tocava à história europeia contemporânea –, deixaram-me seguir o meu caminho. Por consequência, nunca fiz parte de uma «escola» à maneira dos meus contemporâneos que trabalharam com Sir John Plumb em Cambridge ou Richard Cobb em Oxford. Assim me tornei por omissão o que sempre tinha sido por afinidade: uma espécie de estranho para o mundo profissionalizado da história académica.

Há desvantagens nisso, tal como há desvantagens em nos juntarmos a uma elite socioacadémica a partir de fora. Tem-se sempre alguma desconfiança de quem está «dentro», com as suas bibliografias, métodos e práticas institucionalizados. Isso revelou-se mais desvantajoso na América, onde o conformismo profissional é mais valorizado do que é (ou era) em Inglaterra. Acontecia muitas vezes perguntarem-me em Berkeley o que achava do livro tal que tinha impressionado muitíssimo os meus colegas mais jovens e eu ter de confessar que nunca ouvira falar dele: nunca percorri metodicamente «a literatura da área». Inversamente, esses mesmos colegas ficavam surpreendidos quando descobriam que eu andava a ler filosofia política quando a minha «gaveta» oficial era a história social. Quando era jovem, isso deixava-me bastante inseguro, mas na meia-idade era motivo de orgulho.

Olhando para trás, estou muito contente por ter optado pela história e ter rejeitado a tentação, insistentemente reiterada pelos meus professores no secundário e na universidade, de estudar literatura ou política. Há algo na história – a tónica na explicação da mudança através dos tempos e o carácter em aberto dos temas estudados – que me atraía aos treze anos e que ainda me atrai. Quando por fim resolvi escrever uma história narrativa da minha própria época estava plena-

POSFÁCIO

mente convencido de que essa era a única maneira de a compreender, e estou ainda tão convencido como sempre.

Um dos meus professores mais velhos em Cambridge censurou-me certa vez pelo meu fascínio com as estruturas físicas e geológicas (estava a trabalhar no estudo do socialismo na Provença e muito impressionado com a importância da paisagem e do clima): «A geografia», informou-me ele, «são os mapas. A história são as pessoas.» Nunca me esqueci disso, por ser uma verdade elementar – nós fazemos a nossa própria história –, mas também por ser tão visivelmente falso: o cenário no qual fazemos essa história não é indiferente e exige uma descrição plena e afetiva, na qual os mapas podem ter um papel fundamental.

Na verdade, a distinção mapa/pessoas, embora realmente evidente, também ilude. Todos nós somos o resultado de mapas reais e metafóricos. A geografia da minha infância – os sítios onde estive, as coisas que vi – moldou a pessoa que vim a ser, não menos do que os meus pais ou professores. Mas o «mapa» da minha juventude e adolescência também importa. As suas qualidades distintamente judias, mas também muito inglesas, o Sul de Londres dos anos 1950 – ainda evocativas dos *mores* e das relações eduardianas, e onde o lugar contava tanto (eu era de Puney, e não da vizinha Fulham): sem essas coordenadas é difícil explicar o que veio depois. A Cambridge dos anos 1960, com o seu misto de *noblesse oblige* e mobilidade ascendente meritocrática, o mundo académico dos anos 1970, com a sua combinação instável de marxismo decadente e entusiasmos personalistas: tudo isso é o contexto para as minhas obras e percurso posterior, e alguém que esteja interessado em compreendê-los provavelmente achará esse mapa um guia útil.

Se eu não tivesse escrito perto de uma dúzia de livros e centenas de ensaios de carácter deliberadamente distanciado, poderia recear que estas conversas e reflexões fossem um pouco solipsistas. Não escrevi uma autobiografia, embora nos últimos meses tenha publicado esboços para um livro de memórias e esteja ainda bastante convencido de que a condição natural adequada ao historiador é a invisibilidade retórica. Mas, por ter sido encorajado a intrometer-me um pouco no meu próprio passado, confesso que o acho bastante útil para compreender o meu contributo para o estudo de outros passados. Espero que outros achem o mesmo.

Nova Iorque, 5 de julho de 2010

Obras Discutidas

Nota: Esta não é uma bibliografia no sentido convencional, dado que este livro resulta de uma conversa. É uma lista de referências completas de obras referidas pelos autores, em edições acessíveis sempre que possível. A data entre parêntesis é a da publicação original(*).

AGULHON, Maurice. *La république au village: les populations du Var de la Révolution à la Seconde République*, Paris: Plon, 1970.

ANNAN, Noel. *Our Age: Portrait of a Generation*. Londres: Weidenfeldt & Nicholson, 1990.

ARENDT, Hannah. *Eichmann in Jerusalem: A Report on the Banality of Evil*. Nova Iorque: Penguin Books, 2006 [1963]. [*Eichmann em Jerusalém: Uma Reportagem Sobre a Banalidade do Mal*. Tradução de Ana Corrêa da Silva. Coimbra: Tenacitas, 2003.]

—. *The Human Condition*. Chicago: University of Chicago Press, 1998 [1958]. [*A Condição Humana*. Tradução de Roberto Raposo. Lisboa: Relógio d'Água, 2001.]

—. *Origins of Totalitarianism*. Nova Iorque: Harcourt, Brace, Jovanovich, 1951. [*As Origens do Totalitarismo*. Tradução de Roberto Raposo. Lisboa: D. Quixote, 2008.]

ARNOLD, Matthew. *Culture and Anarchy: An Essay in Political and Social Criticism*. Cambridge: Chadwyck-Healey, 1999 [1869]. [*Cultura e Anarquia*. Tradução de Guilherme Ismael. Lisboa: Pergaminho, 1994.]

(*) Procurámos complementar esta lista com a menção de traduções portuguesas, se possível recentes. A data fornecida é a da primeira edição. *(N. T.)*

—. «Dover Beach», em *New Poems*. Londres: Macmillan and Co., 1867.

Aron, Raymond. *Introduction à la philosophie de l'histoire. Essai sur les limites de l'objectivité historique*. Paris: Gallimard, 1986 [tese de doutoramento, 1938].

Baldwin, Peter (org.). *Reworking the Past: Hitler, the Holocaust, and the Historian's Debate*. Boston: Beacon Press, 1990.

Benda, Julien. *La trahison des clercs*. Introdução de André Lwoff. Paris: B. Grasset, 1977 [1927].

Berlin, Isaiah. «On Political Judgment». *The New York Review of Books*, 3/10/1996.

Beveridge, William. *Full Employment in a Free Society*. Londres: Allen and Unwin, 1944.

Browning, Christopher R. *Ordinary Men: Reserve Police Battalion 101 and the Final Solution in Poland*. Nova Iorque: Harper Perennial, 1998 [1992].

Buber-Neumann, Margarete. *Under Two Dictators: Prisoner of Stalin and Hitler*. Tradução de Edward Fitzgerald. Introdução de Nikolaus Wachsmann. Londres: Pimlico, 2008 [1948].

Čapek, Karel. *Talks with T. G. Masaryk*. Tradução de Dora Round. Organização de Michael Henry Heim. North Haven, Connecticut: Catbird Press, 1995 [1928-1935].

Churchill, Winston. *Boer War: London to Ladysmith via Pretoria and Ian Hamilton's March*. Londres: Pimlico, 2002 [1900].

—. *Marlborough: his Life and Times*. Nova Iorque: Scribner, 1968 [1933- 1938].

—. *My Early Life: A Roving Commission*. Londres, 1930. [*Os Meus Primeiros Anos*. Tradução de Rui Santana Brito. Lisboa: Guerra e Paz, 2008.]

—. *The World's Crisis*, vol. 1-5. Nova Iorque: Charles Scribner's Sons, 1923-1931.

Davies, Norman. *Europe: A History*. Nova Iorque: Oxford University Press, 1996.

—. «The New European Century». *The Guardian*, 3/12/2005.

Deutscher, Isaac. *The Non-Jewish Jew and Other Essays*. Oxford: Oxford University Press, 1968.

—. *The Prophet Armed: Trotsky, 1879-1921*. Nova Iorque: Oxford University Press, 1954.

—. *The Prophet Outcast: Trotsky, 1929-1940*. Nova Iorque: Oxford University Press, 1963.

OBRAS DISCUTIDAS

—. *The Prophet Unarmed: Trotsky, 1921-1929*. Nova Iorque: Oxford University Press, 1959.

DICKENS, Charles. *Hard Times*. Dover Classics, 2001 [1853]. [*Tempos Difíceis*. Tradução de Domingos Arouca. Lisboa: Romano Torres, 1950.]

ELIOT, T. S. «The Wasteland» [1922] in *Collected Poems, 1909-1962*. Nova Iorque: Harcourt Brace & Company, 1963. [*A Terra Devastada*. Tradução de Gualter Cunha. Lisboa: Relógio d'Água, 1999.]

ENGELS, Friedrich. *Anti-Dühring: Herr Eugen Dühring Revolution in Science*. Nova Iorque: International Publishers, 1972 [1878]. [*Anti-Dühring ou a Subversão da Ciência pelo Sr. Eugénio Dühring*. Tradução de Isabel Hub Faria e Teresa Adão. Lisboa: Afrodite, 1971.]

—. *The Condition of the Working Class in England*. Tradução de W. O. Henderson e W. H. Chaloner. Stanford: Stanford University Press, 1968 [1887]. [*A Situação da Classe Trabalhadora na Inglaterra*. Tradução de Conceição Jardim e Eduardo Lúcio Nogueira. Lisboa: Presença, 1975.]

—. *Socialism: Utopian and Scientific*. Tradução de Edward Aveling. Westport, Connecticut: Greenwood Press, 1977 [1880]. [«Do Socialismo Utópico ao Socialismo Científico.» Tradução de José Barata-Moura in *Obras Escolhidas de Marx e Engels*. Lisboa: Avante, 1982.]

FRIEDLÄNDER, Saul. *The Years of Extermination: Nazi Germany and the Jews, 1939-1945*. Nova Iorque: Harper Perennial, 2008.

FURET, François. *Le passé d'une illusion*. Paris: Robert Laffont/ Calmann-Lévy, 1995. [*O Passado de uma Ilusão: Ensaio Sobre a Ideia Comunista no Século XX*. Tradução de Maria Regina Louro, Joaquim Cândido Machado da Silva e Ana Cecília Simões. Lisboa: Presença, 1996.]

—. *Penser la révolution française*. Paris: Gallimard, 2007 [1978]. [*Pensar a Revolução Francesa*. Tradução de Rui Fernandes de Carvalho. Lisboa: Edições 70, 1988.]

GARTON ASH, Timothy. *The Polish Revolution: Solidarity*. New Haven, Connecticut: Yale University Press, 2002 [1983].

GASKELL, Elizabeth. *North and South*. Nova Iorque: Penguin, 2003 [1855].

GIBBON, Edward. *The Decline and Fall of the Roman Empire*. Nova Iorque: Modern Library, 1932 [1776-1788]. [*Declínio e Queda do Império Romano*. Tradução de Maria Emília Ferros Moura. Lisboa: Difusão Cultural, 1994.]

GINZBURG, Evgenia. *Into the Whirlwind*. Tradução de Paul Stevenson e Manya Harari. Londres: Collins, Harvill, 1967. [*A Vertigem na Política das Depurações*. Tradução de Máximo Oliveira e Manuel Castro. Lisboa: Moraes, 1969.]

—. *Within the Whirlwind*. Tradução de Ian Boland. Nova Iorque: Harcourt, Brace, Jovanovich, 1981.

GOLDSMITH, Oliver. *The Deserted Village*. Introdução de Vona Groarke. Oldcastle, Co. Meath: Gallery Books, 2002 [1770].

GRASS, Günther. *Crabwalk*. Tradução de Krishna Winston. Nova Iorque: Harcourt, 2002. [*A Passo de Caranguejo*. Tradução de Maria Antonieta Mendonça. Cruz Quebrada: Casa das Letras, 2008.]

GROSS, Jan. *Fear: Anti-Semitism in Poland after Auschwitz: An Essay in Historical Interpretation*. Nova Iorque: Random House, 2006.

—. *Neighbors: The Destruction of the Jewish Community in Jedwabne, Poland*. Princeton: Princeton University Press, 2001 [2000]. [*Vizinhos: a História do Massacre dos Judeus de Jedwabne, na Polónia*. Tradução de Teresa Fernandes Swiatkiewicz. Colares: Pedra da Lua, 2010.]

—. *Polish Society Under German Occupation: Generalgouvernement, 1939-1944*. Princeton: Princeton University Press, 1979.

—. *Revolution from Abroad: The Soviet Conquest of Poland's Western Ukraine and Western Belorussia*. Princeton: Princeton University Press, 2002 [1988].

GROSSMAN, Vassili Semenovich. «Treblinka Hell», in *The Road*. Tradução de Robert Chandler. Nova Iorque: New York Review of Books, 2010 [1945].

HAVEL, Václav. «The Power of the Powerless» [1979], in *From Stalinism to Pluralism: A Documentary History of Eastern Europe since 1945*. Organização de Gale Stokes. Nova Iorque: Oxford University Press, 1996. [«O Poder dos Sem Poder» in *Ensaios Políticos*. Tradução de Margarida Gago da Câmara. Venda Nova: Bertrand, 1991.]

Hayek, Friedrich. *The Road to Serfdom*. Nova Iorque: Routledge, 2001 [1944]. [*O Caminho para a Servidão*. Tradução de Marcelino Amaral. Lisboa: Edições 70, 2008.]

HOBSBAWM, Eric J. *The Age of Extremes: The Short Twentieth Century, 1914-1991*. Londres: Vintage Books, 2006. [*A Era dos Extremos*

OBRAS DISCUTIDAS

– *História Breve do Século XX, 1914-1991*. Tradução de Marcos Santarrita. Lisboa: Presença, 1996.]

—. *The Age of Revolution: 1789-1848*. Nova Iorque: New American Library, 1962. [*A Era das Revoluções: 1789-1848*. Tradução de António Cartaxo. Lisboa: Presença, 1981.]

—. *Interesting Times: A Twentieth-Century Life*. Londres: Allen Lane, 2002. [*Tempos Interessantes – Uma Vida no Século XX*. Tradução de Miguel Serras Pereira. Porto: Campo das Letras, 2005.]

HOGGART, Richard. *The Uses of Literacy*. Introdução de Andrew Goodwin. New Brunswick, Nova Jérsia: Transaction Publishers, 1998 [1957]. [*As Utilizações da Cultura*. Tradução de Maria do Carmo Cary. Lisboa: Presença, 1973.]

HOOK, Sydney. *Out of Step: An Unquiet Life in the 20th Century*. Nova Iorque: Harper & Row, 1987.

HUGO, Victor. *Les Châtiments*. Organização de René Journet. Paris: Gallimard, 1998 [1853].

INGARDEN, Roman. *Spór o istnienie Świata*. Cracóvia: Nakl. Polskiej Akademii Umiejetnosći, 1947.

JUDT, Tony. *The Burden of Responsibility: Blum, Camus, Aron, and the French Twentieth Century*. Chicago: University of Chicago Press, 1998.

—. «A Clown in Regal Purple», *History Workshop Journal*, vol. 7, n.º 1 (1979).

—. «Could the French Have Won?», recensão crítica de *Strange Victory: Hitler's Conquest of France*, de Ernest R. May. *The New York Review of Books*, 22/02/2001.

—. «Crimes and Misdemeanors», *The New Republic*, vol. 217, n.º 12 (1997).

—. «The Dilemmas of Dissidence», *East European Politics and Societies*, vol. 2, n.º 2 (1988).

—. *A Grand Illusion?: An Essay on Europe*, Nova Iorque: Hill and Wang, 1996. [*Uma Grande Ilusão? – Ensaio Sobre a Europa*. Tradução de Pedro Bernardo. Lisboa: Edições 70, 2012.]

—. «Israel: The Alternative», *The New York Review of Books*, 23/10/2003.

—. *Marxism and the French Left: Studies in Labor and Politics in France 1830-1982*. Oxford: Clarendon Press, 1986.

—. *Past Imperfect: French Intellectuals, 1944-1956*. Berkeley: University of California Press, 1992.

—. *Postwar: A History of Europe Since 1945*. Nova Iorque: The Penguin Press, 2005. [*Pós-Guerra: História da Europa desde 1945*. Tradução de Victor Silva, Maria Manuela Cardoso da Silva e Patrícia Xavier. Lisboa: Edições 70, 2006.]

—. *Reappraisals: Reflections on the Forgotten Twentieth Century*. Nova Iorque: The Penguin Press, 2008. [*O Século XX Esquecido*. Tradução de Marcelo Felix. Lisboa: Edições 70, 2009.]

—. *La reconstruction du Parti Socialiste, 1920-26*. Introdução de Annie Kriegel. Paris: Presses de la Fondation nationale des sciences politiques, 1976.

—. *Socialism in Provence, 1871-1914: a Study in the Origins of the Modern French Left*. Nova Iorque: Cambridge University Press, 1979.

KAFKA, Franz. *The Castle*. Tradução de Anthea Bell. Nova Iorque: Oxford University Press, 2009 [1926]. [*O Castelo*. Tradução de Isabel Castro Silva. Lisboa: Relógio d'Água, 2006.]

—. *The Trial*. Tradução de Mike Mitchell. Nova Iorque: Oxford University Press, 2009 [1925]. [*O Processo*. Tradução de Álvaro Gonçalves. Lisboa: Assírio & Alvim, 1999.]

KEEGAN, John. *The Face of Battle*. Nova Iorque: Viking Press, 1976. [*O Rosto da Batalha*. Tradução de José Vieira de Lima. Lisboa: Fragmentos, 1987.]

KENNEDY, Paul. *The Rise of the Anglo-German Antagonism 1860--1914*. Londres: G. Allen & Unwin, 1980.

KEYNES, John Maynard. *The Economic Consequences of the Peace*. Londres, 1971 [1919].

—. *The General Theory of Employment, Interest, and Money*. Londres: Macmillan, 1973 [1936]. [*Teoria Geral do Emprego, do Juro e da Moeda*. Tradução de Manuel Resende. Lisboa: Relógio d'Água, 2010.]

—. «My Early Beliefs», em *Two Memoirs: Dr. Melchior, A Defeated Enemy, and My Early Beliefs*. Introdução de David Garnett. Londres: Rupert Hart-Davis, 1949 [1938].

KOESTLER, Arthur. *Darkness at Noon*. Tradução de Daphne Hardy. Nova Iorque: Bantam Books, 1968 [1940]. [*O Zero e o Infinito*. Tradução de Luísa Feijó. Mem Martins: Europa-América, 1979.]

—. *The God That Failed*. Organização de Richard Crossman. Nova Iorque: Harper, 1949.

OBRAS DISCUTIDAS

—. «The Little Flirts of Saint-Germain-des-Près», in *The Trail of the Dinosaur & Other Essays*. Nova Iorque: Macmillan, 1955.

—. *Scum of the Earth*. Nova Iorque: The Macmillan Company, 1941.

—. *Spanish Testament*. Londres: V. Gollancz Ltd., 1937.

KOŁAKOWSKI, Leszek. *Main Currents of Marxism: Its Origins, Growth and Dissolution*. Tradução de P. S. Falla. Nova Iorque: Oxford University Press, 1981 [1979].

KOVÁLY, Heda Margolius. *Under a Cruel Star: A Life in Prague, 1941- -1968*. Nova Iorque: Holmes & Meier, 1997 [1973].

KRIEGEL, Annie. *Aux origines du communisme français: contribution à l'histoire du mouvement ouvrier français*, vol. 1-2. Paris: Mouton, 1964.

—. *Ce que j'ai cru comprendre*. Paris: Robert Laffont, 1991.

KUNDERA, Milan. *The Book of Laughter and Forgetting*. Nova Iorque: Knopf, 1980 [1978]. [*O Livro do Riso e do Esquecimento*. Tradução de Tereza Coelho. Lisboa: D. Quixote, 1985.]

—. «The Tragedy of Central Europe». *New York Review of Books*, 26/4/1984.

MARX, Karl. *Capital: a Critique of Political Economy*, vol. 1-3. Harmondsworth, Inglaterra: Penguin Books em associação com *New Left Review*, 1976-1981 [1867]. [*O Capital: Crítica da Economia Política*. Tradução de José Barata-Moura *et al.* Lisboa: Avante, 1997.]

—. *The Civil War in France*. Introdução de Friedrich Engels. Chicago: C. H. Herr, 1934 [1871].[*A Guerra Civil em França*. Tradução de Eduardo Chitas in *Obras Escolhidas de Marx e Engels*. Lisboa: Avante, 1982.]

—. *The Class Struggles in France, 1848-1850*. Nova Iorque: International Publishers, 1969 [1850, 1895]. [«*As Lutas de Classes em França de 1848 a 1850.*» Tradução de Álvaro Pina e Fernando Silvestre in *Obras Escolhidas de Marx e Engels*. Lisboa: Avante, 1982.]

—. *The Eighteenth Brumaire of Louis Bonaparte, with explanatory notes*. Nova Iorque: International Publishers, 1987 [1852]. [«*O 18 de Brumário de Louis Bonaparte.*» Tradução de José Barata- -Moura e Eduardo Chitas in *Obras Escolhidas de Marx e Engels*. Lisboa: Avante, 1982.]

—. *Value, Price and Profit*. Organização de Eleanor Marx Aveling. Nova Iorque: International Publishers, 1935 [1865]. [«Salário,

PENSAR O SÉCULO XX

Preço e Lucro.» Tradução de José Barata-Moura in *Obras Escolhidas de Marx e Engels*. Lisboa: Avante, 1982.]

—. *Wage-labor and Capital*. Introdução de Friedrich Engels. Chicago: C.H. Kerr, 1935 [1847]. [«Trabalho Assalariado e Capital.» Tradução de José Barata-Moura e Álvaro Pina in *Obras Escolhidas de Marx e Engels*. Lisboa: Avante, 1982.]

MARX, Karl, e FRIEDRICH Engels. *The Communist Manifesto: A Modern Edition*. Introdução de Eric Hobsbawm. Nova Iorque: Verso, 1998 [1848]. [*O Manifesto Comunista*. Tradução não creditada. Almargem do Bispo: Padrões Culturais, 2008.]

MAZOWER, Mark. *Dark Continent: Europe's Twentieth Century*. Nova Iorque: Knopf, 1999.

MIŁOSZ, Czesław. *The Captive Mind*. Tradução de Jane Zielonko. Nova Iorque: Vintage Books, 1990 [1953].

ORWELL, George. *Animal Farm*. Nova Iorque: Harcourt, Brace and Company, 1946 [1945]. [*A Quinta dos Animais*. Tradução de Paulo Faria. Lisboa: Antígona, 2008.]

—. *Orwell in Spain: The Full Text of Homage to Catalonia, with Associated Articles, Reviews, and Letters*. Organização de Peter Davison. Londres: Penguin, 2001 [1938]. [*Homenagem à Catalunha*. Tradução de Fernanda Pinto Rodrigues. Lisboa: Antígona, 2007.]

RAWLS, John. *A Theory of Justice*. Cambridge, Massachusetts: Belknap Press of Harvard University Press, 1999 [1971]. [*Uma Teoria da Justiça*. Tradução de Carlos Pinto Correia. Presença, 1993.]

ROY, Claude. *Moi je*. Paris: Gallimard, 1969

—. *Nous*. Paris: Gallimard, 1972.

SCHORSKE, Carl E. *Fin-de-siècle Vienna: Politics and Culture*. Nova Iorque: Vintage, 1981.

SEBASTIAN, Mihail. *Journal, 1935-1944*. Tradução de Patrick Camiller. Introdução de Radu Ioanid. Chicago: Ivan R. Dee, 2000.

SEMPRÚN, Jorge. *Quel beau dimanche*. Paris: B. Grasset, 1980.

SHAKESPEARE, William. *The Winter's Tale*. Organização de Harold Bloom. Nova Iorque: Bloom's Literary Criticism, 2010 [1623]. [*O Conto de Inverno*. Tradução de Filomena Vasconcelos. Porto: Campo das Letras, 2006.]

SHORE, Marci. «Engineering in an Age of Innocence: A Genealogy of Discourse inside the Czechoslovak Writer's Union». *East European Politics and Societies*, vol. 12, n.º 3 (1998).

SIRINELLI, Jean-François. *Génération intellectuelle: khâgneux et nor-maliens dans l'entre-deux-guerres*. Paris, Fayard [1988].

SKINNER, Quentin. *The Foundations of Modern Political Thought*. Nova Iorque: Cambridge University Press, 1978.

SNYDER, Timothy. *Bloodlands: Europe Between Hitler and Stalin*. Nova Iorque: Basic Books, 2010. [*Terra Sangrenta: A Europa Entre Hitler e Estaline*. Tradução de Rita Guerra. Lisboa: Bertrand, 2011.]

—. *Nationalism, Marxism, and Modern Central Europe: A Biography of Kazimierz Kelles-Krauz*. Cambridge, Massachusetts: Harvard University Press, 1998.

SOUVARINE, Boris. *Stalin: A Critical Survey of Bolshevism*. Nova Iorque: Alliance Book Corporation, Longmans, Green & Co., 1939 [1935].

SPENDER, Stephen. *World Within World: The Autobiography of Stephen Spender*. Introdução de John Bayley. Nova Iorque: Modern Library, 2001 [1951].

STEINBECK, John. *The Grapes of Wrath*. Londres: Penguin Classics, 1992 [1939]. [*As Vinhas da Ira*. Tradução de Virgínia Motta. Lisboa: Livros do Brasil, 2011.]

TAYLOR, A. J. P. *The Origins of the Second World War*. Nova Iorque: Simon & Schuster, 1996 [1961].

TERKEL, Studs. *Hard Times: An Oral History of the Great Depression*. Nova Iorque: Pantheon Books, 1970.

TORUŃCZYK, Barbara. *Rozmowy w Maisons-Laffitte, 1981*. Varsóvia: Fundacja Zeszytów Literackich, 2006.

TYRMAND, Leopold. *Dziennik 1954*. Londres: Polonia Book Fund, 1980.

WAT, Aleksander. «Ja z jednej strony I ja za drugiej strony mego mopso]elaznego piecyka» [1920] em *Aleksander Wat: poezje zebrane*. Organização de Anna Micińska e Jan Zieliński. Cracóvia, 1992.

WAUGH, Evelyn. *Vile Bodies*. Nova Iorque: The Modern Library, 1933 [1930]. [*Corpos Vis*. Tradução de Miguel Serras Pereira. Lisboa: Relógio d'Água, 2009.]

WEISSBERG-CYBULSKI, Alexander. *The Accused*. Tradução de Edward Fitzgerald. Nova Iorque: Simon and Schuster, 1951.

WIESELTIER, Leon. «What Is Not to Be Done», *The New Republic*, 27/10/2003.

PENSAR O SÉCULO XX

WILLIS, F. Roy. *France, Germany and the New Europe, 1945-1963*. Stanford, Califórnia: Stanford University Press, 1965.

ZOLA, Émile. *Émile Zola's J'Accuse: A New Translation with a Critical Introduction by Mark K. Jensen*. Soguel, Califórnia: Bay Side Press, 1992 [1898].[*Acuso...* Tradução de Jaime Brasil. Lisboa: Guimarães Editores, 1998 [1950].]

ZWEIG, Stefan. *The World of Yesterday: an Autobiography by Stefan Zweig*. Lincoln: University of Nebraska Press, 1964 [1943]. [*O Mundo de Ontem: Recordações de um Europeu*. Tradução de Gabriela Fragoso. Lisboa: Assírio & Alvim, 2005.]

Índice Remissivo

11 de Setembro de 2001, ataques terroristas do, 274, 290
18 do Brumário, O (Marx), 95, 225

Achdut Ha'avodah, 122
Adenauer, Konrad, 57, 145
Adler, Alfred, 48
ação afirmativa, 296
África, 76, 82, 147, 232, 297, 319, 357
África do Sul, 75
Agulhon, Maurice, 156, 165
Alemanha, 23, 27, 30, 31, 34, 53, 56, 57, 61, 62, 68, 69, 82, 83, 108, 113, 118, 133, 145, 171, 174, 181, 182, 187, 188, 190, 200, 220, 223, 226, 228, 235, 237, 238, 270, 283, 335, 336, 337, 350-352, 354, 355, 359, 368
ocupação da, 270
planeamento económico na, 348, 349, 355
Polónia invadida pela, 42, 52, 83, 219, 223

União Soviética invadida pela, 228
Ver também nazismo
Alemanha de Leste, 69, 200, 237
Alemanha Ocidental, 56, 57, 61, 145, 350-352, 354, 368
aliança franco russa, 191
aliyah, significado de, 125, 139
Althusser, Louis, 232, 257
América Latina, 232
Amis, Martin, 258
Amnistia Internacional, 241
Anderson, Perry, 231
Annan, Noel, 71,
Anti-Dühring (Engels), 92
antifascismo, 14, 170-171, 189, 194, 222
anti-semitismo, 28, 34, 35, 53, 63, 64, 132, 133, 144, 145, 160, 181, 188, 279, 280
arquitetura, expressão política na, 176
Arendt, Hannah, 35, 50-56, 61, 257, 349
Arnold, Matthew, 65, 89

Aron, Raymond, 54, 55, 68, 126, 155, 156, 166, 226, 234-238, 257, 258, 315, 331, 363
Asquith, Herbert Henry, 85, 86, 339
Attlee, Clement, 159, 338, 339
Auden, W. H., 67, 68, 159
Auschwitz, 23, 26, 28, 30, 31, 51, 133, 140, 143, 147, 278
Áustria, 36, 43, 46-48, 133, 185, 187, 195, 244, 256, 344, 345, 346, 368
guerra civil na, 43, 48, 67, 346
Aux origines du communisme français (Kriegel), 156

Balcerowicz, Leszek, 252
«banalidade do mal», 51, 52
Barrès, Maurice, 292
Bebel, August, 96
Bélgica, 22-25, 30, 75, 177, 186, 188, 335, 344, 351, 354, 378, 379
Belloc, Hillaire, 70
Benda, Julien, 293
Benevolentes, As (Littell), 117
Ben-Gurion, David, 138
bens sociais, 381
Bentley, John, 128
Bergen-Belsen, 26
Berlim, bloqueio de, 229
Berlim, muro de, 389
Berlin, Isaiah, 18, 72, 206, 291, 319
Bernanos, Georges, 228
Bernstein, Eduard, 96, 109, 337
Beveridge, William, 159, 335, 337--340, 342, 346, 350, 356, 373
Bidault, Georges, 352

Blair, Tony, 389
Bloch, Marc, 16
Bloomsbury, 70, 89, 340
Blum, Léon, 85, 103, 153, 155, 158-160, 190, 192-194, 223, 227, 258, 281, 331
Blunt, Anthony, 77, 78
Bolsa Direta, escolas de, 63, 126, 129n
Bonaparte, Louis Napoleon, 165, 310
Brasillach, Robert, 118, 159, 171-173, 183
Brecht, Bertolt, 115
Brejnev, Leonid, 231
Bretton Woods, sistema de, 238
Breytenbach, Breyten, 297
Brooks, David, 313-316
Brother from Another Planet, The (filme), 209
Browning, Christopher, 52
Bryan, William Jennings, 325
Brzozowski, Stanisław, 105
Buber-Neumann, Margarete, 202
Buchenwald, 103
Budapeste, 32, 33, 35, 38, 208, 230, 243, 380
Bulgária, 200
Bund, 91, 103
Burden of Responsibility, The (Judt), 257, 258, 331
Burgess, Guy, 77, 78
Burke, Edmund, 86
Bury, J. P. T., 154
Bush, administração, 17, 116, 323, 373, 389
Bush, George W., 116, 308, 310, 323, 328, 329, 384
Butterfield, Herbert, 263

ÍNDICE REMISSIVO

Camboja, 233
Cambridge, os Cinco de, 76-78
Cambridge, Universidade de, 50, 65, 124, 125-130, 133, 153-157, 160-163, 165, 167, 168, 208, 218, 233, 246, 261, 340, 341, 394, 395
Caminho para a Servidão, O (Hayek), 47, 344, 345
Camus, Albert, 73, 257, 258, 291, 293, 294, 327, 331
Canadá, 42, 303, 368
Čapek, Karel, 12, 216
Capital, O (Marx), 92
capitalismo, 35, 44, 97, 100, 105, 112, 119, 180, 188, 193, 232, 235, 251, 252, 264, 271, 308, 335-339, 341-344, 348, 360, 362, 364, 365, 376-380, 384, 392
Captive Mind, The (Miłosz), 247, 248, 251
Carlyle, Thomas, 270, 335, 362
Carta 77, 221, 241
Carter, Jimmy, 241
Casa do Povo, 176
Castelo, O (Kafka), 39
catolicismo, 88
Ce que j'ai cru comprendre (Kriegel), 113
Ceaușescu, Nicolae, 176, 255
Chalabi, Ahmad, 317
Chambers, Whittaker, 113
Châtiments, Les (Hugo), 182
Checoslováquia, 13, 39, 70, 91, 93, 135, 200, 215, 216, 229-231, 239, 240-243, 249, 260, 351
Cheney, Dick, 323, 325

Chesterton, G. K., 70
Chevalier, Louis, 358
Chicago, escola de Economia de, 48
China, 178, 232, 233, 323, 347, 376, 377, 380, 385
Chirac, Jacques, 323
Chirot, Daniel, 217
Churchill, Randolph, 84
Churchill, Winston, 45, 64, 67, 83-85, 87, 175, 279, 309, 310, 351
CIA (Central Intelligence Agency), 236
Cioran, Emil, 171, 173
Citroën, 28, 164
classe média, 376
Classes laborieuses et classes dangereuses, 358
Clinton, Bill, 278, 370, 389
«Clown in Regal Purple, A» (Judt), 169, 170, 218
Cobb, Richard, 159, 161, 162, 289, 394
Cobbett, William, 100
Codreanu, Corneliu Zelea, 183, 185
Cohen, Morris, 130
Cohn-Bendit, Dany, 94
comboios, 333, 334, 381
comércio, 44, 45, 46, 64, 180, 302, 322, 353, 354
Committee on Social Thought, 258, 260n
Comunidade Europeia do Carvão e do Aço, 354
comunismo, 53, 57, 68, 69, 76, 79-81, 92, 93, 98, 107, 111-115, 153-157, 168, 175, 176,

409

189, 191, 194, 196, 198, 203, 220, 223, 227-229, 231-237, 239, 241, 243, 246-250, 255, 275, 350, 356, 368, 378, 384, 391, 392
Ver também marxismo
Condição Humana, A (Malraux), 51
Congresso para a Liberdade Cultural, 235
Conrad, Joseph, 74
Conto de Inverno, O (Shakespeare), 75
constitucionalismo, 55, 311
Constituição dos EUA, 149, 323, 326
contextualização, historiadores e, 160
Coreia, Guerra da, 229, 280, 391
Coreia do Norte, 229
Coreia do Sul, 229, 317
corporativismo, 343-345
Corpos Vis (Waugh), 66
Council on Foreign Relations, 262
crash de 1929, 342
crise económica (2008), 355
cristianismo, 89, 101, 149-150, 185
Cromwell, Oliver, 286
Cuba, 233
cuidados infantis, 370-372

Dahrendorf, Ralf, 166
D'Amboise, Jacques, 256
Danner, Mark, 317, 328
Dark Continent (Mazower), 237, 391

darwinismo, 101
Dautry, Raoul, 339
Davies, Norman, 41, 259-260
Déat, Marcel, 180,183
de Beauvoir, Simone, 73, 224, 235, 294
Declínio e Queda do Império Romano (Gibbon), 269
Decretos de Emancipação Católica, 88
deflação, 67, 343
De Gaulle, Charles, 237
Degrelle, Léon, 188
De Man, Henri, 180
democracia, 38, 68-70, 81, 86, 110, 113, 166, 171, 173, 191, 194, 197, 201, 222, 229, 237, 275, 306-311, 313, 321, 326, 346, 384
democratas-cristãos, 222, 238, 351, 385
desemprego, 67, 165, 338, 342, 343, 347, 352, 380
Deutscher, Isaac, 92
de Valera, Eamon, 23
18 de Brumário, O (Marx), 95, 225
Dickens, Charles, 357, 360
«Dilemmas of Dissidence, The» (Judt), 217
Dinamarca, 31, 355, 368
direitos civis, movimento dos, 244
direitos humanos, 146, 240, 241, 252, 306
Disraeli, Benjamin, 86-87
Dissent, 301
dívida de cartão de crédito, 367

ÍNDICE REMISSIVO

Do Socialismo Utópico ao Socialismo Científico (Engels), 92, 101
Dombrowski, Nicole, 257
Dreyfus, caso, 17, 18, 291, 292, 302, 312, 313, 318, 331
Drieu la Rochelle, Pierre, 118, 171, 174, 183
Dror, 121, 129
Dubinsky, Maya, 121, 123, 130
Dubinsky, Zvi, 121
Dudakoff, Jeannette Greenberg, 21, 22
Dudakoff, Solomon, 21, 22
Dunn, John, 160, 161, 320
Durkheim, Émile, 155, 265
Dworkin, Ronald, 206

East European Politics and Societies, 217
Economic Consequences of the Peace (Keynes), 43
Eduardo I, rei de Inglaterra, 286
Eichmann, Adolf, 51
Eichmann em Jerusalém (Arendt), 52
Einaudi, Luigi, 159, 339, 354
Eliade, Mircea, 171, 183, 184
Eliot, T. S., 70, 80, 88, 89
Eminescu, Mihai, 182
emprego, 291, 303, 336, 340, 346, 347, 355, 356, 370
Encounter, 235
Engels, Friedrich, 92, 101, 102, 105, 109, 357, 360
Era das Revoluções, A (Hobsbawm), 92
Escandinávia, 29, 98, 108, 353
escravatura, 235, 271, 275, 296

Eslovénia, 75
Espanha, 67, 76, 80, 98, 103, 159, 185, 193, 195-200, 214, 222, 223, 225, 228, 285, 305, 366
estado de direito, 200n, 307, 308, 311
estado-providência, 47, 86, 110, 180, 221, 236, 238, 334, 337, 339, 344, 348-350, 352, 353, 355, 356, 360, 373, 374, 376, 382, 389
Estados Unidos, 11, 14, 41, 45, 48, 57, 78, 128, 142-144, 147, 148, 162, 168, 220, 226, 232, 235, 252, 279, 298, 310, 314, 322, 334, 335, 359, 368-370, 373, 374, 377, 380, 385, 386
  como o Estado desenvolvido menos globalizado, 322
  conforme foram inventados, 305
  desigualdade nos, 380
  eleições nos, 308-309
  Europa *vs.*, 323-324, 375
  judeus nos, 139-141
Estaline, 46, 53, 57-59, 83, 92, 93, 112, 145, 146, 158, 169, 189, 190, 194, 196, 199, 201, 228, 229, 230, 234, 277, 349, 388, 391
  julgamentos de fachada de, 112, 114, 198, 200, 201, 203
  morte de, 229
  Plano Quinquenal de, 349
Estalinegrado, Batalha de, 58, 313
estudos culturais, 166, 167
Europe (Davies), 41, 259

411

Europe: A History (Davies), 259

excecionalismo inglês, 14

existencialismo, 54, 225

fabianos, 70, 335

fascismo, 14, 48, 58, 80-82, 111, 112, 117, 118, 154, 171, 173-181, 183, 185-190, 194, 196, 200, 228, 237, 293, 325, 352, 368, 384, 392

   desintegração do, 177

   fraquezas nacionais e, 179

   teorias económicas do, 181

Fear (Gross), 211

feminismo, 370, 372

fenomenologia, 54, 55, 244

fetichização da mercadoria, 362

Feuerbach, Ludwig, 95

Fin-de-Siècle Vienna (Schorske), 33

Finnegans Wake (Joyce), 269

Forster, E. M., 78, 129

Foundations of Modern Political Thought, The (Skinner), 268

França, 15, 28, 29, 43, 50, 57, 68, 80, 83, 85, 98, 99, 108, 154-156, 159, 165, 172, 173, 175, 182, 186, 188, 189, 191--194, 197, 218, 220, 223-229, 238, 279, 280, 292, 303, 317, 331, 335, 344, 351, 354, 355, 389

   a esquerda em, 99, 175

   fascistas e protofascistas em, 177-178, 186

   greves em, 351, 352

   intervenção económica em, 335, 344, 354

   minorias étnicas em, 142

   na ONU, 318

   nacionalismo em, 182

   nos anos do pós-guerra, 224--227

   ocupação da, 50, 83, 280

   padrão de vida em, 355

   socialismo em, 154, 155, 158--160, 190

   subsídios europeus da, 359--360

France, Germany and the New Europe (Willis), 162

Francisco José II, imperador da Áustria, 38

Frente da Pátria, 345

Frente Popular, 53, 153, 158, 159, 170, 171, 189-192, 195, 195, 220, 222, 223, 228

Freud, Sigmund, 48, 49

Friedman, Thomas, 316, 317, 378

Fukuyama, Francis, 274, 275

Fundação Ford, 236

fundamentalismo islâmico, 324

Furet, François, 113-114, 218, 219, 224, 258

futuristas, 173

Fynbo, Agnes, 30

Garton Ash, Danuta, 214

Garton Ash, Timothy, 13, 214, 389

Gaskell, Elizabeth, 357-358, 360

Gaza, 133, 323

Génération intelectuelle (Sirinelli), 126

Geremek, Bronislaw, 40

Gibbon, Edward, 269, 270

Gide, André, 111, 327

Giedroyc, Jerzy, 245, 247

ÍNDICE REMISSIVO

Ginzburg, Evguenia, 201
Gladstone, William, 85
globalização, 209, 322, 324, 379
Gluck, Mary, 17
Glucksmann, André, 294
God That Failed, The (Koestler), 92, 198
Goebbels, Joseph, 309-310
Goethe, Johann Wolfgang von, 385
Goldmann, Lucien, 231, 258
Goldwater, Barry, 369
Gorbatchov, Mikhail, 217, 254, 272
Gore, Al, 280
Gottwald, Klement, 249
Grã –Bretanha,15, 22, 29, 44, 72, 74, 80, 83, 86, 127, 175, 182, 187, 188, 200, 205, 226, 250, 279, 350, 363, 368, 374
na II Guerra Mundial, 223
estado-providência na, 47
Gramsci, Antonio, 98, 105, 231
Grande Ilusão?, Uma (Judt), 259
Grande Depressão, 66, 180, 335, 339, 342, 343, 368
Grande Fome, 57
Grande Sociedade, 369, 373
Grass, Günther, 61
Greene, Graham, 74
Gross, Jan, 59, 209-211, 217, 219, 272, 273
Grossman, Vassili, 57-58
Grudzińska -Gross, Irena, 211, 213, 219
Grupo da Quarta Internacional, 168

Grupo de Historiadores do Partido Comunista, 76
Guardian, The, 260
Guéhenno, Jean-Marie, 318
Guerra Civil dos EUA, 271
Guerra Civil em França, A (Marx), 95
Guerra Civil Espanhola, 76, 171, 187, 194, 195, 200, 214, 223, 228
Guerra Fria, 57, 92, 112, 145, 221, 226, 228, 234-239, 245, 247, 249, 322
Guerra dos Seis Dias, 130, 132, 146, 237
Gulag, 201

Habermas, Jürgen, 40, 55, 56, 61, 238
Habsburgos, monarquia dos, 32, 33, 35, 36, 42, 66, 243, 244
Hakibutz Hame'uhad, 121, 122
Hard Times (Terkel), 257
Hashomer Hatzair, 91
Havel, Václav, 17, 239, 240, 242-244, 246, 250, 251, 294
Hayek, Friedrich, 47, 87, 250, 253, 344-346, 382
Healey, Denis, 94
Hegel, G. F. W., 54, 100, 115, 294
Heidegger, Martin, 53-55
Helsínquia, Acta Final de (1975), 240-241
Hersh, Seymour, 317, 328
Herzl, Theodor, 133
Hilden, Patricia, 167, 219
hiperinflação, 347
Historial, 283-284

historiadores, 154, 157, 166, 262-274, 277, 284, 285, 289, 290, 327

Hitler, Adolf, 31, 34, 46, 47, 54, 59, 61, 68, 80-83, 144, 171, 175, 186-188, 191, 194-196, 200, 228, 266, 275, 277, 278, 345-347, 349, 354, 388, 391

Hobsbawm, Eric, 47, 69, 71-73, 76, 79, 92, 94, 113, 114, 116, 167, 209, 391

Hoggart, Richard, 327

Holanda, 23, 30, 31, 177, 186, 285, 325, 355, 359, 368

Holocausto, 11, 14, 15, 26, 41, 50, 51, 53, 57, 64, 133, 135--140, 143-148, 184, 202, 203, 211, 244, 258, 259, 277-279, 282

Homenagem à Catalunha (Orwell), 194, 198, 199

Homans, Jennifer, 12, 256

Hook, Sidney, 113, 234-236, 238

Hoover Institution, 219, 220

Hugo, Victor, 182

Hungria, 32, 35, 39, 40, 112, 177, 187, 200, 230, 250, 378

Hussein, Saddam, 138, 275

Husserl, Edmund, 55

Hyndman, Henry, 96

identidade europeia, 303

Ignatieff, Michael, 214, 315

Igreja de Inglaterra, 88, 148, 336

iluminismo, 56, 96, 170, 197, 295, 393

Império Austríaco. Ver Monarquia dos Habsburgos

Império Britânico, 82, 84

impostos, 355, 358, 359, 362, 367, 371, 373-376

Inglaterra, Batalha de, 25

Índia, 75, 76, 357

indústria da saúde, 364

inflação, 356

Instituto de Ciências Humanas (IWM), 258

Internacional Comunista, 189

Ionescu, Nae, 184

Irão, 315

Iraque, Guerra do, 17, 18, 137, 138, 141, 270, 294, 306, 307, 310, 312-315, 317, 320, 321, 323, 331, 373, 376, 381, 386

Irlanda, 22, 23, 24, 359

Isaacs, Lee, 131

Isabel I, rainha de Inglaterra, 338, 390

Isherwood, Christopher, 67, 68

Israel, 42, 91, 121, 122-125, 130-140, 143-148, 150, 151, 157, 160, 170, 237, 260, 281, 311, 318, 326, 330, 394

nascimento de, 91, 144

solução de um só Estado e, 132-133

Itália, 55, 80, 81, 96, 98, 118, 156, 175, 177, 179, 185, 187, 225, 229, 234, 256, 339, 351, 354, 355

Jabotinsky, Vladimir, 134

Jaspers, Karl, 51, 55, 56, 61

Jaurès, Jean, 96, 192

Jedlicki, Jerzy, 389

Je suis partout, 160, 172

João Paulo II, papa (Karol Wojtyła), 244, 257

ÍNDICE REMISSIVO

Johnson, Lyndon, 94, 238, 369, 373

Judeus, 31-39, 41-43, 50, 60, 87
ambiguidade na história dos, 39
civilização alemã e, 33-34, 36
divisão nos, 27, 33
em regimes autoritários, 38
na Polónia, 79
na Roménia, 184
nos EUA, 148-189
três estádios da história dos, 41
Ver também Holocausto

Judt, Deborah, 29, 164

Judt, Joseph Isaac, 23, 24

Judt, Stella Sophie Dudakoff, 21, 22, 24, 25

Judt, Tony
doença de, 12, 16, 387
educação de, 63-65, 153-162
em Berkeley, 168-170, 205, 261, 284, 394
em Davis, 162, 163, 169, 208
em Emory, 209-211
em Israel, 121-125, 130-132, 394
em Oxford, 170, 206, 209--209, 216, 255, 261, 284
infância de, 21, 29-30
investigação de, em França, 163-165
judaísmo e, 27-29
na NYU, 256, 261, 267, 284
primeira recordação de, 26

Jugoslávia, 250

julgamentos de fachada, 93, 112, 114, 191, 198, 200, 201, 203

Jung, Carl, 48

Jünger, Ernst, 173, 174, 183

Jungle, The (Sinclair), 357

Kádár, János, 230, 250

Kafka, Franz, 37, 39, 203, 217

Kahn, Richard, 343

Kaldor, Nicholas, 35, 163, 246

Kant, Immanuel, 264, 303

Karpiński, Wójciech, 212

Katyn, 228

Kautsky, Karl, 96, 109, 337

Kavan, Jan, 215, 216

Kellner, Peter, 94

Kennedy, Paul, 82

Keynes, John Maynard, 43, 44, 45, 47, 66, 97, 129, 159, 181, 340-349, 356

Khruchevski, Mikhailo, 284

Khrutchov, Nikita, 229-231, 233

Kibutz Hakuk, 122, 125, 130

kibutzim, 121, 130-131

Kibutz Machanayim, 125, 130

King, Mervyn, 129

Klaus, Václav, 251, 252

Know-Nothings, 323, 325

Koestler, Arthur, 48, 54, 73, 92, 112-114, 194, 195, 197-199, 202, 203, 228, 229, 235-237, 257, 294

Kohout, Pavel, 123, 248, 249

Kołakowski, Leszek, 207, 213, 230, 257, 258, 389

Konrád, György, 240

Kornai, János, 250

Korsch, Karl, 231

Kosovo, 315

Kovály, Heda Margolius, 93

KPD (Partido Comunista Alemão), 189, 194

Kriegel, Annie, 113, 156, 157, 161, 162, 203
Kristeva, Júlia, 247
Kultura, 245, 247
Kundera, Milan, 122, 123, 243, 244, 246, 248, 249

Labriola, Antonio, 105
Leavis, F. R., 65, 89
Lei do Ensino, Reino Unido (1944), 126
Lei dos Pobres, 338-339
Leis sobre os Estrangeiros e a Sedição, 323, 377
Lenine, V. I., 92, 95, 97, 98, 102--105, 109, 110, 158, 175, 176, 229, 232, 233, 316
Levi, Primo, 257, 258
Lévy, Bernard-Henri, 142
Líbano, 116, 323
Líbano, Segunda Guerra do, 116, 133
liberalismo, 14, 18, 35, 56, 96, 107, 110, 135, 171, 185, 221, 236-239, 241, 298, 299, 309, 392
   crítica do, 171
   interpretação histórica do, 264
   na Guerra Fria, 234-238, 249
   socialismo vs., 106-107, 263--264
liberais, Reino Unido, 82, 154, 335, 337
Lichtheim, George, 157, 161
Lieberman, Joe, 280
Liebknecht, Wilhelm, 96
Likud, 140
Littell, Jonathan, 117

Lloyd George, David, 67, 86, 106, 339
Locke, John, 252
Londres, bombardeamentos de, 25
Longuet, Jean, 158
Lueger, Karl, 34
Lukács, György, 105, 231
Lukes, Steven, 215
Lutas de Classes, As (Marx), 95
Luxemburgo, Rosa, 103, 109, 158, 231, 303

Macaulay, Thomas, 86, 270
macartismo, 235, 323, 325
Maclean, Donald, 78
McGovern, George, 369
Main Currents of Marxism (Kołakowski), 207
Malraux, André, 236
Mandelbaum, Michael, 310
Manifesto Comunista, O (Marx e Engels), 92
Manuscritos Económico-Filosóficos (Marx), 232
Mao Zedong, 232, 233
Marber, Brukha Yudt, 30
Marber, Patrick, 30
Marber, Sasha, 30
Margolius, Rudolf, 93
Maria Antonieta, 284
Marlborough, primeiro duque de, 84, 85
Marshall, Alfred, 341
Marshall, George, 351
Marx, Karl, 49, 54, 92, 95, 97, 99-105, 158, 175, 207, 218, 225, 231, 232, 234, 265, 310, 325, 336, 362

ÍNDICE REMISSIVO

marxismo, 13, 14, 18, 49, 58, 92, 93, 97, 99-102, 104, 105, 107-109, 161, 165-167, 169--171, 185, 193, 206, 207, 227, 229, 230, 231, 232, 234, 235, 239, 241, 247, 254, 336, 395

Marxism and the French Left (Judt), 218, 258

Marxismo da Segunda Internacional, 97

Masaryk, Tomáš, 13, 39, 216, 292, 293

materialismo dialético, 102

Mauriac, François, 257

May, Ernest, 279

Mazower, Mark, 237, 391

Mazzini, Giuseppe, 118

Me From the One Side, Me From the Other Side of My Pug Iron Stove (Wat), 79-80

memória, 281-284, 295

Mémorial, 283, 284

mercado imobiliário, 365

mercados livres, 264

Merleau-Ponty, Maurice, 126, 229, 294

Michalski, Krzysztof, 258, 259

Michelet, Jules, 270, 284

Michnik, Adam, 17, 239, 242, 246

1984 (Orwell), 198

Mill, John Stuart, 97, 221, 341

Miller, Judith, 317, 318

Miłosz, Czesław, 13, 245-248, 251

Milward, Alan, 352

Minha Juventude, A (Churchill), 84

minorias étnicas, 139

Mitford, irmãs, 81, 82

Mitten, Richard, 208

Mitterrand, François, 156

modernidade, 51, 89, 118, 258, 268, 334, 347, 392

modernização, teoria da, 166

Molotov-Ribbentrop, Pacto, 83, 112, 228

montes Golã, 131

Moore, G. E., 97

moralidade, 298

Morris, Christopher, 165

Morris, William, 174

Mosley, Oswald, 81-82, 180, 187

movimento cartista, 337

mudança climática, 302

Mundo de Ontem, O (Zweig), 32, 45, 349

Munique, Pacto de, 138, 277, 278

Museu Memorial do Holocausto, 282

Mussolini, Benito, 80, 171, 175, 176, 187, 195, 196, 226

My Century (Wat), 13

My Early Beliefs (Keynes), 97

nacionalismo, 118, 173, 174, 179, 182, 187, 322-325, 330, 374, 375

nacional-socialismo, 392
    planeamento económico do, 348-349

nações, 295-297

Nações Unidas, 325

Nagel, Thomas, 294

National Dance Institute, 256

Nationalism, Marxism, and Modern Central Europe (Snyder), 389

nazismo, 52, 56, 57, 80, 118, 190, 192, 226, 227, 235, 352

New Deal, 181, 236, 238, 369

New Republic, 150, 259, 260

New Statesman, 215

New Yorker, 257, 268, 317

New York Review of Books, 16, 132, 150, 151, 257, 289

New York Times, 133, 257, 268, 318, 330, 331

New York Times Book Review, 257

New York Times Magazine, 330

Nietzsche, Friedrich, 96, 97, 294

Nixon, Richard, 233, 235, 238

North and South (Gaskell), 358

Noruega, 83, 98, 188, 351, 368

Nova Lei dos Pobres de 1834, 338

Nova Zelândia, 25, 368

Nozick, Robert, 206

Nuremberga, comícios de, 81

Obama, Barack, 281, 311, 389

Observatório dos Direitos Humanos, 241

Offer, Avner, 379

Omdurman, Batalha de, 84

Ordinary Men (Browning), 52

Origins of the Second World War (Taylor), 265

ortodoxia cristã, 185

Orwell, George, 72, 74, 76, 81, 92, 194-196, 198, 199, 203, 214, 228, 329

Otelo (Shakespeare), 217

Otava, Conferência de, 342

Our Age (Annan), 71

Out of Step (Hook), 113

Oxford, Universidade de, 17, 68, 69, 71-73, 85, 87, 126, 170, 206-212, 215-219, 255, 260, 261, 284, 338, 340, 388, 394

Palestina, 27, 191, 122, 133, 134

Partido Comunista Francês, 189, 191, 229

Partido Comunista Italiano, 229

Partido Comunista do Reino Unido, 95

Partido Conservador (Tories), 186, 325

Partido do Centro Católico Alemão, 337

Partido Democrata dos EUA, 369

Partido Radical Francês, 186, 193

Partido Republicano dos EUA, 324, 384

Partido Socialista Francês, 156, 158, 192, 193

Partido Socialista do Reino Unido, 91, 92, 93

Partido Trabalhista do Reino Unido, 67, 81, 85, 93, 94, 99, 126, 337, 351

Past Imperfect (Judt), 17, 218, 220, 221, 225, 257, 265, 270

PCF, grupo parlamentar do. *Ver* Partido Comunista Francês

Pensar a Revolução Francesa (Furet), 219

Pequena Dorrit, A (Dickens), 357

ÍNDICE REMISSIVO

Pétain, Henri, 225
Philby, Kim, 77, 78
Philips, Jacquie, 129
planeamento social, 14, 337
Plano Marshall, 236, 351-353, 385
Plano Quinquenal, 349
plausibilidade, 265, 266
Plekhanov, Gueorgui, 96, 104
Plumb, John, 394
pluralismo, 17, 18, 207, 222, 319, 350
Poliakoff, Martyn, 128
Polish Revolution, The (Garton Ash), 214
Polónia, 30, 36, 39-42, 52, 58, 59, 79, 83, 91, 135, 148, 177, 179, 182, 188, 190, 200, 202, 207, 210-215, 217, 219, 223, 229, 239, 242, 243, 245, 247, 248, 251, 259, 260, 273, 344, 378
Pol Pot, 233
Popper, Karl, 47, 275, 345
Portugal, 185
Pós-Guerra (Judt), 11, 13, 17, 50, 165, 258-260, 286, 289, 333, 393
Praga, 13, 38, 141, 230, 239, 240, 243, 256, 334
Praga, Primavera de, 215, 230, 241
Preuves, 235
Primeira Guerra Mundial, 22, 32, 36, 44-47, 66, 82, 84, 85, 104, 116, 135, 155, 158, 159, 173, 174, 178, 187, 191, 197, 225, 323, 336, 339, 340-342, 348, 373, 385

Primeiro Homem, O (Camus), 257
Primrose Jewish Youth Club, 28
Prisoner of Stalin and Hitler (Buber-Neumann), 202
privatização, 241, 252, 362, 363, 372, 381
Processo, O (Kafka), 39, 217
progressismo, 236
proletariado, 167, 232, 337
prostituição, 338

Quel beau dimanche (Semprún), 103
Quisling, Vidkun, 188

Ranke, Leopold von, 284
Rappoport, Charles, 158
Rathenau, Walther, 85
Rawls, John, 206, 298, 299
Reagan, Ronald, 241, 253
Reconstruction du Parti Socialiste, 1920-26, La (Judt), 157
Reforma Inglesa, 88
Remarque Institute, 261, 262
Remnick, David, 315
Rémond, René, 155
Renault, greves na, 94
Renault, Louis, 28
República Checa, 251, 378
République au village, La (Agulhon), 157, 165
Resistência Francesa, 59, 103, 156, 200
Revolução Chinesa, 232
Revolução Cultural, 233
Revolução Francesa, 154, 160, 166, 186, 191, 219, 224, 258, 284, 391

Revolução Industrial, 115, 336
Revolução Russa, 92, 109, 111, 168, 176, 191, 391, 392
Revolução de Veludo, 389
revoluções em 1989, 17, 61, 255
Revolution from Abroad (Gross), 211
Rice, Condoleezza, 116, 270
Rise of the Anglo-German Antagonism 1860-1914 (Kennedy), 82
Robinson Crusoe (Defoe), 269
Roménia, 21, 36, 39, 59, 135, 148, 171, 177, 179, 182, 184, 187, 200, 217, 255, 347, 378
romantismo, 96
Roosevelt, Franklin D., 238, 279
Rose, Charlie, 315, 318, 330, 331
Rosenberg, Julius e Ethel,78
Roth, Joseph, 33, 36, 43
Roy, Claude, 111, 162
Rumsfeld, Donald, 314
Rússia, 22, 44, 82, 83, 104, 109, 134, 148, 224, 232, 271, 287, 304, 323, 388

Saïd, Edward, 297
Salário, Preço e Lucro (Marx), 92
Sartre, Jean-Paul, 17, 53, 54, 68, 73, 89, 126, 155, 172, 220, 221, 224, 235, 294, 327
Sayles, John, 209
Schacht, Hjalmar, 181
Scholem, Gershom, 40
Schorske, Carl, 33, 43
Scum of the Earth (Koestler), 198
Sebastian, Mihail, 184

Século XX Esquecido, O (Judt), 257, 290
Segunda Guerra Mundial, 11, 25, 32, 41, 42, 53, 56, 57, 59, 60, 62, 112, 135, 137, 144, 177, 184, 186, 219, 222-224, 225, 228, 235, 237, 266, 277, 278, 283, 335, 339, 348, 374, 392
segurança social, 336, 345, 353, 370, 372-374, 383
Seigel, Jerrold, 256
Selwyn, Casey, 271
Semprún, Jorge, 103
Sewell, William, 169
Shakespeare, William, 65, 75, 150, 380
Shaw, Bernard, 327
Shklar, Judith, 56
Shore, Marci, 13, 244, 249
Silone, Ignazio, 113
Silvers, Robert, 257, 289
Simons, Thomas W., Jr., 17
Sinclair, Upton, 357, 360
Singer, Isaac Bashevis, 145
Sirinelli, Jean-François, 126
sionismo, 14, 39, 91, 121, 122, 123, 130, 133-135, 143, 148, 157, 170, 213, 394
   revisionista, 135, 148
   trabalhista, 122, 134
Síria, 131
Situação da Classe Trabalhadora na Inglaterra, A (Engels), 357
Skinner, Quentin, 160, 268
Smith, Adam, 252, 253, 341
Smolar, Aleksander, 212
sociais-democratas, 96, 104, 108, 146, 180, 189, 234, 236, 238, 345, 346, 353, 385

ÍNDICE REMISSIVO

social-democracia, 18, 97, 98, 99, 106, 107, 110-112, 153, 154, 171, 189, 193, 205, 287, 333, 336, 337, 360, 368, 369, 373, 377, 378, 382, 384-386
socialismo, 35, 46, 48, 91, 97, 99, 106, 131, 153, 154, 156, 158, 161, 164, 165, 168, 180, 213, 218, 232, 242, 264, 378, 395
Socialism in Provence (Judt), 218
Sociedade das Nações, 171
Solanum, Helen, 219, 220
Solidariedade, 40, 210, 211, 214, 242, 251
Somme, Batalha do, 80
Soros, George, 317
Souvarine, Boris, 157, 158
Spanish Testament (Koestler), 198
Speenhamland, sistema, 338
Spencer, Herbert, 101, 102
Spender, Stephen, 66-70
Sperber, Manès, 48, 113, 257
Spielberg, Steven, 141
Steinbeck, John, 357
Sternheim, Esther, 27
Sternhell, Zeev, 173
Strachey, John, 180
Stresemann, Gustav, 171
Suécia, 98, 368
Suíça, 29, 256, 262, 308

Taylor, A. J. P., 265-266
Teoria da Justiça, Uma (Rawls), 298
Teoria Geral do Emprego, do Juro e da Moeda (Keynes), 45, 340, 342, 343, 347

Terkel, Studs, 357
Terra Sangrenta (Snyder), 389
terrorismo, 104, 321, 377
ataques do 11 de Setembro, 274, 290
Thatcher, Margaret, 87, 205, 214, 250, 253, 254, 376
Teoria dos Sentimentos Morais (Smith), 341
Thompson, E. P., 167, 215
Thomson, David, 154
Thorez, Maurice, 190
Tocqueville, Alexis de, 326
Todorov, Tzvetan, 247
Toruńczyk, Barbara (Basia), 212, 214, 245
totalitarismo, 51, 52, 92, 198, 220, 250, 277, 309, 344, 384, 392
Trabalho Assalariado e Capital (Marx), 92
Trachtenberg, Marc, 285
Trahison des clercs (Benda), 293
Trail of the Dinosaur, The (Koestler), 114
transportes, 205, 302, 333, 363, 367, 381, 386
Travis, David, 208, 212
Treblinka, 26, 57, 58, 279
Tristram Shandy (Sterne), 269
Triunfo dos Porcos, O (Orwell), 198
Trotski, Leon, 92, 168, 169, 231, 233, 234
Truman, administração, 353
Tyrmand, Leopold, 251

Ucrânia, 37, 148, 194, 201, 202, 306, 378

Under a Cruel Star (Kovály), 93
União dos Fascistas Britânicos, 81
União Europeia, 309, 359
União Soviética, 57, 58, 69, 70, 76, 83, 92, 110, 111, 114, 175, 190, 191, 193, 195, 199-202, 217, 221, 222, 224, 226, 228-230, 232-235, 240, 245, 253, 255, 316, 349, 356, 388
universalismo francês, 14
utilitarismo, 97
Utilizações da Cultura, As (Hoggart), 327

Varnhagen, Rahel, 51
Varsóvia, 13, 22, 40, 41, 59, 91, 211, 213, 239, 251
Varsóvia, Levantamento de, 79
Varsóvia, Pacto de, 231
Vaticano, 186
«véu de ignorância», 298
Versalhes, Tratado de, 340, 342
Vestefália, Paz de, 392
Vichy, a França de, 28, 50, 80, 221, 223, 225, 280, 354
Viena, 14, 32, 33-36, 38, 42, 43, 47, 48, 60, 67, 68, 72, 98, 208, 243, 256, 258, 259, 328, 245, 346, 388
Vietname, Guerra do, 94, 280, 316, 373, 374
Vinhas da Ira, As (Steinbeck), 357
Vizinhos (Gross), 211, 272, 273

Wallerstein, Immanuel, 302
Walzer, Michael, 315
Washington Post, 257
Wat, Aleksander, 13, 79, 80
Waugh, Evelyn, 66, 70

Weber, Max, 265
Weimar, Alemanha de, 68-70, 113
Weissberg, Alexander, 202
Weygand, Maxime, 225
whig, interpretação histórica, 263-264
Wieseltier, Leon, 150, 315
Williams, Bernard, 291
Williams, Raymond, 327
Willis, F. Roy, 162
Wilson, Harold, 85, 86, 153
Winter, Jay, 283
Wolff, Larry, 245
Wolfowitz, Paul, 141
World Within World (Spender), 67

Yale, Universidade de, 210, 283, 285
Yom Kippur, Guerra de, 146
Yudt, Enoch, 22, 23, 26, 28, 30, 91
Yudt, Fanny, 24
Yudt, Ida Avigail, 22
Yudt, Max, 24
Yudt, Thomas Chaim, 24
Yudt, Willy, 24

Zero e o Infinito, O (Koestler), 92, 113, 114, 198
Zeszyty Literackie, 212
Zhou Enlai, 391
Žižek, Slavoj, 302
Zola, Émile, 18, 291, 292, 293, 327, 328
Zweig, Stefan, 32, 33, 43, 45, 243, 327, 349